全国高职高专规划教材·国际贸易系列

海关报关理论与实训

钱 华 主编

北京大学出版社
PEKING UNIVERSITY PRESS

图书在版编目(CIP)数据

海关报关理论与实训/钱华主编．—北京：北京大学出版社，2013.7
（全国高职高专规划教材·国际贸易系列）
ISBN 978-7-301-22658-2

Ⅰ．①海…　Ⅱ．①钱…　Ⅲ．①进出口贸易－海关手续－中国－高等职业教育－教材
Ⅳ．①F752.5

中国版本图书馆 CIP 数据核字(2013)第 129285 号

书　　　名：海关报关理论与实训
著作责任者：钱　华　主编
责 任 编 辑：郝　静
标 准 书 号：ISBN 978-7-301-22658-2/F·3639
出 版 发 行：北京大学出版社
地　　　址：北京市海淀区成府路 205 号　100871
网　　　址：http://www.pup.cn　　新浪官方微博：@北京大学出版社
电 子 信 箱：zpup@pup.cn
电　　　话：邮购部 62752015　发行部 62750672　编辑部 62756923　出版部 62754962
印　刷　者：北京大学印刷厂
经　销　者：新华书店
787 毫米×1092 毫米　16 开本　25 印张　610 千字
2013 年 7 月第 1 版　2017 年 7 月第 2 次印刷
定　　　价：49.00 元

前　言

本书按照人力资源和社会保障部、海关总署联合颁发的《报关员国家职业标准》编写。作为报关专业核心课程用书，本书的编写宗旨是使相关专业学生尽快掌握海关报关业务的核心知识和专业岗位技能，成为具有扎实报关理论基础和熟练实践能力的报关从业人员。

本书根据通用的教学大纲编写而成，以全国报关员资格考试知识点为核心，对复杂的报关知识体系进行了重新梳理、总结，使之更加符合课堂教学的要求。本书既可作为高职专科院校和应用型本科院校的物流专业、国际贸易专业、国际货运与报关专业的教学用书，也可作为物流企业、外贸公司、报关公司在职人员的岗位培训教材。同时，本书也可作为全国报关员考试的辅导教材。

本书具有以下主要特点。

(1) 编写结构创新。全书分为16章，每章均包括基础理论和精选习题。各章按照科学的认知过程进行编排，设置“理论知识”、“知识点关联图”、“理论解读”、“案例阅读”、“精选习题”等几个部分。其中，精选习题与每章节的教学知识点相吻合，并可提供参考答案。书中“理论解读”是编者多年一线教学经验的精华，主要对一些容易混淆的知识点进行归纳，以更加通俗易懂的语言，使读者充分理解晦涩的通关法律制度，以便于吸收和记忆，可节省大量学习时间。“精选习题”和“案例阅读”可使教师进行课堂互动教学，真正做到“教”与“学”同步。实训部分以公司业务操作为主线，以报关员考试真题为载体，进行扩充，重新梳理，并与理论知识相互对应。教师可以自由选择任意案例辅助教学，学生在案例实训中没有掌握的知识点，可以从理论知识部分找到答案。由此，报关知识才能真正转化为学生的内在技能，既能应对全国统考，又能应对实践工作。

(2) 图文设计创新。书中包含了由编者精心绘制的近100张表格和图形，内容涵盖报关知识难点。读者通过直观的图表学习可以更容易达到学习目的。尤其是报关程序部分的示意图，均为同类教材首创。书中的“知识点关联图”，因版面限制，不能全面反映所有知识点的相关性，此问题将在今后的iPad电子教材中解决。

(3) 课件及电子模拟试卷。本书配套光盘将提供PPT电子演示文档和电子试卷。电子试卷可以直接在单机上运行并自动批改成绩，并可以直接复制实现机考。

(4) 报关工作过程实训平台。本书配套光盘配有实训部分的报关工作过程实训平台操作视频。需要进行校内上机实训指导和软件服务的读者，可与编者联系。实训平台为单机版，对系统要求较低，已使用多年。

由于编者水平有限，书中难免出现疏漏之处，敬请读者批评指正。书中部分内容参考了海关总署及业内同行的资料，在此我们对其表示敬意。读者、同行和专家的建议是我们改进工作的动力源泉，我们将继续努力，不断提高本书质量，使之不断完善。

编者联系方法：rayqianhua@126.com。

编　者

2013年2月

本教材配有教学课件，如有老师需要，请加QQ群（279806670）或发电子邮件至zyjy@pup.cn索取，也可致电北京大学出版社：010-62765126。

目　　录

第一章 报关基础知识

第一节 报关的含义及其类型

一、报关的含义

在国际贸易、国际物流活动中，存在货物、运输工具、物品和人员进出境的情况。国际贸易合约的履行是通过国际物流活动来完成的。《中华人民共和国海关法》(以下简称《海关法》)规定："进出境运输工具、货物、物品，必须通过设立海关的地点进境或者出境。"

报关是指进出口货物收发货人、进出境运输工具负责人、进出境物品的所有人或者他们的代理人向海关办理货物、物品或运输工具进出境手续及相关海关事务。

有时候，也会用到"通关"或"清关"这两个词。它们是由英文"customs clearance"翻译过来的，它们与"报关"既有联系又有区别。

通关不仅包括报关过程，还包括海关对进出口货物、进出境运输工具、进出境物品依法进行监督管理，核准其进出境的管理过程。

我国基本的通关模式是"先报检，后报关"。海关行政管理相对人在办理报关手续之前，先要向出入境检验检疫机构办理报检手续。

理论解读1-1

1. 通关和报关的当事人

通关和报关的当事人即海关行政管理相对人共有以下4类。

(1) 进出口货物收发货人，是指拥有进出口经营权的公司，包括进出口公司(外贸公司)、工厂、外商投资企业(外企)等。

(2) 进出境运输工具负责人，是指船公司、航空公司、陆路运输公司(铁路和公路运输公司)，也可被称为承运人。

(3) 进出境物品的所有人，是指个人，不是公司。

(4) 代理人，是指前面3个当事人的代理人，包括报关公司、货代公司、快件公司。

2. 通关和报关的对象

(1) 进出口货物，是指实际进出口货物，不包括所有的进出境货物(如过境货物)。

(2) 进出境运输工具，是指进出境的船、飞机、火车、汽车。

(3) 进出境物品，是指个人进出境时携带的物品（包括行李物品、邮递物品和其他物品）。

注：境外集装箱箱体暂准进境，无论是否装载货物，承运人或其代理人都应当向海关申报。境内生产的集装箱箱体，无论是否装载货物，运营人在所在地海关办理登记手续后，无须对箱体单独向海关办理报关手续。

3. 通关和报关当事人与其对象的对应关系

(1) 进出口货物收发货人—进出口货物。

(2) 进出境运输工具负责人—进出境运输工具。

(3) 进出境物品所有人—进出境物品。

(4) 代理人—进出口货物、进出境运输工具、进出境物品。

4. 通关和报关的内容

(1) 进出境手续。

(2) 相关海关事务。

理论解读1-2

1. 通关和报关的异同

(1) 相同点：它们的对象是相同的（进出口货物、进出境运输工具和进出境物品）。

(2) 不同点：通关是双向的，报关是单向的。

2. 进出境和进出口的区别

进出境是指进出关境，包括实际进出口（一般和外商签订了外贸合同，我们是合同的当事人之一）和非实际进出口（如过境）。因此，进出境的范畴大于进出口。

3. 关境和国境的关系

关境是指适用于同一海关法或实行同一关税制度的领域，关境同国境一样，包括其领域内的领水、领陆和领空，是一个立体的概念。对于关税同盟的签署国，如欧盟成员国关境大于国境。我国的关境范围包括除享有单独关境（香港、澳门和台、澎、金、马独立关税区）以外的全部领水、领陆和领空，我国关境小于国境。

4. 我国基本通关模式

先由报检人（报检单位＋报检员）向出入境检验检疫机构报检（申请检验检疫），取得“入境货物通关单”或“出境货物通关单”，再向海关报关。

5. 报关与申报的区别

报关是指进出口货物收发货人、进出境运输工具负责人、进出境物品的所有人或者他们的代理人向海关办理货物、运输工具、物品的进出境手续及相关海关事务的过程。而申报专指进出口货物的收发货人或其代理人,在规定的期限、地点,采用电子数据报关单和纸质报关单形式向海关报告进出口货物的情况,并接受海关审核的行为。应该说申报是报关的一部分。

二、报关的类型

海关对于接受进出口货物收发货人的委托,代为办理进出境货物报关手续的代理人,根据其报关行为性质的不同,分为自理报关和代理报关。

(一) 自理报关

进出口货物收发货人自行办理报关业务称自理报关。根据我国海关目前的规定,进出口货物收发货人必须依法向海关注册登记后方能自行办理报关业务。

(二) 代理报关

代理报关是指接受进出口货物收发货人的委托,代其办理报关业务的行为。我国海关法律把有权接受他人委托办理报关业务的企业称为报关企业。报关企业必须依法取得报关企业注册登记许可,并向海关注册登记后方能从事代理报关业务。

根据代理报关法律行为责任承担者的不同,代理报关又分为直接代理报关和间接代理报关。直接代理报关是指报关企业接受委托人(进出口货物收发货人)的委托,以委托人的名义办理报关业务的行为。间接代理报关是指报关企业接受委托人的委托,以报关企业自身的名义向海关办理报关业务的行为。

在直接代理中,报关企业代理行为的法律后果直接作用于委托人;而在间接代理中,报关企业应当承担与进出口货物收发货人自己报关时所应当承担的连带的法律责任。目前,我国报关企业大多采取直接代理形式报关,经营快件业务的营运人等国际货物运输代理企业适用间接代理报关。

理论解读1-3

1. 采用自理报关或代理报关的报关当事人

(1) 自理报关的报关当事人为进出口货物收发货人。

(2) 代理报关的报关当事人统称为报关企业,包括报关行、货代公司、快件公司。代理报关又可细分为以下两种情形。

① 直接代理报关:X(进出口货物收发货人)委托Y(报关企业)办理报关业务,Y以X的名义向海关报关,法律后果由X承担,Y承担风险较小。其中,X是委托人(或称被代理人),Y是被委托人(或称代理人)。

② 间接代理报关:X(进出口货物收发人)委托Y(报关企业)办理报关业务,Y以Y自己的名义向海关报关,法律后果由X和Y共同承担,Y承担风险较大。

2. 我国报关企业大多采用的模式

我国报关企业大多采用“直接代理”模式，如报关行、货代公司，原因是这样做风险较小。

3. 快件公司采用“间接代理”的原因

因为不同快件往往属于不同客户，很多是个人快件且总数量巨大。快件公司如果采用直接代理报关即以客户的名义报关，那么一个客户就需要一张报关单，导致数据处理量巨大。因此，可以把目的地相同的快件合并成一票货物，快件公司以自己的名义向海关报关。在填制报关单时，经营单位和申报单位都应该填写快件公司。

第二节　报关的基本内容

一、进出境运输工具报关的基本内容

我国海关法律规定，进出境运输工具负责人或其代理人在运输工具进入或驶离我国关境时均应通过运输工具舱单申报，如实向海关申报运输工具所载旅客人数、进出口货物数量、装卸时间等基本情况。进出境运输工具负责人或其代理人就以上情况向海关申报后，有时还需应海关的要求配合海关检查，经海关审核确认符合海关监管要求的，可以上下旅客、装卸货物。

进出境运输工具舱单（以下简称“舱单”）是指反映进出境运输工具所载货物、物品及旅客信息的载体，包括原始舱单、预配舱单、装（乘）载舱单。进出境运输工具载有货物、物品的，舱单内容应当包括总提（运）单及其项下的分提（运）单信息。进出境运输工具负责人（舱单电子数据传输义务人）应当按照海关备案的范围在规定时限向海关传输舱单电子数据。

进境运输工具载有旅客的，舱单传输人应当在规定时限向海关传输原始舱单电子数据。海关接受原始舱单主要数据传输后，收货人、受委托的报关企业方可向海关办理货物、物品的申报手续。

出境运输工具预计载有货物、物品的，舱单传输人应当向海关传输预配舱单主要数据及装载舱单电子数据。舱单传输人应当在旅客办理登机（船、车）手续后、运输工具上客以前，向海关传输乘载舱单电子数据。

二、进出境货物报关的基本内容

根据海关的规定，进出境货物的报关业务应由依法取得报关从业资格并在海关注册的报关员办理。进出境货物的报关业务包括：① 按照规定填制报关单，如实申报进出口货物的通关信息；② 申请办理缴纳税费和退税、补税事宜；③ 申请办理加工贸易合同备案、变更和核销及保税监管等事宜；④ 申请办理进出口货物减税、免税等事宜；⑤ 办理进出口货物的查验、结关等事宜；⑥ 办理应当由报关单位办理的其他事宜。这是对货物报关内容的概述，

后续章节主要讲述货物报关。海关对不同性质的进出境货物规定了不同的报关程序和报关规范。

三、进出境物品报关的基本内容

海关监管进出境物品包括行李物品、邮递物品和其他物品，三者在报关要求上有所不同。《海关法》规定，个人携带进出境的行李物品、邮寄物品，应当以自用合理数量为限。所谓自用合理数量，对于行李物品而言，“自用”指的是进出境旅客本人自用、馈赠亲友而非为出售或出租，“合理数量”是指海关根据进出境旅客旅行目的和居留时间所规定的正常数量；邮递物品，则指的是海关对进出境邮递物品规定的征、免税限制；其他物品包括暂时进出境免税物品和外交人员公务用品、自用物品。

1. 进出境行李物品的报关

我国海关规定，进出境旅客在向海关申报时，可以在分别以红色和绿色作为标记的两种通道中进行选择。带有绿色标志的通道称“无申报通道”（又称“绿色通道”），适用于携运物品在数量和价值上均不超过免税限额，且无国家限制或禁止进出境物品的旅客；带有红色标志的通道称“申报通道（又称“红色通道”），适用于携带有应向海关申报物品的旅客。对于选择红色通道的旅客，必须填写中华人民共和国海关进出境旅客行李物品申报单（以下简称申报单）。

2. 进出境邮递物品的报关

进出境邮递物品的申报方式由其特殊的邮递运输方式决定。我国是《万国邮政公约》的签约国，根据《万国邮政公约》的规定，进出口邮包必须由寄件人填写报税单（小包邮件填写绿色标签），列明所寄物品的名称、价值、数量，向邮包寄达国家的海关申报。进出境邮递物品的报税单和绿色标签随同物品通过邮政企业或快递公司呈递给海关。

3. 其他进出境物品的报关

（1）暂时免税进出境物品

个人携带进出境的暂时免税进出境物品须由物品携带者在进境或出境时向海关做出书面申报，并经海关批准登记，方可免税携带进出境，而且，应由本人复带出境或进境。

（2）享有外交特权和豁免权的外国机构或者人员进出境物品

外国驻中国使馆和使馆人员进出境公用、自用物品应当以海关核准的直接需用数量为限。

① 公务用品是指使馆执行职务直接需用的进出境物品，包括使馆使用的办公用品、办公设备、车辆等。

② 自用物品是指使馆人员和与其共同生活的配偶及未成年子女在中国居留期间的生活必需用品，包括自用机动车辆（限摩托车、小轿车、越野车、9座以下的小客车）。

使馆和使馆人员运进、运出公用、自用物品，应当填写中华人民共和国海关外交公/自用物品进出境申报单（以下简称外交公/自用物品申报单），向主管海关提出申请，并附提（运）单、发票、装箱单、身份证件复印件等有关单证材料。其中，运进机动车辆的，还应当递交使馆照会。

4. 进出境物品报关总结

综上所述，对于进出境物品报关可以归纳为如表1-1所示内容。

表1-1 进出境物品报关总结

类　型	海关监管基本原则	申报方式	适用条件	申报单据
行李物品	自用＋合理数量	绿色通道(无申报通道)	“数量＋价值”不超过免税限额，且非限制或禁止类	无
		红色通道(申报通道)	不满足上述条件之一的	行李物品申报单
邮递物品	规定征、免税限制	寄件人填写《报税单》或绿色标签，由邮政企业或快递公司呈递给海关	邮递方式	报税单
暂时免税进出境物品	由本人复带出境或进境	红色通道		
外交人员物品(公务＋自用)	直接需用数量为限	红色通道		外交公/自用物品申报单

案例阅读

iPad进口关税的计算

1. 进境居民旅客携带在境外获取的个人自用进境物品，总值在5 000元人民币以内(含5 000元)的；非居民旅客携带拟留在中国境内的个人自用进境物品，总值在2 000元人民币以内(含2 000元)的，海关予以免税放行，单一品种限自用、合理数量，但烟草制品、酒精制品及国家规定应当征税的20种商品等另按有关规定办理。

2. 进境居民旅客携带超出5 000元人民币的个人自用进境物品，经海关审核确属自用的；进境非居民旅客携带拟留在中国境内的个人自用进境物品，超出人民币2 000元的，海关仅对超出部分的个人自用进境物品征税，对不可分割的单件物品，全额征税。

3. 税率：我国对进出境商品主要区分为货物、物品两大类，个人携带入境的iPad属于物品，按货值征收10%的进口关税。

4. 免税限值：我国规定的免税限值是5 000元，但包括电子类产品在内的20类商品不予免税，iPad属于其中一类。

5. 完税价格：iPad被海关归入笔记本电脑，商品编码(税则号列)8471.3000，不论售价多少，笔记本电脑适用的一般完税价格是5 000元。

6. 应纳税额：个人携带iPad入境的应纳关税为5 000×10%＝500(元)。

知识点关联图

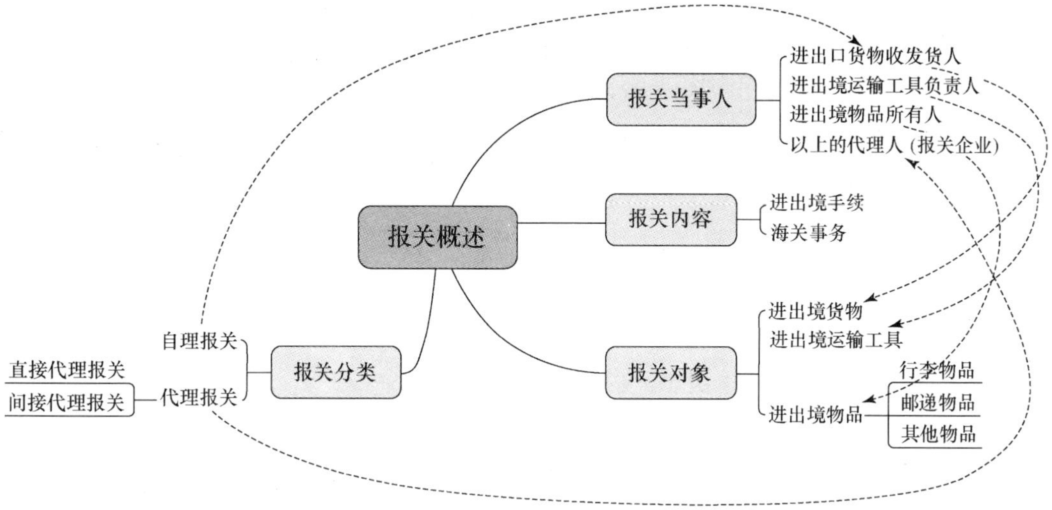

精 选 习 题

一、单项选择题

1. 我国是《万国邮政公约》的签约国，根据这一公约的规定，进出境邮递物品的报税单和绿色标签应随同物品通过(　　)呈递给海关。

A. 专业报关企业　B. 代理报关企业　C. 邮政企业　D. 收发货人

2. 下列可以从事自理报关业务的企业有(　　)。

A. 报关公司　B. 货代公司　C. 物流公司　D. 外贸公司

3. 进境运输工具舱单包括(　　)。

A. 原始舱单　B. 预配舱单　C. 装载舱单　D. 乘载舱单

4. 海关对进境行李物品监管的基本原则是(　　)。

A. 办理进境报关手续　B. 征、免税限制

C. 自用合理数量　D. 本人复带出境

5. 外交人员进出境公用、自用物品海关监管的基本原则是(　　)。

A. 自用合理数量　B. 直接需用数量　C. 征、免税限制　D. 本人复带出境

二、多项选择题

1. 根据进出境旅客行李物品“双通道”制的通关规定，下列表述中正确的通道选择是(　　)。
   A. 旅客携带按规定应征税物品进境应选择“申报”通道
   B. 不明海关规定或不知如何选择通道的旅客可选择“无申报”通道
   C. 旅客携带须登记复带出(进)境物品，可选择“无申报”通道
   D. 旅客携带物品超出规定免税限量的，应选择“申报”通道
2. 下列属于报关对象的有(　　)。
   A. 从美国进口的设备　　B. 国内采购的棉布
   C. 从日本入境的船舶　　D. 携带出国的行李
3. 上海欣海报关有限公司可以从事(　　)业务。
   A. 自理报关　　B. 直接代理报关
   C. 间接代理报关　　D. 代理报关
4. 下列属于进出境物品申报单证的有(　　)。
   A. 行李物品申报单　　B. 报税单
   C. 外交公/自用物品申报单　　D. 个人物品报关单
5. 报关企业接受进出口货物收发货人的委托，以自己的名义办理报关手续时，关于其应当承担的法律责任与收发货人相比，以下表述错误的是(　　)。
   A. 前者比后者大　　B. 后者比前者大　　C. 两者相同　　D. 由报关企业承担

三、判断题

1. 进出口货物的报关是指进出口货物收发货人或其代理人在货物进出口时，采用电子数据报关单和纸质报关单形式向海关申报的行为。　(　　)
2. 我国报关企业目前大都采用直接代理报关形式，即接受委托人的委托，以报关企业自身的名义向海关办理进出口报关手续。　(　　)
3. 进出口货物收发货人和报关企业均可以从事代理报关业务。　(　　)
4. 所有的报关企业既可以采用直接代理报关形式，也可以采用间接代理报关形式。　(　　)
5. 自理报关和代理报关主要是针对进出口货物的报关而言的，海关对于代理报关进出境物品没有特殊要求。　(　　)

第二章　报关员管理

第一节　报关员的概念及资格

一、报关员的概念

报关员是指依法取得报关员从业资格，并在海关注册，向海关办理进出口货物报关业务的人员。

根据海关规定，只有向海关注册登记的进出口货物收发货人和报关企业才可以向海关报关，报关员必须受雇于一个依法向海关注册登记的进出口货物收发货人或者报关企业，并代表该企业向海关办理报关业务。因此，报关员不是自由职业者。我国有关法律规定禁止报关员非法接受他人委托从事报关业务。

二、报关员资格

《海关法》第十一条规定，未依法取得报关从业资格的人员，不得从事报关业务，明确了报关员资格许可制度。我国报关员资格许可是通过报关员资格全国统一考试和颁发报关员资格证书的形式进行的。

（一）报关员资格考试

报关员资格全国统一考试由海关总署组织。海关总署负责确定考试原则，制定考试大纲、规则，统一命题；指导监督各地海关组织实施考试，处理考试工作中的重大问题；组织阅卷，公布考试成绩；管理各海关审核报关员资格申请、颁发报关员资格证书事宜。直属海关在海关总署指导下具体实施考试；受理、审查报关员资格申请，颁发报关员资格证书。直属海关可以委托隶属海关受理、审核报关员资格申请，并办理颁发证书等事宜。

我国海关规定，报关员资格考试的报名条件是，具有中华人民共和国国籍；年满18周岁，具有完全民事行为能力；具有大专及以上学历。

香港特别行政区和澳门特别行政区居民中的中国公民和台湾居民，可以报名参加考试。

有下列情形之一的，不得报名参加考试；已经办理报名手续的，报名无效。

(1) 因故意犯罪，受到刑事处罚的。

(2) 因在报关活动中发生走私或严重违反海关规定的行为，曾被海关依法取消报关从业资格的。

(3) 在考试中发生作弊行为，被海关取消考试成绩，不满3年的。

（二）报关员资格的取得

海关总署核定并公布报关员资格考试合格分数线。成绩合格考生自考试合格分数线公布之日起6个月内向原报名海关申请报关员资格。海关依法审查，自受理申请之日起20个工作日内作出决定。对决定授予报关员资格的，应当自作出决定之日起10个工作日内颁发报关员资格证书。

报关员资格证书是从事报关工作的资格证明，由海关总署统一制作。取得报关员资格证书者可以按规定向海关申请报关员注册。

第二节　报关员注册

报关员注册是指报关单位所在地直属海关或受其委托的隶属海关，对通过报关员资格考试、依法取得报关员资格证书的人员提出的注册申请，依法做出准予报关员注册的决定，并颁发报关员证的行为。

报关员注册是法律设定的海关行政许可事项之一。在《中华人民共和国海关报关员执业管理办法》（以下简称《执业管理办法》）中明确规定了以下内容。

一、注册条件

1. 基本条件

申请报关员注册，须同时具备以下三个基本条件。

(1) 申请人必须具有中华人民共和国国籍。

(2) 申请人必须通过报关员资格全国统一考试，取得《报关员资格证书》。

(3) 申请人必须与所在报关单位建立劳动合同关系或者聘用合同关系。

除应具备上述基本条件之外，对于首次申请报关员注册的申请人，还应当经过在一个报关单位连续3个月的报关业务实习。

对于报关员注册有效期届满后连续2年未注册，再次申请报关员注册的申请人，还应当经过海关报关业务岗位考核合格。

2. 不予注册的情形

申请人有下列情形之一的，海关不予报关员注册。

(1) 不具有完全民事行为能力的。

(2) 因故意犯罪受到刑事处罚的。

(3) 被海关取消报关从业资格的。

3. 暂缓注册的情形

申请人有下列情形之一的，海关暂缓报关员注册。

(1) 被海关暂停执业期间注销报关员注册的。

(2) 记分达到《中华人民共和国海关对报关员记分考核管理办法》（以下简称《记分考核管理办法》）30分的，未参加海关组织的报关业务岗位考核或者考核不合格，注销报关员注册的。

(3) 被海关暂停执业期间,注册有效期届满的。

(4) 记分达到30分,未参加报关业务岗位考核或考核不合格,注册有效期届满的。

二、注册程序

申请报关员注册的,申请人本人应当到海关提出申请或者委托所在报关单位提出申请。申请人委托报关单位代为提出申请的,应当出具授权委托书。

1. 注册受理机关

申请人应当到报关单位所在地直属海关提出报关员注册申请。报关单位为报关企业跨关区分支机构的,应当到报关企业跨关区分支机构所在地直属海关提出报关员注册申请。

2. 申请注册应提交的材料

申请报关员注册,应当向海关提交下列文件、材料。

(1) 报关员注册申请书。

(2) 申请人所在报关单位的报关企业登记证书或者收发货人登记证书复印件。

(3) 报关员资格证书复印件。

(4) 与所在报关单位签订的合法有效的劳动合同复印件。

(5) 身份证件复印件。

(6) 所在报关单位为其交纳社会保险证明复印件。

首次申请报关员注册的,还应提交报关单位出具的报关业务实习证明材料。海关对首次申请报关员注册人员的实习实行备案制度,实习单位与首次申请注册的单位应当为同一报关单位。

台湾居民和香港、澳门居民中的中国公民提出申请的,还应当提交《台港澳人员就业证》复印件。

3. 注册决定的作出及《报关员证》的颁发

申请人的申请符合法定条件的,海关应当依法做出准予报关员注册的决定,并应当自做出决定之日起10日内向申请人颁发报关员证。

4. 报关员证的有效期

报关员证注册有效期2年。报关员需要延续报关员注册有效期的,应当办理报关员注册延续手续。报关员未办理注册延续手续或者海关未准予报关员注册延续的,自有效期届满之日起,其报关员注册自动终止。

三、报关员证的变更、延期

1. 报关员证的变更

报关员注册变更是指报关员姓名、身份证件号码等身份资料和所在报关单位名称、海关编码发生变更的情形。报关员应当在变更事实发生之日起的20日内,持报关员资格证书、报关员证和变更证明文件等材料的原件及复印件到注册地海关书面申请变更报关员注册。注册地海关审核,于做出准予变更决定后的10日内办结变更手续,换发报关员证。

2. 报关员证延期

报关员办理报关员注册延续手续的,应当在注册有效期届满30日前向海关提出,逾期海关不予受理。报关员在有效期届满后仍然需要从事报关业务的，应当重新向海关申请办理报关员注册手续。

报关员注册延续应提交的文件、材料如下。

(1) 报关员注册延续申请书。

(2) 报关员证复印件。

(3) 申请人所在报关单位的报关企业登记证书或收发货人登记证书复印件。

(4) 报关员资格证书复印件。

(5) 与所在报关单位签订的合法有效的劳动合同复印件。

(6) 身份证件复印件。

(7) 所在报关单位为其缴纳社会保险证明复印件。

海关在报关员证有效期届满前审查完毕，对符合条件的，做出准予延续 2 年有效期的决定；逾期未做出决定的，视为准予延续。

报关员在被海关暂停执业期间有效期届满，需要延续有效期的，应当在有效期届满 30 日前到海关申请暂缓办理报关员注册延续，并在暂停执业期满后 30 日内提出延续报关员注册的申请。

四、报关员证的注销

有下列情况之一的，报关员或者所在单位应当到注册地海关办理报关员证的注销。

(1) 报关员不再从事报关业务。

(2) 报关员辞职。

(3) 报关单位解除与报关员的劳动合同关系。

(4) 报关单位申请注销海关注册登记的情形。

报关员如未按照规定申请注销的，由其所在报关单位办理注销手续。

有下列情况之一的，由海关办理报关员注册的注销手续。

(1) 报关员证有效期到期未延续。

(2) 报关员死亡或丧失民事行为能力。

(3) 报关员注册被撤销、撤回。

(4) 报关员被海关取消从业资格。

(5) 报关员所在单位被海关注销注册登记的。

由报关员本人申请注销报关员注册的，应当提交注销报关员注册申请书、报关员证和报关员资格证书。不能提交报关员证的，应当提交在报刊刊登的作废声明。由所在报关单位按规定办理报关员注册注销手续，不能提交《报关员证》和《报关员资格证书》的，应当提交报刊声明和说明材料。

五、其他规定

(1) 报关员更换报关单位的，应当注销原报关员注册，重新申请报关员注册。

(2) 报关员遗失报关员证的，应当及时向注册地海关书面说明情况，并报刊声明作废。海关应当在 20 日内予以补发。

第三节 报关员执业

取得报关员资格证书的人员，应当经海关注册并颁发报关员证后执业。报关员证是报关员执业的凭证。

一、报关员执业范围

报关员应当在一个报关单位执业。进出口货物收发货人的报关员，可以在中华人民共和国关境内的各口岸地或者海关监管业务集中的地点执业。报关企业及其跨关区分支机构的报关员，应当在所在报关企业或者跨关区分支机构的报关服务的口岸地或者海关监管业务集中的地点执业。

报关员应当在所在报关单位授权范围内执业。首次申请报关员注册人员在报关单位实习期间，不得以报关员的名义办理报关业务。

二、报关员执业禁止行为

报关员执业不得有以下行为。

(1) 故意制造海关与报关单位、委托人之间的矛盾和纠纷。

(2) 假借海关名义，以明示或者暗示的方式向委托人索要委托合同约定以外的酬金或者其他财物、虚假报销。

(3) 同时在两个或者两个以上报关单位执业。

(4) 私自接受委托办理报关业务，或者私自收取委托人酬金及其他财物。

(5) 将报关员证转借或者转让他人，允许他人持本人报关员证执业。

(6) 涂改报关员证。

(7) 其他利用执业之便谋取不正当利益的行为。

三、报关员的海关记分考核管理

海关规定，对记分达到规定分值的报关员，海关中止其报关员证效力，不再接受其办理报关手续。报关员应当参加注册登记地海关的报关业务岗位考核，经岗位考核合格之后，方可重新上岗。

1. 记分考核管理的对象和范围

对象：报关员记分考核管理对象是取得报关从业资格，并按照规定程序在海关注册，持有报关员证件的报关员，即在职报关员。

范围：海关对出现报关单填制不规范、报关行为不规范，以及违反海关监管规定或者有走私行为但未被海关暂停执业、撤销报关从业资格的报关员予以记分、考核。

2. 记分考核管理的性质

海关对报关员的记分考核管理从性质上讲是一种教育和管理措施，而不是行政处罚。

报关员因为向海关工作人员行贿或有违反海关监管规定、走私行为等其他违法行为，由海关处以暂停执业、撤销报关从业资格处罚的，不适用于《记分考核管理办法》，而应按照《中华人民共和国海关行政处罚实施条例》(以下简称《海关行政处罚实施条例》)等规定处理。

3. 记分考核管理量化标准

海关对报关员的记分考核，一次记分的分值分别为 1 分、2 分、5 分、10 分、20 分、30 分。记分周期从每年 1 月 1 日起至 12 月 31 日止，报关员在海关注册登记之日起至当年 12 月 31 日不足 1 年的，按一个记分周期计算。一个记分周期期满后，记分分值累加未达到 30 分的，该周期内的记分分值予以消除，不转入下一个记分周期。具体记分情况如表 2-1 所示。

表 2-1 报关员记分考核制度量化表

扣分分值	适用情况
1 分	① 电子数据报关单的有关项目填写不规范，海关退回责令更正的； ② 海关放行前，因报关员申报差错，报关单位向海关要求改单，海关同意改单，但未对国家外贸管制、税费征收及海关统计指标等造成危害的； ③ 未按照规定加盖报关专用章，以及未按规定签名盖章的
2 分	① 海关放行前，因为报关单填制不规范，海关同意撤单，但未造成危害的； ② 因未按海关要求，向海关解释、提供补充材料或者货样，导致海关退单的
5 分	① 海关发出“现场交单”通知之日起 10 日内，未按时打印出纸质报关单，导致海关撤单的； ② 海关放行后，因为填制报关单不规范，海关同意改单或撤单的； ③ 海关放行后，报关单币值或价格与实际差额在 100 万元人民币以下，数量与实际差额在 4 位数以下的，且不属伪报，但影响海关统计的
10 分	① 出借、借用或涂改报关员证件； ② 海关放行后，报关单币值或价格与实际差额在 100 万元人民币以上，数量与实际差额在 4 位数以上的
20 分	因违反海关监管规定行为被海关予以行政处罚，但未被暂停执业、取消报关从业资格的
30 分	因为走私行为被海关予以行政处罚，但未被暂停执业、取消报关从业资格的

其他注意事项。

(1) 报关员在一个记分周期内办理变更注册登记报关单位或者注销手续的，已记分分值在该记分周期内不予消除。

(2) 报关员因违法违纪行为，由海关处以暂停执业或撤销报关从业资格的，不适用记分管理，而应按行政处罚规定处理。

(3) 报关员对记分的行政行为有异议的，应当自收到电子或纸质告知单之日起 7 日内向海关提出书面申辩；海关应当在 7 日内做出答复。

案例阅读

1. 报关员利用职务便利代其他企业办理转厂手续

东莞某独资塑料公司报关员黄某擅自涂改企业《进出口料件登记手册》和结转深加工货物申报单的有关资料，虚报出口保税货物 40 万千克，价值人民币 261 万元，偷逃关税人民币 85 万元。案发后黄某逃逸，无法抓获归案，该公司的陈述也无法被海关认可，须承担相应的法律责任。因此企业发生严重危机，损失过百万元人民币。

2. 申报货物名称与实际到货名称不符的风险

某企业申报进口针织布（化纤制）18 220 千克，商品编码 6002.9300，实际进口货物经抽样送检应为色织机织布，商品编码 5407.9300。该企业称，企业内部将布分为针织布和机织布两类，所以将机织布也归入了针织布，造成归类错误。因此，建议企业在报关前一定要弄清楚自己申报的是什么货物，如化学物品的成分、布料的织法等。同时，也可以参照《商品名称与编码协调制度》和《海关统计商品目录》，以确定商品名称和商品编码。

3. 申报货物数量与实际到货数量不符的风险

某企业申报进/出口 A 合同货物，实际进/出口却是 B 合同。某轮胎公司曾申报出口轮胎及内胎、垫带共 3 125 条，经海关查验，实际出口为轮胎及内胎、垫带共 3 382 条。其中少报多出内胎、垫带、轮胎（650—14）共 196 条，多报少出轮胎（750—16）、轮胎（1200—20）共 61 条，另有轮胎（750—15）、轮胎（700—16）共 122 条未向海关申报。企业解释说，是因为拖车队错拿了公司另一份合同的托运单来拖货，从而误装了另一批货。物流管理内部失控。

（资料来源：http://www.51cus.com/.）

四、报关员的海关法律责任

报关员的法律责任如表 2-2 所示。

表 2-2　报关员的法律责任总结

编号	处罚类型	处罚事由	处罚方式
1	罚款	① 报关员有执业禁止行为的； ② 报关员海关注册内容发生变更，未向海关办理变更手续的	可以处 2 000 元以下罚款
		未取得报关从业资格从事报关业务的	可以处 10 万元以下罚款
2	暂停	报关员因对委托人所提供情况的真实性未进行合理审查，致使应当申报的项目未申报或者申报不实的	可以暂停其 6 个月以内报关执业
3	暂停＋罚款	报关员非法代理他人报关或者超出海关准予的从业范围进行报关活动的	暂停 6 个月以内报关执业，处 5 万元以下罚款

续表

编号	处罚类型	处罚事由	处罚方式
4	罚款＋撤销	提供虚假资料骗取海关注册登记、报关从业资格的	撤销其注册登记，撤销其报关从业资格，并处30万元以下罚款
		报关员向海关工作人员行贿的	撤销其报关从业资格，处10万元以下罚款
5	撤销	① 以上第2、3条，如情节严重的； ② 曾被海关暂停执业，恢复后1年内再次被暂停执业的； ③ 构成犯罪，或1年内有2次以上走私行为的	撤销其报关从业资格

理论解读2-1

1. 报关员申请注册，海关暂缓注册的隐含条件

海关暂缓报关员注册的情况，往往指的是在职报关员由于被暂停执业，想变更报关单位的（报关员注销情况之一），因先注销后重新注册。在重新注册时，海关要求等暂停执业期满后才可重新注册，因此暂缓其注册，或者在暂停期间，正好报关员证2年要到期了，此时报关员首先应在有效期届满30日前到海关申请暂缓办理报关员证注册延期手续，等到暂停执业期满后30日办理报关员证延期。暂停执业期间不得办理注销或者重新注册，海关一律暂缓。

如果报关员扣分达到30分，应参加岗位考核，如不参加或者考核不合格，同时想先办理注销，后重新注册的，海关一律暂缓。等岗位考核通过后，才可以办理注销，后重新注册。如果其间报关员证2年有效期届满的，应先办理延期手续或等岗位考核合格后，方可注销，后重新注册。

2. 报关员注册申请材料和注册延续材料的不同

注册申请材料中需要报关员资格证书复印件，而注册延续材料中同时需要报关员资格证书和报关员证复印件。

3. 报关员证注销要注意的问题

注销的原因有4种（见上文），申请人可以是个人或所在单位。在特殊情况下，由海关办理注销手续。

4. 海关对报关员执业禁止行为的处罚

有报关员执业禁止行为的，海关可以处2 000元以下罚款，其中有两点尤其应该注意。

(1) 出借本人报关员证件（转借或转让他人）、涂改报关员证的属“执业禁止行为”，可处2 000元以下罚款，并记10分。

(2) 借用他人报关员证件(本人也是报关员的),属"记分考核"范围,一次记分10分;本人不是报关员的,海关视为"未取得报关从业资格从事报关业务",取缔并没收非法所得,可处10万元以下罚款。

5. **职业资格与执业资格的关系**

职业资格包括从业资格和执业资格。从业资格是政府规定技术人员从事某种专业技术性工作的学识、技术和能力的起点标准。执业资格是政府对某些责任较大、社会通用性强、关系公共利益的专业技术工作实行的准入控制,是专业技术人员依法独立开业或独立从事某种专业技术工作学识、技术和能力的必备标准。它必须通过考试方法取得。考试由国家定期举行,实行全国统一大纲、统一命题、统一组织、统一时间。根据英文的官方翻译,职业资格证书是"vocational certificate",而执业资格证书是"professional certificate"。

取得报关员资格证书并不意味着取得了报关员执业(从业)资格,只有经海关注册登记取得了报关员证才是报关员执业的凭证。书中所提的撤销报关(执业)从业资格,即意味着吊销报关员资格证和报关员证。

知识点关联图

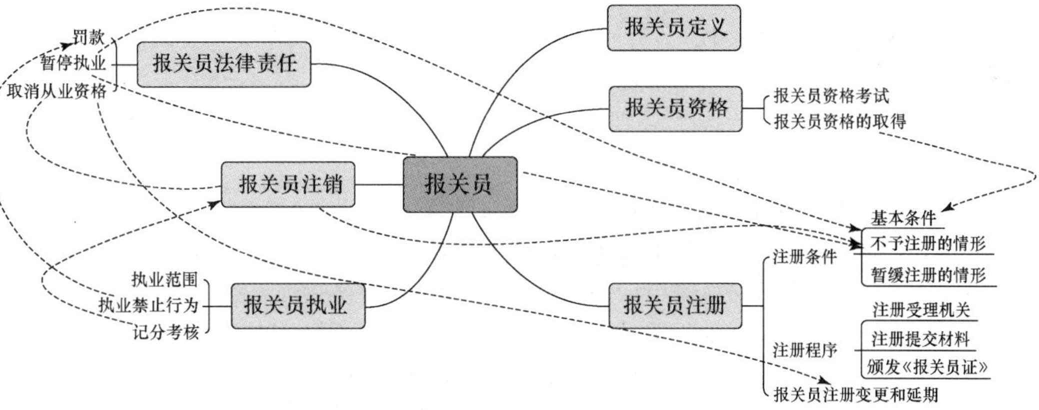

精 选 习 题

一、单项选择题

1. 报关员记分达到30分的,海关将(　　)。

A. 中止其报关员证效力　　B. 撤销其报关员注册许可

C. 注销其报关员注册　　　　D. 取消其报关从业资格

2. (　　)应当经过海关报关业务岗位考核合格。
A. 取得报关员资格后，首次申请报关员注册的
B. 报关员注册有效期届满后连续 2 年未注册，再次申请注册的
C. 暂停执业期限届满，申请恢复从事有关业务的
D. 报关员更换报关单位，重新申请报关员注册的

3. 按照海关法律规定，(　　)不列入报关范围。
A. 进境运输工具　B. 出境货物　C. 进境物品　D. 出境旅客

4. (　　)海关不予报关员注册。
A. 未按时办理报关员注册延续手续的
B. 被海关取消报关从业资格的
C. 被海关暂停执业期间注册有效期届满的
D. 报关员注册有效期届满后连续 2 年未注册的

5. 报关员于某 2009 年 11 月 30 日在海关注册，根据报关员记分考核管理规定标准，其计分周期为 11 月 30 日至(　　)为一个记分周期。
A. 2009 年 12 月 31 日　　　　B. 2010 年 11 月 29 日
C. 2010 年 11 月 30 日　　　　D. 2010 年 12 月 31 日

二、多项选择题

1. (　　)的有效期是 2 年。
A. 报关员注册　　　　B. 报关员资格
C. 报关企业登记证书　　　　D. 进出口收发货人登记证书

2. 报关员王某于 2007 年 10 月注册有效期届满后一直未从事报关工作。因工作关系，王某于 2009 年 10 月需要继续从事报关工作，下列关于王某注册的表述，正确的有(　　)。
A. 王某的注册有效期已届满，其报关员注册自动终止
B. 王某可以向海关办理报关注册延续手续
C. 王某应当重新向海关申请办理报关员注册手续
D. 王某应当重新参加报关员资格考试，取得报关员资格证书

3. 报关员 1 年内累计有 2 次以上走私行为的，海关(　　)。
A. 暂停其 6 个月报关执业　　　　B. 可以取消其报关从业资格
C. 不再准予其报关员注册　　　　D. 可以撤销其所在单位的注册登记

4. (　　)不得设定对管理相对人的处罚。
A. 法律　B. 行政法规　C. 海关总署公告　D. 直属海关公告

5. 某进出口所属公司报关员丁某在报关办理业务过程中，数量申报不实，从而对报关统计的准确性产生了影响，海关可以(　　)。
A. 对丁某一次记 20 分
B. 暂停丁某 3 个月报关执业
C. 取消丁某的报关从业资格，并处 1 万元罚款

D. 对该公司予以警告,并处 2 000 元罚金

6. 下列情况,海关可以取消报关员报关从业资格的有(　　)。

A. 报关员非法代理他人报关,情节严重的

B. 报关员向海关工作人员行贿的

C. 报关员提供虚假资料骗取报关从业资格的

D. 报关员未对委托人提供情况的真实性进行合理审查,致使品名申报不实的

7. 下列情况,海关可以暂停其 6 个月以内报关执业的是(　　)。

A. 报关员未对委托人提供情况的真实性进行合理审查,致使税则号列申报不实的

B. 报关员非法代理他人报关

C. 记分达到 30 分

D. 有执业禁止行为

8. (　　)的有效期是 2 年。

A. 报关员注册　　B. 报关员资格

C. 报关企业登记证书　　D. 进出口收发货人登记证书

9. 下列情况,海关对报关员一次记分 5 分的情形有(　　)。

A. 不按时打印出纸质报关单

B. 海关放行后,报关员填制报关单不规范,海关单位向海关申请修改或者撤销报关单

C. 海关放行后,报关单币值或者价格填报与实际不符且两者差额在 100 万元人民币以上

D. 违反海关监管规定被行政处罚,但未被暂停执业的

10. 有下列情形之一的,海关可以处 2 000 元以下罚款的有(　　)。

A. 未按照规定向海关办理报关员注册登记手续

B. 同时在 2 个或者 2 个以上报关单位执业

C. 转借报关员证

D. 涂改报关员证

三、判断题

1. 报关员出借本人报关员证的,海关可以记分 10 分或处以 2 000 元以下罚款。(　　)

2. 报关员于某所在报关公司因更换法定代表人,由公司向海关办理了报关企业注册登记许可的变更和注册登记变更手续,于某个人不需要向海关办理注册变更。(　　)

3. 出口货物在海关放行后更换舱单,海关同意报关单位修改报关单的,对报关员一次记 5 分。(　　)

4. 海关签印放行前,因报关员填制报关单不规范,报关单位向海关要求改单的,但未对海关统计造成危害的,一次记分 2 分。(　　)

5. 报关员在一个记分周期内变更报关单位的,已记分分值在该记分周期内予以消除。(　　)

第三章　报关单位

第一节　报关单位概述

一、报关单位的定义

报关单位是指依法在海关注册登记的进出口货物收发货人和报关企业。《海关法》规定："进出口货物收发货人、报关企业办理报关手续，必须依法经海关注册登记。

二、报关单位的类型

1. 进出口货物收发货人

进出口货物收发货人是指依法向国务院对外贸易主管部门或者其委托的机构办理备案登记的对外贸易经营者。对于一些未取得"对外贸易经营者备案登记表"但需要从事非贸易性进出口活动的单位，如境外企业、新闻机构、经贸机构、文化团体等依法在中国境内设立的常驻代表机构，少量货样进出境的单位，国家机关、学校、科研院所等组织机构，临时接受捐赠、礼品、国际援助的单位，国际船舶代理企业等，在进出口货物时，海关也视其为进出口货物收发货人。

进出口货物收发货人经向海关注册登记后，只能为本单位进出口货物报关。

2. 报关企业

报关企业是指按照规定经海关准予注册登记，接受进出口货物收发货人的委托，以进出口货物收发货人的名义(直接代理)或者以自己的名义(间接代理)，向海关办理代理报关业务，从事报关服务的境内企业法人。

第二节　报关单位管理

一、报关单位的注册登记概述

《海关法》规定，进出口货物，除另有规定的外，可以由进出口货物收发货人自行办理报关纳税手续，也可以由进出口货物收发货人委托海关准予注册登记的报关企业办理报关纳税手续。进出口货物收发货人、报关企业办理报关手续，必须依法经海关注册登记。

（一）报关注册登记制度的概念

报关注册登记制度是指进出口货物收发货人、报关企业依法向海关提交规定的注册登记申请材料，经注册地海关依法对申请注册登记的材料进行审核，准予其办理报关业务的管理制度。海关对从事非贸易性进出口活动的有关单位，允许其向进出口口岸地或者海关监管业务集中地海关办理临时注册登记手续。临时注册登记单位，海关一般不予核发注册登记证书，仅出具临时报关单位注册登记证明，临时注册登记有效期最长为7日。

（二）进出口货物收发货人注册登记

进出口货物收发货人应当按照规定到所在地海关办理报关单位注册登记手续。进出口货物收发货人申请办理注册登记，应当提交的文件材料包括企业法人营业执照副本复印件；对外贸易经营者登记备案表复印件；企业章程复印件；税务登记证书副本复印件；银行开户证明复印件；组织机构代码证书副本复印件；报关单位情况登记表、报关单位管理人员情况登记表；其他有关材料。

注册地海关依法对申请注册登记材料进行审核。审核通过，由注册地海关核发中华人民共和国海关进出口货物收发货人报关注册登记证书（以下简称“收发货人登记证书”）。进出口货物收发货人凭此办理报关业务。

（三）报关企业注册登记

报关服务是一项专业性、技术性很强的工作，是进出口贸易中重要的中介服务环节。报关企业作为提供报关服务的企业，要有一定的经营规模、相当数量的报关专业人员和有经验的管理人员，并具备健全的组织机构和财务管理制度。为此，海关对报关企业规定了更为具体的设立条件。报关企业注册登记前，应首先依法获得报关企业注册登记许可。

1. 报关企业注册登记许可

(1) 报关企业的设立条件

报关企业注册登记许可应当具备的条件包括：① 具备境内企业法人资格条件；② 企业注册资本不低于人民币150万元；③ 健全的组织机构和财务管理制度；④ 报关员人数不少于5名；⑤ 投资者、报关业务负责人、报关员均无走私记录；⑥ 报关业务负责人具有5年以上从事对外贸易工作经验或者报关工作经验；⑦ 无因走私违法行为被海关撤销注册登记许可的记录；⑧ 有符合从事报关服务所必需的固定经营场所和设施。

(2) 报关企业注册登记许可程序

① 报关企业注册登记许可申请。申请报关企业注册登记许可的申请人应当到所在地直属海关对外公布受理申请的场所向隶属海关提出申请。申请材料包括报关企业注册登记许可申请书；企业法人营业执照副本或者企业名称预先核准通知书复印件；企业章程；出资证明文件复印件；所聘报关从业人员的报关员资格证书复印件；从事报关服务业可行性研究报告；报关业务负责人工作简历；报关服务营业场所所有权证明、租赁证明。申请人可以委托代理人提出注册登记许可申请。申请人委托代理人代为提出申请的，应当出具授权委托书。

② 隶属海关受理申请后，于受理注册登记许可申请之日起20日内审查完毕，将审查意见和全部申请材料报送直属海关。直属海关应当自收到接受申请的海关报送的审查意见之日起20日内做出决定。

③ 行政许可的作出。申请人的申请符合法定条件的，海关应当依法做出准予注册登记许可的书面决定，并通知申请人。

(3) 报关企业跨关区分支机构注册登记许可

报关企业如需要在注册登记许可区域外(另一直属海关关区)从事报关服务的，应当依法设立分支机构，并且向拟注册登记地海关递交报关企业分支机构注册登记许可申请。

申请分支机构注册登记许可的报关企业(本部)应当符合的条件包括：① 报关企业自取得海关核发的报关企业登记证书之日起满 2 年；② 报关企业自申请之日起最近两年未因走私受过处罚。同时，报关企业每申请一项跨关区分支机构注册登记许可，应当增加注册资本人民币 50 万元。

报关企业跨关区设立的分支机构(分公司)拟取得注册登记许可的，应当具备以下条件：① 符合境内企业法人分支机构设立条件；② 报关员人数不少于 3 名；③ 有符合从事报关服务所必需的固定经营场所和设施；④ 分支机构负责人应当具有 5 年以上从事对外贸易工作经验或者报关工作经验；⑤ 报关业务负责人、报关员均无走私行为记录。

海关比照报关企业注册登记许可程序规定做出是否准予跨关区分支机构注册登记许可的决定。

(4) 报关企业及其跨关区分支机构注册登记许可期限

报关企业及其跨关区分支机构注册登记许可期限均为 2 年。被许可人需要延续注册登记许可有效期的，应当办理注册登记许可延续手续。

(5) 报关企业注册登记许可的变更和延续

报关企业及其分支机构注册登记许可如有企业名称及其分支机构名称、企业注册资本、法定代表人(负责人)变更的，应以书面形式到注册地隶属海关申请变更注册登记许可。隶属海关初审后上报直属海关决定。直属海关依法审查通过后，做出准予变更决定。报关企业及其分支机构凭直属海关的变更决定到相关管理部门办理变更手续。

报关企业及其分支机构注册登记许可需要进行延续的，应当在有效期届满 40 日前向海关提出延续申请并递交海关规定的材料，延续的有效期为 2 年。

(6) 报关企业注册登记许可的注销

有下列情形之一的，海关应当依法注销注册登记许可。

① 有效期届满未延续的。

② 报关企业依法终止的。

③ 注册登记许可依法被撤销、撤回，或者注册登记许可证件被吊销的。

④ 因不可抗力导致注册登记许可事项无法实施的。

(7) 报关企业注册登记许可的撤销

有下列情形之一的，直属海关可以撤销注册登记许可。

① 海关工作人员滥用职权、玩忽职守做出准予注册登记许可决定的。

② 超越法定职权做出准予注册登记许可决定的。

③ 违反法定程序做出准予注册登记许可决定的。

④ 对不具备申请资格或者不符合法定条件的申请准予注册登记许可的。

⑤ 被许可人以欺骗、贿赂等不正当手段取得注册登记许可的。

海关依照规定撤销注册登记许可，可能对公共利益造成重大损害的，不予撤销。

2. 报关企业注册登记

报关企业申请人经直属海关注册登记许可后，应当到工商行政管理部门办理许可经营项目登记，并且自工商行政管理部门登记之日起 90 日内到企业所在地海关办理注册登记手续。逾期，海关不予注册登记。

申请材料包括直属海关注册登记许可文件复印件；企业法人营业执照副本复印件（分支机构提交营业执照）；税务登记证书副本复印件；银行开户证明复印件；组织机构代码证书副本复印件；报关单位情况登记表、报关单位管理人员情况登记表；报关企业与所聘报关员签订的用工劳动合同复印件；其他文件材料。

注册地海关审核通过后核发中华人民共和国报关企业注册登记证书（以下简称报关企业登记证书）。

（四）报关单位注册登记证书的时效及换证管理

1. 报关单位注册登记证书的时效

收发货人登记证书的有效期限为 3 年，报关企业登记证书的有效期限为 2 年。

2. 报关单位注册登记换证手续

进出口货物收发货人应当在收发货人登记证书有效期届满前 30 日到注册地海关办理换证手续。

报关企业应当在办理注册登记许可延期的同时办理换领报关企业登记证书手续。

（五）报关单位注册登记的变更和注销

1. 注册登记的变更

进出口货物收发货人单位名称、企业性质、企业住所、法定代表人（负责人）等海关注册登记内容发生变更的，应当自批准变更之日起 30 日内，向注册地海关提交变更后的工商营业执照或者其他批准文件及复印件，办理变更手续。

报关企业名称及其分支机构名称、企业注册资本、法定代表人有变更的，首先到注册地海关办理注册登记许可的变更手续，并到工商行政管理部门办理营业执照变更，然后自批准变更之日起 30 日内，回到原注册地海关提交新的工商营业执照或者其他批准文件及复印件，办理注册登记变更手续。

2. 注册登记的注销

报关单位有下列情形之一的，应当以书面形式向注册地海关报告。海关在办结有关手续后，依法办理注册登记的注销手续。

（1）破产、解散、自行放弃报关权或者分立成两个以上新企业的。

（2）被工商行政管理部门注销登记或吊销营业执照的。

（3）丧失独立承担责任能力的。（可选）

（4）报关企业丧失注册登记许可的。（可选）

（5）进出口货物收发货人的对外贸易经营者备案登记表或者外商投资企业批准证书失效的。

二、报关单位的报关行为规则

(一) 进出口货物收发货人的报关行为规则

进出口货物收发货人在海关办理注册登记后,可以在中华人民共和国关境内的各个口岸或者海关监管业务集中的地点办理本单位的报关业务,但不能代理其他单位报关。进出口货物收发货人自行办理报关业务时,应当通过本单位所属的报关员向海关办理。

进出口货物收发货人可以委托海关准予注册登记的报关企业,由报关企业所属的报关员代为办理报关业务,但不得委托未取得注册登记许可、未在海关办理注册登记的单位或者个人办理报关业务。

进出口货物收发货人办理报关业务时,向海关递交的纸质进出口货物报关单必须加盖本单位在海关备案的报关专用章。

进出口货物收发货人应对其所属报关员的报关行为承担相应的法律责任。进出口货物收发货人所属的报关员离职,报关员未按规定办理报关员注册注销的,进出口货物收发货人应当自报关员离职之日起 7 日内向海关报告并将报关员证件交注册地海关予以注销;报关员未交还报关员证件的,其所在单位应当在报刊上声明作废,并向注册地海关办理注销手续。

(二) 报关企业的报关行为规则

1. 报关企业报关服务的地域范围

报关企业可以在依法取得注册登记许可的直属海关关区内各口岸或者海关监管业务集中的地点从事报关服务,但是应当在拟从事报关服务的口岸地或者海关监管业务集中的地点依法设立分支机构,并且在开展报关服务前按规定向直属海关备案。

报关企业如需要在注册登记许可区域以外从事报关服务的,应当依法设立分支机构,并且向拟注册登记地海关申请报关企业分支机构注册登记许可。报关企业分支机构经海关依法准予注册登记许可的,向海关办理注册登记后,可在所在地口岸或者海关监管业务集中的地点从事报关服务。报关企业对其分支机构的行为承担法律责任。

2. 报关企业从事报关服务应当履行的义务

(1) 报关企业应当与委托方签订书面的委托协议,委托协议应当载明受托报关企业名称、地址、委托事项、双方责任、期限、委托人的名称和地址等内容,由双方签章确认。

(2) 报关企业接受进出口货物收发货人的委托办理报关手续时,应当承担对委托人所提供情况的真实性、完整性进行合理审查的义务。审查内容包括证明进出口货物的实际情况的资料,如进出口货物的品名、规格、用途、产地、贸易方式等;有关进出口货物的合同、发票、运输单据、装箱单等商业单据;进出口所需的许可证件及随附单证;海关要求的加工贸易手册(纸质或电子数据)。报关企业未对进出口货物收发货人提供情况的真实性、完整性履行合理审查义务或违反海关规定申报的,应当承担相应的法律责任。

(3) 报关企业不得以任何形式出让其名义,供他人办理报关业务。

3. 其他规则

(1) 报关企业办理报关业务时,向海关递交的纸质进出口货物报关单必须加盖本单位在海关备案的报关专用章。报关企业的报关专用章仅限在其标明的口岸地或者海关监管业务集中地使用，每一口岸地或者海关监管业务集中地报关专用章应当只有 1 枚。

（2）报关企业应对其所属报关员的报关行为承担相应的法律责任。报关企业所属的报关员离职，报关员未按规定办理报关员注册注销的，报关企业应当自报关员离职之日起 7 日内向海关报告并将报关员证件交注册地海关予以注销；报关员未交还报关员证件的，其所在单位应当在报刊上声明作废，并向注册地海关办理注销手续。

三、海关对报关单位的分类管理

海关将报关单位按照 AA 类、A 类、B 类、C 类、D 类 5 个管理类别进行管理。其中，AA 类企业为经海关验证的信用突出企业，A 类企业为信用良好企业，它们适用相应的通关便利措施；B 类企业为信用一般企业，适用常规管理措施；C 类企业为信用较差企业，D 类企业为信用很差企业，它们适用严密监管措施。

海关根据企业遵守法律、行政法规、海关规章、相关廉政规定和经营管理状况，以及海关监管、统计记录等，设置 AA 类、A 类、B 类、C 类、D 类 5 个管理类别，对有关企业进行评估、分类，并对企业的管理类别予以公开。海关总署按照守法便利原则，对适用不同管理类别的企业，制定相应的差别管理措施，其中 AA 类和 A 类企业适用相应的通关便利措施，B 类企业适用常规管理措施，C 类和 D 类企业适用严密监管措施，具体内容如表 3-1 所示。

表 3-1 报关单位分类管理标准

进出口货物收发货人	报关企业
AA 类（应当同时符合下列主要条件）	
① 符合 A 类管理条件，已适用 A 类管理 1 年以上； ② 上一年度进出口报关差错率在 3%以下	① 符合 A 类管理条件，已适用 A 类管理 1 年以上； ② 上一年度进出口报关差错率在 3%以下； ③ 上一年度代理申报的进出口报关单及进出境备案清单总量在 2 万票（中西部 5 000 票）以上
A 类（应当同时符合下列主要条件）	
① 已适用 B 类管理 1 年以上；	① 已适用 B 类管理 1 年以上；
② 连续 1 年无走私罪、走私行为、违反海关监管规定的行为；	② 企业及所属执业报关员连续 1 年无走私罪、走私行为、违反海关监管规定的行为；
③ 连续 1 年未因进出口侵犯知识产权货物而被海关行政处罚；	③ 连续 1 年代理报关的货物未因侵犯知识产权而被海关没收，或者虽被没收但对该货物的知识产权状况履行了合理审查义务；
④ 连续 1 年无拖欠应纳税款、应缴罚没款项等事；	④ 连续 1 年无拖欠应纳税款、应缴罚没款项等事；
⑤ 上一年度进出口总值 50 万美元以上；	⑤ 上一年度代理申报的进出口报关单及进出境备案清单等总量在 3 000 票以上；
⑥ 上一年度进出口报关差错率在 5%以下；	⑥ 上一年度代理申报的进出口报关差错率在 5%以下；
⑦ 按照规定办理进出口货物收发货人报关注册登记证书的换证手续和相关变更手续；	⑦ 按照规定办理《进出口货物收发货人报关注册登记证书》的换证手续和相关变更手续；
⑧ 连续 1 年在商务、人民银行、工商、税务、质检、外汇、监察等行政管理部门和机构无不良记录	⑧ 连续 1 年在商务、人民银行、工商、税务、质检、外汇、监察等行政管理部门和机构无不良记录

续表

进出口货物收发货人	报关企业
C类(有下列情形之一的)	
① 有走私行为的； ② 1年内有3次以上违反海关监管规定行为,且违规次数超过上一年度报关单及进出境备案清单总票数1‰的,或者1年内因违反海关监管规定被处罚款累计总额人民币100万元以上的； ③ 1年内有2次因进出口侵犯知识产权货物而被海关处行政处罚的； ④ 拖欠应纳税款、应缴罚没款项人民币50万元以下的	① 有走私行为的； ② 1年内有3次以上违反海关监管规定的行为,或者1年内因违反海关监管规定被处罚款累计总额人民币50万元以上的； ③ 1年内代理报关的货物因侵犯知识产权而被海关没收达2次且未尽合理审查义务的； ④ 拖欠应纳税款、应缴罚没款项人民币50万元以下的； ⑤ 上一年度代理申报的进出口报关差错率在10%以上的； ⑥ 代理报关的货物涉嫌走私、违反海关监管规定拒不接受或者拒不协助海关进行调查的； ⑦ 被海关暂停从事报关业务的
D类(有下列情形之一的)	
① 有走私罪的； ② 1年内有2次以上走私行为的； ③ 1年内有3次以上因进出口侵犯知识产权货物而被海关行政处罚的； ④ 拖欠应纳税款、应缴罚没款项人民币50万元以上的	① 有走私罪的； ② 1年内有2次以上走私行为的； ③ 1年内代理报关的货物因侵犯知识产权而被海关没收达3次以上且未尽合理审查义务的； ④ 拖欠应纳税款、应缴罚没款项人民币50万元以上的
B类(未发生C类和D类所列情形并符合下列条件之一的	
① 首次注册登记的； ② 首次注册登记后,管理类别未发生调整的； ③ AA类企业不符合原管理类别适用条件,并且不符合A类管理类别适用条件的； ④ A类企业不符合原管理类别适用条件的	① 首次注册登记的； ② 首次注册登记后,管理类别未发生调整的； ③ AA类企业不符合原管理类别适用条件,并且不符合A类管理类别适用条件的； ④ A类企业不符合原管理类别适用条件的

四、报关单位的海关法律责任

报关单位的海关法律责任是指报关单位违反海关法律规范所应承担的法律后果,并由海关及有关司法机关对其违法行为依法予以追究,实施法律制裁。《海关法》、《中华人民共和国海关行政处罚实施条例》和有关海关行政规章等都对报关单位的法律责任进行了规定。《中华人民共和国行政处罚法》也都适用于对报关单位海关法律责任的追究。具体内容可参见海关总署网站海关法规栏目。

理论解读3-1

报关单位注册登记及报关权限总结如表 3-2 所示。

表 3-2 报关单位注册登记及报关权限总结

报关单位类型	报关注册登记许可	报关注册登记	报关权限
贸易性进出口货物收发货人	无	向企业所在地海关办理注册登记	在我国关境内各个口岸或业务集中地，办理本企业报关业务（自理报关）
非贸易性进出口货物收发货人	无	向拟进出境口岸或业务集中地海关办理临时注册登记	临时注册地口岸或业务集中地办理非贸易性进出口报关业务
报关企业	需要向所在地海关办理注册登记许可	向企业所在地海关办理注册登记（关区内各口岸建立分支机构的须向直属海关备案）	可以在直属海关关区内各口岸或业务集中地从事代理报关
	跨关区分支机构向拟注册登记海关办理注册登记许可	向跨关区分支机构所在地海关办理注册登记	可以在所在地口岸或业务集中地从事代理报关业务

理论解读3-2

报关企业与跨关区分支机构办理注册登记许可手续的异同如表 3-3 所示。

表 3-3 报关企业与跨关区分支机构办理注册登记许可手续的异同

项目	报关企业（本部）注册登记许可手续	报关企业跨关区分支机构注册登记许可手续	注册登记手续
申请许可前提	无	① 报关企业自取得海关核发的报关企业登记证书之日起满 2 年★； ② 报关企业自申请之日起最近两年未因走私受过处罚； ③ 每申请一项跨关区分支机构注册登记许可，应当增加注册资本人民币 50 万元★	

续表

项目	报关企业(本部) 注册登记许可手续	报关企业跨关区分支机构 注册登记许可手续	注册登记手续
主要设立条件	① 具备境内企业法人资格; ② 注册资本不低于人民币150万元★; ③ 报关员人数不少于5名★; ④ 报关业务负责人具有5年以上从事外贸或报关工作经验★; ⑤ 投资者、报关业务负责人、报关员均无走私记录; ⑥ 无因走私违法行为被海关撤销注册登记许可的记录	① 具备境内企业法人分支机构设立条件; ② 报关员人数不少于3名★; ③ 分支机构负责人应当具有5年以上从事外贸或报关工作经验★; ④ 报关业务负责人、报关员均无走私行为记录	
申请主要提交材料	① 报关企业注册登记许可申请书; ② 法人营业执照副本; ③ 所聘报关从业人员的报关员资格证书复印件; ④ 从事报关服务业可行性研究报告; ⑤ 报关业务负责人工作简历	① 报关企业跨关区分支机构注册登记许可申请书; ② 报关企业登记证书★; ③ 分支机构从事报关服务业可行性研究报告; ④ 拟聘报关从业人员的报关员资格证书复印件★; ⑤ 分支机构负责人等工作简历; ⑥ 由报关企业所属直属海关出具的符合申请分支机构的证明材料	① 直属海关注册登记许可文件复印件★; ②《法人营业执照》副本; ③ 报关单位情况登记表★; ④ 报关单位管理人员情况登记表★; ⑤ 报关企业与所聘报关员签订的劳动合同复印件
基本程序	报关企业注册登记许可申请 海关对申请的处理 海关对申请的审查 海关依法做出行政许可决定	海关比照报关企业注册登记许可程序规定做出行政许可	

注:★代表重点,为方便记忆,本表罗列的是部分重要的申请材料,注意横向比较各自差别。

理论解读3-3

1. 报关企业注册登记许可与注册登记的先后关系

报关企业注册登记许可与注册登记流程如图 3-1 所示。

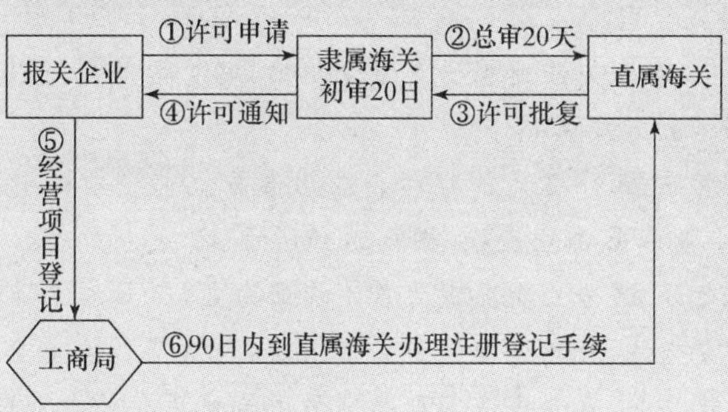

图 3-1　报关企业注册登记许可与注册登记流程

2. 报关单位的限时、限额归纳总结

报关单位的限时、限额归纳总结如表 3-4 所示。

表 3-4　报关单位的限时、限额归纳总结

项　　目	限时或限额规定
报关企业注册资本	报关企业(本部)注册资金需 150 万元
	报关企业每申请一个异地分支机构需增加 50 万元
报关员人数	报关企业(本部),不少于 5 名
	异地分支机构,不少于 3 名
报关企业负责人资历	5 年以上外贸或报关工作经验
海关对申请注册登记许可的审查时限	受理海关：20 日内
	直属海关：20 日
报关注册登记许可及延期的期限	报关企业(本部)及其异地分支机构： ① 有效期均为 2 年； ② 延续申请均应在有效期届满 40 日前； ③ 延续许可的有效期均为 2 年
报关企业申请异地分支机构注册登记许可的期限	报关企业(本部)自取得报关企业登记证书之日起满 2 年
报关注册登记的时效	收发货人登记证书有效期 3 年
	报关企业登记证书有效期 2 年
报关注册登记证书换证的期限	收发货人登记证书有效期届满前 30 日
	报关企业登记证书有效期届满 40 日前
报关注册登记的变更	收发货人自批准变更之日起 30 日内
	报关企业先取得变更注册登记许可后,后自批准变更之日起 30 日内

理论解读3-4

1. 报关单位分类管理措施的实施

(1) AA类或A类企业涉嫌走私的，海关暂停其与管理类别相应的管理措施；暂停期内，按照B类企业实施管理。

(2) 企业仅名称或者海关注册编码发生变化的，其管理类别可以继续适用，但是有下列情形之一的，按照下列方式调整。

① 企业发生存续分立，分立后的存续企业承继分立前企业的管理类别，其余的分立企业视为首次注册企业即B类企业，如图3-2(a)所示。

② 企业发生解散分立，分立企业视为首次注册企业，即B类企业，如图3-2(b)所示。

③ 企业发生新设合并，合并企业视为首次注册企业，即B类企业，如图3-2(c)所示。

④ 企业发生吸收合并，合并企业管理类别适用合并后存续企业的管理类别，如图3-2(d)所示。

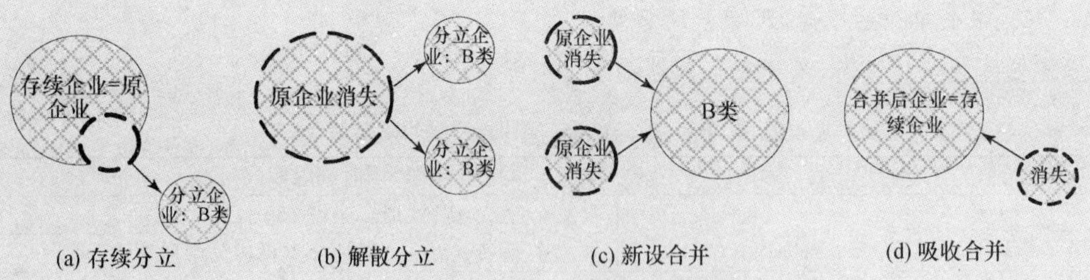

图3-2 报关单位分类管理措施的实施

(3) 在代理报关业务中，会出现以下情况。

① 进出口货物收发货人和报关企业如均为B类及以上的，办理报关业务，海关按照报关企业类别管理；

② 如果两者均为C类或者D类，海关按照较低类别管理。

(4) 在加工贸易中，经营企业和加工企业如果管理类别不一致的，海关按照较低类别管理。

2. 届满40日前和届满前30日的区别

报关企业注册登记许可延期，应当在有效期2年到期40日前向海关申请，因为隶属海关初审需20日，直属海关总审需20日，因此需预留40日给海关审核。收发货人注册登记有效期3年到期前30日向海关申请，不需要预留时间给海关审核。

知识点关联图

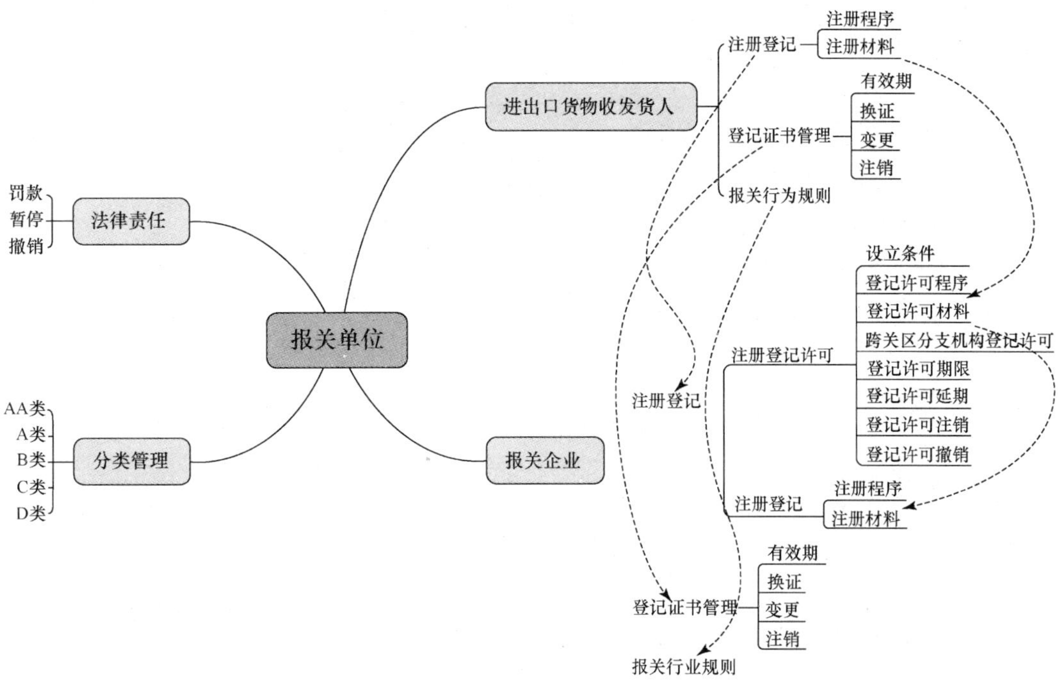

精 选 习 题

一、单项选择题

1. 下列不属于报关单位的是(　　)。
   A. 经海关批准在海关临时注册登记的境内某大学
   B. 在海关注册登记的经营进出境快件业务的某快递公司
   C. 在海关注册登记的某外商投资企业
   D. 在海关注册登记的经营转关运输货物境内运输业务的某承运人
2. 西安某具有对外贸易经营权的进出口企业,常年在西安、上海、深圳口岸进出口货物,该企业应(　　)。
   A. 在西安向海关申请办理报关注册登记手续
   B. 在上海向海关申请办理报关注册登记手续
   C. 在深圳向海关申请办理报关注册登记手续

D. 在西安向海关申请办理报关注册登记手续，并分别在上海、深圳向海关办理分支机构注册登记手续

3. AA类报关企业被海关暂停从事报关业务的，其企业管理类别应当调整为(　　)。

A. A类　　B. B类　　C. C类　　D. D类

4. 报关企业(　　)，不得申请设立跨关区分支机构。

A. 上一年度代理申报的进出口报关差错率达15%的

B. 拖欠应纳税款人民币5万元的

C. 1年内因违规被处罚达人民币100万元的

D. 2年内有1次走私行为的

5. 某报关公司已适用海关B类管理2年，其上一年度进出口报关单差错率为8%，则海关在调整企业管理类别时(　　)。

A. 可调整为C类企业　　B. 可调整为A类企业

C. 不作调整，仍为B类企业　　D. 可调整为AA类企业

6. 在1年内，某AA类报关企业所属1名报关员因工作中未对委托人所提供情况的真实性进行审查，致使货物数量申报不实，被海关暂停3个月报关执业，按照对报关单位分类管理规定，该企业的管理类别(　　)。

A. 不作调整　　B. 调整为A类

C. 调整为B类　　D. 调整为C类

二、多项选择题

1. 某进出口企业报关员因遗失加工贸易手册，妨碍了海关进行后续监管，对此海关可以实施的行政处罚包括(　　)。

A. 对企业予以警告　　B. 对责任报关员予以警告

C. 对责任报关员一次记20分　　D. 对企业主管人员予以警告

2. (　　)，海关应注销其注册登记。

A. 具有报关权的公司分立成两个新的公司的

B. 报关企业在全国设立多家分支机构的

C. 进出口贸易公司自行放弃报关权的

D. 报关企业的工商营业执照被吊销的

3. 在海关注册登记的某进出口公司自行进口货物，可以(　　)办理报关手续。

A. 由企业自身的报关员　　B. 委托其他进出口公司

C. 委托国际货运代理公司　　D. 委托报关行

4. 报关企业(　　)，海关可以暂停其从事报关业务。

A. 构成走私犯罪的

B. 损坏海关监管货物，不能提供正当理由的

C. 向海关工作人员行贿的

D. 拒绝履行纳税义务的

5. A公司代理B公司报关时，因B公司所提供情况失实，A公司对B公司所提供情况也未进行合理审查，影响了国家出口退税管理，海关(　　)。

A. 对B公司主管人员予以警告,并处罚款

B. 对A公司的报关员可以暂停其执业

C. 对B公司处以罚款

D. 可以对A公司处以罚款,暂停其从事报关业务

6. 进出口货物收发货人进出口货物,可以( )。

A. 经海关注册登记后自理报关

B. 委托报关公司代理报关

C. 委托已经海关注册登记的货代公司代理报关

D. 委托已经海关注册登记的其他进出口货物收发货人代理报关

三、判断题

1. 某进出口公司为首次注册登记企业,海关对其按A类企业实施企业管理。 ( )

2. 查缉走私是海关依照法律赋予的权力,在海关监管场所和海关附近的沿海沿边规定地区,为发现、制止、打击综合治理走私活动而进行的一种调查和惩处活动。( )

3. 报关企业在依法取得注册登记许可的直属海关关区内各口岸从事报关服务,应当在拟从事报关服务的口岸地依法设立分支机构,并向拟注册地海关申请报关企业分支机构注册登记许可。 ( )

4. 报关企业对其跨关区分支机构的报关行为不承担法律责任。 ( )

第四章　海关基础知识

第一节　海关监管

一、我国海关的性质与任务

《海关法》规定："中华人民共和国海关是国家的进出关境监督管理机关。"

（一）海关的性质

1. 海关是国家行政机关

我国的国家机关包括享有立法权的立法机关、享有司法权的司法机关和享有行政管理权的行政机关。海关是行政机关，从属于国家行政管理体制。海关总署是中国海关的领导机关，是国务院的直属机构。

2. 海关是国家进出境监督管理机关

海关履行国家行政制度的监督职能，是国家宏观管理的一个重要组成部分。海关依照有关法律、行政法规并通过法律赋予的权力，制定具体的行政规章和行政措施，对特定领域的活动开展监督管理，以保证其按国家的法律规范进行。

3. 海关的监督管理是国家行政执法活动

海关通过法律赋予的权力，对特定范围内的社会经济活动进行监督管理，并对违法行为依法实施行政处罚，以保证这些社会经济活动按照国家的法律规范进行。因此，海关的监督管理是保证国家有关法律、法规实施的行政执法活动。海关执法的依据是《海关法》和其他有关法律、行政法规。

（二）海关的任务

1. 监管

海关监管是指海关运用国家赋予的权力，通过一系列管理制度与管理程序，依法对进出境货物、运输工具、物品的进出境活动所实施的行政管理。海关监管不是海关监督管理的简称，而海关监督管理则是海关全部行政执法活动的统称。

2. 征税

海关征税工作的基本法律依据是《海关法》、《中华人民共和国进出口关税条例》（以下简称《关税条例》）及其他有关法律、行政法规。征税工作包括征收进出口关税和进口环节海关代征税（增值税和消费税）。关税的征收主体是国家，《海关法》明确将征收关税的权力授予海关，由海关代表国家行使征收关税的职能。关税的课税对象是进出口货物、进出境物品。

3. 缉私

查缉走私是海关为保证顺利完成监管和征税等任务而采取的保障措施。查缉走私是指海关依照法律赋予的权力，在海关监管场所和海关附近的沿海沿边规定地区，为发现、制止、打击、综合治理走私活动而进行的一种调查和惩处活动。《海关法》规定："国家实行联合缉私、统一处理、综合治理的缉私体制。"

根据我国的缉私体制，除了海关以外，公安、工商、税务、烟草专卖等部门也有查缉走私的权力，但这些部门查获的走私案件，必须按照法律规定，统一处理。各有关行政部门查获的走私案件，应当给予行政处罚的，移送海关依法处理；涉嫌犯罪的，应当移送海关侦查走私犯罪公安机构或地方公安机关依据案件管辖分工和法定程序办理。

4. 统计

我国海关的统计制度规定，实际进出境并引起境内物质存量增加或者减少的货物，列入海关统计；进出境物品超过自用、合理数量的，列入海关统计。对于部分不列入海关统计的货物和物品，则根据我国对外贸易管理和海关管理的需要，实施单项统计。

案例阅读

风险管理顾问扭转败局

2001年在美国纽约上市的某世界著名公司在苏州的独资计算机生产企业（年出口值达100亿元），由于对中国通关法规理解失误，企业报关员经理、财务经理、仓储经理、运输经理、生产经理、采购经理、物流经理、总裁都不太了解中国海关法律、条例、政策和通关物流流程，因而主观推断海关的法规，以致没有人能跟海关解释清楚产品内销、转厂、转关的通关物流这些复杂的细节。

有证据显示，该企业的通关手续模糊不清，有重大走私嫌疑。南京海关怀疑企业偷逃关税6000万元，企业面临海关要抓人、封厂、封账、冻结银行账户、封仓、扣货等一系列的危机。当时的苏州工业园区管委会经发局局长、苏州市副市长、江苏省副省长都感到棘手，爱莫能助。该公司在纽约的股票价值也面临严重危机，一旦危机突发，企业损失何止上亿！

最后，该企业找到通关顾问，由于顾问精通通关法规、海关业务流程的各个细节，熟悉各种人际关系，第一时间与海关沟通，最后海关接受企业（通关顾问代表企业）提出的解决方案，危机得到化解，挽回了巨额经济损失。

专家建议：

（1）规范企业报关流程，实施通关物流和风险管理；

（2）及时审查进出口和核销情况；

（3）加强报关单证及企业印章的管理；

(4) 企业高层及生产、储运、采购、财务、人事等部门负责人都应学习海关法规、政策;
(5) 严格报关员的招聘,加强报关员的管理和培训;
(6) 外聘通关管理顾问,及时与海关沟通,监理通关物流事务。

(资料来源:http://www.51cus.com/)

二、海关的权力

海关权力是指国家为保证海关依法履行职责,通过《海关法》和其他法律、行政法规赋予海关的对进出境运输工具、货物、物品的监督管理权能。海关权力属于公共行政职权,其行使受一定范围和条件的限制,并应当接受执法监督。

(一) 海关权力的内容

1. 检查权

海关有权检查进出境运输工具;检查有走私嫌疑的运输工具和有藏匿走私货物、物品嫌疑的场所,检查走私嫌疑人的身体。

海关对进出境运输工具的检查不受海关监管区域的限制;对走私嫌疑人身体的检查,应在海关监管区和海关附近沿海沿边规定地区(以下简称"两区")内进行;对于有走私嫌疑的运输工具和有藏匿走私货物、物品嫌疑的场所,在两区内,海关人员可直接检查,超出这个范围,在调查走私案件时,须经海关关长批准,才能进行检查,但不能检查公民住处。

2. 查阅、复制权

查阅进出境人员的证件,查阅、复制与进出境运输工具、货物、物品有关的合同、发票、账册、单据、记录、文件、业务函电、录音录像制品和其他有关资料。

3. 查问权

海关有权对违反《海关法》或者其他有关法律、行政法规的嫌疑人进行查问,调查其违法行为。

4. 查验权

海关有权查验进出境货物、行李物品和邮递物品。海关查验货物认为必要时,可以径行提取货样。

5. 查询权

海关在调查走私案件时,经海关关长批准,可以查询案件涉嫌单位和涉嫌人员在金融机构、邮政企业的存款、汇款。

6. 稽查权

海关在法律规定的年限内(自进出口货物放行之日起3年内或者在保税货物、减免税进口货物的海关监管期限内及其后的3年内),对企业进出境活动及进出口货物有关的账务、记账凭证、单证资料等有权进行稽查。

7. 行政强制权

海关行政强制,包括行政强制措施和行政强制执行。

(1) 行政强制措施是指海关为制止违法行为、防止证据损毁、避免危害发生、控制危险扩大等情形,依法对公民的人身自由实施暂时性限制,或者对公民、法人或其他组织的财物实施暂时性控制的行为。

① 限制公民人身自由。在两区内,对走私犯罪嫌疑人,经海关关长批准,可以扣留,扣留时间不得超过 24 小时,在特殊情况下可以延长至 48 小时。

个人违抗海关监管逃逸的,海关可以连续追至两区外,将其带回。

受海关处罚的当事人在出境前未缴清罚款、违法所得和依法追缴的货物、物品、走私运输工具的等值价款,又未提供担保的,海关可以通知出境管理机关阻止其出境。

② 扣留财物。对违反《海关法》或者其他有关法律、行政法规的进出境运输工具、货物和物品及与之有关的合同、发票、账册、单据、记录、文件、业务函电、录音录像制品和其他资料,可以扣留。

在两区内,对有走私嫌疑的运输工具、货物、物品和走私犯罪嫌疑人,经关长批准,可以扣留。

在两区外,对其中有证据证明有走私嫌疑的运输工具、货物、物品,可以直接扣留。

有违法嫌疑的货物、运输工具、物品无法扣留的,当事人又未提供等值担保的,海关可以扣留当事人等值的其他财产。

纳税义务人在规定的纳税期限内有明显的转移、藏匿其应税货物及其他财产迹象的,海关可以责令其提供担保,如不能提供纳税担保的,海关可以采取两种税收保全措施。如不能使用通知当事人开户银行暂停支付相当于应纳税款的存款方式实施税收保全时,则可以扣留其价值相当于应纳税款的货物或者其他财产。

纳税义务人、担保人自规定的纳税期限届满之日起超过 3 个月未缴纳税款的,经关长批准,海关可以扣留其价值相当于应纳税款的货物或者其他财产。

对涉嫌侵犯知识产权的货物,海关可以依法扣留。

③ 冻结存款、汇款。纳税义务人在规定的纳税期限内有明显的转移、藏匿其应税货物及其他财产迹象的,海关可以责令其提供担保,如不能提供纳税担保的,海关可以采取两种税收保全措施:经关长批准,海关可以通知当事人开户银行暂停支付相当于应纳税款的存款;如不行,则行使扣留财物方式。

④ 封存货物或者账簿、单证。海关进行稽查时,发现被稽查人的进出口货物有违法嫌疑的,经关长批准,可以封存有关货物。

海关进行稽查时,发现被稽查人有可能篡改、转移、隐匿、毁弃账簿和单证的,经关长批准,在不妨碍被稽查人正常的生产经营活动的前提下,可以暂时封存其账簿、单证。

⑤ 其他强制措施。进出境运输工具违抗海关监管逃逸的,海关可以连续追至两区外,将其带回。对于海关监管货物,海关可以加施封志。

(2) 海关行政强制执行是指当事人不按照上述海关行政强制措施执行时,海关可以依法强制执行。

① 加收滞纳金。纳税义务人逾期缴纳税款的,海关强制征收滞纳金;纳税义务人违反规定造成少征或漏征税款的,海关可以强制追征并加征滞纳金。

② 强制扣缴税款。纳税义务人、担保人自规定的纳税期限届满之日起超过 3 个月未缴纳税款的,经关长批准,海关可以书面通知其开户银行从其暂停支付的存款中强制扣缴税款。

③ 强制抵缴、变价抵缴。当事人逾期不缴纳罚款的，又不申请复议或提起诉讼的，海关可以将其保证金抵缴或者将其被扣留的货物、运输工具物品依法变价抵缴。

纳税义务人自规定的纳税期限届满之日起超过3个月未缴纳税款的，经关长批准，海关可以依法变卖应税货物，或者变卖与税款等值的其他货物或财产，以变卖所得抵缴税款。

海关以扣留财物方式实施税收保全措施时，纳税义务人在规定纳税期限内未缴纳税款的，经关长批准，海关可以依法变卖所扣留货物，以变卖所得抵缴税款。

进口货物的收货人自运输工具申报进境之日起超过3个月未向海关申报的，其进口货物由海关提取依法变卖处理。

确属误卸或者溢卸的进境货物，原运输工具负责人或者货物的收发货人逾期未办理退运或者进口手续的，由海关提取依法变卖处理。

综上所述，对于行政强制权，海关先采取强制措施，如当事人仍不按照海关要求履行义务，则由海关强制执行，两者往往存在前后的对应关系。

8. 行政处罚权

海关有权对违法当事人予以行政处罚，包括对走私货物、物品及违法所得处以没收、对有走私行为和违反海关监管规定行为的当事人处以罚款、对有违法情事的报关企业和报关员处以暂停或取消报关资格的处罚等，具体内容参照报关员的法律责任。

第二节　海关法律体系及管理体制

一、我国海关的法律体系

海关法律体系根据制定的主体和效力的不同分为法律、行政法规、部门规章和规范性文件4个基本的组成部分。

（一）《海关法》

《海关法》于1987年1月22日由第六届全国人民代表大会常务委员会第十九次会议通过，同年7月1日起实施。2000年7月8日第九届全国人民代表大会常务委员会第十六次会议对《海关法》进行了较大范围的修改，修正后的《海关法》于2001年1月1日起施行。《海关法》是我国现行法律体系的重要组成部分，是管理海关事务的基本法律规范。

（二）行政法规

国务院根据《中华人民共和国宪法》和法律，制定行政法规。目前在海关管理方面主要的行政法规有《关税条例》、《中华人民共和国海关稽查条例》、《中华人民共和国知识产权海关保护条例》、《中华人民共和国海关行政处罚实施条例》、《中华人民共和国海关统计条例》、《中华人民共和国进出口货物原产地条例》等。

（三）海关行政规章

行政规章主要是由海关总署单独或会同有关部门制定的，是海关日常工作中引用数量最多、内容最广、操作性最强的法律依据，其效力等级低于法律和行政法规。海关行政规章以海关总署令的形式对外公布，如《报关员资格考试及资格证书管理办法》。

（四）规范性文件

规范性文件，是指海关总署及各直属海关按照规定程序制定的涉及行政管理相对人权利、义务具有普遍约束力的文件。海关总署制定的规范性文件要求行政管理相对人遵守或执行的，应当以海关总署公告形式对外发布，但不得设定对行政管理相对人的行政处罚。

二、海关的管理体制与组织机构

（一）海关的管理体制

《海关法》规定，“国务院设立海关总署，统一管理全国海关”，“海关依法独立行使职权，向海关总署负责”，将海关集中统一的垂直领导体制以法律的形式予以确立。《海关法》以法律形式明确了海关的设关原则：“国家在对外开放的口岸和海关监管业务集中的地点设立海关。”

（二）海关的组织机构

海关机构的设置为海关总署、直属海关和隶属海关三级。隶属海关由直属海关领导，向直属海关负责；直属海关由海关总署领导，向海关总署负责。

理论解读4-1

1. 征税的课税对象

进出口货物、进出境物品，不包括进出境运输工具。

2. 征税的主体和纳税义务人

征收主体是国家，纳税义务人是进出口货物收发货人、进出境物品所有人。

3. 检查权和扣留权

检查权和扣留权的总结如表4-1所示。

表4-1 检查权和扣留权总结

项目 权力	对象	行使范围		备注
		两区内	两区外	
检查权	进出境运输工具	不受限制		有匿藏走私嫌疑货物、物品的场所，即使关长批准，也不能检查公民住所
	走私嫌疑运输工具	不要关长批准	要关长批准	
	匿藏走私嫌疑货物、物品的场所			
	走私嫌疑人			
扣留权	合同、发票等资料	不受限制		
	走私嫌疑进出境运输工具、货物、物品	要关长批准	不要关长批准	
	走私犯罪嫌疑人	要关长批准		最长不超过24小时

4．各种权力的行使对象的异同

对货物和物品可以行使查验权和扣留权，对存款可以行使查询权，对运输工具可以行使检查权和扣留权，对嫌疑人可以行使检查权和扣留权，对场所则只能行使检查权。

5．需要关长批准的权力

(1) 检查有走私嫌疑的运输工具和匿藏走私货物、物品的场所，两区外需要关长批准。

(2) 扣留有走私嫌疑的运输工具、货物、物品和走私犯罪嫌疑人，两区内需要关长批准。

(3) 查询企业存款，需要关长批准。

(4) 超过3个月未纳税的，扣留价值相当的货物或其他财产，需关长批准。

(5) 冻结存款，需关长批准。

(6) 稽查时，封存货物、账簿、单证，需关长批准。

(7) 扣缴税款，需关长批准。

(8) 变卖应税货物、变卖扣留货物，需关长批准。

知识点关联图

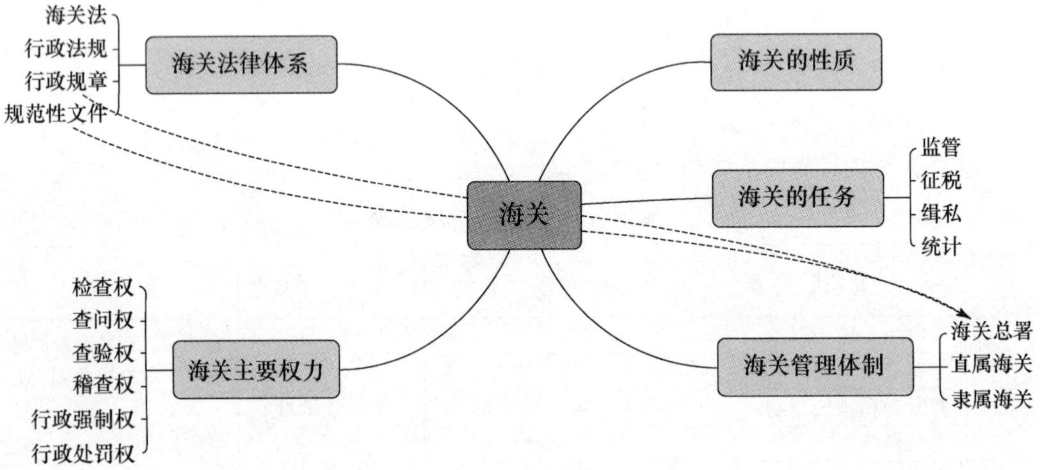

精选习题

一、单项选择题

1. （　　）以海关总署令的形式对外发布。
   A.《海关法》　B. 海关行政法规　C. 海关规章　D. 海关总署公告
2. 根据我国缉私体制，不具有查缉走私权力的单位是（　　）。
   A. 海关　B. 公安部门　C. 税务部门　D. 检察部门
3. 海关在对有走私嫌疑的运输工具和有藏匿走私货物、物品嫌疑的场所行使检查权时（　　）。
   A. 不能超出海关监管区和海关附近沿海沿边规定地区的范围
   B. 不受地域限制，但不能检查公民住处
   C. 在海关监管区和海关附近沿海规定地区，海关人员可直接检查；超出这个范围，只有在调查走私案件时，才能直接检查，但不能检查公民住处
   D. 在海关监管区和海关附近沿海规定地区，海关人员可直接检查；超出这个范围，只有在调查走私案件时，经直属海关关长或其授权的隶属海关关长批准才能进行检查，但不能检查公民住处
4. 海关规范性文件指由（　　）按照规定程序制定的对行政管理相对人权利、义务具有普遍约束力的文件。
   A. 全国人大常委、国务院
   B. 国务院、海关总署
   C. 海关总署、直属海关
   D. 直属海关、隶属海关

二、多项选择题

1. （　　）属于海关行政强制执行。
   A. 变价抵缴　B. 扣缴税款　C. 加收滞纳金　D. 扣留财物
2. 下列权力须经直属海关关长批准的是（　　）。
   A. 两区外，检查有走私嫌疑的运输工具和藏匿走私货物的场所
   B. 查询案件涉嫌单位在金融机构的存款
   C. 两区内，扣留有走私嫌疑的运输工具
   D. 通知纳税义务人开户银行暂停支付纳税义务人相当于应纳税款的存款
3. 检查权的行使对象包括（　　）。
   A. 进出境货物　B. 进出境运输工具
   C. 藏匿走私货物的场所　D. 进出境物品

三、判断题

1. 冻结纳税义务人存款属于行政强制执行。 ( )
2. 进口货物收货人自运输工具申报进境之日起超过3个月未向海关申报的，海关可以对其进口货物提取依法变卖处理。 ( )
3. 海关调查人员在调查走私案件时，可以径行查询案件涉嫌单位和涉嫌人员在金融机构、邮政企业的存款、汇款。 ( )
4. 查缉走私是海关依照法律赋予的权力，在海关监管场所和海关附近的沿海沿边规定地区，为发现、制止、打击综合治理走私活动而进行的一种调查和惩处活动。( )

第五章　对外贸易管制

第一节　对外贸易管制概述

一、基本框架

我国对外贸易管制制度由以下几个方面组成。

(1) 海关监管制度。

(2) 进出口许可制度。

(3) 关税制度。

(4) 出入境检验检疫制度。

(5) 贸易救济制度。

(6) 对外贸易经营者管理制度。

(7) 进出口货物收付汇管理制度。

我国对外贸易管制制度的主要内容可以概括为"单"、"证"、"备"、"检"、"核"、"救"6 个字。"单"表示报关单,"证"表示许可证件,"备"表示外贸经营者备案制度,"检" 表示出入境检验检疫制度,"核"表示外汇核销制度,"救"表示贸易救济措施。

二、法律体系

我国对外贸易管制是一种国家管制,所涉及的法律渊源只限于宪法、法律、行政法规、部门规章及相关的国际条约,不包括地方性法规、规章及民族自治地方的自治条例和单行条例。

我国目前所缔结或者参加的各类国际条约、协定,虽然不属于我国国内法的范畴,但就其效力而言可视为我国的法律渊源。

第二节　我国货物、技术进出口许可管理制度

一、禁止进出口管理

(一)《禁止进出口货物目录》管理

禁止进出口货物目录对比如表 5-1 所示。

表 5-1 禁止进出口货物目录对比

项目 批次	禁止进口货物目录(共 6 批)	禁止出口货物目录(共 5 批)
第 1 批	四氯化碳、犀牛角、虎骨、麝香	同禁止进口＋发菜、麻黄草
第 2 批	涉及安全的和环境保护的旧机电(如压力容器、电器、医疗设备、汽车、工程及车辆机械)	木炭
第 3 批	污染环境的固体废物(如废动物产品、废动植物油脂、矿类废料、废药物、废特种纸等)	长纤维青石棉、二噁英
第 4 批		硅砂、石英砂及其他天然砂
第 5 批		草炭
第 6 批	长纤维青石棉、二噁英	

(二) 法律、法规明令及其他原因禁止进出口

法律、法规明令及其他原因禁止进出口货物对比如表 5-2 所示。

表 5-2 法律、法规明令及其他原因禁止进出口货物对比

项目 类型	禁 止 进 口	禁 止 出 口
法律、法令禁止的	① 来自动植物疫区的动植物及其产品； ② 动植物病源及有害生物、动物尸体、土壤； ③ 带有违反“一个中国”原则内容的货物及其包装； ④ 以氯氟烃物质为制冷剂的家用电器及家用电器用压缩机； ⑤ 滴滴涕、氯丹等； ⑥ 莱克多巴胺和盐酸莱克多巴胺； ⑦ 列入《废弃电器电子产品目录》的电视机、电冰箱、空调、计算机等 5 类	① 未定名或新发现的野生植物； ② 原料血浆； ③ 野生红豆杉及其部分产品； ④ 劳改产品； ⑤ 以氯氟烃物质为制冷剂的家用电器及家用电器用压缩机； ⑥ 滴滴涕、氯丹等； ⑦ 莱克多巴胺和盐酸莱克多巴胺
其他原因禁止的	① 以 CFC-12 为制冷工质的汽车及汽车空调压缩机(含汽车空调器)； ② 旧服装； ③ Ⅷ因子制剂等血液制品； ④ 氯酸钾、硝酸铵	

(三) 禁止进出口技术管理

《中国禁止进口限制进口技术目录》和《中国禁止出口限制出口技术目录》所列明的技术禁止进出口。

二、限制进出口管理

(一) 限制进口管理

进口属于国家实行限制进口管理的货物、技术的报关单位必须申领相应的许可证件方可进口。

1. 限制进口货物管理

目前，我国限制进口货物管理方式分为许可证件管理和关税配额管理两种(如表 5-3 所示)。

表 5-3　限制进口货物管理方式比较

<table>
<tr><th>管理方式</th><th>证件名称</th><th>适用进口商品</th><th>签证部门</th><th>有效期</th></tr>
<tr><td rowspan="4">进口许可证件管理</td><td rowspan="2">进口许可证</td><td>① 消耗臭氧层物质(CFC-11,CFC-12)</td><td>地方发证机构(在京企业由配额许可证事务局签发)</td><td rowspan="2">1 年，若跨年度使用，最长不超过次年 3 月 31 日</td></tr>
<tr><td>②重点旧机电</td><td>配额许可证事务局</td></tr>
<tr><td>两用物项和技术进口许可证</td><td>① 监控化学品；
② 易制毒化学品；
③ 放射性同位素</td><td>配额许可证事务局和省级商务主管部门</td><td>1 年，若跨年度使用，最长不超过次年 3 月 31 日</td></tr>
<tr><td>其他进口许可证件</td><td colspan="3">包括固体废物进口、密码产品进口、音像制品进口等，以下展开说明</td></tr>
<tr><td rowspan="2">关税配额管理</td><td>农产品进口关税配额证</td><td>① 小麦、稻谷、大米、玉米、棉花；
② 食糖、羊毛、毛条</td><td>① 发改委；
② 商务部授权机构</td><td>1 年，当年有效，若跨年度使用，最长不超过次年 2 月底</td></tr>
<tr><td>化肥进口关税配额证</td><td>尿素、磷酸氢二铵、复合肥</td><td>商务部授权机构</td><td></td></tr>
</table>

2. 限制进口技术管理

进口属于限制进口的技术，应当向国务院商务主管部门提出技术进口申请，技术进口申请经批准的，由国务院商务主管部门签发中华人民共和国技术进口许可意向书，进口经营者取得技术进口许可意向书后，可以对外签订技术进口合同。进口经营者签订技术进口合同后，应当向国务院商务主管部门申请技术进口许可证。经审核符合发证条件的，由国务院商务主管部门颁发中华人民共和国技术进口许可证，企业持证向海关办理进口通关手续。

(二) 限制出口管理

出口属于国家实行限制出口管理的货物、技术的报关单位必须申领相应的许可证件方可出口。

1. 限制出口货物管理

目前，我国限制出口货物管理方式分为出口配额许可证管理、出口配额招标管理、出口非配额限制管理(出口许可证件管理)3 种(如表 5-4 所示)。

表 5-4 限制出口货物管理方式比较

<table>
<tr><th>管理方式</th><th>证件名称</th><th>适用的出口商品</th><th>签证部门</th><th>有效期</th></tr>
<tr><td>出口配额许可证管理</td><td>出口配额证明和出口许可证</td><td>① 玉米、小麦、棉花、煤炭、原油、成品油 6 类；
② 大米、玉米粉、小麦粉、大米粉、锯材、活牛等(对港澳)、焦炭、稀土等 26 类</td><td>① 许可证局；
② 各地特派办</td><td rowspan="3">《出口许可证》有效期 6 个月，当年有效，截止日不超过当年 12 月 31 日</td></tr>
<tr><td>出口配额招标管理</td><td>出口配额证明和出口许可证</td><td>蔺草及其制品、碳化硅、滑石块、矾土、甘草及其制品</td><td>各地特派办</td></tr>
<tr><td rowspan="3">出口非配额限制管理(出口许可证件管理)</td><td>出口许可证</td><td>① 活牛等(港澳以外)；
② 冰鲜牛肉等、消耗臭氧层物质、石蜡等 11 类</td><td>① 各地特派办；
② 各地方发证机构</td></tr>
<tr><td>两用物项和技术出口许可证</td><td>① 监控化学品；
② 易制毒化学品；
③ 核两用品、生物两用品等 8 类</td><td>配额许可证事务局和省级商务主管部门</td><td>1 年，若跨年度使用，最长不超过次年 3 月 31 日</td></tr>
<tr><td>其他出口许可证件</td><td colspan="3">包括进出口野生动植物物种、进出口药品、美术品进出口等，以下展开说明</td></tr>
</table>

注：不同管理方式项下的货物，签证部门可能是一样的，如各地特派办。

2. 限制出口技术管理

我国目前限制出口的技术目录主要有《两用物项和技术进出口许可证管理目录》和《中国禁止出口限制出口技术目录》等。出口属于上述限制出口的技术，应当向国务院商务主管部门提出技术出口申请，经国务院商务主管部门审核批准后取得技术出口许可证件，企业持证向海关办理出口通关手续。

3. 进出口许可证和其他进出口许可证件的报关规范

进出口许可证和其他进出口许可证件的报关规范如表 5-5 所示。

表 5-5 进出口许可证和其他进出口许可证件的报关规范

<table>
<tr><th>涉及类别</th><th>通关凭证(及代码)</th><th>报关规范</th><th>签证机构</th></tr>
<tr><td rowspan="2">国家进出口许可证管理商品目录</td><td>进口许可证*1</td><td rowspan="2">①“一证一关”；
②“一批一证”；
③“非一批一证”，分批累计不得超过 12 次；
④ 不得擅自更改证面内容</td><td>许可证局、特派办、地方发证机构(在京企业由许可证局颁发)</td></tr>
<tr><td>出口许可证*4xy</td><td>① 许可证局；
② 特派办；
③ 地方发证机构</td></tr>
<tr><td colspan="4">备注：“一证一关”指许可证只能在一个海关报关，“一批一证”指许可证在有效期内一次报关使用，如要实行“非一批一证”的，指许可证在有效期内可多次报关使用，发证机关应当在备注栏打印“非一批一证”字样，可在同一口岸多次报关，最多可使用 12 次</td></tr>
<tr><td rowspan="2">两用物项和技术进出口许可管理</td><td>两用物项和技术进口许可证*2</td><td>“一证一关”；
“非一批一证”</td><td rowspan="2">配额许可证事务局和省级商务主管部门</td></tr>
<tr><td>两用物项和技术出口许可证*3G</td><td>“一证一关”；
“一批一证”</td></tr>
</table>

续表

涉及类别	通关凭证(及代码)	报关规范	签证机构
野生动植物进出口管理	公约证明* EF	"一批一证"	濒危物种进出口管理办公室
	非公约证明		
	物种证明	"一次使用"； "多次使用"	

备注：
① 公约证明是指列入《野生动植物物种商品目录》有属《濒危野生动植物种国际贸易公约》的物种，海关凭证(出口交副本联，进口交正本联)验放；
② 非公约证明是指列入《野生动植物物种商品目录》，不属国际公约保护的物种；
③ 物种证明是指列入《野生动植物物种商品目录》、公约证明和非公约证明以外的物种

进出口药品管理	精神药品进出口准许证* I	"一证一关"； "一批一证"，仅限注明口岸海关使用	国家食品药品监督管理局，《兴奋剂目录》内的由国家体育总局主管
	麻醉药品进出口准许证* W		
	兴奋剂进出口准许证* L		
	进口药品通关单* Q		国家食品药品监督管理局授权的口岸药品检验检疫机构

备注：
① 精神类药品：咖啡因、去氧麻黄碱、复方甘草片等；
② 麻醉类药品：鸦片、可卡因、吗啡、海洛因、合成麻醉药类；
③ 兴奋剂类药品：蛋白同化制剂品种、肽类激素、麻醉药品品种、刺激剂(含精神药品)品种、药品类易制毒化学品品种等

农药进出口管理	农药进出口登记管理放行通知单* S	"一批一证"	农业部农药检定所
有毒化学品进出口管理	有毒化学品环境管理放行通知单* X		环境保护部
兽药进口管理	进口兽药通关单	"一单一关"； "一次性使用"	农业部
固体废物进口许可管理	废物进口许可证* P	"一证一关"； "非一批一证"(默认)； "一批一证"(备注)	环境保护部

备注：
① 固体废物包括工业固体废物、城市生活垃圾、危险废物、液态废物、气态废物；
② 国家禁止进口不能用做原料的固体废物，限制进口和允许进口列入《限制进口类可用做原料的废物目录》或《自动进口许可管理类可用做原料的废物目录》，签发两种许可证，统称为废物进口许可证；
③ 进口的固体废物不能转关(废纸除外)，但废特种纸不能进口(因为其已被列入《禁止进口货物目录》)；
④ 进口固体废物需申领入境货物通关单；
⑤ 对废金属、废塑料、废纸进口实施分类装运，不得与其他非重点固体废物混装在同一个集装箱内；
⑥ 进口废钢铁、废铝、废纸须另行申领自动进口许可证

续表

涉及类别	通关凭证(及代码)	报关规范	签证机构
黄金进出口管理	黄金及其制品进出口准许证*J		中国人民银行
音像制品进口	进口音像制品批准单*Z		新闻出版总署
密码产品进口管理	密码进口许可证*M		国家密码管理局
进口关税配额管理	关税配额证*t	"一证多批"	商务部及国家发改委
自动进口许可管理(本项理应放到自由进出口管理中)	自动进口许可证*7Ov 有效期6个月,年内有效	"一批一证"; "非一批一证"制分批累计不得超过6次	商务部、地方机电进出口办公室

三、自由进出口管理

除上述国家禁止、限制进出口货物、技术外的其他货物、技术,均属于自由进出口范围。自由进出口货物、技术的进出口不受限制,但基于监测进出口情况的需要,国家对部分属于自由进口的货物实行自动进口许可管理,对自由进出口的技术实行技术进出口合同登记管理。

1. 货物自动进口许可管理

进口属于自动进口许可管理的货物,进口经营者应当在办理海关报关手续前,向国务院商务主管部门或者国务院有关经济管理部门提交自动进口许可申请,凭相关部门发放的自动进口许可证,向海关办理报关手续。

2011年实施自动进口许可管理的商品包括非机电产品、机电产品(包括旧机电产品)两大类,分为3个目录。

(1) 目录一(非机电产品):废纸、废钢、废铝、原油、成品油、化肥、钢材、肉鸡、植物油等27类。

(2) 目录二(机电产品):

① 由商务部发证的机电产品,涉及光盘生产设备、烟草机械、移动通信产品、汽车产品、飞机、船舶、游戏机等8类。

② 地方、部门机电产品进出口办公室发证的涉及锅炉、汽轮机、发动机(非87章车辆用)、食品机械、汽车产品、飞机、船舶、医疗设备等17类。

(3) 目录三(旧机电产品):旧胶印机,由商务部签发《自动进口许可证》。

2. 技术进出口合同登记管理

进出口属于自由进出口的技术,应当向国务院商务主管部门或者其委托的机构办理合同备案登记。国务院商务主管部门应当自收到规定的文件之日起3个工作日内,对技术进出口合同进行登记,颁发技术进出口合同登记证,申请人凭此证办理外汇、银行、税务、海关等相关手续。

3. 主要许可证件的免证情形

主要许可证件的免证情形如表 5-6 所示。

表 5-6　主要许可证件的免证情形

许可证件名称	免 证 情 形
进口许可证 出口许可证	① 对实行"一批一证"进出口许可证管理的大宗、散装货物，其溢装数量在货物总量的 5%以内的予以免征； ② 对实行"非一批一证"的，在最后一批货物进出口时，按实际剩余数量溢装上限，即 5%以内计算免征数额； ③ 以上情况对于原油、成品油两种货物的百分比调整为 3%； ④ 出口货样每批货值人民币 3 万元以下
自动进口许可证	① 加工贸易项下进口并复出口的(原油、成品油除外)； ② 外商投资企业投资总额内进口的自用设备(旧机电产品除外)； ③ 货样广告品、试验品进口，每批次价值不超过 5 000 元人民币的； ④ 暂时进口的海关监管货物； ⑤ 进入海关特殊监管区域及保税监管场所的货物； ⑥ 加工贸易项下进口的不作价设备监管期满后留在原企业使用的； ⑦ 对实行"一批一证"的货物溢装数量在货物总量 5%以内的免证； ⑧ 对实行"非一批一证"的，在最后一批货物进出口时，按实际剩余数量溢装上限，即 5%以内计算免证数额； ⑨ 以上⑦⑧两种情况，对于大宗散装货物，原油、成品油、化肥、钢材 4 种货物的百分比调整为 3%
密码进口许可证	① 加工贸易项下为复出口而进口的； ② 由海关监管，暂时进口后复出口的； ③ 从境外进入海关特殊监管区域和保税监管场所的，或之间的(不包括区内到区外)

理论解读 5-1

1. 既禁止进口又禁止出口的货物种类

四氯化碳、犀牛角、麝香、虎骨、长纤维青石棉、二噁英、以氯氟烃物质为制冷剂的家用电器及家用电器用压缩机、滴滴涕、氯丹、莱克多巴胺和盐酸莱克多巴胺。

2. 旧机电产品的进口管理分类

(1) 禁止进口管理：列入《禁止进口货物目录》(第二批)，如旧压力容器、旧医疗设备。

(2) 限制进口管理：实施进口许可证管理的重点旧机电产品(如旧化工设备、旧船舶等)。

(3) 自动进口管理：实施自动进口许可证管理的旧机电产品只涉及胶印机一类(2012年)。

3. 任何方式进出口都不能免证的情况

(1) 两用物项和技术进口许可证、两用物项和技术出口许可证。

(2) 公约证明、非公约证明。

(3) 精神药品进出口准许证、麻醉药品进出口准许证、进口药品通关单。

(4) 废物进口许可证。

4. 实行进出口许可证或自动进口许可证管理的大宗、散装货物溢装数量免证异同

(1) 相同点：对于件杂货，“一批一证”的按货物总量的5%以内免证，“非一批一证”的按剩余数量的5%以内免证。

(2) 不同点：实行进出口许可证的散装货物，原油、成品油两种货物免证数额均按3%以内计算；实行自动进口许可证的原油、成品油、化肥、钢材4种货物免证数额均按3%以内计算。

第三节　进出口许可制度监管单证

一、进口许可证

进口许可证样张如表5-7所示。

表5-7　中华人民共和国进口许可证

<table>
<tr><td colspan="3">1. 进口商：
Importer</td><td colspan="3">3. 进口许可证号：
Import licence No.</td></tr>
<tr><td colspan="3">2. 收货人：
Consignee</td><td colspan="3">4. 进口许可证有效截止日期：
Import licence expire date</td></tr>
<tr><td colspan="3">5. 贸易方式：
Terms of trade</td><td colspan="3">8. 出口国(地区)：
Country/Region of exportation</td></tr>
<tr><td colspan="3">6. 外汇来源：
Terms of foreign exchange</td><td colspan="3">9. 原产地国(地区)：
Country/Region of origin</td></tr>
<tr><td colspan="3">7. 报关口岸：
Place of clearance</td><td colspan="3">10. 商品用途：
Use of goods</td></tr>
<tr><td colspan="3">11. 商品名称：
Description of goods</td><td colspan="3">商品编码：
Code of goods</td></tr>
<tr><td>12. 规格、型号
Specification</td><td>13. 单位
Unit</td><td>14. 数量
Quantity</td><td>15. 单价(　)
Unit price</td><td>16. 总值(　)
Amount</td><td>17. 总值折美元
Amount in USD</td></tr>
<tr><td></td><td></td><td></td><td></td><td></td><td></td></tr>
<tr><td></td><td></td><td></td><td></td><td></td><td></td></tr>
<tr><td></td><td></td><td></td><td></td><td></td><td></td></tr>
</table>

续表

18. 总计 Total					
19. 备注 Supplementary details			20. 发证机关签章 Issuing authority's stamp&signature 21. 发证日期 Licence date		

中华人民共和国商务部监制(2006)

二、出口许可证

出口许可证样张如表 5-8 所示。

表 5-8 中华人民共和国出口许可证

1. 出口商： Exporter			3. 出口许可证号： Export licence No.		
2. 发货人： Consignor			4. 出口许可证有效截止日期： Export licence expiry date		
5. 贸易方式： Terms of trade			8. 进口国(地区)： Country /Region of purchase		
6. 合同号： Contract No.			9. 支付方式： Payment conditions		
7. 报关口岸： Place of clearance			10. 运输方式： Mode of transport		
11. 商品名称： Description of goods			商品编码： Code of goods		
12. 规格、等级 Specification	13. 单位 Unit	14. 数量 Quantity	15. 单价( ) Unit price	16. 总值( ) Amount	17. 总值折美元 Amount in USD
18. 总计 Total					
19. 备注 Supplementary details			20. 发证机关签章 Issuing authority's stamp & signature 21. 发证日期 Licence date		

三、农产品进口关税配额申请表

农产品进口关税配额申请表如表 5-9 所示。

表 5-9 农产品进口关税配额申请表

申请企业盖章： 企业法人代表签字：

<table>
<tr><td colspan="6">企业名称：</td></tr>
<tr><td colspan="2">申请农产品配额名称：</td><td>☐ 2010 年有该农产品一般贸易进口实绩者</td><td colspan="2">☐ 2010 年有该农产品加工贸易进口实绩者</td><td>☐ 2010 年无该农产品进口实绩者</td></tr>
<tr><td rowspan="2">一般贸易</td><td colspan="2">申请数量：</td><td rowspan="2">加工贸易</td><td colspan="2">申请数量：</td></tr>
<tr><td colspan="2">报关口岸：① ②</td><td colspan="2">报关口岸：① ②</td></tr>
<tr><td colspan="6">企业注册地址：</td></tr>
<tr><td colspan="2">注册资本：</td><td colspan="2">工商注册号：</td><td colspan="2">联系电话：</td></tr>
<tr><td colspan="6">企业性质：☐ 国有 ☐ 股份制 ☐ 民营 ☐ 外商投资</td></tr>
<tr><td colspan="6">企业类型：☐ 生产企业 ☐ 贸易企业</td></tr>
<tr><td colspan="6">以下由生产企业填写</td></tr>
<tr><td colspan="2" rowspan="4">2010 年企业产品及生产能力
（注：棉花填纺锭数）</td><td colspan="2">产品名称：</td><td colspan="2">所需进口农产品名称：</td></tr>
<tr><td colspan="2">日产量（吨）：</td><td colspan="2">日需要量（吨）：</td></tr>
<tr><td colspan="2">年产量（吨）：</td><td colspan="2">年需要量（吨）：</td></tr>
<tr><td colspan="4">该产品年销售额（万元）：</td></tr>
<tr><td colspan="6">以下由有加工贸易进口实绩的企业填写</td></tr>
<tr><td rowspan="2">2009 年加工贸易配额</td><td colspan="2">申领到配额量（吨）：</td><td rowspan="2" colspan="2">2010 年加工贸易配额</td><td>已申领到配额量（吨）：</td></tr>
<tr><td colspan="2">实际进口量（吨）：</td><td>已完成进口量（吨）：</td></tr>
<tr><td colspan="6">以下由有一般贸易进口实绩的企业填写（不包括代理进口）</td></tr>
<tr><td rowspan="3">2009 年一般贸易配额</td><td colspan="2">分配量（吨）：</td><td rowspan="3" colspan="2">2010 年一般贸易配额</td><td>分配量（吨）：
预计进口量（吨）：</td></tr>
<tr><td colspan="2">实际进口量（吨）：</td><td>调整期退回量（吨）：</td></tr>
<tr><td colspan="2">调整期退回量（吨）：</td><td></td></tr>
<tr><td colspan="6">以下由具有粮食批发零售资格的企业填写</td></tr>
<tr><td colspan="3">2009 年粮食贸易年销售额（万元）：</td><td colspan="3">2009 年粮食进出口额（万美元）：</td></tr>
<tr><td colspan="3">2010 年粮食贸易完成销售额（万元）：</td><td colspan="3">2010 年粮食完成进出口额（万美元）：</td></tr>
<tr><td colspan="6">是否同意对国外和国内咨询提供本企业配额申领数量 ☐ 是 ☐ 否</td></tr>
<tr><td colspan="6">授权机构审核意见：</td></tr>
</table>

四、农产品进口关税配额证

农产品进口关税配额证如表 5-10 所示。

表 5-10 农产品进口关税配额证(B 类)

<table>
<tr><td colspan="3">1. 进口商：</td><td colspan="3">3. 关税配额证号：</td></tr>
<tr><td colspan="3">2. 加工企业：</td><td colspan="3">4. 关税配额证有效截止日期：</td></tr>
<tr><td colspan="3">5.《加工贸易业务批准证》号：</td><td colspan="3">6. 加工贸易类别：</td></tr>
<tr><td colspan="3">7. 报关口岸：</td><td colspan="3">8. 出口国(地区)：</td></tr>
<tr><td colspan="6">9. 商品名称及商品编码：</td></tr>
<tr><td>10. 规格、型号</td><td>11. 单位</td><td>12. 数量</td><td>13. 单价( )</td><td>14. 总值( )</td><td>15. 总值折美元</td></tr>
<tr><td></td><td></td><td></td><td></td><td></td><td></td></tr>
<tr><td></td><td></td><td></td><td></td><td></td><td></td></tr>
<tr><td></td><td></td><td></td><td></td><td></td><td></td></tr>
<tr><td></td><td></td><td></td><td></td><td></td><td></td></tr>
<tr><td>16. 总计</td><td></td><td></td><td></td><td></td><td></td></tr>
<tr><td colspan="3" rowspan="2">17. 备注</td><td colspan="3">18. 发证机关签章
经办人签字：</td></tr>
<tr><td colspan="3">19. 发证日期</td></tr>
</table>

海关验放签注栏

进口日期	报关日期	运输工具名称	提货单号	出口国(地区)	进口数量	关税配额证结余数	海关签章

五、有毒化学品进出口环境管理放行通知单

有毒化学品进出口环境管理放行通知单样张如表 5-11 所示。

表 5-11 有毒化学品进出口环境管理放行通知单

Clearance Notification for Environmental Management on Import/Export of Toxic Chemicals

1. 进口单位/出口单位： Importer/Exporter	2. 放行通知单号： Clearance notification No.
3. 海关代码： Customs code	4. 放行通知单有效截止日期： Clearance notification expiry date
5. 商品名称： Name of commodity	6. 化学名称： Chemical name
7. 商品编码： H. S. Code	8. 贸易方式： Terms of trade
9. 数量： Quantity	10. 计量单位： Unit
11. 收货单位/发货单位： Consignee/Consignor	12. 报关口岸： Place of clearance
13. 备注： Supplementary details	14. 签发机关印章 Issuing authority's stamp & signature 15. 签发日期 Seal date

六、农药出口登记管理放行通知单

农药出口登记管理放行通知单样张如表 5-12 所示。

表 5-12 农药出口登记管理放行通知单

1. 经营单位:	2. 通知单号:
3. 经营单位代码:	4. 有效截止日期:
5. 贸易方式:	6. 报关口岸:
7. 商品名称:	8. 商品编号:
9. 有效成分 CAS 号:	10. 商品用途:
11. 出口数量:	12. 计量单位:
13. 发货单位:	14. 生产单位:
15. 最终目的国(地区):	16. 运抵国(地区):
17. 包装方式:	18. 农药毒性:
19. 备注:	20. 签发机关印章: 签发日期:

中华人民共和国农业部制

注:本通知单一式两份,第一联由海关留存,第二联由农业部留存。

七、易制毒化学品出口申请表

易制毒化学品出口申请表样张如表 5-13 所示。

表 5-13 易制毒化学品出口申请表

申请编号：

<table>
<tr><td colspan="3">1. 出口商名称、代码及签章：</td><td colspan="3">2. 发货人名称：</td></tr>
<tr><td colspan="3">3. 出口商地址：</td><td colspan="3">4. 出口商联系人、电话：</td></tr>
<tr><td colspan="3">5. 贸易方式：</td><td colspan="3">8. 进口国(地区)：</td></tr>
<tr><td colspan="3">6. 合同号：</td><td colspan="3">9. 付款方式：</td></tr>
<tr><td colspan="3">7. 报关口岸：</td><td colspan="3">10. 运输方式：</td></tr>
<tr><td colspan="3">11. 收货人：</td><td colspan="3">13. 最终用户：</td></tr>
<tr><td colspan="3">12. 合同签订日期：</td><td colspan="3">14. 最终目的国(地区)：</td></tr>
<tr><td colspan="6">15. 商品名称： 商品编码：</td></tr>
<tr><td>16. 规格、等级</td><td>17. 单位</td><td>18. 数量</td><td>19. 单价(　　)</td><td>20. 总值(　　)</td><td>21. 总值折美元</td></tr>
<tr><td></td><td></td><td></td><td></td><td></td><td></td></tr>
<tr><td>22. 总计</td><td></td><td></td><td></td><td></td><td></td></tr>
<tr><td colspan="2">23. 进口商名称：</td><td colspan="2">24. 地址：</td><td colspan="2">25. 电话：</td></tr>
<tr><td colspan="2"></td><td colspan="2"></td><td colspan="2"></td></tr>
<tr><td colspan="2">26. 生产商名称：</td><td colspan="2">27. 地址：</td><td colspan="2">28. 电话：</td></tr>
<tr><td colspan="2"></td><td colspan="2"></td><td colspan="2"></td></tr>
</table>

知识点关联图

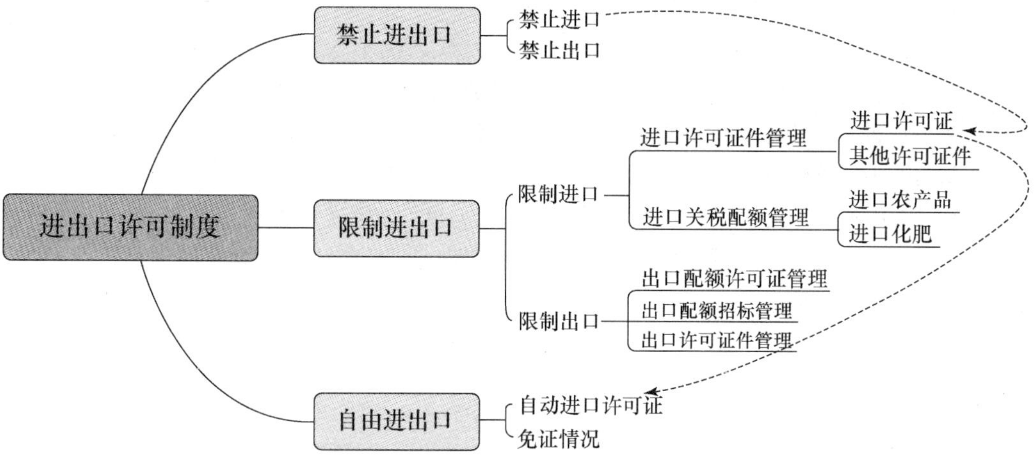

精 选 习 题

一、单项选择题

1. 下列证件实行“非一批一证”管理的是(　　)。
   A. 濒危野生动植物种国际贸易公约允许进口说明书
   B. 出境货物通关单
   C. 废物进口许可证
   D. 精神药品进口准许
2. 进口许可证的有效期是(　　)，当年有效。特殊情况需要跨年度使用时，有效期最长不得超过次年(　　)，逾期自行失效。
   A. 1年;3月31日　　B. 6个月;1月31日
   C. 1年;1月31日　　D. 6个月;3月31日
3. 不属于我国货物、技术进出口许可管理制度的证件是(　　)。
   A. 关税配额证　　B. 入境货物通关单
   C. 有毒化学品环境管理放行通知单　　D. 进口农药登记证明
4. 发证机关根据企业申请于2009年9月30日向企业签发了自动进口许可证，该证截至(　　)有效。
   A. 2010年3月31日　　B. 2009年12月31日

C. 2010 年 6 月 30 日　　D. 2010 年 9 月 30 日

5. 某进出口企业进口一批“已配剂量头孢菌素制剂”(同时列入《进口药品目录》和《进口兽药管理目录》),用于治疗畜禽疾病,该企业向海关申报时应提交(　　)。

A. 进口药品通关单　　B. 进口兽药通关单

C. 进口药品通关单和进口兽药通关单　　D. 进口药品通关单或进口兽药通关单

6. (　　)属于我国限制进口的商品。

A. 虎骨　　B. 成品油　　C. 汽车　　D. 抗生素

7. 国家根据不同时期的经济利益、公共安全或者政治形势的需要,实行相应的贸易管制。目前,我国基于经济利益需要实行的贸易管制制度是(　　)。

A. 出口配额许可证管理　　B. 进口许可证管理

C. 两用物项和技术出口许可证管理　　D. 农药进口管理

8. 进口用于出版的音像制品,在组织进口前应向(　　)申领《进口音像制品批准单》。

A. 国家广电总局　　B. 新闻出版总署

C. 文化部　　D. 商务部

9. 小麦进口实行(　　),出口实行(　　)。

A. 进口许可证管理;出口配额许可证管理

B. 关税配额管理;出口配额许可证管理

C. 自动进口许可证管理;出口许可证管理

D. 关税配额管理;出口配额招标管理

二、多项选择题

1. 下列商品类别中,既属于两用物项和技术进口许可证管理又属于两用物项和技术出口许可证管理的是(　　)。

A. 监控化学品　　B. 放射性同位素

C. 生物两用品　　D. 易制毒化学品

2. 在下列进出口商品中,(　　)系《麻醉药品管制品种目录》所列麻醉物品,货物所有人应当凭麻醉药品进出口准许证向海关办理报关手续。

A. 咖啡因　　B. 去氧麻黄碱

C. 鸦片　　D. 可卡因

3. 我国对部分旧机电产品的进口实行严格控制,分别实施(　　)管理。

A. 进口许可证　　B. 自动进口许可证

C. 废物进口许可证　　D. 禁止进口

4. 国家禁止进口(　　)。

A. 犀牛角　　B. 天然砂　　C. 木炭　　D. 旧服装

5. 2010 年实施中华人民共和国进口许可证管理的货物种类包括(　　)。

A. 配额机电产品　　B. 重点旧机电产品

C. 消耗臭氧层物质　　D. 监控化学品

6. 实行管理的货物,从境外入保税区予以免证(　　)。

A. 自动进口许可证　　B. 废物进口许可证

C. 两用物项许可证　　D. 密码进口许可证

7. 以“一般贸易”监管方式申报进口废铝，应向海关提交（　　）。

A. 入境货物通关单　　B. 废物进口许可证

C. 自动进口许可证　　D. 进口许可证

8. 下列关于关税配额管理的表述，正确的是（　　）。

A. 关税配额管理是一种绝对数量的限制

B. 关税配额管理以关税为杠杆限制进口

C. 配额内进口的，按照关税配额税率征税

D. 配额外进口的，按照配额外税率征税

9. 从境外进入保税区的（　　），免于提交相应许可证件。

A. 钢材（自动进口许可管理）

B. 黄金首饰（黄金制品进口管理）

C. 鳄鱼皮（野生动植物进口管理）

D. 加密电话机（密码产品进口许可证管理）

10. （　　）属于我国限制进口商品，其审批部门为环境保护部。

A. 消耗臭氧层物质　　B. 有毒化学品

C. 自动许可进口类可用做原料的废物　　D. 放射性同位素

11. 我国禁止出口（　　）。

A. 虎骨　　B. 泥炭　　C. 木炭　　D. 发菜

三、判断题

1. 进口属于进口许可证管理的货物，收货人在货物进境后，办理海关报关手续前，应向相应的发证机构提交进口许可证申请，并取得进口许可证。（　　）

2. 海关特殊监管区域和保税监管场所之间进出的黄金及其产品，应办理黄金及其制品进出口准许证，并由海关实施监管。（　　）

3. 国家禁止进出口滴滴涕。（　　）

4. 我国固体废物管理范围中不包括液态废物。（　　）

5. 自由进出口货物、技术的进出口不受限制。（　　）

6. 临时保障措施可以采取提高关税、数量限制等形式。（　　）

7. 对列入《进出口野生动植物物种商品目录》中属于我国自主规定管理的野生动植物及其产品，不论以何种方式进出口，均需事先申领非公约证明。（　　）

8. 保税区内企业进口属于两种物项和技术进出口许可证管理的监控化学品用于区内加工，可免于办理“两用物项和技术进出口许可证”。（　　）

9. 同一进口合同项下，收货人可以申领多份自动进口许可证。（　　）

第六章　其他外贸管制措施

第一节　出入境检验检疫制度

一、概述

由于我国基本的通关模式是“先报检，后报关”，因此报关单位在办理进出口报关手续之前，首先要向出入境检验检疫部门申请检验检疫。报检是指报检单位向检验检疫机构申请办理对进出境货物、物品、运输工具、集装箱、人员的检验检疫和鉴定、签证放行工作。

(1) 检验检疫的执法依据：《进出口商品检验法》、《动植物检疫法》、《国境卫生检疫法》、《食品安全法》及相关的实施条例。

(2) 检验检疫的对象：进出境货物、物品、运输工具、集装箱、人员。

(3) “三检合一”是指为了加快通关速度，将商品检验（商检）、动植物检疫（动检）和国境卫生检疫（卫检）合三为一，一次性向检验检疫部门办理。

(4) 检验检疫签发证单：入境货物通关单、出境货物通关单。

(5) 法定检验检疫：简称法检，即强制性检验检疫。对于列入《法检目录》的商品，必须根据其检验检疫类别代码办理相应的报检手续，申领出入境货物通关单，后办理报关手续，海关验放通关单。

(6) 入境货物通关单实行“一批一证”制，其适用范围如下。① 列入《法检目录》的货物；② 对外索赔时，其赔付的进境货物；③ 外商投资财产价值鉴定；④ 进口可用做原料的废物；⑤ 进口旧机电产品；⑥ 捐赠的医疗器械。

(7) 出境货物通关单实行“一批一证”制，其适用范围如下。① 列入《法检目录》的货物；② 出口纺织品标示查验；③ 对外经济技术援助物资。

二、检验检疫单证

1. 报检单

出入境货物报检单是有报检员代表报检单位填写，交由出入境检验检疫机构申请对出入境货物进行检验、检疫并签证，样张如图 6-1 所示。

出境货物报检单

报检单位（加盖公章）： *编　号________

报检单位登记号： 联系人： 电话： 报检日期：

发货人	（中文）				
	（外文）				
收货人	（中文）				
	（外文）				
货物名称(中/外文)	H. S. 编码	产地	数/重量	货物总值	包装种类及数量

运输工具名称号码		贸易方式		货物存放地点	
合同号		信用证号		用途	
发货日期		输往国家(地区)		许可证/审批号	
启运地		到达口岸		生产单位注册号	
集装箱规格、数量及号码					

合同、信用证订立的检验检疫条款或特殊要求	标记及号码	随附单据(划“√”或补填)	
		□ 合同	□ 包装性能结果单
		□ 信用证	□ 许可/审批文件
		□ 发票	□
		□ 换证凭单	□
		□ 装箱单	□
		□ 厂检单	□

需要证单名称(划“√”或补填)				* 检验检疫费	
□ 品质证书	__正__副	□ 植物检疫证书	__正__副	总金额（人民币元）	
□ 重量证书	__正__副	□ 熏蒸/消毒证书	__正__副		
□ 数量证书	__正__副	□ 出境货物换证凭单	__正__副	计费人	
□ 兽医卫生证书	__正__副	□ 通关单			
□ 健康证书	__正__副	□			
□ 卫生证书	__正__副	□		收费人	
□ 动物卫生证书	__正__副	□			

报检人郑重声明：	领取证单	
1. 本人被授权报检。	日期	
2. 上列填写内容正确属实，货物无伪造或冒用他人的厂名、标志、认证标志，并承担货物质量责任。 签名：________	签名	

注：有“*”号栏由出入境检验检疫机关填写。 ◆国家出入境检验检疫局制[1-2 (2000.1.1)]

图 6-1　出境货物报检单

2. 出入境货物通关单

出入境货物通关单由检验检疫机构签发。对入境货物先签发入境货物通关单，后实施检验检疫。对出境货物先实施检验检疫，合格后再签发出境货物通关单。对于法检货物，通关单在报关时应作为监管证件交由海关查验，样张如图 6-2 所示。

出境货物通关单

编号：

<table>
<tr><td colspan="4">1. 发货人</td><td rowspan="3">5. 标记及号码</td></tr>
<tr><td colspan="4">2. 收货人</td></tr>
<tr><td colspan="2">3. 合同/信用证号</td><td colspan="2">4. 输往国家或地区</td></tr>
<tr><td colspan="2">6. 运输工具名称及号码</td><td colspan="2">7. 发货日期</td><td>8. 集装箱规格及数量</td></tr>
<tr><td>9. 货物名称及规格</td><td colspan="2">10. H.S. 编码</td><td>11. 申报总值</td><td>12. 数/重量、包装数量及种类</td></tr>
<tr><td colspan="5">13. 证明

上述货物业经检验检疫，请海关予以放行。
本通关单有效期至　　　　年　　月　　日

签字：　　　　　　　　日期：　　　　年　　月　　日</td></tr>
<tr><td colspan="5">14. 备注</td></tr>
</table>

图 6-2　出境货物通关单

第二节　贸易救济措施

对外贸易救济措施是世界贸易组织成员在进口产品倾销、补贴和过激增长等给其国内产品造成损害的情况下使用的措施手段，以保护国内产业不受损害。

对外贸易救济措施主要包括反倾销、反补贴和保障措施。其基本目的是要限制外国进口产品在本国市场上的恶意竞争或所谓的“不公平贸易或不公平竞争”，防止本国经济和本国市场受到进步一步损害，具体如表 6-1 所示。

表 6-1　主要的贸易救济措施

前　　提	措　　施	原　　因	具体实施形式	实 施 期 限
不公平竞争	反倾销措施	出口商的行为造成低价	① 临时阶段：征收临时反倾销税、保证金； ② 最终阶段：征收反倾销税	临时阶段：不超过 4 个月，可延长至 9 个月
	反补贴措施	因政府补贴造成低价	① 临时阶段：保证金或保函； ② 最终措施：征收反补贴税	临时阶段：不超过 4 个月（不能延长）
公平条件下进口产品数量激增	保障措施	数量激增	① 临时阶段：提高关税； ② 最终阶段：提高关税、数量限制	① 临时阶段：不超过 200 天； ② 不超过 4 年； 全部期限不超过 10 年（满足 4 项条件）

知识点关联图

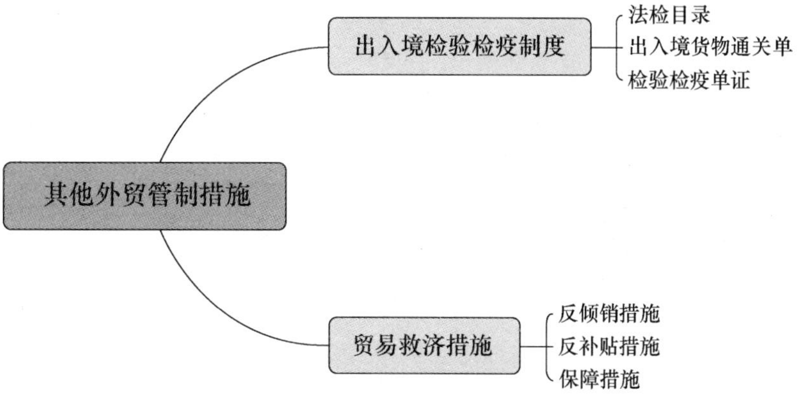

精选习题

一、单项选择题

1. 有明确证据标明来自美国的某种电子产品数量激增，将对国内产业造成难以补救的损害，同时调查标明该产品贸易价格并不低于美国本土平均价格，按照世界贸易组织原则，我国政府可以采取的贸易救济措施是（　　）。

   A. 征收报复性关税　B. 保障措施　C. 反补贴措施　D. 反倾销措施

2. 临时反倾销措施实施期限一般不超过（　　），特殊情形下，可以延长至（　　）。

   A. 3个月；6个月　B. 6个月；18个月

   C. 4个月；9个月　D. 4年；10年

3. 世界贸易组织规则允许成员方使用贸易救济手段来保护国内产业不受损害，其中（　　）既可以采取提高关税的形式也可以采取数量限制的形式。

   A. 反倾销　B. 反补贴

   C. 保障措施　D. 关税配额

二、多项选择题

1. 下列属于贸易救济措施的有（　　）。

   A. 倾销措施　B. 反倾销措施　C. 反补贴措施　D. 检验检疫措施

2. 临时反倾销措施的主要形式是（　　）。

   A. 征收临时反倾销税　B. 提供保证金

   C. 提供保函　D. 征收反倾销税

3. 下列贸易救济措施主要针对价格歧视这种不公平贸易行为的有（　　）。

   A. 保障措施　B. 反倾销措施

   C. 反补贴措施　D. 提供保证金措施

三、判断题

1. 征收临时反倾销税，由商务部做出决定。（　　）
2. 最终反补贴措施可以采取直接数量限制。（　　）
3. 临时反补贴措施实施期限一般不超过4个月，最长可以延长至9个月。（　　）
4. 临时保障措施实施期限不得超过200天。（　　）
5. 临时保障措施可以采取提高关税、数量限制等形式。（　　）

第七章　一般进出口货物报关

第一节　一般进出口货物海关监管

一、一般进出口货物的定义

一般进出口货物是指在进出口环节缴纳了应征的进出口税费，并办结了所有必要的海关手续，海关放行后不再进行监管，可以直接进入生产和消费领域流通的进出口货物。

一般进出口货物并不完全等同于一般贸易货物。一般贸易是国际贸易中的一种交易方式。一般进出口货物，是指按照海关一般进出口监管制度监管的进出口货物。一般贸易货物在进口时可以按一般进出口监管制度办理海关手续，这时它就是一般进出口货物；也有可能按特定减免税监管制度办理海关手续，这时它就变成了特定减免税货物；还可以按保税监管制度办理海关手续，这时它就变成了保税货物。也就是说，不同监管制度的通关货物可能采用同一种贸易方式。

二、一般进出口货物的范围

(1) 一般贸易进口货物。

(2) 一般贸易出口货物。

(3) 转变为实际进口的保税货物、暂准进境货物，转变为实际出口的暂准出境货物（不包括在监管期内结转的特定减免税进口货物）。

(4) 易货贸易、补偿贸易进出口货物。

(5) 不批准保税的寄售代销贸易货物。

(6) 承包工程项目实际进出口货物。

(7) 外国驻华商业机构进出口陈列用的样品。无商业价值的货样广告品属法定免检，按免税品申报；暂时进出的货样广告品，按暂准进出境货物申报；贸易进出口的货样广告品按货样广告品 A 或货样广告品 B 申报。

(8) 外国旅游者小批量订货出口的商品。

(9) 随展览品进境的小卖品（不包括随展览品出境的小卖品）。

(10) 免费提供的进口货物，如① 外商在经济贸易活动中赠送的进口货物；② 外商在经济贸易活动中免费提供的试车材料；③ 我国在境外的企业、机构向国内单位赠送的进口货物。外国政府、国际组织赠送的进口货物属法定减免货物；无偿援助的，或扶贫慈善赠送的，或救灾赠送的进口货物属特定减免税进口货物。

三、一般进出口货物的特征

1. 进出境时缴纳进出口税费

一般进出口货物的收发货人应当在货物进出境时向海关缴纳全额税费。

2. 进出口时提交相关的许可证件

一般进出口货物进出口如需要申领进出口许可证件的，进出口货物收发货人或其代理人应当向海关提交相关的进出口许可证件。

3. 海关放行即办结海关手续

海关征收了全额的税费，审核了相关的进出口许可证件，并对货物进行实际查验（或做出不予查验的决定）以后，按规定签章放行。这时，进出口货物收发货人或其代理人才能办理提取进口货物或者装运出口货物的手续。

对一般进出口货物来说，海关放行就意味着海关结关，货物可以直接进入生产和消费领域流通。

第二节　一般进出口货物报关程序

一般进出口货物报关程序没有前期阶段和后续阶段，只有进出口阶段，由 4 个环节构成，即“进出口申报—配合查验—缴纳税费—提取或装运货物”。

所有的进出境货物报关程序都有进出口阶段，因此一般进出口货物的报关程序除缴纳税费环节有别外适用于其他所有进出境货物的报关。

一、进出口申报

（一）概述

1. 申报的含义

申报是指报关单位在规定的期限和地点，采用电子数据报关单和纸质报关单形式，向海关报告实际进出口货物的情况，并接受海关审核的行为。

2. 申报地点

（1）对于非转关货物：进口货物应当由收货人或其代理人在货物的进境地海关申报；出口货物应当由发货人或其代理人在货物的出境地海关申报。

（2）对于转关货物：经收发货人申请，海关同意，进口货物的收货人或其代理人可以在设有海关的货物指运地申报，出口货物的发货人或其代理人可以在设有海关的货物起运地申报。

（3）以保税货物、特定减免税货物和暂准进境货物申报进境的货物，因故改变使用目的从而改变货物通关属性转为一般进口货物时，进口货物的收货人或其代理人应当在货物所在地的主管海关申报。

3. 申报期限

进口货物的申报期限为自装载货物的运输工具申报进境之日起 14 日内(从运输工具申报进境之日的第二天开始算,下同)。

进口货物自装载货物的运输工具申报进境之日起超过 3 个月仍未向海关申报的,货物由海关依法变卖。对属于不宜长期保存的货物,海关可以根据实际情况先行变卖处理。

出口货物的申报期限为货物运抵海关监管区后、装货的 24 小时以前。经电缆、管道或其他特殊方式进出境的货物,进出口货物收发货人或其代理人按照海关规定定期申报。

4. 申报日期

申报日期是指申报数据被海关接受的日期,如表 7-1 所示。

表 7-1　确定申报日期归纳表

<table>
<tr><th>申报情形</th><th>申报日期</th><th>最后申报日确定</th></tr>
<tr><td>① 采用先电子数据报关单申报,后提交纸质报关单,或者仅以电子数据报关单方式申报的</td><td>海关接受电子数据申报的日期</td><td rowspan="4">运输工具申报进境之日起第 14 日(从第二天开始算,下同)</td></tr>
<tr><td>② 电子数据报关单经过海关计算机检查被退回,改单后重报的</td><td rowspan="2">海关接受重新申报电子数据的日期</td></tr>
<tr><td>③ 海关已接受申报的电子数据,但未按时提交纸质报关单,海关撤单后重报的</td></tr>
<tr><td>④ 海关已接受申报的电子数据,送人工审单后,退单要求对部分内容改单重报的</td><td>仍为海关原接受电子数据申报的日期</td></tr>
<tr><td>⑤ 海关已接受申报的电子数据,送人工审单后,撤单要求重新申报的</td><td>海关接受重新申报的日期</td><td>撤销电子数据报关单之日起第 14 日</td></tr>
<tr><td>⑥ 先纸质报关单申报,后补报电子数据,或只提供纸质报关单申报的</td><td>海关工作人员在报关单上作登记处理的日期</td><td>运输工具申报进境之日起第 14 日</td></tr>
</table>

注①:第④和第⑤条的区别在于退单修改重报和撤单重报性质是不同的。

②:申报期限表示一段时间,而申报日期表示某一天。申报日期在申报期限内不产生滞报,反之则产生滞报。滞报金的征收,以运输工具申报进境之日起第 15 日(适用表 7-1 中的第①②③④⑥情况)或海关撤销电子数据报关单之日起第 15 日(适用表 7-1 第⑤种情况)为起征日,以海关接受申报或重新申报之日为截止日。

5. 滞报金

进口货物收货人超过规定期限向海关申报的,滞报金的征收,以自运输工具申报进境之日起第 15 日为起征日,以海关接受申报之日为截止日。

进口货物滞报金按日计征,起始日和截止日均计入滞报期间。关于滞报金的征收主要有以下 3 种情况。

(1) 进口货物收货人在向海关传送报关单电子数据申报后,未在规定期限内提交纸质报关单,海关予以撤销电子数据报关单处理,进口货物收货人因此重新向海关申报产生滞报的,滞报金的征收,以自运输工具申报进境之日起第 15 日为起征日,以海关重新接受申报之日为截止日。

(2) 进口货物收货人申请并经海关依法审核,必须撤销原电子数据报关单重新申报,产生滞报的,滞报金的征收,以撤销原电子数据报关单之日起第15日为起征日,以海关重新接受申报之日为截止日。

(3) 进口货物因收货人在运输工具申报进境之日起超过3个月未向海关申报,被海关作变卖处理后,收货人申请发还余款的,滞报金的征收,以自运输工具申报进境之日起第15日为起征日,以该3个月期限的最后一日为截止日。

滞报金的日征收金额为进口货物完税价格的0.5‰,以人民币“元”为计征单位,不足人民币1元的部分免予计收。

征收滞报金的计算公式为

$$滞报金=进口货物完税价格\times 0.5‰\times 滞报天数 \tag{7-1}$$

滞报金的起征点为人民币50元。

滞报金的起征日如遇法定节假日或休息日,则顺延至其后第一个工作日。

因完税价格调整等原因需补征滞报金的,滞报金额应当按照调整后的完税价格重新计算,补征金额不足人民币50元,免予征收。

因不可抗力等特殊情况产生的滞报可以向海关申请减免滞报金。

(二) 步骤

1. 准备申报单证

申报单证可以分为报关单和随附单证两大类,其中随附单证包括基本单证和特殊单证。

(1) 报关单是由报关员按照海关规定格式填制的申报单,是指进出口货物报关单或者带有进出口货物报关单性质的单证,如特殊监管区域进出境备案清单、进出口货物集中申报清单、ATA单证册、过境货物报关单、快件报关单等。一般而言,任何货物的申报都必须有报关单。

(2) 随附单证包括基本单证和特殊单证。其中,基本单证包括货运单证和商业单据,主要有进口提货单据(D/O)、出口装货单据(S/O)、商业发票(C/I)、装箱单(P/L)等。特殊单证主要有进出口许可证件、加工贸易手册(包括电子化手册、电子账册和电子化手册)、特定减免税证明、作为有些货物进出境证明的原进出口货物报关单证、出口收汇核销单、原产地证明书、贸易合同等。某些货物的申报,必须有特殊单证,如租赁贸易货物进口申报必须有租赁合同,别的货物进口申报则不一定需要贸易合同,所以贸易合同对于租赁贸易货物申报来说是一种特殊单证。

报关单位应向报关员提供基本单证、特殊单证,报关员审核这些单证后据以填制报关单。

2. 进口申报前看货取样

进口货物的收货人在向海关申报前,为了确定货物的品名、规格、型号等,可以向海关提交查看货物或者提取货样的书面申请。海关审核同意的,派员到场监管。

涉及动植物及其产品和其他须依法提供检疫证明的货物,如需提取货样,应当事先取得检验检疫部门签发的书面批准证明。提取货样后,到场监管的海关工作人员与进口货物的收货人在海关开具的取样记录和取样清单上签字确认。

3. 申报方式

(1) 电子数据申报

进出口货物收发货人或其代理人可以选择终端申报方式、委托电子数据交换(electric data interchange，EDI)方式、自行 EDI 方式、网上申报方式 4 种电子申报方式中适用的一种，将报关单内容录入海关电子计算机系统，生成电子数据报关单。

进出口货物收发货人或其代理人在委托录入或自行录入报关单数据的计算机上接收到海关发送的接受申报信息，即表示电子申报成功；接收到海关发送的不接受申报信息后，则应当根据信息提示修改报关单内容后重新申报。

(2) 提交纸质报关单及随附单证

海关审结电子数据报关单后，进出口货物收发货人或其代理人应当自接到海关现场交单或放行交单信息之日起 10 日内，持打印的纸质报关单，备齐规定的随附单证并签名盖章，到货物所在地海关提交书面单证，办理通关手续。

4. 修改申报内容或撤销申报

海关接受进出口货物申报后，电子数据和纸质的进出口货物报关单有正当理由的，经海关审核批准，可以修改或撤销。修改或撤销申报有两种情况。

第一种情况：报关单位要求修改或撤销。报关单位确有如下正当理由的，可以向原接受申报的海关申请修改或者撤销进出口货物报关单。

(1) 由于报关人员操作或书写失误造成所申报的报关单内容有误，并且未发现有走私违规或者其他违法嫌疑的。

(2) 出口货物放行后，由于装运、配载等原因造成原申报货物部分或全部退关、变更运输工具的。

(3) 进出口货物在装载、运输、存储过程中因溢短装，不可抗力所致灭失、短损等造成原申报数据与实际货物不符的。

(4) 根据贸易惯例先行采用暂时价格成文，实际结算时按商检品质认定或国际市场实际价格付款方式需要修改申报内容的。

(5) 由于计算机、网络系统等方面的原因导致电子数据申报错误的。

海关已经决定布控、查验的，以及涉案的进出口货物的报关单在办结前不得修改或者撤销。

报关单位申请修改或者撤销进出口货物报关单的，应当向海关提交进出口货物报关单修改/撤销申请表，并相应提交可以证明进出口实际情况的合同、发票、装箱单等相关单证，外汇管理、国税、检验检疫、银行等有关部门出具的单证，应税货物的海关专用缴款书及用于办理收付汇和出口退税的进出口货物报关单证明联等海关出具的相关单证。

因修改或者撤销进出口货物报关单导致需要变更、补办进出口许可证件的，进出口货物收发货人或其代理人应当向海关提交相应的进出口许可证件。

第二种情况：海关发现报关单需要进行修改或者撤销。海关发现进出口货物报关单需要进行修改或者撤销，但报关单位未提出申请的，海关应当通知报关单位。报关单位在填写进出口货物报关单修改/撤销确认书后，由海关对进出口货物报关单进行修改或者撤销。

同样，因修改或者撤销进出口货物报关单导致需要变更、补办进出口许可证件的，报关单位应当向海关提交相应的进出口许可证件。

二、配合查验

(一) 海关查验

1. 含义

海关查验是指海关为确定进出境货物收发货人向海关申报的内容是否与进出口货物的真实情况相符，或者为确定商品的归类、价格、原产地等，依法对进出口货物进行实际核查的执法行为。

2. 查验地点

查验应当在海关监管区内实施。

因货物易受温度、静电、粉尘等自然因素影响，不宜在海关监管区内实施查验，或者因其他特殊原因，需要在海关监管区外查验的，经进出口货物收发货人或其代理人书面申请，海关可以派员到海关监管区外实施查验。

3. 查验时间

当海关决定查验时，即将查验的决定以书面通知的形式通知进出口货物收发货人或其代理人，约定查验的时间。查验时间一般约定在海关正常工作时间内。在一些进出口业务繁忙的口岸，海关也可接受进出口货物收发货人或其代理人的请求，在海关正常工作时间以外实施查验。

对于危险品或者鲜活、易腐、易烂、易失效、易变质等不宜长期保存的货物，以及因其他特殊情况需要紧急验放的货物，经进出口货物收发货人或其代理人申请，海关可以优先实施查验。

4. 查验方法

海关实施查验可以彻底查验，也可以抽查。彻底查验是指对一票货物逐件开拆包装，验核货物实际状况；抽查是指按照一定比例有选择地对一票货物中的部分货物验核实际状况。

查验操作可以分为人工查验和设备查验。

(1) 人工查验

人工查验包括外形查验、开箱查验。外形查验是指对外部特征直观、易于判断基本属性的货物的包装、运输标志和外观等状况进行验核；开箱查验是指将货物从集装箱、货柜车厢等箱体中取出并拆除外包装后对货物实际状况进行验核。

(2) 设备查验

设备查验是指以技术检查设备为主对货物实际状况进行的验核。

5. 复验

海关可以对已查验货物进行复验(重新查验)。有下列情形之一的，海关可以复验。

(1) 经初次查验未能查明货物的真实属性，需要对已查验货物的某些性状作进一步确认的。

(2) 货物涉嫌走私违规，需要重新查验的。

(3) 进出口货物收发货人对海关查验结论有异议，提出复验要求并经海关同意的。

已经参加过查验的查验人员不得参加对同一票货物的复验。

6. 径行开验

径行开验是指海关在进出口货物收发货人或其代理人不在场的情况下，对进出口货物进行开拆包装查验。有下列情形之一的，海关可以径行开验。

(1) 进出口货物有违法嫌疑的。

(2) 经海关通知查验，进出口货物收发货人或其代理人届时未到场的。海关径行开验时，存放货物的海关监管场所经营人、运输工具负责人应当到场协助，并在查验记录上签名确认。

(二) 配合查验

进出口货物收发货人或其代理人应该到场配合海关查验，做好如下工作。

(1) 负责按照海关要求搬移货物，开拆包装，以及重新封装货物。

(2) 预先了解和熟悉所申报货物的情况，如实回答查验人员的询问及提供必要的资料。

(3) 协助海关提取需要作进一步检验、化验或鉴定的货样，收取海关出具的取样清单。

(4) 查验结束后，认真阅读查验人员填写的海关进出境货物查验记录单，注意以下情况的记录是否符合实际：① 开箱的具体情况；② 货物残损情况及造成残损的原因；③ 提取货样的情况；④ 查验结论。

查验记录准确清楚的，配合查验人员应即签名确认。配合查验人员如不签名，海关查验人员在查验记录中予以注明，并由货物所在监管场所的经营人签名证明。

(三) 货物损坏赔偿

因进出口货物所具有的特殊属性，容易因开启、搬运不当等原因导致货物损毁，需要海关查验人员在查验过程中予以特别注意的，进出口货物收发货人或其代理人应当在海关实施查验前申明。

在查验过程中，或者证实海关在径行开验过程中，因为海关查验人员的责任造成被查验货物损坏的，报关单位可以要求海关赔偿。

海关赔偿的范围仅限于在实施查验过程中，由于查验人员的责任造成被查验货物损坏的直接经济损失。直接经济损失的金额根据被损坏货物及其部件的受损程度确定，或者根据修理费确定。

以下情况不属于海关赔偿范围。

(1) 进出口货物的收发货人或其代理人搬移、开拆、封装货物或保管不善造成的损失。

(2) 易腐、易失效货物在海关正常工作程序所需时间内(含扣留或代管期间)所发生的变质或失效。

(3) 海关正常查验时产生的不可避免的磨损。

(4) 在海关查验之前已发生的损坏和海关查验之后发生的损坏。

(5) 由于不可抗拒的原因造成货物的损坏、损失。

进出口货物的收发货人或其代理人在海关查验时对货物是否受损坏未提出异议，事后发现货物有损坏的，海关不负赔偿责任。

三、缴纳税费

报关单位将报关单及随附单证提交给货物进出境地指定海关，海关对报关单进行审核，对需要查验的货物先由海关查验，然后核对计算机计算的税费，开具税款缴款书和收费票据。报关单位在规定时间内，持税款缴款书或收费票据向指定银行办理税费交付手续。

在试行中国电子口岸网上缴税和付费的海关，报关单位可以通过电子口岸接收海关发出的税款缴款书和收据票据，在网上向指定银行进行电子支付税费。一旦收到银行缴款成功的信息，即可报请海关办理货物放行手续。

四、提取或装运货物

1. 海关进出境现场放行和货物结关

(1) 海关进出境现场放行是指海关接受进出口货物的申报，审核电子数据报关单和纸质报关单及随附单证，查验货物，征免税费或接受担保以后，对进出口货物做出结束海关进出境现场监管决定，允许进出口货物离开海关监管现场的工作环节。

海关进出境现场放行一般由海关在进口货物提货凭证或者出口货物装货凭证上加盖海关放行章。报关单位签收进口提货凭证或者出口装货凭证，凭此提取进口货物或将出口货物装上运输工具离境。

在实行“无纸通关”申报方式的海关，海关做出现场放行决定时，通过计算机将海关决定放行的信息发送给报关单位和海关监管货物保管人。进出口货物收发货人或其代理人从计算机上自行打印海关通知放行的凭证，凭此提取进口货物或将出口货物装运到运输工具上离境。

(2) 货物结关是进出境货物办结海关手续的简称。进出境货物由收发货人或其代理人在海关办理完所有的海关手续，履行了法律规定的与进出口有关的一切义务，就办结了海关手续，海关不再进行监管。

(3) 海关进出境现场放行有两种情况：一种情况是放行就等于结关，如一般进出口货物；另一种情况是放行不等于结关，如保税货物、特定减免税货物、暂准进出境货物、部分其他进出境货物，放行时报关单位并未办完所有的海关手续，海关在一定期限内还需进行监管。

2. 提取货物或装运货物

报关单位签收海关加盖海关放行章戳记的进口提货凭证，凭此到货物进境地的港区、机场、车站、邮局等地的海关监管仓库办理提取进口货物的手续。

报关单位签收海关加盖海关放行章戳记的出口装货凭证，凭此到货物出境地的港区、机场、车站、邮局等地的海关监管仓库，办理将货物装上运输工具离境的手续。

3. 申请签发报关单证明联和办理其他证明手续

报关单位办理完提取进口货物或装运出口货物的手续以后，如需要海关签发有关货物的进口、出口报关单证明联或办理其他证明手续的，均可向海关提出申请。

(1) 申请签发报关单证明联

常见的报关单证明联主要有进口付汇证明联、出口收汇证明联、出口退税证明联。

(2) 办理其他证明手续

① 出口收汇核销单。

② 进口货物证明书：对进口汽车、摩托车，应当向海关申请签发进口货物证明书，进口

货物收货人凭此向国家交通管理部门办理汽车、摩托车的牌照申领手续。海关放行汽车、摩托车后，签发进口货物证明书。同时，将进口货物证明书上的内容通过计算机发送给海关总署，再传输给国家交通管理部门。

第三节　一般进出口货物报关实训

大连欣海报关有限公司报关员张飞接到一笔业务如下，要求尽快完成报关手续。

大连万凯化工贸易公司(210291××××)代理辽宁顺达化工有限公司(210225××××)对外签约出口三氯硝基甲烷(无出口税，法定计量单位为千克)。经营单位持有毒化学品出口环境管理放行通知单(代码 X，证号 TE050616005)、出口农药登记证明(代码 S，证号 CH200511818)和两用物项出口许可证(05-AA-701226)，于 2005 年 5 月 31 日委托大连欣海报关有限公司向大连海关申报，海关 6 月 3 日受理，次日货物出口。出口收汇核销单号为 764994123。其商业发票、装箱单、空白出口货物报关单分别如图 7-1～图 7-3 所示。

大連萬凱化工貿易公司

DALIAN PAN-CHEM TRADING CORPORATION

INVOICE

Invoice No. 82N3430213　　Dalian, 23 MAY 2005

To: PAN-CHEM COMPOUNDS SINGAPORE LTD.　　Contract No. XM2004NA266

Shipped per ______ from DALIAN to SINGAPORE on or about ______

Shipping Mark		Amount
SINGAPORE FOR TRANSSHIPMENT TO CHITTAGONG,BANGLADESH GROSS WEIGHT: 294KGS TARE WEIGHT: 24KGS SHIPMENT No .: 2	CHLOROPICRIN 99.5% MIN. AT USD 459/DRUM FOB DALIAN QUANTITY:680 DRUMS TERM:D/A 60 DAYS FROM B/L DATE BCL REF No .:02/3314 ACIDITY:70PPM MAX. WATER:150PPM MAX. DENSITY:1.654~1.663 TOXOCITY:HIGH POISONOUS	USD312,120.00
	LESS PREPAYMENT 10%	USD31，212.00
	LESS DISCOUNT 5%	USD15，606.00
	TOTAL TO BE INVOICED:	USD265，302.00

DALIAN PAN-CHEM
TRADING CORPORATION

E.&O.E.

图 7-1　商业发票

大連萬凱化工貿易公司
DALIAN PAN-CHEM TRADING CORPORATION

PACKING LIST

Invoice No. 82N3430213 Dalian, 23 MAY 2005
COMMODITY CHLOROPICRIN 99.5% MIN
NAME OF STEAMER CSCL YANTIAN 0042S NO.& DATE OF B/LZIMUDA927057/31.05.05

Shipping Mark

SINGAPORE	183.6 MT CHLOROPICRIN 99.5% MIN.
FOR TRANSSHIPMENT TO	PACKING:270KGS NET IN GALVANIZED IRON DRUMS
CHITTAGONG,BANGLADESH	QUANTITY: 680 DRUMS IN 170 PALLETS
GROSS WEIGHT: 294KGS	GROSS WEIGHT:
TARE WEIGHT: 24KGS	MEASUREMENT:
SHIPMENT No .: 2	BCL P.O. No .:02/3341
	DELIVERY UNDER 2 CONSECUTIVE SHIPMENTS

CONTAINER No .	SEAL No .	TYPE	TARE KGS
CLHU3122339		20′DRY	2275
CLHU3122597		20′DRY	2275
CLHU3122811		20′DRY	2275
CLHU3122827		20′DRY	2275
CLHU3122869		20′DRY	2275
CLHU3122940		20′DRY	2275
CLHU3122961		20′DRY	2275
CLHU3122977		20′DRY	2275
CLHU3122979		20′DRY	2275
CLHU0762612		40′DRY	4080

DALIAN PAN-CHEM
TRADING CORPORATION

E.& O.E.

图 7-2 装箱单

中华人民共和国海关出口货物报关单

预录入编号：　　　　　　海关编号：

出口口岸	备案号	出口日期	申报日期	
经营单位	运输方式	运输工具名称	提运单号	
发货单位	贸易方式	征免性质	结汇方式	
许可证号	运抵国（地区）	指运港	境内货源地	
批准文号	成交方式	运费	保费	杂费
合同协议号	件数	包装种类	毛重（千克）	净重（千克）
集装箱号	随附单据	生产厂家		
标记唛码及备注				

项号	商品编号	商品名称、规格型号	数量及单位	最终目的国（地区）	单价	总价	币制	征免

税费征收情况

录入员　　录入单位	兹声明以上申报无讹并承担法律责任。	海关审单批注及放行日期（签章）
报关员		审单　　审价
单位地址	申报单位（签章）	征税　　统计
邮编　　电话	填制日期	查验　　放行

图 7-3　空白出口货物报关单

一、判定海关监管货物的类型

根据认知部分中对一般进出口货物的描述，包括定义、范围、特征等，结合案例描述，判定该货物海关监管类型为一般出口货物。

二、商品归类

在自理报关业务中，由进出口货物收发货人自行确定进出口商品的商品编码或由海关裁定。在代理报关业务中，商品编码一般由收发货人提供给报关企业。如果收发货人未提供，则由报关企业确定，因此商品归类是优秀报关员需要掌握的重要技能。

运用正确的商品归类法查询最新版的《中华人民共和国海关进出口税则》纸质版或电子版，也可以使用一些商品编码查询网站或查询软件。

报关员从中获取以下信息：该批货物的商品编码为 2904.9030，无出口退税，进口税率则有 3 种，分别是最惠国税率 5.5%、普通税率 30%，无暂定税率。增值税税率 17%，法定计量单位为千克，监管证件代码 23SX，英文名称为 Chloropicrin。

三、确定海关监管条件

根据海关监管证件代码 23SX，查阅海关监管证件代码表，获知对应监管证件的名称：2——两用物项和技术进口许可证；3——两用物项和技术出口许可证；S——进出口农药登记证明；X——有毒化学品环境管理放行通知单。

由于该批货物是出口商品，因此涉及的监管证件应为 3SX 共 3 种。由经营单位向主管部门申领上述许可证件，报关企业持上述证件作为报关随附单据中的特殊单证向海关申报。

四、出口申报

报关企业依照一般出口货物的报关程序先向海关申报。根据基础认知部分所述，一般进出口货物报关程序只有进出口阶段，其包括 4 个环节，即进出口申报、配合查验、缴纳税费、提取或装运货物。进出口申报作为第一环节包括电子报关单预录入和纸质报关单提交，报关单能否正确填写将直接影响后续环节的工作。因为正确率高的报关单能快速通过海关审核，提高货物的通关效率，继而提高企业的行业口碑和业务利润。对于报关员来说，也是业务水平的重要体现。

（一）阅读原始外文资料并翻译

原始外文资料并翻译如图 7-4 和图 7-5 所示。

大連萬凱化工貿易公司

DALIAN PAN-CHEM TRADING CORPORATION

INVOICE 商业发票

发票号码

Invoice No. 82N3430213　　Dalian, 23 MAY 2005　出票日期

买方 To: PAN-CHEM COMPOUNDS SINGAPORE LTD.　　Contract No. XM2004NA266

运输路线 Shipped per　from　DALIAN　to　SINGAPORE　on or about

		Amount
唛头 **Shipping Mark**	CHLOROPICRIN 99.5% MIN.　品名	
目的地 SINGAPORE	AT USD 459/DRUM FOB DALIAN 单价	USD312,120.00
中转至 FOR TRANSSHIPMENT TO	QUANTITY:680 DRUMS 总数：680 桶	
吉大港 CHITTAGONG, BANGLADESH	TERM:D/A 60 DAYS FROM B/L DATE 结汇方式：承兑交单， 提单签发日后 60 天内	
毛重 GROSS WEIGHT: 294KGS	BCL REF No.:02/3314 银行资金证明号	
皮重 TARE WEIGHT: 24KGS	ACIDITY:70PPM MAX. 酸度	
SHIPMENT No.: 2	WATER:150PPM MAX. 含水量	
	DENSITY:1.654~1.663 密度	
	TOXOCITY:HIGH POISONOUS 毒性	
	LESS PREPAYMENT 10% 减掉预付款	USD31,212.00
	LESS DISCOUNT 5%　减掉折扣	USD15,606.00
	TOTAL TO BE INVOICED:　发票金额	USD265,302.00

DALIAN PAN-CHEM
TRADING CORPORATION

卖方

E.& O.E. 错漏当查

图 7-4　商业发票

大連萬凱化工貿易公司
DALIAN PAN-CHEM TRADING CORPORATION

PACKING LIST 装箱单

Invoice No. 82N3430213　　Dalian, 23 MAY 2005

品名 COMMODITY　CHLOROPICRIN 99.5% MIN

船名 NAME OF STEAMER CSCL YANTIAN 0042S NO.& DATE OF B/L ZIMUDA927057/31.05.05

提单号

Shipping Mark 唛头

	183.6 公吨三氯硝基甲烷　　包装：净重270 千克，镀锌铁桶装
SINGAPORE	183.6 MT CHLOROPICRIN 99.5% MIN.
FOR TRANSSHIPMENT TO	PACKING:270KGS NET IN GALVANIZED IRON DRUMS
CHITTAGONG,BANGLADESH	QUANTITY: 680 DRUMS IN 170 PALLETS
GROSS WEIGHT: 294KGS	GROSS WEIGHT:　　数量：680 桶放在 170 个托盘上
TARE WEIGHT: 24KGS	MEASUREMENT:
SHIPMENT No .: 2	BCL P.O. No .:02/3341
	DELIVERY UNDER 2 CONSECUTIVE SHIPMENTS

包装：净重 270 千克，镀锌铁桶装

封箱号		箱类	皮重
CONTAINER No .	SEAL No .	TYPE	TARE KGS
CLHU3122339	20 英尺干货箱	20′DRY	2275
CLHU3122597		20′DRY	2275
CLHU3122811		20′DRY	2275
CLHU3122827		20′DRY	2275
CLHU3122869		20′DRY	2275
CLHU3122940		20′DRY	2275
CLHU3122961		20′DRY	2275
CLHU3122977		20′DRY	2275
CLHU3122979		20′DRY	2275
CLHU0762612		40′DRY	4080

DALIAN PAN-CHEM
TRADING CORPORATION

E.& O.E.

图 7-5　装箱单

（二）报关单填报

根据原始资料信息，结合基础认知部分的报关单填制规范和经验总结，各个主要栏目填报内容及格式如下。

假定信息：预录入编号同海关编号为159320050×××××××××。

(1) 出口口岸：大连海关1593(该栏目应“双填”，即口岸海关中文名称及四位数关区代码)。

(2) 备案号：为空(根据资料判断，该批货物未涉及加工贸易登记手册、征免税证明、原产地证书等备案文件，属于一般进出口货物，无报关前期阶段，因而备案号为空)。

(3) 出口日期：为空(出口日期可以免填)。

(4) 申报日期：20050603(申报日期为电子报关单海关受理的日期，以机审通过签发电子回执的日期)。

(5) 经营单位：大连万凯化工贸易公司210291××××[该笔业务是外贸代理，由大连万凯(国有进出口企业)代理辽宁顺达(集体企业)对外签订出口合同，经营单位填代理方，格式为“双填”，即企业中文全称和10位海关注册编码]。

(6) 运输方式：水路运输(根据发票显示，该批货物属于实际运输方式中的水路运输且不涉及转关运输)。

(7) 运输工具名称：CSCL YANTIAN/0042S(运输方式如果是水路运输，非转关货物运输工具名称栏填报进境船舶名称或编号/航次号)。

(8) 提运单号：ZIMUDA927057[对于水路运输，出口货物提运单号填报实际出境船舶对应的提单号；对于在境外港口有中转的，出口货物提运单号填写前程(离境)船舶对应的提运单号]。

(9) 发货单位：辽宁顺达化工有限公司210225××××(发货单位填写销售单位，对于普通外贸代理发货单位和经营单位不一致，有海关注册编码的一定要“双填”)。

(10) 贸易方式：一般贸易(该批货物是一般出口货物，贸易方式一定是一般贸易)。

(11) 征免性质：一般征税(对于一般出口货物，贸易方式如果是一般贸易，根据对应关系，征免性质则为一般征税，我国对大部分出口货物免出口关税，但征免性质仍填一般征税)。

(12) 结汇方式：承兑交单或D/A(根据发票中的信息)。

(13) 许可证号：05-AA-701226(填报出口许可证或两用物项和技术出口许可证的编号)。

(14) 运抵国(地区)：新加坡(根据发票和唛头中的信息显示，该批货物的实际运输路线是大连港装货，新加坡中转，吉大港卸货，由于发票显示买方在新加坡，即与中转地发生了买卖关系，运抵国受到影响，即由原来的孟加拉国变为新加坡。吉大港所在国家根据《世界港口对应国家代码表》确定)。

(15) 指运港：吉大港(指运港不受中转影响，填报最终目的港)。

(16) 境内货源地：21022(填报发货单位前5位编码，或根据《国内地区代码表》填报大连经济技术开发区)。

(17) 批准文号：764994123(填报出口收汇核销单号码)。

(18) 成交方式：船上交货(free on board，FOB)或3(根据发票中价格信息显示贸易术语为FOB，根据对应关系转换成报关单中的成交方式)。

(19) 运费：为空(出口报关单，成交方式如为FOB，运费由买方支付，我方不付)。

(20) 保费：为空(出口报关单，成交方式如为FOB，保费由买方支付，我方不付)。

(21) 杂费：502/-15606/3(出口时，如果我贸易商给予外商折扣，报关单填报时，应当把原价作为报关单总价填报，而把折扣作为扣减项，以负值填报在杂费栏)。

(22) 合同协议号：XM2004NA266(根据发票中的信息填报)。

(23) 件数：170(根据装箱单信息显示，共680桶放在170个托盘上，件数应填报托盘数量)。

(24) 包装种类：托盘。

(25) 毛重：199 920千克(根据装箱单显示每桶毛重294千克，共680桶，总毛重等于两者相乘)。

(26) 净重：183 600千克(根据装箱单显示每桶净重为294－24＝270千克，共680桶，总净重等于两者相乘，其中显示的183.6MT为总净重183.6公吨)。

(27) 集装箱号：CLHU3122339/20/2275(根据装箱单信息填报第一个集装箱号)。

(28) 随附单据为S：CH200511818(填报第一个监管证件的代码及编号)。

(29) 生产厂家：辽宁顺达化工有限公司(本栏目只在必要时填报)。

(30) 标记唛码及备注。

SINGAPORE		
FOR TRANSSHIPMENT TO		
CHITTAGONG,BANGLADESH	X：TE050616005	
GROSS WEIGHT：294KGS	CLHU3122339/20/2275	CLHU3122597/20/2275
TARE WEIGHT：24KGS	CLHU3122811/20/2275	CLHU3122827/20/2275
SHIPMENT No：2	CLHU3122869/20/2275	CLHU3122940/20/2275
	CLHU3122961/20/2275	CLHU3122977/20/2275
	CLHU3122979/20/2275	

(标记唛码同唛头，备注栏填报其余监管证件的代码及编号，其余集装箱的箱号。)

(31) 项号：01。

(32) 商品编号：2904.9030(填写进出口税则中的税则号列)。

(33) 商品名称、规格型号：三氯硝基甲烷/CHLOROPICRIN
99.5% MIN，工业用。

(查阅海关商品申报要素，品目2904申报要素为品名、成分含量、用途，分两行填报)。

(34) 数量及单位：183 600千克；680桶。

(第一行填报第一法定计量单位千克，对应的数量是总净重，第二行没有第二法定计量单位为空，第三行填报成交计算单位，根据发票中单价和总价的关系，确定成交计量单位为桶)。

(35) 最终目的国(地区)：孟加拉国(填报指运港所在的国家或地区，不受中转影响)。

(36) 单价：459元(单价、数量、总价三者关系和数值要参照发票信息，且必须填报对应成交方式的单价，此处即FOB价)。

(37) 总价币值：312 120美元或502(总价根据发票中的“单价×数量”的值填报，币值根据《货币代码表》填报)。

(38) 征免：照章征税(征免性质是一般征税，对应的征免填报照章征税)。

在实际操作中，电子预录入阶段有些栏目可以暂时先不填，等机审通过可以打印纸质报关单时再填写，但要确保海关人工审单时不出错误，否则报关员将会被扣分，并降低该批货物的正常通关速度。

报关单填报内容如图 7-6 所示，三氯硝基甲烷税则号列如表 7-2 所示。

中华人民共和国海关出口货物报关单

预录入编号：　　　　　　　　　　海关编号：

出口口岸 大连海关1593	备案号	出口日期	申报日期 20050603	
经营单位 大连万凯化工贸易公司210291××××	运输方式 水路运输	运输工具名称 CSCL YANTIAN/0042S	提运单号 ZIMUDA927057	
发货单位 辽宁顺达化工有限公司210225××××	贸易方式 一般贸易	征免性质 一般征税	结汇方式 承兑交单	
许可证号 05-AA-701226	运抵国（地区） 新加坡	指运港 吉大港	境内货源地 21022	
批准文号 764994123	成交方式 FOB	运费	保费	杂费 502/-15606/3
合同协议号 XM2004NA266	件数 170	包装种类 托盘	毛重（千克） 199 920	净重（千克） 183 600
集装箱号 CLHU3122339/20/2275	随附单据 S:CH200511818	生产厂家 辽宁顺达化工有限公司		

标记唛码及备注

SINGAPORE	X:TE050616005
FOR TRANSSHIPMENT TO	CLHU3122339/20/2275　CLHU3122597/20/2275
CHITTAGONG,BANGLADESH	CLHU3122811/20/2275　CLHU3122827/20/2275
GROSS WEIGHT:294KGS	CLHU3122869/20/2275　CLHU3122940/20/2275
TARE WEIGHT:24KGS	CLHU3122961/20/2275　CLHU3122977/20/2275
SHIPMENT No:2	CLHU3122979/20/2275

项号	商品编号	商品名称、规格型号	数量及单位	最终目的国（地区）	单价	总价	币制	征免
01	2904.9030	三氯硝基甲烷/CHLOROPICRIN 99.5% MIN，工业用	183 600 千克 680 桶	孟加拉国	459	312 120	502	照章征税

税费征收情况

录入员　　录入单位	兹声明以上申报无讹并承担法律责任。	海关审单批注及放行日期（签章）
报关员	大连欣海报关有限公司 申报单位（签章）	审单　　审价
单位地址		征税　　统计
邮编　　电话	填制日期	查验　　放行

图 7-6　中华人民共和国海关出口货物报关单

表 7-2　三氯硝基甲烷税则号列

税则号列 Tariff item	商品名称及备注	出口退税	进口税率 最惠	进口税率 普通	进口税率 暂定	增值税率	计量单位	监管条件	Article description
2903.6990	—其他多氯联苯、		5.5	30.0			千克		—Other
29036990.10	多溴联苯	9	5.5	30.0		17	千克	89	Polychlorinatedbiphenyls(PCB),polybrominated biphenyls(PBB)
29036990.30	多氯三联苯（PCT）	9	5.5	30.0		17	千克	X	Polychlorinatedterphenyls(PCT)
29036990.40	稗草烯其他芳烃卤化		5.5	30.0		17	千克	S	Tavron
29036990.90	衍生物	9	5.5	30.0		17	千克		Otherhalogenated derivatives ofaromatic hydrocarbons
29.04	烃的磺化、硝化或亚硝化衍生物，不论是否卤化								**Sulphonated, nitrated or nitrosated derivatives of hydrocarbons,whether or not halogenated**
2904.1000	-仅含磺基的衍生物及其盐和乙酯	9	5.5	30.0		17	千克		-Derivatives containingonly sulphogroups,theirsalts andethylesters
	-仅含硝基或亚硝基的衍生物								-Derivatives containingonly nitrooronly nitroso groups
2904.2010	—硝基苯	9	5.5	20.0		17	千克		—Nitrobenzene
2904.2020	—硝基甲苯	9	5.5	30.0		17	千克		—Nitrotolueneand nitrochlorobenzene
2904.2030	—二硝基甲苯	9	5.5	20.0		17	千克		—Dinitrotolueneanddinitrochlorobenzene
2904.2040	—三硝基甲苯(TNT)	9	5.5	40.0		17	千克		—Trinitrotoluene
2904.2090	—其他	9	5.5	30.0		17	千克		—Other
29042090.10	六硝基芪	9	5.5	30.0		17	千克	3	Hexanitrostilbene
29042090.20	4-硝基联苯其他仅含硝基	9	5.5	30.0		17	千克	X	4-Nitrobiphenyl
29042090.90	或亚硝基衍生物	9	5.5	30.0		17	千克		Otherderivativescontainingonly nitrooronly nitroso groups
	—其他								
	—硝基氯化苯								-Other
2904.9011	—邻硝基氯化苯	9	5.5	30.0		17	千克		—Nitrochlorobenzene
2904.9012	—间硝基氯化苯	9	5.5	30.0		17	千克		—o-Nitrochlorobenzene
2904.9013	—对硝基氯化苯	9	5.5	30.0		17	千克		—m-Nitrochlorobenzene
2904.9020	—二硝基氯化苯	9	5.5	20.0		17	千克		—p-Nitrochlorobenzene
2904.9030	—三氯硝基甲烷		5.5	30.0		17	千克	23S	—Dinitrochlorobenzene
2904.9090	—其他								—Trichloronitromethane(chloropicrin,nitrochloroform)
29049090.11	氯硝丙烷四		5.5	30.0			千克		
29049090.12	氯硝基苯五		5.5	30.0		17	千克	S	—Other
29049090.13	氯硝基苯		5.5	30.0		17	千克	S	SodiumchloridePropane
29049090.90	其他烃的磺化、硝化、亚		5.5	30.0		17	千克	S	Tecnazene
	硝化衍生物（不论是否卤	9	5.5	30.0		17	千克		Quintozene
	化）第二分章醇类及其卤化、磺化、硝化或亚硝化衍生物								Othersulphonated,nitrated,nitrosaltedderivatives of hydrocarbons,whetherornothalogenated Ⅱ.**ALCOHOLSAND THEIR HALOGENATED, SULPHONATED,NITRATED OR NITROSATED DERIVATIVES**
29.05	无环醇及其卤化、磺化、硝化或亚硝化衍生物								**Acyclicalcoholsand their halogenated,sulphonated,nitratedor nitrosated derivatives**
2905.1100	-饱和一元醇								
	—甲醇	13	5.5	30.0		17	千克		—Saturatedmonohydric alcohols
	—丙醇及异丙醇								—Methanol(methylalcohol)
2905.1210	—丙醇								—Propan-1-ol(propylalcohol)and propan-2-ol (isopropylalcohol)
2905.1220	—异丙醇	9	5.5	30.0	3	17	千克		—Propan-1-ol（propylalcohol）
2905.1300	—正丁醇	9	5.5	30.0		17	千克	G	—Propan-2-ol（isopropylalcohol）
		13	5.5	30.0		17	千克		—Butan-l-ol（n-butylalcohol）
2905.1410	—其他丁醇								—Other butanols
2905.1420	—异丁醇	9	5.5	30.0		17	千克		—Isobutanol
2905.1430	—仲丁醇	9	5.5	30.0		17	千克		

五、配合查验

报关员在配合海关查验前，需要阅读该批货物的产品说明，了解其基本特性、用途、操作事项等重要信息。客户提供的产品说明、工艺图纸均要认真学习。

以三氯硝基甲烷为例，需学习以下货物知识，如表 7-3 所示。报关员在回答关务人员的问题时既要实事求是，又要灵活机智。现场查验是最能锻炼报关员业务素质的场所，报关员不要害怕查验，而应该积极面对，充分做好查验前的各项功课。

表 7-3　三氯硝基甲烷的相关知识

标示	中文名：三氯硝基甲烷	英文名：Trichloronitromethane	危险类别：第6.1类毒害品	
	分子式：CCl_3NO_2	分子量：164.39	UN编号：1580	
	危货编号：	RTECS号：	CAS号：76-06-2	
理化性质	物质状态、外观、气味：无色油状液体，具有特殊辛辣气味，易挥发。			
	熔点（℃）：−64	溶解性：不溶于水，易溶于苯、乙醇、乙醚、煤油		
	沸点（℃）：112	相对密度（水=1）：1.65(22.8℃)		
	饱和蒸汽压（kPa）：2.25(20℃)	相对密度（空气=1）：5.7		
	临界温度（℃）：	燃烧热（KJ/mol）：		
	临界压力（MPa）：	最小引燃能量（mJ）：		
燃烧爆炸危险性及消防	燃烧性：	燃烧分解产物：		
	闪点（℃）：	聚合危害：		
	爆炸极限（体积分数%）：	稳定性：稳定		
	引燃温度（℃）：	禁忌物：活性金属粉末、苯胺、强还原剂		
	危险特性：受高热分解，产生有毒的氮氧化物和氯化物气体			
	爆炸性气体的分类、分级、分组			
	火灾危险性分级：			
	爆炸危险类别：	最大爆炸压力（MPa）：		
	灭火方法： 灭火剂：水、泡沫、砂土			
健康危害与防护	工作场所职业接触限值（mg/m^3）		职业毒性危害等级	侵入途径：吸入、食入、经皮吸收
	MAC：1	PC-TWA：0.1	PC-STEL：0.3	
	健康危害	本品系催泪剂和肺部刺激剂。吸入后损害呼吸系统，主要损害中、小支气管和肺泡，导致中毒性肺炎和肺水肿。眼部表现为眼睑、结膜水肿，角膜炎，虹膜炎等。可致灼伤		
	防护措施	工程控制：严加密闭，提供充分的局部排风和全面排风。 呼吸系统防护：可能接触其蒸气时，应该佩戴防毒面具。紧急事态抢救或撤离时，建议佩戴自给式呼吸器。 眼睛防护：戴化学安全防护眼镜。 身体防护：穿聚乙烯薄膜防毒服。 手防护：戴防化学品手套。 其他：工作现场禁止吸烟、进食和饮水。工作后，彻底清洗。保持良好的卫生习惯		
急救与应急	急救措施	吸入：迅速脱离现场至空气新鲜处。保持呼吸道通畅。呼吸困难时给输氧。呼吸停止时，立即进行人工呼吸。就医。 眼接触：立即翻开上下眼睑，用流动清水或生理盐水冲洗至少15分钟。就医。 皮肤接触：立即用大量流动清水彻底冲洗至少15分钟。就医。 食入：饮牛奶或蛋清。就医。 其他：无。		
	应急处理	疏散泄漏污染区人员至安全区，禁止无关人员进入污染区，应急处理人员戴自给式呼吸器，穿防护服。不要直接接触泄漏物，在确保安全情况下堵漏。喷雾状水，减少蒸发。用砂土或其他不燃性吸附剂混合吸收，然后收集运至废物处理场所。如大量泄漏，利用围堤收容，然后收集、转移、回收或无害处理后废弃		

六、缴纳税费

报关员根据货物的原产地、适用的税率和完税价格，根据税费计算公式，预先核算进出口关税或进口代征税。

由于该批货物属出口贸易，根据税则手册显示，无出口关税，因此不需要进行税费核算。

七、提取/装运货物

一般出口货物海关放行就意味着海关结关。海运出口货物海关放行以海关在装货单上签章为准，如图 7-7 所示。海关放行后，货物可以由装卸公司装上运输工具，装货完毕后，由运输工具负责人或代理人签发提单交由货运代理人或实际货主，用于办理出口退税。

海运集装箱货物出口

Shipper (发货人)	D/R No.(编号)
Consignee (收货人)	装货单
Notify Party (通知人)	
Pre-carriage by (前程运输)　Place of Receipt (收货地点)	
Vessel (船名)Voy. No. (航次)　Port of Loading (装货港)	

Port of Discharge (卸货港)	Place of Delivery (交货地点)	FINAL DESTINATION FOR THE MERCHANTS(目的地)

Container No. (集装箱号)	Marks & Nos. (标志与号码)	Nos. kind of Packages (包装件数与种类)	Description of Goods (货名)	Gross Weight (kg) 毛重(千克)	Measurement (m^3) 尺码 (立方米)
Total Number of Containers or Packages (In Words) 集装箱数或件数合计(大写)					

FREIGHT & CHARGES (运费与附加费)	Revenue Tons (运费吨)	RATE (运费率)	Prepaid (运费预付)	Collect (到付)
Ex.Rate: (兑换率)	Prepaid at (预付地点)	Payable at (到付地点)	Place of Issue (签发地点)	
	Total Prepaid (预付总额)	No. of Original B(s)/L (正本提单份数)		

Service Type on Receiving CY	Service Type on Delivery CY
可否转船: YES	可否分批: YES
装期:	有效期:
金额:	
制单日期:	

中华人民共和国
海关验讫放行

图 7-7 海运集装箱货物出口装货单

知识点关联图

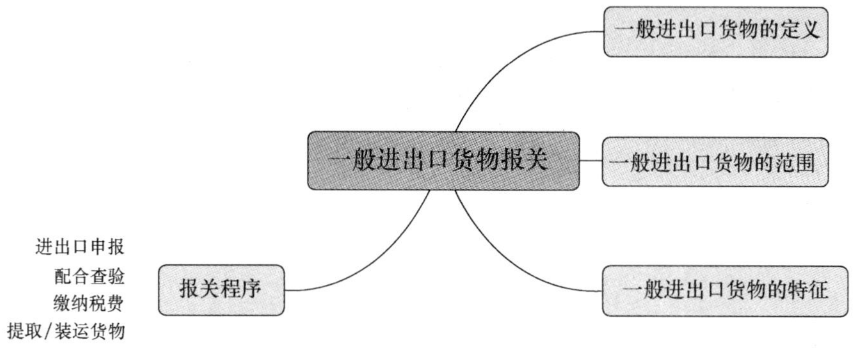

精 选 习 题

一、单项选择题

1. 某公司按暂定价格申报进口完税价格为270 000元人民币的货物，滞报3天，支付滞报金后，完税价格调整为300 000元人民币，申请修改申报被海关接受，该公司应补交滞报金（　　）元。

A. 0　　B. 45

C. 405　　D. 450

2. 进口货物的申报期限为装载货物的运输工具申报进境之日起（　　）内，进口货物装载货物的运输工具申报进境之日起超过（　　）仍未向海关申报的，货物由海关提取并依法变卖。

A. 15日；3个月　　B. 14日；3个月

C. 15日；1个月　　D. 14日；4个月

3. 出口货物的申报期限为货物运抵海关监管后（　　）。

A. 装货前的24小时　　B. 装货的24小时前

C. 装货前的48小时　　D. 装货的48小时前

4. 下列关于海关征收滞报金的表述，正确的是（　　）。

A. 计征起始日为运输工具申报进境之日起第15日，截止日为海关接受申报之日（申报日期），起始日计入滞报期间，但截止日不计入滞报期间

B. 滞报金的日征收金额为进口货物完税价格的5‰

C. 滞报金计算至人民币“分”

D. 滞报金的起征点为人民币50元

5. 一般情况下，进口货物应当在(　　)向海关申报。

A. 进境地　　B. 起运地　　C. 目的地　　D. 指运地

6. 滞报金的征收，以人民币(　　)为计征单位。

A. 元　　B. 角　　C. 分　　D. 50元

7. 在以下进出口货物中，不属于一般进出口货物的是(　　)。

A. 不批准保税的寄售代销贸易货物　　B. 救灾捐赠物资

C. 外国驻华商业机构进出口陈列用的样品　　D. 随展览品进境的小卖品

8. 出口货物的申报期限为货物运抵海关监管区(　　)、装货的24小时(　　)。

A. 后；后　　B. 后；前　　C. 前；前　　D. 前；后

二、多项选择题

1. (　　)属于一般进出口货物。

A. 暂准进境的货样

B. 转为实际进口的保税料件

C. 转为实际出口的暂准出境货物

D. 加工贸易外商免费提供的进境试车材料

2. 径行开验是指海关在进出口货物收发货人不在场的情况下，对进出口货物进行打开拆包查验。海关可以径行开验的情形有(　　)。

A. 进出口货物发货人对海关查验结论有异议的

B. 进出口货物存在违法嫌疑的

C. 经初次检查未查明货物的真实属性，需对已查验货的某些性状进一步确认的

D. 经海关通知检查，进出口货物收发货人届时未到场

3. 以下关于修改申报内容或者撤销申报的表述，正确的有(　　)。

A. 对于海关已经决定布控、查看的货物，报关单在办结前不得修改

B. 对于海关已经决定布控、查看的货物，报关单在办结前不得撤销

C. 对于涉案的货物，报关单在办结前不得修改

D. 对于涉案的货物，报关单在办结前不得撤销

4. 海关可以对已查验货物进行复验，以下属于海关可以复验的情形是(　　)。

A. 经初次查验未能查明货物的真实属性，需要对已查验货物的某些性状作进一步确认的

B. 货物涉嫌走私违规，需要重新查验的

C. 进出口货物收发货人对海关查验结论有异议，提出复验要求并经海关同意的

D. 海关查验后，检验检疫部门提出复验要求的

5. 进出口货物收发货人或其代理人配合海关查验的工作主要包括(　　)。

A. 负责按照海关要求搬移货物，开拆包装

B. 回答查验关员的询问

C. 负责提取需要作进一步检验、化验或鉴定的货样

D. 签字确认查验记录

三、判断题

1. 一般进出口货物也称一般贸易货物，是指在进出境环节缴纳了应征的进出口税费并办结了所有必要的海关手续，海关放行后不再进行监管，可以直接进入生产和流通领域的进出口货物。（　　）
2. 一般进口货物、特定减免税货物、保税货物均可以采用一般贸易方式进口。（　　）
3. 进出境货物的海关现场放行就是结关。（　　）
4. 电子数据报关单被海关退回后，进出口货物收发货人或其代理人应当按照要求修改后重新申报，申报日期为海关接受重新申报的日期。（　　）
5. 进出口货物收发货人申请修改或撤销报关单的，应当向海关提交“进出口货物报关单修改/撤销确认书”。（　　）

四、综合实务题

某外商独资经营企业（非鼓励类项目，A类管理企业）使用其投资总额内资金向海关申报进口“立式数控车床”（商品编码84589100，进口关税税率为5%）数台。海关在审单时因对所报货物的商品编码有异议，遂确定实施查验，并在查验时发现该批货物实为“立式加工中心”（商品编码84571010，进口关税税率为9.7%）。该货物列入《法检目录》和《自动进口许可管理货物目录》。海关要求该企业修改该批货物的商品编码，并因该企业实际申报归类错误，决定按“申报不实”对该企业罚款12万元人民币，并调整其管理类别。该企业表示，错报商品编码实属报关员不熟悉进口设备所致，并非企业故意，故不能接受海关处罚。

根据上述案例，解答下列各题。

(1) 下列对于“立式加工中心”实施进口贸易管制的表述，正确的是（　　）。
   A. 进口报关时应提交自动进口许可证
   B. 进口报关时应提交入境货物通关单
   C. 该企业应在报关前办理监管证件的申领手续
   D. 应提交的监管证件实行“一批一证”制

(2) “立式加工中心”进口，该企业进口时属于（　　），其报关单“贸易方式”栏应填报为（　　）。
   A. 一般贸易货物；一般贸易
   B. 特定减免税进口货物；一般贸易
   C. 一般进口货物；外资设备物品
   D. 特定减免税进口货物；外资设备物品

(3) 下列关于“立式加工中心”进口申报的表述，正确的是（　　）。
   A. 自装载货物的运输工具申报进境之日起14日内向海关申报，逾期申报的，应向海关缴纳滞报金
   B. 可自主选择电子数据报关单或纸质报关单的申报方式
   C. 应填写“进口货物修改/撤销报关单确认书”，修改商品名称和编码后重新向海关发送
   D. 申报日期为修改商品名称和编码重新发送并被海关接受的日期

(4) 下列有关海关对该企业予以行政处罚，并调整其管理类别的表述，正确的是(　　)。

A. 该企业商品归类“申报不实”系违反海关监管规定的行为

B. 海关在做出行政处罚决定前，应告知该企业有要求举行听证的权利

C. 该企业的海关管理类别应调整为B类

D. 该企业的海关管理类别调整后，仍可适用通关便利措施

(5) 该企业接到海关行政处罚决定后，其获得救济渠道是(　　)。

A. 向海关提出书面申辩

B. 向海关复议机关申请行政复议

C. 直接向人民法院提起行政诉讼

D. 要求举行听证

第八章　保税加工货物报关

第一节　保税加工货物海关监管概述

一、保税加工货物概述

（一）含义

保税加工货物是指经海关批准未办理纳税手续进境，在境内加工、装配后复运出的货物。

保税加工货物通常被称为加工贸易保税货物。加工贸易保税货物不完全等同于加工贸易货物。加工贸易货物只有在海关批准保税进口时才成为保税加工货物。

加工贸易俗称“两头在外”的贸易，即原材料、零部件、元器件、包装物料、辅助材料等从境外进口，在境内加工装配后，成品运往境外的贸易。

加工贸易通常有以下两种形式。

（1）来料加工是指由境外企业提供料件，经营企业不需要付汇进口，按照境外企业的要求进行加工或装配，只收取加工费，制成品由境外企业销售的经营活动。

（2）进料加工是指经营企业用外汇购买料件进口，制成成品后外销出口的经营活动。

（二）特征

保税加工货物有以下特征。

（1）料件进口时暂缓缴纳进口关税及进口环节海关代征税，成品出口时除另有规定外免关税。

（2）料件进口时除国家另有规定外免证，成品出口时凡属许可证件管理的，必须交证。

（3）进出境海关现场放行不等于海关结关。

（三）范围

保税加工货物包括以下 3 个方面。

（1）进口料件：专为加工、装配出口产品而从国外进口且海关准予保税的原材料、零部件、元器件、包装物料、辅助材料。

（2）出口成品：用进口保税料件生产的成品、半成品。

（3）副产品、残次品、边角料和剩余料件：在保税加工生产过程中产生的其他保税加工货物。

二、相关企业的海关监管

海关对从事保税加工货物的企业的监管模式有两大类：一类是非物理围网的监管模式，采用电子化手册管理和电子账册管理；另一类是物理围网的监管模式，采用电子账册管理（包括出口加工区和珠海园区）。

（一）电子化手册管理

1. 定义

电子化手册是以企业的“单个加工合同”为单元对保税加工货物进行监管的方式。电子化手册是海关以加工贸易合同（订单）为单元为联网企业建立的电子底账；实施电子化手册管理的，联网企业的每个加工贸易合同设立一个电子化手册，一个企业可以有多本电子化手册。

2. 使用范围

电子化手册是针对广大中小企业的，包括电子手册和电子化手册电子化（无纸化手册），新备案登记的加工贸易合同一律采用电子手册，原使用纸质登记手册的要进行电子化。电子化手册电子化是海关为适应当前保税进出口货物发展新形势需要、最终实现“电子申报、网上备案、无纸通关、网上报核、在线服务”的全程无纸化监管而推出的一种新型加工贸易监管模式。新型模式采用电子数据取代电子化手册，海关通过采取政策宣传、对外公告、业务流程培训等措施，协助加工贸易企业做好上线准备工作，确保电子化手册电子化备案模式顺利切换。

3. 管理特点

(1) 以合同（订单）为单元进行管理，商务部门审批每份加工贸易合同（订单），海关根据商务主管部门的批件审核企业申报的合同备案、变更等资料，通过后即可生成电子化手册，不再签发纸质《加工贸易登记手册》。

(2) 企业通过计算机网络向商务主管部门和海关申请合同审批和合同备案、变更等手续。企业向海关发送申请合同备案、变更等业务的电子数据并凭商务主管部门的批件到主管海关业务现场办理合同备案、变更等业务。同传统电子化手册相比，联网企业可以通过IC卡进行电子身份认证，在手册备案、变更、通关、核查、核销等环节实现电子化操作，海关凭电子账册和其他有关单证办理相关手续，不再验凭纸质《加工贸易登记手册》，也不再进行手册核注。

(3) 海关对实施电子化手册管理模式的联网监管的企业设立了“银行保证金台账制度”。

(4) 纳入电子化手册的加工贸易货物全额保税。

(5) 无须调度手册，企业凭IC卡即可实现在全国口岸的通关。

（二）电子账册管理

1. 定义

电子账册管理是以“企业整个加工贸易业务”为单元实施对保税加工货物的监管，电子账册是海关以企业为单元为联网企业建立的电子底账。实施电子账册管理的联网企业只设立一个电子账册。海关根据联网企业的生产情况和海关的监管需要确定核销周期，按照核销周期对实行电子账册管理的联网企业进行核销管理。

2. 适用范围

电子账册管理模式的适用对象是加工贸易进出口较为频繁、规模较大、原材料和产品较为复杂、管理信息化程度较高较完善的大型加工贸易企业，以企业为单元进行管理，纳入电子账册的加工贸易货物全额保税。

对非物理围网的联网企业执行“银行保证金台账制度”，对物理围网的区域内企业不执行“银行保证金台账”制度。

3. 管理特点

企业凭电子身份认证卡实现在全国各口岸的通关，其特点如下。

(1) 一次审批：对企业经营资格、经营范围(商品编码前 4 位数)和加工生产能力一次性审批。

(2) 分段备案：先备案进口料件，在生产成品出口前(包括深加工结转)再备案成品及申报准确的单损耗情况。

(3) 滚动核销：建立以企业为单元的电子账册，实行与企业物流、生产实际接轨的滚动核销制度。

(4) 控制周转：对进出口保税货物的总价值(数量)按照企业生产能力进行周转量控制，取消对进出口保税货物备案数量的控制，满足企业在国际化大生产条件下的零库存生产需要，提高通关速度。

(5) 联网核查：企业通过计算机网络向商务主管部门和海关申请办理审批、备案及变更手续。

(三) 各种监管模式的保税加工货物的管理概述

1. 商务部门前置审批

加工贸易业务必须经过商务主管部门审批才能进入海关备案程序，大体上有两种情况。

(1) 商务主管部门审批加工贸易合同

加工贸易经营企业采用电子化手册从事保税加工货物业务的，应先到商务主管部门办理合同审批手续。凭商务主管部门出具的加工贸易业务批准证书和加工贸易企业经营状况和生产能力证明两个单证及加工贸易合同到海关备案，后取得电子化手册或建立电子手册。

(2) 商务主管部门审批经营范围

加工贸易经营企业采用电子账册从事保税加工货物业务的，应先要到商务主管部门办理审批加工贸易经营范围的手续，由商务主管部门对加工贸易企业与海关计算机联网监管的申请做出前置审批，凭商务主管部门出具的经营范围批准证书和加工贸易企业经营状况和生产能力证明到海关申请计算机联网监管并建立电子账册。

2. 电子底账监管

保税电子底账监管包括电子化手册(含分段式管理和以合同为单元的常规管理)、电子账册。随着信息化技术的提升，相信在不久的将来电子账册将成为唯一的管理模式。原第二代标准版联网监管 H2000 电子手册的分段式手册模式仍然保留，形成分段式管理的电子化手册，原非分段式手册模式将不再使用。本书目前讲述以合同为单元的常规管理模式。

3. 备案保税

加工贸易料件经海关备案可以保税进口。非物理围网模式中的电子化手册管理和计算机联网监管下的保税加工货物报关都有备案程序，海关通过受理备案实现批准保税。物理围网模式中的出口加工区的保税加工货物报关也有备案程序，主要体现在建立加工贸易电子账册，同时还体现在进境申报使用《出口加工区进境备案清单》把备案和进境申报融合在一起，简化了手续，也带有备案的性质。

海关受理加工贸易料件备案的原则是合法经营、复运出境、可以监管。

4. 暂缓纳税

进口料件暂缓纳税，即保税的原因是料件进口的时候还未加工，无法确定最终用于出口成品上所耗用料件的实际数量，海关只有先准予保税。

在成品实际出口并最终确定使用在出口成品上的料件数量后，再确定征免税的范围，即用于出口的部分免税，不出口的部分征税。

由于从料件进口到成品出口有一个较长的时间段，因此就引出了两个问题：

(1) 保税加工货物经批准不复运出境，在征收进口关税和进口环节代征税时要征收缓税利息(边角料和特殊监管区域的保税加工货物除外)。缓税利息计算公式为

$$缓税利息=应征税费\times计息期限(天数)\times缓税利息率/360 \tag{8-1}$$

具体操作见进出口税费。

(2) 料件进口时未办理纳税手续，适用海关事务担保，具体担保手续按加工贸易银行保证金台账制度执行。

5. 银行保证金台账制度的适用范围

银行保证金台账制度适用于非物理围网监管模式下采用电子化手册和电子账册管理的企业从事保税加工货物业务。

加工贸易银行保证金台账制度的核心是银行根据海关对不同地区、不同企业类别、不同商品类别这3个方面来运作台账。

(1) 不同地区

地区分为东部地区和中西部地区。东部地区包含辽宁省、北京市、天津市、河北省、山东省、江苏省、上海市、浙江省、福建省、广东省。中西部地区指东部地区以外的中国其他地区。

(2) 不同企业类别

加工贸易经营企业按第二章报关单位分类管理中“收发货人的审定标准”分为AA类、A类、B类、C类、D类5个管理类别。

(3) 不同商品类别

进出口商品许可管制分为禁止类、限制类、允许类。

目前公布的加工贸易禁止类目录主要包括以下几个方面。

① 国家明令禁止进出口的商品(详见第三章禁止进出口货物管理)。

② 为种植、养殖而进口的商品。

③ 高能耗、高污染的商品。

④ 低附加值、低技术含量的商品。

以上列入加工贸易禁止类进口商品目录的，凡用于深加工结转转入或转出，或从具有保税加工功能的海关特殊监管区域内企业经实质性加工后进入区外或从区外进来的商品，不按加工贸易禁止类进口商品管理，按照限制类商品管理。这些商品未经实质性加工不得直接出境。

目前公布的加工贸易进出口限制类商品，如表 8-1 所示。

表 8-1　加工贸易限制类商品归类表

项目＼品类	动物产品	植物产品(包括纺织品)	金属及其他	化工品	制成品
加工贸易限制进口商品(394 个)	冻鸡	植物油、糖，棉、棉纱、棉坯布和混纺坯布，化学短纤	铁和非合金钢材、不锈钢	初级形状聚乙烯，聚酯切片，天然橡胶	
加工贸易限制出口商品(106 个)		羊毛纱线、旧衣服	部分有色金属型材、玻璃管、棒等其他型材	线型低密度聚乙烯、初级形状聚苯乙烯、初级形状环氧树脂、初级形状氨基树脂	拉敏木家具、容器

以加工贸易深加工结转方式转出、转入的商品属于限制类的按允许类商品管理。除禁止类和限制类以外的商品均为允许类商品。

6. 银行保证金台账运作方式

根据不同地区、不同企业类别、不同商品类别，银行保证金台账运作方法有 4 种，分别为“不转”、“空转”、“半实转”、“实转”。“不转”指不设台账；“空转”指设台账，不付保证金；“半实转”指设台账，付 50％的保证金；“实转”指设台账，付 100％的保证金。

加工贸易银行保证金台账运作方式如图 8-1 所示。

严 → 松（商品类型）；松 ↓ 严（企业类型）

<table>
<tr><td rowspan="2">企业类型＼商品类型</td><td colspan="2">限制类商品</td><td colspan="2">允许类商品</td></tr>
<tr><td>东部</td><td>中西部</td><td>东部</td><td>中西部</td></tr>
<tr><td>特殊监管区域内企业</td><td colspan="4">“不转”</td></tr>
<tr><td>AA 类企业</td><td colspan="2" rowspan="2">“空转”</td><td colspan="2">“不转”</td></tr>
<tr><td>A 类企业</td><td colspan="2">“空转”</td></tr>
<tr><td>B 类企业</td><td>“半实转”</td><td colspan="3">“空转”</td></tr>
<tr><td>C 类企业</td><td colspan="4">“实转”</td></tr>
<tr><td>D 类企业</td><td colspan="4">不准开展加工贸易</td></tr>
</table>

图 8-1　加工贸易银行保证金台账运作方式归类

图 8-1 内容总结如下。

(1) AA 类企业从事限制类商品“空转”，从事允许类商品“不转”。

(2) A 类企业一律“空转”。

(3) B 类企业＋东部地区＋限制类商品“半实转”，其余一律“空转”。

(4) C类企业一律“实转”。

(5) 特殊监管区域内企业一律“不转”。

注：禁止类商品不准用于加工贸易(除深加工结转)，D类企业一律不准从事加工贸易。

从图8-1可以看出，随着商品管理类别的从严到松，台账运作类别也相应从严到松，反之亦然。其严到松的基本顺序是“实转—半实转—空转—不转”，且是逐级变化。

7. 银行保证金台账运作的特殊情况

(1) 适用AA类、A类、B类管理的企业，不管在什么地区，进口料件(不管是限制类还是允许类)金额在1万美元及以下的，台账“不转”，但要领手册。

(2) 适用AA类、A类、B类管理的企业进口金额在5 000美元及以下的客供服装辅料(拉链、纽扣、鞋扣等78种)的，台账“不转”，手册免领。

8. “半实转”和“实转”情况下保证金的计算方法

(1) 半实转

① 进口料件属限制类或进口料件、出口成品均属限制类商品：

保证金=(进口限制类料件的关税+进口限制类料件的增值税)×50% (8-2)

② 部分出口成品属限制类商品：

保证金=进口料件备案总值×(限制类成品备案总值/全部出口成品备案总值)×22%×50% (8-3)

(2) 实转

保证金=(进口全部料件的进口关税+进口全部料件的进口增值税)×100% (8-4)

9. 监管延伸

海关对保税加工货物的监管无论是地点，还是时间，都需要延伸。

从地点上说，保税加工的料件运离进境地口岸海关监管场所后进行加工、装配的地方，都是海关监管的场所。

从时间上说，保税加工的料件从进境地被提取到加工、装配后复运出境或者办结正式进口手续最终核销结案为止，海关一直要监管。这里涉及两个期限。

(1) 准予保税的期限

准予保税的期限是指经海关批准保税后在境内加工、装配、复运出境的时间限制。

① 非物理围网企业实行电子化手册管理的保税加工期限，原则上不超过1年，经批准可以延长，延长的最长期限原则上也是1年。

② 非物理围网企业实行电子账册管理的料件保税期限，从企业的电子账册记录第一批料件进口之日起到该电子账册被撤销止。

③ 物理围网企业(如海关特殊监管区域内)实行电子账册管理的料件保税加工的期限，原则上是从加工贸易料件进区到加工贸易成品出区办结海关手续止。

(2) 申请核销的期限

申请核销的期限是指加工贸易经营人向海关申请核销的最后日期。

① 电子化手册管理的保税加工报核期限是在电子化手册或电子化手册有效期到期之日起或最后一批成品出运后30天内。

② 电子账册管理的保税加工报核期限，一般以 180 天为 1 个报核周期，首次报核是从海关批准电子账册建立之日起算，满 180 天后的 30 天内报核；以后则从上一次的报核日期起算，满 180 天后的 30 天内报核。

10. 核销结关

保税加工货物经过海关核销后才能结关。

保税加工货物的核销是非常复杂的工作。保税加工的料件进境后要进行加工、装配，改变原进口料件的形态，复出口的商品不再是原进口的商品。因此，在向海关报核时，不仅要确认进出数量是否平衡，而且还要确认成品是否由进口料件生产。在报核的实践中，数量往往是不平衡的。正确处理报核中发生的数量不平衡问题，是企业报核必须解决的问题。

第二节 电子化手册保税加工货物报关

一、电子化手册概述

电子化手册建立的前提是要经过加工贸易经营企业的联网监管申请和审批、加工贸易业务的申请和审批、建立商品归并关系和电子化手册 3 个步骤，具体内容参照电子账册的建立。

其中，商品归并关系的建立，作为一项关键工作，是针对联网企业的所有料号级保税加工货物的，是一项基础性预备工作。归并关系一经海关审核，即产生企业以后所有向海关申报的商品编码基础数据，不需要每本电子化手册都进行申报审核。

电子化手册商品归并原则与后续的非物理围网电子账册中的“便捷通关电子账册”商品归并原则一致。海关审核通过企业提交的预归类、预归并关系后，企业将申报地海关、企业内部编号、经营单位、加工单位、主管海关、管理对象等企业基本信息，以及保税进口料件和出口成品的序号、货号、中文品名、计量单位、法定单位等企业料号级物料数据传送到电子口岸数据中心，海关对数据进行审核。审核通过后，系统自动向企业发送回执。企业接收回执后，再将包括归并关系列表、归并后物料信息、归并前物料信息列表等数据在内的料件归并关系和成品归并关系发送至电子口岸，海关予以审核通过，建立电子底账，生成电子化手册编号。

二、电子化手册报关程序

采用电子化手册管理的保税加工货物的报关程序如图 8-2 所示。

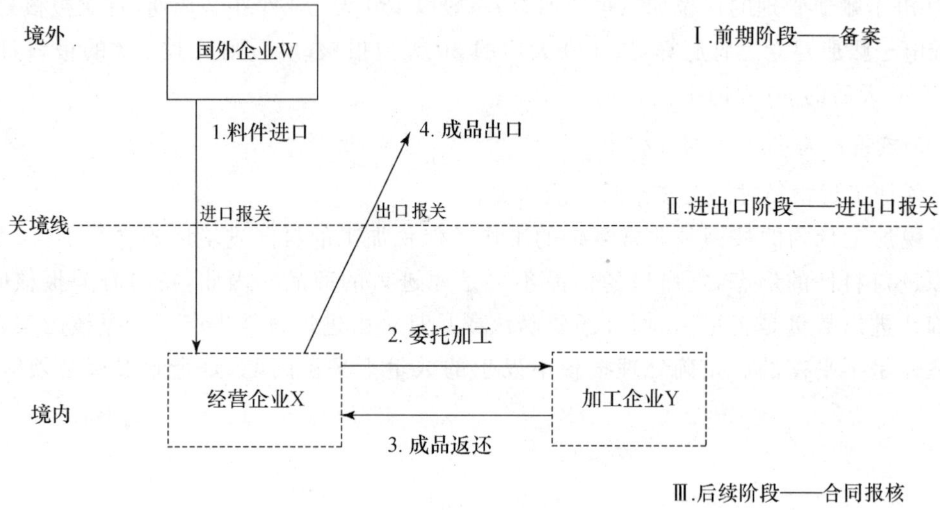

图 8-2　电子化手册保税加工货物报关程序

（一）前期阶段

由于电子化手册含以合同常规备案和分段式备案两种模式，以合同常规备案为例，包含以下内容。

1. 合同备案的含义

加工贸易合同备案是指加工贸易企业持合法的加工贸易合同到主管海关备案，申请保税并建立加工贸易电子化手册或领取其他准予备案凭证的行为。

海关受理合同备案，是指海关根据国家规定在接受加工贸易合同备案后，批准合同约定的进口料件保税，并把合同内容转化为手册内容建立电子化手册或核发其他准予备案的凭证。

2. 合同备案的企业

国家规定开展加工贸易业务应当由经营企业到加工企业的所在地主管海关办理加工贸易合同备案手续。经营企业和加工企业有可能是同一个企业，也可能不是同一个企业，且两家企业可能属于同一直属海关关区，也可能属于不同的直属海关关区，由此产生了同关区的备案模式和跨关区的备案模式。

（1）经营企业

经营企业是指负责对外签订加工贸易进出口合同的各类进出口企业和外商投资企业，以及经批准获得来料加工经营许可的对外加工装配服务公司。

（2）加工企业

加工企业是指接受经营企业委托，负责对进口料件进行加工或者装配，且具有法人资格的生产企业，以及由经营企业设立的虽不具有法人资格，但实行相对独立核算并已经办理工商营业证（执照）的工厂。

3. 同关区合同备案程序

同关区合同备案程序如图 8-3 所示。企业办理加工贸易合同备案前需要根据商务主管部门审批合同,领取加工贸易业务批准证和加工贸易企业经营状况和生产能力证明;需要领取其他许可证件的还要向有关主管部门申领许可证件,然后进入海关合同备案的程序,其步骤如下。

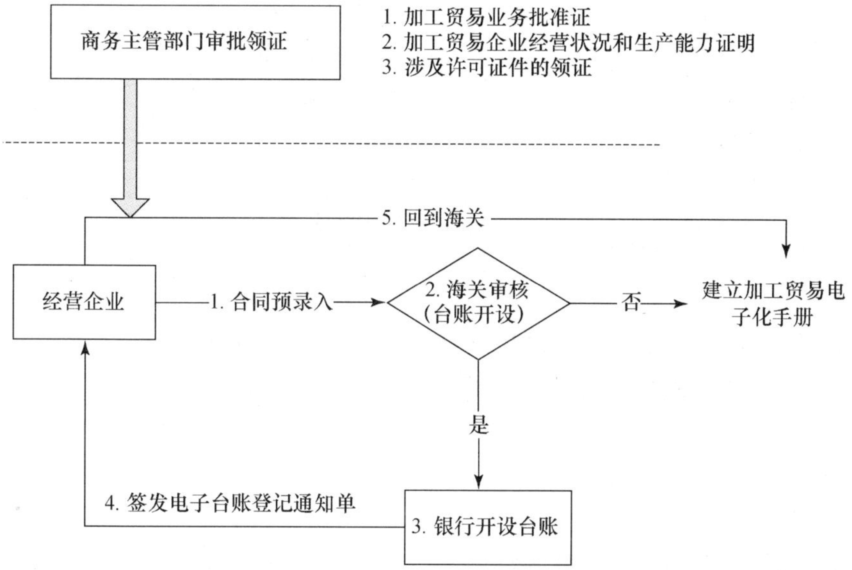

图 8-3　同关区合同备案程序

(1) 将合同相关内容预录入与主管海关联网的计算机。

(2) 由海关审核确定是否准予备案,准予备案的,由海关确定是否需要开设加工贸易银行保证金台账。

(3) 需要开设台账的,应向银行(中国银行、中国工商银行)办理台账保证金专用账户设立手续。已设立台账保证金专用账户的企业,凭海关注册登记证明向银行进行一次性备案登记。

银行与海关目前采用台账联网管理。企业可以在预录入端收到回执后,直接凭银行签发的银行保证金台账登记通知单向海关办理合同备案手续,无须往返于海关和银行之间传递单证。

(4) 不需要开设台账的,企业直接由海关建立电子化手册或其他备案凭证。

4. 合同备案的内容

(1) 备案单证

① 加工贸易业务批准证和加工贸易企业经营状况和生产能力证明。

② 加工贸易合同。

③ 合同备案申请表及合同备案呈报表。

④ 相关许可证件。

⑤ 确定单耗和损耗所需资料。

⑥ 其他备案所需要的单证。

(2) 须提供许可证件备案商品

须提供许可证件备案的商品如表 8-2 所示。

表 8-2 合同备案需证商品归类表

许可证件名称	需证备案商品
进出口许可证	消耗臭氧层物质
两用物项进出口许可证	① 易制毒化学品； ② 监控化学品
进口音像制品批准单	音像制品
废物进口许可证	进口工业再生废料
其他	① 地图产品； ② 印刷品

(3) 保税额度

加工贸易合同项下海关准予备案的料件，包括进口直接用于加工出口产品而在生产过程中消耗的数量合理的触媒剂、催化剂、磨料、燃料，全额保税。

加工贸易合同项下海关不予备案的料件，以及试车材料、未列名消耗性物料等，不予保税，进口时按照一般进口货物照章征税。

(4) 台账制度

一般情况下按照加工贸易银行保证金台账运作方式归类表操作，但也存在如下特殊情况。

① 如果进口料件金额在 1 万美元及以下，适用 AA 类、A 类、B 类管理的企业台账变为"不转"或"空转"(原为"空转"的转为"不转"，原为"半实转"的转为"空转")，因此也不必向银行交付保证金，但要建立电子化手册。

② 如果进口的料件是在 5 000 美元及以下的客供服装辅料(拉链、纽扣、鞋扣、扣绊、垫肩、胶袋、花边等 78 种)，适用 AA 类、A 类、B 类管理的企业台账变为"不转"，且免建立电子化手册，但必须凭出口合同。

(5) 分段式备案

分段式备案分为合同备案和通关备案两个部分。

① 合同备案内容分为 3 个部分，即基本信息(表头数据)、料件表和成品表。

A. 表头数据。包括企业及企业合同的基本信息，如经营单位、加工单位、手册类型、主管海关、商务主管部门、贸易方式、征免性质、加工贸易业务批准证编号、进口合同、备案进口总额、进口币制、备案出口总额、出口币制、加工种类、有效日期、管理对象等内容。数据主要来自上述备案单证(6 类)。

B. 料件表[①]。包括料件序号、商品编号、商品名称、申报计量单位、法定计量单位、申报数量、申报单价、总价、币制等内容。

C. 成品表。包括成品序号、商品编号、商品名称、申报计量单位、法定计量单位、申报数量、申报单价、总价、币值等内容。

---

① 物料清单(bill of material，BOM)是指产品所需零部件明细表及其结构。具体而言，物料清单是构成父项装配件的所有子装配件、零件和原材料的清单，也是制造一个装配件所需要每种零部件的数量的清单。

电子化手册备案时，海关审核企业的备案申请内容与商务部门出具的加工贸易业务批准证是否相符，备案申请数量是否超出了商务部门确定的加工生产能力，企业的相关申请是否符合法律、行政法规的规定。电子化手册审核通过后，系统自动生成手册编号。

② 通关备案：建立在合同备案数据的基础上。通关备案环节有 4 个部分，即基础信息(表头数据)、料件表、成品表和单耗损表。表头数据、料件表、成品表的备案内容比合同备案多了申报数量，其余是一样的。

单耗损表内容包括成品序号、成品名称、成品规格、成品计量单位、料件序号、料件规格、料件计量单位、净耗、损耗率等内容。

合同备案手册产生时会直接生成通关备案的表头数据，所以通关备案时不需要利用通关备案手册审核功能，而是直接使用手册通关变更审核功能进行审核。

5. 合同备案的凭证

海关受理并准予备案后，企业应当领取海关准予备案的凭证。

(1) 电子化手册编号

按规定不设台账的合同，在准予备案后，由企业直接向受理合同备案的主管海关领取电子化手册编号。

按规定在银行开设了台账的合同，由企业凭银行签发的银行保证金台账登记通知单，到合同备案主管海关领取电子化手册编号。

(2) 其他准予备案的凭证

对于上述进口 5 000 美元及以下的 78 种客供服装辅料的(除 C 类企业外)，免于建立电子化手册，直接凭出口合同备案准予保税后，凭海关在备案出口合同上的签章和编号直接进入进出口报关阶段。

6. 合同备案的变更

已经在海关完成登记备案的加工贸易合同，其品名、规格、金额、数量、加工期限、单耗、商品编码等发生变化的，须向主管海关办理合同备案变更手续，开设台账的合同还须变更台账。

合同变更应在合同有效期内报原商务审批部门批准。为简化合同变更手续，对贸易性质不变、商品品种不变，合同变更的金额小于 1 万美元(含 1 万美元)和合同延长不超过 3 个月的合同，企业可直接到海关和银行办理变更手续，不必再经商务主管部门重新审批。

合同变更的具体情况如下。

(1) 原 1 万美元及以下的备案合同，变更后进口金额超过 1 万美元的，适用 AA 类、A 类、B 类管理的企业，根据台账运作规则，需重新开设台账的，应重新开设台账(“不转”的变更为“空转”，其中东部地区 B 类企业的合同金额变更后，进口料件如果涉及限制类商品的，台账变更为“半实转”)。

(2) 因企业管理类别调整，台账从“空转”转为“实转”的(企业类别调整为 C 类)，应对原备案合同交付保证金。经海关批准，可只对原合同未履行出口部分收取台账保证金，具体计算方法可参见前述的台账计算公式。

(3) 管理类别调整为 D 类的企业，经海关批准，对已备案合同允许交付全额台账保证金后继续执行，但合同不得再变更和延期。

(4) 对允许类商品转为限制类商品的，已备案合同不再交付台账保证金。对原限制类或允许类商品转为禁止类的，对已备案合同按国家即时发布的规定办理。

7. 与合同备案有关的其他事宜

(1) 跨关区异地加工贸易合同备案

异地加工贸易是指一个直属海关的关区内加工贸易经营企业，将进口料件委托另一个直属海关关区内的加工生产企业加工，成品回收后，再组织出口的加工贸易。

开展异地加工贸易应在加工企业所在地设立台账，由加工贸易经营企业向加工企业所在地主管海关办理合同备案手续。

海关要对开展异地加工贸易的经营企业和加工企业实行分类管理，如果两者的管理类别不相同，按其中较低类别管理。

跨关区异地加工贸易的合同备案步骤如下。

① 经营企业凭所在地商务主管部门核发的加工贸易业务批准证和加工企业所在地县级以上商务主管部门出具的加工贸易加工企业经营状况和生产能力证明，并填制异地加工贸易申请表，向经营企业所在地主管海关提出异地加工贸易申请，经海关审核后，领取经营企业所在地主管海关的关封。

② 经营企业持关封和合同备案的必要单证，到加工企业所在地主管海关办理合同备案手续。

③ 其他规定，如台账运作参照同关区合同备案内容。

(2) 加工贸易单耗申报

加工贸易单耗申报是指加工贸易企业在备案时，在货物出口、深加工结转、内销及报核前填写中华人民共和国海关加工贸易单耗申报单，向海关如实申报加工贸易单耗的行为。

单耗，是指加工贸易企业在正常加工条件下加工单位成品所耗用的料件量，包括净耗和工艺损耗。

净耗，是指在加工后，料件通过物理变化或者化学反应存在或者转化到单位成品中的量。

工艺损耗，是指因加工工艺原因，料件在正常加工过程中除净耗外所必需耗用，但不能存在或者转化到成品中的量，包括有形损耗和无形损耗。

工艺损耗率，是指工艺损耗占所耗用料件的百分比。

上述几个概念涉及的公式及推导表示为

$$\text{单耗}=\text{净耗}+\text{工艺损耗} \tag{8-5}$$

$$\text{工艺损耗}=\text{单耗}\times\text{工艺损耗率} \tag{8-6}$$

公式推导：

$$\text{单耗}=\text{净耗}+\text{单耗}\times\text{工艺损耗率}$$

$$\text{单耗}\times(1-\text{工艺损耗率})=\text{净耗}$$

$$\text{单耗}=\frac{\text{净耗}}{(1-\text{工艺损耗率})} \tag{8-7}$$

加工贸易单耗申报单具体填写内容如下。

① 料件和成品的商品名称、商品编码、计量单位、规格型号和品质。

② 加工贸易项下成品的单耗。

③ 加工贸易同一料件有保税和非保税料件的，应当申报非保税料件的比例。

(3) 外发加工

外发加工，是指经营企业本身具有一定的加工能力，但由于受到自身生产特点和条件限制，将部分工序委托给承揽企业加工，在规定期限内将加工后的产品运回经营企业并最终复出口的行为。

外发加工的成品、剩余料件及生产过程中产生的边角料、残次品、副产品等加工贸易货物，经经营企业所在地主管海关批准，可以不运回本企业，直接出口至境外、海关特殊监管区域或保税监管场所，或者以深加工结转方式出口。

经营企业申请开展外发加工业务，应当向海关提交下列主要单证：① 经营企业签章的加工贸易货物外发加工申请表。② 经营企业与承揽企业签订的加工合同或者协议。③ 承揽企业营业执照复印件。④ 经营企业签章的承揽企业经营状况和生产能力证明。

经营企业申请开展外发加工业务，应当如实填写加工贸易货物外发加工申请审批表及加工贸易外发加工货物外发清单，经海关审核批准后，方可进行外发加工。

经营企业或者承揽企业生产经营管理不符合海关监管要求，以及申请外发的货物属于涉案货物且案件未审结的，海关不予批准外发加工业务。

有下列情况之一的，申请开展外发加工业务的经营企业应当向海关提供相当于外发加工货物应缴税款金额的保证金或者银行保函：① 外发加工业务跨关区的；② 全部工序外发加工的；③ 外发加工后的货物不运回，直接出口的；④ 申请外发加工的货物未涉案，但经营企业或者承揽企业涉嫌走私、违规，已被海关立案调查、侦查且未审结的。

外发加工货物应缴税款金额是以外发加工货物所使用的保税料件应缴税款金额为基础予以确定。

申请外发加工的货物之前已向海关提供不低于应缴税款金额的保证金或银行保函的，经营企业无须再向海关提供保证金或者银行保函。

承揽外发加工企业不得将加工贸易货物再次外发至其他企业进行加工。

企业已使用 H2000 外发加工管理系统对外发加工业务进行管理的，主管海关不再签发纸质加工贸易货物外发加工申请审批表，并应按照《海关总署 H2000 外发加工管理推广暂行办法》有关规定，使用外发系统办理相关海关手续。

(4) 加工贸易串料申请

加工贸易货物应当专料专用。

因加工出口产品急需，经海关核准，经营企业保税料件之间、保税料件与非保税料件之间可以进行串换，但料件串换限于同一企业，并应当遵循同品种、同规格、同数量、不牟利的原则。

来料加工保税进口料件不得串换。

(5) 加工贸易抵押申请

由经营企业申请，海关批准，加工贸易货物可以抵押。但有下列情形之一的，不予办理抵押手续。

① 抵押影响加工贸易货物生产正常开展的。

② 抵押加工贸易货物或其使用的保税料件涉及进出口许可证件管理的。

③ 抵押加工贸易货物属来料加工货物的。

④ 以合同为单位进行管理，抵押期限超过手册有效期限的。

⑤ 以企业为单元进行管理，抵押期限超过一年的。

⑥ 经营企业或加工企业涉嫌走私、违规，已被海关立案调查、侦查，案件未审结的。

⑦ 经营企业或加工企业因为管理混乱被海关要求整改，在整改期内的。

⑧ 海关认为不予批准的其他情形。

经营企业在申请办理加工贸易货物抵押手续时，应向主管海关提交以下材料，主管海关按照上述条件进行审核：① 正式书面申请；② 银行抵押贷款书面意向材料；③ 海关认为必要的其他单证。

经审核符合条件的，经营企业在缴纳相应保证金或者银行保函后，主管海关准予其向境内银行办理加工贸易货物抵押，并将抵押合同、贷款合同复印件留存主管海关备案。

保证金或者银行保函按抵押加工贸易货物对应成品所使用的全部保税料件应缴税款金额计算。

案例阅读8-1

某加工贸易企业异地加工涉嫌走私案

广东某外商投资加工贸易企业，主要做高档服装进料加工贸易。2009年11月，由于劳资纠纷，该企业一名员工向当地主管海关举报该公司私自销售保税料件。随即，海关对该企业进行专项稽查。经查，2008年3月—2009年11月，该企业分8次将保税料件分别发至广东中山、浙江义乌等地加工，并发现该企业出具给外地厂商的保证金收据复印件。因该企业涉嫌走私，稽查部门将案件移交缉私科继续调查。

为此，企业咨询了专业律师，寻找法律帮助。律师做了大量的调查，查阅了有关单证资料，发现以下事实。

(1) 企业确实向外地加工厂商发了8批保税料件，这是企业为了节约加工成本开展的异地加工业务，这种做法在海关的相关法规中并非禁止，属于行政许可范围。

(2) 企业确实收了外地加工厂商的款项，这是由于保税料件为高级衣料，价值较高，企业考虑到外地加工厂商规模较小，出于交易安全的目的，而向该厂收取了与料件等值的保证金。此保证金并不是海关所怀疑的走私货款。

(3) 外地加工厂商将加工好的制成品全部返回企业，保税料件没有流失。

据此，在专业律师的帮助下，企业向海关提交了说明以上事实的报告和相关证据，证明某企业并不存在走私行为，而是违反了海关对异地加工监管规定。海关到企业多次调查后，认可了该报告，最终对企业以违反海关监管进行行政处罚。

（资料来源：http://www.customslawyer.cn/）

（二）进出口阶段

电子化手册管理下的保税加工货物报关，在进出口阶段有进出境货物报关、深加工结转货物报关和其他保税加工货物报关 3 种进出口报关情形。

1. 进出境货物报关

如图 8-4 所示，保税加工货物当料件进口时要办理进口报关手续，成品出口时要办理出口报关手续；初加工的料件如果要深加工则要办理结转报关手续；余料、边角料、残次品、副产品等其他保税货物在内销、结转、退运、放弃时同样要办理相关的报关手续。

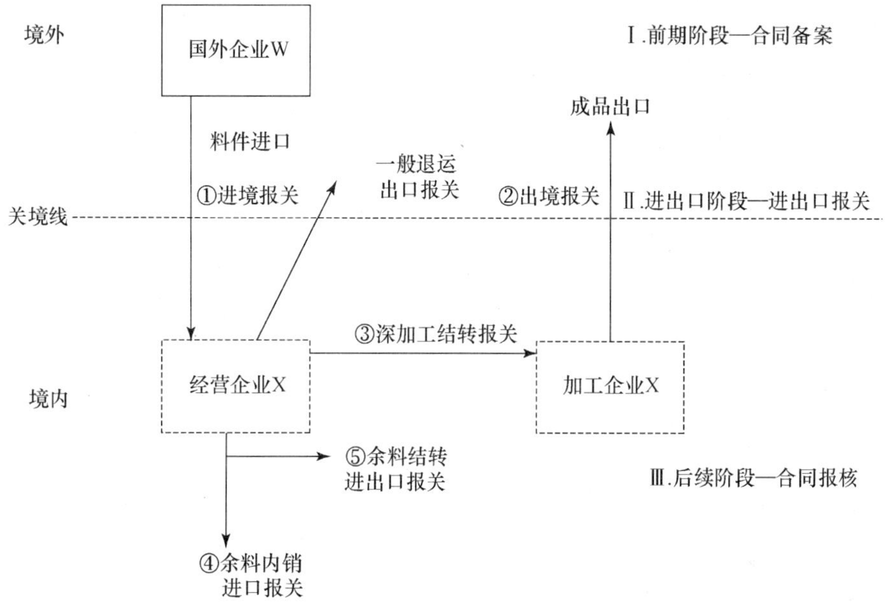

图 8-4 保税加工货物进出口阶段涉及的报关种类

保税加工货物进出境由加工贸易经营企业或其代理人向海关申报。

保税加工货物进出境申报时必须凭电子化手册编号或持有其他准予合同备案的凭证。

保税加工货物进出境报关同一般进出口货物类似，需要完成 4 个环节，包括申报、配合查验、保税、提取/装运。

加工贸易企业在主管海关备案的情况在计算机系统中已生成电子底账，有关电子数据通过网络传输到相应的口岸海关，因此企业在口岸海关报关时提供的有关单证内容必须与电子底账数据相一致。也就是说，报关数据必须与备案数据一致，一种商品报关的商品编码、品名、规格、计量单位、数量、币值等必须与备案数据无论在字面上还是计算机格式上都完全一致，若不一致，报关就不能通过。

企业按实际进出口的“货号”（料件号和成品号）填写报关单，并按照加工贸易货物的实际性质填报监管方式。申报过程要注意如下几点。

（1）报关清单的生成

企业在加工贸易货物进出境报关前，应从企业管理系统导出料号级数据生成归并前的报关清单，或通过中国电子口岸电子化手册系统按规定格式录入当次进出境的料号级清单数据，并向电子口岸数据中心报送。

电子口岸数据中心按归并原则和其他合并条件进行自动归并后，将企业申报的清单分拆生成报关单发送回企业。企业通过中小企业模式联网监管系统的报关申报系统调出清单所生成的报关单信息后，将报关单上剩余各项填写完毕，即可生成完整的报关单，向海关进行申报。

如属跨关区报关的，本地企业将报关单补充完整后，将报关单上传，由跨关区报关单位下载报关单数据，进行修改、补充后向海关申报。

(2) 报关单的修改、撤销

不涉及报关清单的报关单内容可以直接进行修改，涉及报关清单的报关单内容修改必须先修改报关清单，再重新进行归并。

报关单经海关审核通过后，一律不得修改，必须进行撤销重报。待报关清单的报关单撤销后，报关清单一并撤销，不得重复使用。

进口报关单放行或出口报关单办结前修改，内容不涉及报关单“表体”内容的，企业经海关同意可以直接修改报关单。涉及报关单“表体”内容的，企业必须撤销报关单重新申报。

跨关区报关的报关单被退单，且涉及修改表体商品信息的，应由本地企业从清单开始修改，并重新上传报关单，跨关区下载后重新申报；如仅需修改表头数据的，则可跨关区直接修改报关单表头信息后，直接向海关申报。

(3) 许可证件管理

① 进口料件，除易制毒化学品、监控化学品、消耗臭氧层物质、原油、成品油等个别规定商品外，均可以免予交验进口许可证件。这里所称免予交验进口许可证件，并不包括涉及公共道德、公共卫生、公共安全所实施的进出口管制证件。

② 出口成品，属于国家规定应交验出口许可证件的，在出口报关时必须交验出口许可证件。

(4) 税收征管要求

准予保税的加工贸易料件进口时暂缓纳税。加工贸易项下出口应税商品，如系全部使用进口料件加工生产的产(成)品，不征收出口关税。加工贸易项下出口应税商品，如系部分使用进口料件、部分使用国产料件加工的产(成)品，则按海关核定的比例征收出口关税，其具体计算公式为

$$\text{出口关税}=\text{出口货物完税价格}\times\text{出口关税税率}\times\frac{\text{所使用国内料价}}{\text{全部料价}} \tag{8-8}$$

加工贸易出口的特殊商品，应征出口关税的，按照有关规定办理。例如，加工贸易出口未锻铝，不论是否有国产料件投入，一律按一般贸易出口货物从价计征出口关税。

2. 深加工结转货物报关

深加工结转俗称转厂，是指加工贸易企业将保税进口料件加工的产品转至另一直属海关关区内的加工贸易企业进一步加工后复出口的经营活动。其程序分为计划备案、收发货登记、结转报关 3 个环节，如图 8-5 所示。

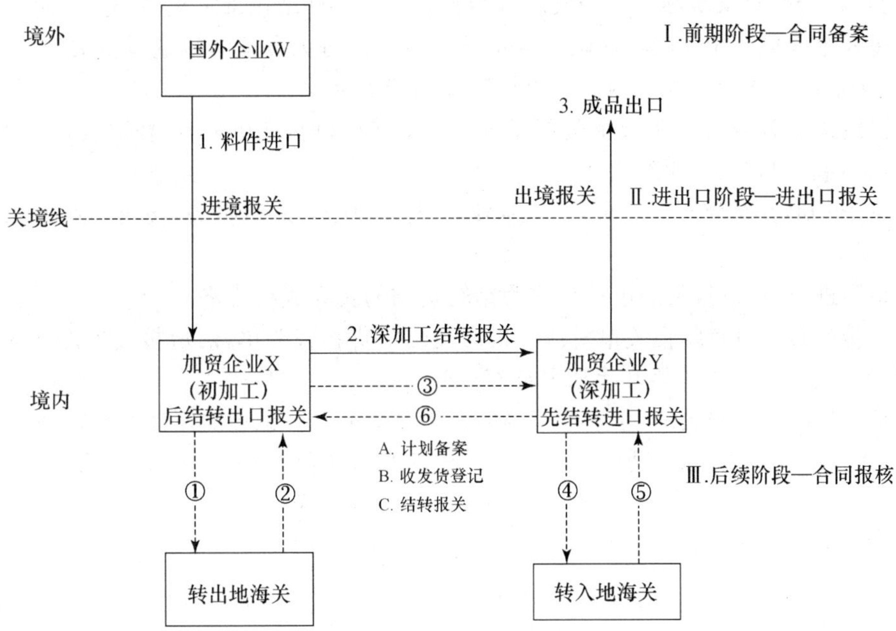

图 8-5　深加工结转报关

注：图中①～⑥表示深加工结转申请表流转路线。

(1) 计划备案

加工贸易企业开展深加工结转，转入企业 Y、转出企业 X 应当向各自主管海关提交保税加工货物深加工结转申请表，申报结转计划。

① 转出企业 X 在申请表(一式四联)中填写本企业的转出计划并签章，凭申请表向转出地海关备案。

② 转出地海关备案后，留存第一联，其余三联退转出企业交转入企业。

③ 转入企业 Y 自转出地海关备案之日起 20 日内，持申请表其余三联，填制本企业的相关内容后，向转入地海关办理报备手续并签章(超期或申报内容不符合手续，未被海关批准，则该申请表作废)。

④ 转入地海关审核后，将申请表第二联留存，第三、第四联交转入、转出企业 X 凭以办理结转收发货登记及报关手续。

在计划备案环节中，简单地说，先是转出企业 X 办理，后是转入企业 Y 办理，与第三个结转环节的程序不同。

(2) 收发货登记

转出、转入企业办理结转计划申报手续后，应当按照经双方海关核准后的申报表进行实际收发货，并在保税货物实际结转情况登记表上如实登记，并加盖企业结转专用章。

如遇退货，也应在结转情况登记表上如是填写，并注明“退货”，加盖企业结转专用章。

(3) 结转报关

转出、转入企业实际收发货后，应当按照以下规定办理结转报关手续：

① 转出、转入企业分别在转出地、转入地海关办理结转报关手续。转出、转入企业可以凭一份“申请表”分批或者集中办理报关手续。

转出(入)企业每批实际发(收)货后，应当在90日内办结该批货物的报关手续。

② 转入企业凭Y申请表、登记表等单证向转入地海关办理结转进口报关手续，并在结转进口报关后的第2个工作日内将报关情况通知转出企业。

③ 转出企业X自接到转入企业Y通知之日起10日内，凭申请表、登记表等单证向转出地海关办理结转出口报关手续。

从②③得知，在结转报关环节，转入企业Y先办理结转进口报关，转出企业X后办理结转出口报关。

④ 结转进口、出口报关的申报价格为结转货物的实际成交价格。

⑤ 一份结转进口货物报关单对应一份结转出口货物报关单，两份报关单之间对应的申报序号、商品编号、数量、价格和手册号应当一致。

⑥ 结转货物分批报关的，企业应当同时提供申请表和登记表的原件及复印件。

从以上步骤可以看出，深加工结转申请表第1、2联留存海关，第3、4联给转入、转出企业。

3. 其他保税加工货物报关

其他保税加工货物是指履行加工贸易合同过程中产生的剩余料件(以下简称“余料”)、边角料、残次品、副产品和受灾保税货物。

(1) 剩余料件是指加工贸易企业在从事加工复出口业务过程中剩余的可以继续用于加工制成品的加工贸易进口料件。

(2) 边角料是指加工贸易企业从事加工复出口业务，在海关核定的单耗标准内、加工过程中产生的、无法再用于加工该合同项下出口制成品的数量合理的废、碎料及下脚料。

(3) 残次品是指加工贸易企业从事加工复出口业务，在生产过程中产生的有严重缺陷或者达不到出口合同标准，无法复出口的制成品(包括完成品和未完成品)。

(4) 副产品是指加工贸易企业从事加工复出口业务，在加工生产出口合同规定的制成品(主产品)过程中同时产生的，且出口合同未规定应当复出口的一个或一个以上的其他产品。

(5) 受灾保税货物是指在加工贸易企业从事加工出口业务中，因不可抗力原因或其他经海关审核认可的正当理由造成损毁、灭失、短少等导致无法复出口的保税进口料件和加工制成品。

对于履行加工贸易合同中产生的上述余料、边角料、残次品、副产品、受灾保税货物，企业必须在手册有效期内处理完毕。处理的方式有内销、结转、退运、放弃、销毁等。除销毁处理外，其他处理方式都必须填制报关单报关。有关报关单是企业报核的必要单证。

(1) 内销

内销应经商务主管部门审批，加工贸易企业凭加工贸易保税进口料件内销批准证办理内销料件正式进口报关手续，缴纳进口税和缓税利息。

转内销的保税加工货物属进口许可证件管理的，企业还应补交进口许可证件。

申请内销的余料，如果金额占该加工贸易合同项下实际进口料件总额3%及以下且总值在人民币1万元及以下的，免予审批，免予交验许可证件。

在加工贸易中，属于商务主管部门审批的项目有：① 加工贸易合同备案；② 加工贸易合同备案变更；③ 撤销合同的报核；④ 保税加工货物内销。

内销征税应当遵循如下规定。

① 关于内销征税的数量确定方法如表 8-3 所示。

表 8-3 内销征税数量规则表

内销货物种类	征税数量确定方法
A. 余料和边角料内销	直接按申报数量计征进口税
B. 制成品和残次品内销	根据单耗关系折算耗用掉的保税进口料件数量征税
C. 副产品内销	按申报时实际状态的数量计征进口税

② 关于征税的完税价格确定方法如表 8-4 所示。

表 8-4 内销征税完税价格确定规则表

内销货物种类	以原进口料件成交价格为基础	以同时或大约同时进口、相同或类似进口料件成交价格为基础	以同时或大约同时进口、相同或类似进口制成品成交价格为基础	以内销价为基础确定完税价格
A. 进料加工进口料件或其制成品(包括残次品)内销	√			
B. 价格不能确定的料件内销		√		
C. 来料加工进口料件或其制成品(包括残次品)内销		√		
D. 内销副产品、边角料				√

③ 关于征税的税率。经批准正常的转内销征税，适用海关接受申报办理纳税手续之日实施的税率。如内销商品属关税配额管理而在办理纳税手续时又没有配额证的，应当按该商品配额外适用的税率缴纳进口税。

④ 关于征税的缓税利息。保税加工货物包括加工贸易保税料件或制成品及余料、残次品、副产品和受灾保税货物，经批准内销，凡依法需要征收税款的，除征收税款外，还应加征缓税利息。边角料不加征缓税利息。

缓税利息计算期限的起始日期为内销料件或制成品所对应的加工贸易合同项下首批料件进口之日，终止日期为海关填发税款缴款书之日。

内销时报关单的填写规范参照进出口货物报关单填写。

(2) 结转

余料结转仅适用剩余进口料件结转。其他保税货物，如边角料、残次品、副产品等因不符合“同样进口料件”，故不能结转。海关审核后不予结转的，企业可以按规定作内销、退运、放弃、销毁处理。

① 对于将余料结转至另一个加工贸易合同项下生产出口。应当在同一经营单位、同一加工厂、同样的进口料件和同一加工贸易方式的情况下结转。结转时应向海关提供企业申请余料结转的书面材料、企业拟结转的余料清单及海关按规定需收取的其他单证和材料。

海关审核，对符合规定的会做出准予结转的决定，并向企业签发加工贸易剩余料件结转联系单，由企业在转出手册的主管海关办理出口报关手续，在转入手册的主管海关办理进口报关手续。

② 对于特殊情况，将余料结转至另一个加工厂。海关还将收取相当于拟结转料件应缴税款金额的保证金或银行保函(对海关收取担保后备案的手册或者已实行银行保证金台账实转的手册，担保金额或者台账实转金额大于拟结转保税料件应缴税款金额的，可免予收取保证金或银行保函)。

加工贸易企业因合同变更、外商毁约等原因无法履行原出口合同，申请将尚未加工的剩余保税料件结转到另一个加工贸易合同项下加工复出口的，可以比照上述余料结转的办法办理报关手续。

关于结转报关单的填写规范参照进出口货物报关单填制。

(3) 退运

加工贸易企业因故申请将余料、边角料、残次品、副产品等保税加工货物退运出境的，应凭电子化手册编号等有关单证向口岸海关报关，办理出口手续，留存有关报关单证，以备报核。

(4) 放弃

企业放弃余料、边角料、残次品、副产品等，交由海关处理，应当提交书面申请。对符合规定的，海关将做出准予放弃的决定，开具加工贸易企业放弃加工贸易货物交接单。企业凭此在规定的时间内将放弃的货物运至指定的仓库，并办理货物的报关手续，留存有关报关单证以备报核。

主管海关凭接受放弃货物的部门签章的加工贸易企业放弃加工贸易货物交接单及其他有关单证，核销企业的放弃货物。

经海关核定，有下列情形的，海关将做出不予放弃的决定，并告知企业按规定将有关货物退运、征税内销，在海关或者有关主管部门监督下予以销毁或者进行其他妥善处理。

① 申请放弃的货物属于国际禁止或限制进口的废物。

② 申请放弃的货物属于对环境造成污染的。

但是，企业进口保税料件不属于国家禁止或限制进口的废物，在国内加工过程中产生的边角料、残次品、副产品属国家禁止或限制进口的废物的，海关应当依企业申请做出准予放弃的决定。

企业放弃半成品、残次品、副产品的，应按单耗关系折成料件，按“料件放弃”报关。企业放弃进口料件、半成品、残次品、副产品的，按照或折成原进口料件价格申报；放弃成品的，按照合同备案价格申报。企业放弃半成品、残次品、副产品的，应在报关单上备注栏注明“半成品”、“残次品”、“副产品”相关字样。

(5) 销毁

被海关做出不予结转决定或不予放弃决定的加工贸易货物或涉及知识产权等原因企业要求销毁的加工贸易货物，企业可以向海关提出销毁申请，海关经核实同意销毁的，由企业按规定销毁，必要时海关可以派员监督销毁。货物销毁后，企业应当收取有关部门出具的销毁证明材料，以备报核。

（6）受灾保税加工货物的处理

对于受灾保税加工货物，加工贸易企业须在灾后 7 日内向主管海关做出书面报告，并提供如下证明材料，海关可视情况派员核查取证。

① 商务主管部门的签注意见。

② 有关主管部门出具的证明文件。

③ 保险公司出具的保险赔款通知书或检验检疫部门出具的有关检验检疫证明文件。

对于受灾保税加工货物处理时涉及的“证”和“税”的问题，如表 8-5 所示。

表 8-5　受灾保税货物报关要点

受灾保税货物	税收管理	证件管理
因不可抗力造成的受灾保税加工货物灭失，或者已完全失去使用价值无法再利用的	免税	免证
因不可抗力造成的受灾保税货物需销毁处理的	免税	免证
因不可抗力造成的受灾保税加工货物虽失去原使用价值但可再利用的	海关审定的受灾保税货物价格，按对应的进口料件适用的税率，缴纳进口税和缓税利息。如进口料件属于关税配额管理的，按照关税配额内税率计征税款	免证
对非不可抗力因素造成的受灾保税加工货物	海关按照原进口料件交价格审定完税价格照章征税，属关税配额管理的而无关税配额证，按关税配额外适用的税率计征税款	交证

（三）后续阶段

1. 报核和核销的含义

加工贸易合同报核，是指加工贸易企业在加工贸易合同履行完毕或终止合同并按规定对未出口的货物进行处理后，按照规定的期限和规定的程序，向加工贸易主管海关申请核销、结案的行为。

加工贸易合同核销，是指加工贸易经营企业加工复出口并对未出口的货物办妥有关海关手续后，凭规定单证向海关申请解除监管，海关经审查、核查属实且符合有关法律、行政法规的规定，予以办理解除监管手续的海关行政许可事项。

2. 报核的时间

经营企业应当在规定的期限内将进口料件加工复出口，并自加工贸易电子化手册项下最后一批成品出口之日起或者手册到期之日起 30 日内向海关报核。

经营企业对外签订的合同因故提前终止的，应当自合同终止之日起 30 日内向海关报核。

3. 报核的单证

企业报核所需的单证有企业合同核销申请表、进出口货物报关单、核销核算表及其他资料。

4. 报核的步骤

(1) 预报核

预报核是企业在合同履约后,及时将进出口报关单进行收集、整理、核对,以电子报文形式向海关申请报核。

海关通过计算机将企业的预报核报关单与电子化手册数据进行比对。比对结果完全相同,海关计算机反馈"同意报核"的,企业向海关递交相关单证,可以进入正式报核。

企业通过电子口岸数据中心向主管海关传送报核表头、报关单、进口料件、出口成品、单耗 5 个方面的报核数据。

(2) 正式报核

正式报核是指企业预报核通过海关审核后,以预报核海关核准的报关数据为基础,填报本期保税进口料件应当留存数量、实际留存数量等内容,以电子数据向海关正式申请报核。

5. 特殊情况的报核

(1) 遗失进出口报关单的合同报核

按规定,企业应当用报关单留存联报核,在遗失报关单的情况下,可以凭报关单复印件向原报关地海关申请加盖海关印章后报核。

(2) 无须建立手册的 5 000 美元及以下的 78 种列名服装辅料的合同报核

企业直接持进出口货物报关单、出口合同、核销核算表报核。报核的出口货物报关单应当是注明备案编号的一般贸易出口货物报关单。

(3) 撤销合同报核

加工贸易合同备案后因故提前终止执行,未发生进出口而申请撤销的,应报商务主管部门审批,企业凭审批件和手册报核。

(4) 有走私违规行为的加工贸易合同报核

加工贸易企业因走私行为被海关缉私部门或者法院没收保税加工货物的,凭相关证明材料,如行政处罚决定书、行政复议决定书、判决书、裁决书等向海关报核。

加工贸易企业因违规等行为被海关缉私部门或法院处以警告、罚款等处罚但不没收保税加工货物的,不予免除加工贸易企业办理相关海关手续的义务。

6. 海关受理报核和核销

海关审核报核企业的申请,对不符合规定的,并要求企业重新报核;符合规定的,予以受理。海关对报核的电子化手册进行数据核算,核对企业报核的料件、成品进出口数据与海关底账数据是否相同,核实企业申报的成品单损耗与实际耗用是否相符,企业内销征税情况与实际内销情况是否一致。海关核销除了对书面数据进行必要的核算外,还会根据实际情况采取盘点核库的方式进行核对。

海关核销的基本目的是掌握企业的某个电子化手册在某个时段下所进口的各项加工贸易保税料件的使用、流转、损耗的情况,确认是否符合以下平衡关系如图 8-6 所示。

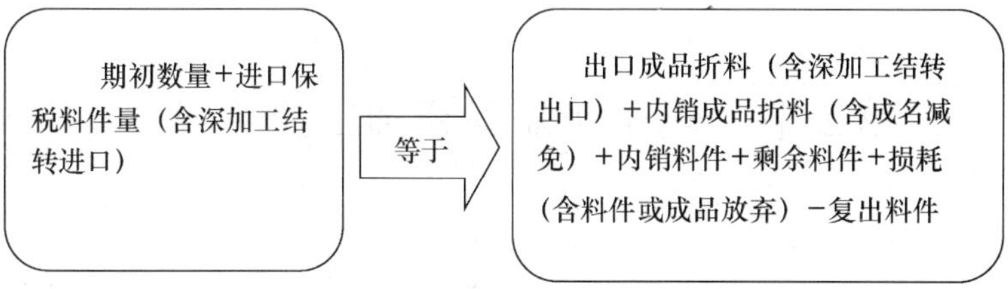

图 8-6　加工贸易保税料件平衡关系图

注：①“期初数量”：在电子化手册管理中指的是“余料结转量”；首次核销的，期初数量为零；

② 成品退换、料件退换由于存在等量的一进一出，所以不体现在上面的平衡关系图中。

7. 结案

经过核销情况正常，对未开设台账的，海关应向经营单位签发核销结案通知书；开设台账的，海关应当先签发银行保证金台账核销联系单，企业凭此到银行销台账，并领取银行保证金台账核销通知单，凭以向海关领取核销结案通知书。

案例阅读8-2

某加工贸易企业申报单耗不实致使保税料件溢出案

某外资加工贸易企业从事玩具进料加工贸易。2010 年 8 月，海关对该企业实施专项稽查，发现该企业正在执行的加工贸易合同项下的保税料件溢出。企业对此解释为备案单耗不符合实际单耗。海关怀疑企业存在高报单耗走私保税料件，责令企业对此做出合理解释，随后该案移送缉私分局。

律师在接受企业的授权委托之后，做了大量的调查，发现如下情况。

(1) 该企业加工玩具的种类非常多，主要出口到美国市场。为了满足美国消费者的多变口味，企业的产品更新非常快，有的产品甚至两个月就要重新设计。所以，实际单耗与备案单耗无法吻合。

(2) 由于货物出口的频率比较大，所以报关员没有在每次的报关出口单上向海关申报实际单耗。

(3) 存在相当数量的国内购料。

为此，根据律师的要求，企业对每项产品的下料记录、出货记录进行了全面的核对，计算出实际单耗，并将实际用料量、仓库尚存的保税料、进口保税料的数量进行对比。结果发现，前两者之和基本等于后者，应不存在销售保税料件的行为，同时也不存在短少保税料件的情形。

为此，律师代为撰写了给海关的书面报告，对企业的运作情况进行了详细阐述，内容翔实，有理有据。最终，海关以企业没有按规定及时变更单耗处以轻微的行政处罚，不以走私行为处罚。

（资料来源：http://www.customslawyer.cn/）

第三节 电子账册保税加工货物报关

一、电子账册概述

电子账册管理是加工贸易联网监管中海关以加工贸易企业的整体加工贸易业务为单元对保税加工货物实施监管的一种模式。海关为联网企业建立电子底账,联网企业只设立一个电子账册。根据联网企业的生产情况和海关的监管需要确定核销周期,并按照该核销周期对实行电子账册管理的联网企业进行核销。

电子账册的建立要经过“加工贸易经营企业的联网监管申请和审批—加工贸易业务的申请和审批—建立商品归并关系和电子账册”三个步骤。

1. 联网监管的申请和审批

加工贸易企业在向海关申请联网监管前,应当先向企业所在地商务主管部门办理前置审批手续,由商务主管部门对申请联网监管企业的加工贸易经营范围依法进行审批,签发经营范围批准证书和加工贸易企业经营状况和生产能力证明到海关申请建立电子账册。

(1) 具备以下列条件的加工贸易企业,可以向所在地直属海关申请加工贸易联网监管。

① 具有独立法人资格,具备加工贸易资格,在海关注册,以出口生产为主。

② 守法,实行全程计算机管理。

③ 按照海关的要求提供真实、准确、完整并具有被核查功能的数据。

④ 海关实行 AA 类管理。

⑤ 有足够的资产或资本为本企业实行联网监管应承担的经济责任提供总担保。

(2) 经商务主管部门审批同意后,加工贸易企业向所在地直属海关提出书面申请,并提供下列单证。

① 加工贸易企业联网监管申请表。

② 企业进出口经营权批准文件。

③ 企业上一年度审计的会计报表。

④ 工商营业执照复印件。

⑤ 经营范围清单(含进口料件和出口制成品的品名及 4 位数的 HS 编码)。

⑥ 海关认为需要的其他单证。

(3) 主管海关审核,并做如下工作。

① 配置硬件。海关端以中国电子口岸数据中心为联网监管平台,企业通过数据中心向海关传输数据,进行电子账册的备案、变更、进出口报关、报核;企业需要在内部系统中配置一台用于数据转换的通信服务器,插入数字签名加解密卡,用于提取、存储和发送海关监管需要的数据。企业还应向电信部门申请开通有固定 IP 地址的数据传输通道,同时配置专用的服务器,托管在电信机房,用于保存海关对企业的全部监管信息。

② 配置软件。海关端程序为 H2010 电子底账管理系统,用于对企业保税加工货物的备案、进出口、监控和核销数据处理;企业端应安装相应的接口程序,如实向海关传送企业数据、企业内部通信服务器安装联网监管专用传输软件及专用传输程序,配置相关参数,托管服务器则需要安装统一的数据库和传输软件。

③ 主管海关做出决定。经审核符合联网监管条件的企业,海关制发海关实施加工贸易联网监管通知书。

2. 加工贸易业务的申请和审批

联网企业的加工贸易业务也由商务主管部门审批。商务主管部门总体审定联网企业的加工贸易资格、业务范围和加工生产能力。

商务主管部门收到联网企业申请后,对非国家禁止开展的加工贸易业务,予以批准,并签发联网监管企业加工贸易业务批准证。

3. 建立商品归并关系和电子账册

联网企业凭商务主管部门签发的联网监管企业加工贸易业务批准证向所在地主管海关申请建立电子账册。

申请建立电子账册需要经过“预审核—预归类—建立商品归并关系”3 个环节。

(1) 预审核。对联网监管的企业进口料件、出口成品的归类和商品归并关系进行预先审核和确认。商品归并关系的建立是针对联网企业的所有料号级保税加工货物的,是一项基础性预备工作。归并关系一经海关审核,即产生企业以后所有向海关申报的 HS 编码级基础数据,不需要每份电子底账都进行申报审核。

(2) 预归类。经海关批准实行联网监管的,海关应审核企业是否将保税与非保税、来料加工与进料加工的料件和成品分开管理,审核企业提交的料号级保税进口料件、出口成品清单的名称及对应的 HS 编码所需的资料,如有疑难,应按规定上报归类只能部门审定。

(3) 建立归并关系。电子账册备案、变更时,联网企业应以内部管理的料号级商品为基础,按照《中华人民共和国进出口税则》规定的目录条文和归类总规则、类注、章注、子目注释及其他归类注释,进行商品归类,并归入相应的税则号列,经海关审核确定后,在企业内部管理的料号级商品与电子账册备案的项号级商品之间建立一一对应关系;受海关监管资源限制无法实现料号级商品与项号级商品一一对应,需要建立多对一归并关系。“料号级”商品指企业进出口的保税料件和成品。“项号级”是办理通关备案的内容。

联网企业的计算机系统能够按照进口料件的重要程度实施分类管理,并且经主管海关认定,其进口料件可以区分主料与非主料实施监管的,主料建立一一对应关系,非主料海关运用加工贸易信息化管理辅助平台实现料号级核销核算的,料号级料件同时满足以下条件的,可予以归并建立多对一归并关系:10 位商品编码相同;申报计量单位相同;中文商品名称相同;符合规范申报的要求。

其中,根据相关规定可予保税的消耗性物料与其他保税料件不得归并;因管理需要,海关或企业认为需要单列的商品不得归并。

主料是指构成加工成品的主要进口料件,非主料是指构成加工成品的其他进口料件。采用计算机系统按照进口料件重要程度实施分类管理的联网企业,可向主管海关申请区分主料和非主料实施监管。主管海关以进口料件的贸易管制条件、价值、单耗等因素，按监管需要认定主料和非主料。

加工贸易信息化管理辅助平台是指配合加工贸易联网监管电子账册系统建立的、能够辅助海关对多个加工贸易联网监管企业实施料号级商品核销核算的信息化管理平台。该信息化管理平台投入运行前，应通过海关总署组织的验收。

出口成品按采用成品版本号进行备案和申报，如同时满足以下条件的可予以归并：10位商品编码相同；申报计量单位相同；中文商品名称相同；符合规范申报的要求。

其中，涉及单耗标准与不涉及单耗标准的料号级成品不得归并；因管理需要，海关或企业认为需要单列的商品不得归并。海关审批通关的，联网监管企业的加工贸易商品归类关系就建立起来。联网监管商品关系的建立，主要表现在经海关审批通过的在归并原则基础上产生的"企业物料表"及归并关系数据。在预归并的基础上，海关应审核企业提交的预归并关系是否准确，是否符合相应的归并原则。

海关以商务主管部门批准的加工贸易经营范围、年生产能力等为依据，建立电子账册。

非物理围网企业的电子账册包括加工贸易经营范围电子账册和便捷通关电子账册。

(1) 经营范围电子账册用于检查控制便捷通关电子账册进出口商品的范围，不能直接报关。电子账册编码为12位。经营范围电子账册第一、二位为标记代码"IT"，因此经营范围电子账册也称IT账册。

(2) 便捷通关电子账册用于加工贸易货物的备案、通关和核销。电子账册编码为12位。便捷通关电子账册第一位为标记代码"E"，因此便捷通关电子账册也称E账册。

二、电子账册报关程序

(一) 账册备案

1. 经营范围电子账册备案

企业凭商务主管部门的批准证通过网络向海关办理"经营范围电子账册"备案手续，备案内容为：① 经营单位名称及代码；② 加工单位名称及代码；③ 批准证件编号；④ 加工生产能力；⑤ 加工贸易进口料件和成品范围(商品编码前4位)。

企业在收到海关的备案信息后，应将商务主管部门的纸质批准证交海关存档。

2. 便捷通关电子账册备案

企业可通过网络向海关办理便捷通关电子账册备案手续。便捷通关电子账册的备案包括以下内容。

(1) 企业基本情况表，包括经营单位及代码、加工企业及代码、批准证编号、经营范围账册号、加工生产能力等。

(2) 料件、成品部分，包括归并后的料件、成品名称、规格、商品编码、备案计量单位、币制、征免方式等。

(3) 单耗关系，包括出口成品对应料件的净耗、损耗率等。

其他部分可同时申请备案，也可分阶段申请备案，但料件必须在相关料件进口前备案，成品和单耗关系最迟在相关成品出口前备案。

海关将根据企业的加工能力设定电子账册最大周转金额，并对部分高风险或需要重点监管的料件设定最大周转数量。电子账册进口料件的金额、数量，加上电子账册剩余料件的金额、数量，不得超过最大周转金额和最大周转数量。

每家企业一般只能申请建立一份便捷通关电子账册，但是如果企业设有无法人资格独立核算的分厂，料件、成品单独管理的，经海关批准，可另建立电子账册。

企业需在异地口岸办理进出口报关或异地深加工结转报关手续的，可以向海关申请办理便捷通关电子账册异地报关备案。

3. 备案变更

(1) 经营范围电子账册变更

企业的经营范围、加工能力等发生变更时，经商务主管部门批准后，企业可通过网络向海关申请变更，海关予以审核通过，并收取商务主管部门出具的联网监管企业加工贸易业务批准证变更证明等相关书面材料。

(2) 便捷通关电子账册变更

便捷通关电子账册的最大周转金额、核销期限等需要变更时，企业应向海关提交申请，海关批准后直接变更。便捷通关电子账册的基本情况表中的内容、料件成品发生变化的，包括料件、成品品种、单损耗关系的增加等，只要未超出经营范围和加工能力的，企业不必报经商务部门审批，可通过网络直接向海关申请变更，海关予以审核通过。

(二) 进出口报关

电子账册模式下联网监管企业的保税加工货物报关与电子化手册模式一样，适用进出口报关阶段程序的，也有进出境货物报关、深加工结转货物报关和其他保税加工货物报关3种情形。

1. 进出境货物报关

(1) 报关清单的生成

使用便捷通关电子账册办理报关手续，企业应先根据实际进出口情况，从企业系统导出料号级数据生成归并前的报关清单，通过网络发送到电子口岸。报关清单应按照加工贸易合同填报监管方式，进口报关清单填制的总金额不得超过电子账册最大周转金额的剩余值，其余项目的填制参照报关单的填制规范。

(2) 报关单的生成

联网企业进出口保税加工货物，应使用企业内部的计算机，采用计算机原始数据形成报关清单，报送中国电子口岸。电子口岸将企业报送的报关清单根据归并原则进行归并，并分拆成报关单后发送回企业，由企业填报完整的报关单内容后，通过网络向海关正式申报。

(3) 报关单的修改、撤销

不涉及报关清单的报关单内容可直接进行修改，涉及报关清单的报关单内容修改必须先修改报关清单，再重新进行归并。

报关单申报后，一律不得修改，只能删除。

(4) 填制报关单要求

联网企业备案的进口料件和出口成品等内容,是货物进出口时与企业实际申报货物进行核对的电子底账。因此,申报数据与备案数据应当一致。

企业按实际进出口的"货号"(料件号和成品号)填报报关单,并按照加工贸易货物的实际性质填报监管方式。

海关按照规定审核申报数据,进口货物报关单的总金颇不得超过电子账册最大周转金额的剩余值,如果电子账册对某项下料件的数量进行限制,那么报关单上该项商品的申报数量不得超过其最大周转量的剩余值。

(5) 申报方式选择

联网企业可根据需要和海关规定分别选择有纸报关或无纸报关方式申报。

联网企业进行无纸报关的,海关凭同时盖有申报单位和其代理企业的提货专用章的放行通知书办理"实货放行"手续;报关单位凭同时盖有经营单位、报关单位及报关员印章的纸质单证办理"事后交单"事宜。

联网企业进行有纸报关的,应由本企业的报关员办理现场申报手续。

有关许可证件管理和税收征管的规定与电子化手册管理下的保税加工货物进出境报关一样,参照前述电子化手册的有关内容。

2. 深加工结转货物报关

电子账册管理模式下联网企业的深加工结转货物报关与电子化手册管理下的保税加工货物深加工结转报关一样,参照前述电子化手册的有关内容。

3. 其他保税加工货物报关

经主管海关批准,联网监管企业可按月度集中办理内销征税手续。

按月度集中办理内销征税手续的联网企业,在每个核销周期结束前,必须办结本期所有的内销征税手续。

联网企业以内销、结转、退运、放弃、销毁等方式处理保税进口料件、成品、副产品、残次品、边角料和受灾货物的报关手续,参照电子化手册管理。后续缴纳税款时,缓税利息计息日为电子账册上期核销之日(未核销过的为便捷通关电子账册记录首次进口料件之日)的次日至海关开具税款缴纳证之日。

(三) 报核和核销

电子账册采用的是以企业为单元的管理方式,一家企业只有一个电子账册。因此,对电子账册模式的核销实行滚动核销的形式,即对电子账册按照时间段进行核销,将某个确定的时间段内企业的加工贸易进出口情况进行平衡核算。

企业必须在规定的期限内完成报核手续,确有正当理由不能按期报核的,经主管海关批准可以延期,但延长期限不得超过 60 天。

企业报核和海关核销程序如下。

1. 企业报核

(1) 预报核

预报核是加工贸易联网企业报核的组成部分。企业在向海关正式申请核销前，在电子账册本次核销周期到期之日起30天内，将本核销期内申报的所有的电子账册进出口报关数据按海关要求的内容，包括报关单号、进出口岸、扣减方式、进出标志等以电子报文形式向海关申请报核。

(2) 正式报核

正式报核是指企业预报核通过海关审核后，以预报核海关核准的报关数据为基础，准确、详细地填报本期保税进口料件的应当留存数量、实际留存数量等内容，以电子数据向海关正式申请报核。

海关认为必要时可以要求企业进一步报送料件的实际进口数量、耗用数量、内销数量、结转数量、边角料数量、放弃数量、实际损耗率等内容，对比对不相符且属于企业填报有误的可以退单，企业必须重新申报。

经海关认定企业实际库存多于应存数，有合理正当理由的，可以计入电于账册下期核销，对其他原因造成的，依法处理。

联网企业不再使用电子账册的，应当向海关申请核销。电子账册核销完毕，海关予以注销。

2. 海关核销

海关核销的基本目的是掌握企业在某个时段所进口的各项保税加工料件的使用、流转、损耗的情况，确认是否符合以下平衡关系。

期初数量＋进口保税料件(含深加工结转进口)＝出口成品折料(含深加工结转出口)
＋内销料件＋内销成品折料＋剩余料件＋损耗－退运成品折料　(8-9)

式中，“期初数量”在电子账册管理中指的是上期期末结转量；首次核销的，“期初数量”为零。

海关核销除了对书面数据进行必要的核算外，还会根据实际情况采取盘库的方式。经核对，企业报核数据与海关底账数据及盘点数据相符的，海关通过正式报核审核，打印核算结果，系统自动将本期结余数转为下期期初数。期间可以出现下面3种情况。

(1) 企业实际库存量多于电子底账核算结果的，海关会按照实际库存量调整电子底账的当期结余数量。

(2) 企业实际库存量少于电子底账核算结果且可以提供正当理由的，对短缺部分，联网企业按照内销处理。

(3) 企业实际库存量少于电子底账核算结果且联网企业不能提供正当理由的，对短缺部分，海关将移交缉私部门处理。

第四节 出口加工区货物报关

一、出口加工区海关监管

（一）含义

出口加工区是指经国务院批准在中华人民共和国境内设立的，由海关对保税加工进出口货物进行封闭式监管的特定区域，如上海金桥出口加工区、上海松江出口加工区、上海闵行出口加工区等。

（二）功能概述

出口加工区具有从事保税加工、保税物流及研发、检测、维修等业务功能。

加工区内设置出口加工企业、仓储物流企业，以及海关核准专门从事区内货物进、出的运输企业。

（三）管理概述

出口加工区是海关监管的特定区域。出口加工区与境内其他地区之间设置符合海关监管要求的隔离设施及闭路电视监控系统，在进出区通道设立卡口。海关在出口加工区内设立机构，并依照有关法律、行政法规，对进出加工区的货物及区内相关场所实行 24 小时监管。区内不得经营商业零售、不得建立营业性的生活消费设施。除安全人员和企业值班人员外，其他人员不得在加工区内居住。区内企业建立符合海关监管要求的电子计算机管理数据库，并与海关实行电子计算机联网，进行电子数据交换。

出口加工区与境外之间进出的货物，除国家另有规定的外，不实行进出口许可证件管理。国家禁止进出口的货物，不得进出出口加工区。因国内技术无法达到产品要求，须将国家禁止出口商品运至出口加工区内进行某项工序加工的，应报经商务主管部门批准，海关比照出料加工管理办法进行监管，其运入出口加工区的货物，不予签发出口退税报关单。

境内区外进入出口加工区的货物视同出口，办理出口报关手续，除属于取消出口退税的基建物资外，可以办理出口退税手续。

从境外运入出口加工区的加工贸易货物全额保税。出口加工区内企业开展加工贸易业务不实行加工贸易银行保证金台账制度，适用电子账册管理，出口加工区内企业从境外进口自用的生产、管理所需设备、物资，除交通运输工具和生活消费用品外，予以免税。

二、出口加工区货物报关

出口加工区内企业在进出口货物前，应向出口加工区主管海关申请建立电子账册。其备案和报核参照前述内容，以下主要讲述进出口阶段。由于出口加工区实行物理围网管理，因此其账册与非物理围网管的电子账册有所不同。出口加工区企业电子账册包括加工贸易电子账册（H 账册）和企业设备电子账册。出口加工区进出境货物和进出区货物均通过电子账册办理报关手续。

（一）与境外之间

出口加工区企业从境外运进货物或运出货物到境外，由收发货人或其代理人填写进出境货物备案清单，向出口加工区海关备案，如图 8-7 所示。

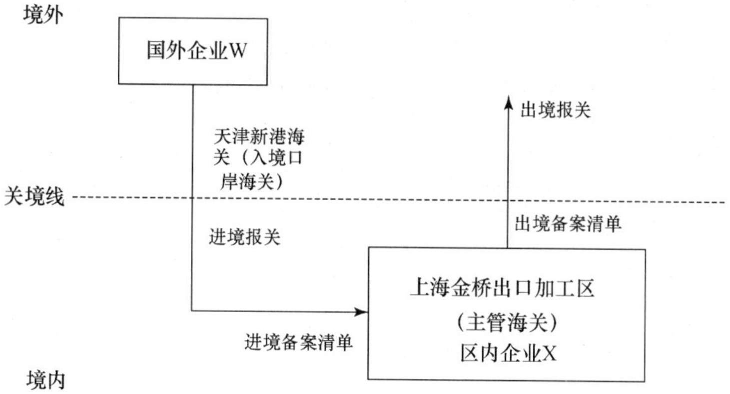

图 8-7　出口加工区跨关区进出境货物报关

对于跨关区进出境的出口加工区货物，除邮递物品、个人随身携带物品、跨越关区进口车辆和出区在异地口岸拼箱出口货物以外，可以按转关运输中的直转转关方式办理转关，其报关程序如下。

1. 进口直转转关

（1）货物到天津新港后，收货人（区内企业 X）或其代理人向天津新港海关录入转关申报数据，并持进口转关货物申报单、汽车载货登记簿向新港海关物流监控部门办理转关手续。

（2）新港海关审核同意企业转关申请后，向上海金桥出口加工区主管海关发送转关申报电子数据，并对运输车辆进行加封。

（3）货物运抵上海金桥出口加工区后，区内企业 X 或其代理人向金桥出口加工区海关办理转关核销手续，出口加工区海关物流监控部门核销汽车载货登记簿，并向天津新港海关发送转关核销电子回执。

（4）同时，区内企业 X 或其代理人录入出口加工区进境货物备案清单，向出口加工区海关提交运单、发票、装箱单、电子账册编号、相应的许可证件等单证办理进境报关手续。

（5）出口加工区海关审核有关报关单证，确定是否查验，对不需查验的货物予以放行，对需要查验的货物，由海关实施查验后，再办理放行手续，签发有关备案清单证明联。

2. 出口直转转关

（1）发货人（区内企业 X）或其代理人录入出口加工区出境货物备案清单，向金桥出口加工区海关提交运单、发票、装箱单、电子账册编号等单证，办理出口报关手续。

（2）同时，向金桥出口加工区海关录入转关申报数据，并持出口加工区出境货物备案清单、汽车载货登记簿向出口加工区海关物流监控都门办理出口转关手续。

（3）金桥出口加工区海关审核同意企业转关申请后，向新港海关发送转关申报电子数据，并对运输车辆进行加封。

（4）货物运抵出境地新港海关后，发货人或其代理人向新港海关办理转关核销手续，新港海关核销汽车载货登记簿，并向金桥出口加工区海关发送转关核销电子回执，货物实际离境后，新港海关核销汽车载货清单并反馈出口加工区海关，出口加工区海关凭以签发有关备案清单证明联。

(二) 与境内区外其他地区之间

出口加工区货物运往境内区外或境内区外货物运入出口加工区，由区内企业填写进出境货物备案清单，区外企业填写进出口货物报关单，如图 8-8 所示。

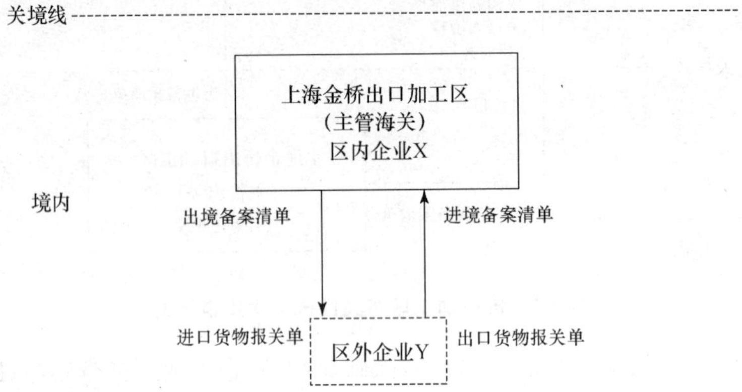

图 8-8　出口加工区进出区货物报关

1. 区内到区外

(1) 出口加工区运往境内区外的货物，按照对进口货物的有关规定办理报关手续。由区外企业 Y 录入进口货物报关单，凭发票、装箱单、相应的许可证件等单证向出口加工区海关办理进口报关手续。

(2) 进口报关结束后，区内企业 X 填制出口加工区出境货物备案清单，凭发票、装箱单、电子账册编号等向出口加工区海关办理出区报关手续。

(3) 出口加工区海关放行货物后，向区外企业签发进口货物报关单付汇证明联，向区内企业签发出口加工区出境货物备案清单收汇证明联。

对于出口加工区内企业内销保税加工货物的税收管理和证件管理注意以下几点。

(1) 内销制成品：以接受内销申报的同时或者大约同时进口的相同货物或者类似货物的进口成交价格为基础确定完税价格。

(2) 内销副产品：以内销价格作为完税价格。

以上情况，均由区外企业缴纳进口关税和进口环节海关代征税，免予交付缓税利息。属于许可证件管理的商品，应向海关出具有效的进口许可证件。

区内企业在保税加工过程中产生的边角料、残次品、废品等原则上应复运出境。如出区内销应按照对区外其他加工贸易货物内销的相关规定办理。

(1) 边角料、废品内销，海关按照报验状态归类后适用的税率和审定的价格计征税款，免于提交许可证件。

(2) 边角料、废品以处置方式销毁的，或者属于禁止进口的固体废物需出区进行利用或者处置的，区内企业持处置单位的危险废物经营许可证复印件及出口加工区管委会和所在地地(市)级环保部门的批准文件向海关办理有关手续。

(3) 对无商业价值且不属于禁止进口的固体废物的边角料和废品，须运往区外以处置之外的其他方式销毁的，应凭出口加工区管委会的批件，向主管海关办理出区手续，海关予以免税，并免予验核进口许可证件(废物进口许可证)。

(4) 残次品出区内销，按成品征收进口关税和进口环节海关代征税，属于进口许可证件管理的，企业应当向海关提交相应的许可证件；对属于《法检目录》内的出区内销残次品，须经出入境检验检疫机构按照国家技术规范的强制性要求检验合格后，方可内销。

对于出口加工区内企业需要将有关模具、半成品运往区外用于加工生产，应当报经加工区主管海关关长批准，由接受委托的区外企业，向加工区主管海关缴纳货物应征关税和进口环节增值税等值的保证金或银行保函后，办理出区手续。加工完毕后，加工产品应按期(一般为 6 个月)运回加工区，区内企业向加工区主管海关提交运出加工区时填写的委托区外加工申请书及有关单证，办理验放核销手续。加工区主管海关办理验放核销手续后，退还保证金或撤销保函。

出口加工区区内使用的机器、设备、模具和办公用品等，须运往境内区外进行维修、测试或检验时，区内企业或管理机构应向主管海关提出申请，并经主管海关核准、登记、查验后，方可将机器、设备、模具和办公用品等运往境内区外维修、测试或检验。区内企业将模具运往境内区外维修、测试或检验时，应留存模具所生产产品的样品，以备海关对运回加工区的模具进行核查。

运往境内区外维修、测试或检验的机器、设备、模具和办公用品等，按照“修理物品”监管，不得用于境内区外加工生产和使用。

运往境内区外维修、测试或检验的机器、设备、模具和办公用品等，应自运出之日起 2 个月内运回加工区。因特殊情况不能如期运回的，区内企业应于期限届满前 7 天内，向主管海关说明情况，并申请延期。申请延期以 1 次为限，延长期限不得超过 1 个月。

运往境内区外维修的机器、设备、模具和办公用品等，运回加工区时，要以海关能辨认其为原物或同一规格的新零件、配件或附件为限，但更换新零件、配件或附件的，原零件、配件或附件应一并运回加工区。

2. 区外到区内

境内区外运入出口加工区的货物，按照对出口货物的有关规定办理报关手续。由区外企业录入出口货物报关单，凭购销合同(协议)、发票、装箱单等单证向出口加工区海关办理出口报关手续。出口报关结束后，区内企业填制出口加工区进境货物备案清单，凭购销发票、装箱单、电子账册编号等单证向出口加工区海关办理进区报关手续。

出口加工区海关查验、放行货物后，向区外企业签发出口货物报关单收汇证明联和出口退税证明联，向区内企业签发出口加工区进境货物备案清单付汇证明联。

从境内区外运进加工区供区内企业使用的国产机器、设备、原材料、零部件、元器件、包装物料、基础设施，加工企业和行政管理部门生产、办公用房合理数量的国产基建物资等，按照对出口货物的管理规定办理出口报关手续，海关签发出口报关单退税证明联(除不予退税的基建物资外)。境内区外企业依据出口货物报关单退税证明联向税务部门申请办理出口退(免)税手续。

3. 出口加工区出区深加工结转

出口加工区货物出区深加工结转是指加工区内企业经海关批准并办理相关的手续，将本企业加工生产的产品直接或者通过保税仓库转入其他出口加工区、保税区等海关特殊监管区域内或者转入区外其他加工贸易企业进一步加工后复出口的经营活动，如图 8-9 所示。

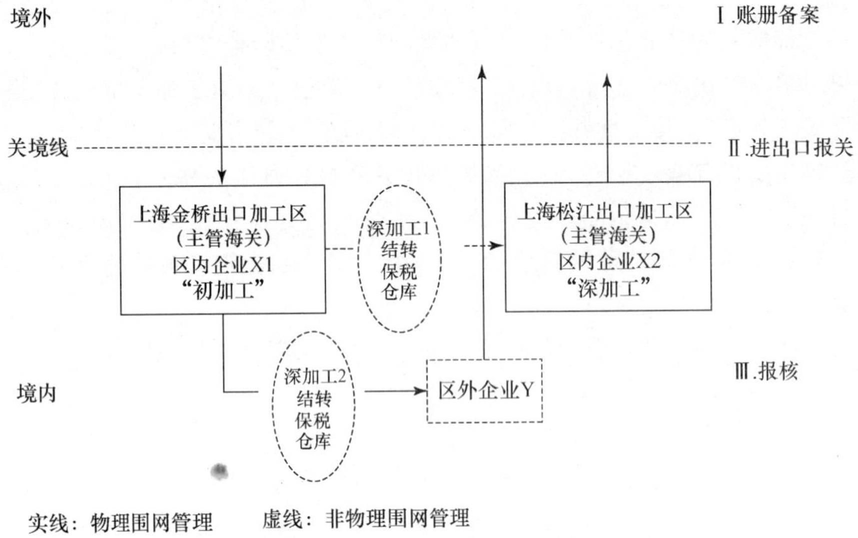

图 8-9 出口加工区两种深加工结转示意图

出口加工区企业开展深加工结转时，转出企业凭出口加工区管委会批复，向所在地的出口加工区海关办理海关备案手续后方可开展货物的实际结转。

(1) 对转入其他出口加工区、保税区等海关特殊监管区域的，转入企业凭其所在区域管委会的批复办理结转手续。转出、转入企业分别在自己的主管海关办理结转手续，且比照转关运输方式办理结转手续。不能比照转关运输方式办理结转手续的，在向主管海关提供相应的担保后，由企业自行运输。

(2) 对转入特殊监管区域外(非物理围网管理加工贸易企业)的，转入企业凭商务主管部门的批复办理结转手续。海关按照对保税加工进口货物的有关规定办理手续。结转产品如果属于加工贸易项下进口许可证件管理商品的，企业应当向海关提供相应的有效进口许可证件。转出、转入企业在转出地主管海关办理结转手续，其深加工结转报关包含以下环节。

① 转入企业在中华人民共和国海关出口加工区出区深加工结转申请表(一式四联)中填写本企业的转入计划，凭申请表向转入地海关备案。

② 转入地海关备案后，留存申请表第一联，其余三联退还转入企业，由转入企业送交出口加工区转出企业。

③ 转出企业自转入地海关备案之日起 30 天内，持申请表其余三联，填写本企业的相关内容后，向主管海关办理备案手续。

④ 转出地海关审核后，留存申请表第二联，将第三联、第四联分别交给转出企业、转入企业。

⑤ 转出、转入企业办理结转备案手续后，凭双方海关核准的申请表进行实际收发货。

转出企业的每批次发货记录应当在一式三联的出口加工区货物实际结转情况登记表上如实登记,转出地海关在卡口签注登记表后,货物出区。

⑥ 转出、转入企业每批实际发货、收货后,可以凭申请表和转出地卡口海关签注的登记表分批或者集中办理报关手续。转出、转入企业每批实际发货、收货后,应当在实际发货、收货之日起 30 天内办结该批货物的报关手续。转入企业填报结转进口报关单,转出企业填报结转出口备案清单。一份结转进口报关单对应一份结转出口备案清单。

区内转出的货物因质量不符等原因发生退运、退换的,转入企业为特殊监管区以外的加工贸易企业的,按退运货物或退换货物办理相关手续。

4. 出口加工区机器设备出区处理

(1) 从境外进入出口加工区按规定予以免税的机器设备,海关在规定的监管年限内实施监管。监管年限自货物进境放行之日起计算,限期 5 年。使用完毕,原则上应退运出境。

需在监管年限内出区内销的,海关按照特定减免税货物的管理规定征收税款。监管年限届满的,出区时不再征收税款。从境外进入出口加工区时免予提交机电产品进口许可证件的机器设备,在其出区时,海关凭与其入境状态一致的机电产品进口许可证件验放。

在监管年限内转让给区外进口同一货物享受减免税优惠待遇的企业的,由区外企业按照特定减免税货物的管理规定办理进口手续,监管年限连续计算;如出区转为加工贸易不作价设备的,由区外企业按照加工贸易不作价设备的管理规定办理进口报关手续,监管年限连续计算。

(2) 从境内区外采购入区予以退税的机器设备。从境内区外采购入区予以退税的机器设备如需内销出区的,区外企业在办理进口手续时,按报验状态缴税,免予提交相应的进口许可证件。其中,从区外采购入区的海关监管年限内的特定减免税进口的机器设备和加工贸易不作价设备,监管年限连续计算,监管年限届满的,出区时不再征收税款;在海关监管年限内的,出区时海关按照特定减免税货物征收税款。

第五节　珠海园区货物通关

一、珠海园区海关监管

(一) 含义

珠澳跨境工业区是指经国务院批准设立,在我国珠海经济特区和澳门特别行政区之间跨越珠海和澳门关境线,由中国海关和澳门海关共同监管的海关特殊监管区域。

珠澳跨境工业区由珠海园区和澳门园区两部分组成。珠海园区,是指经国务院批准设立的珠澳跨境工业区由中国海关按照《海关法》和其他有关法律、行政法规进行监管的珠海经济特区部分的园区。澳门园区,是指经国务院批准设立的珠澳跨境工业区由澳门海关按照澳门特别行政区的有关规定进行监管的澳门特别行政区部分的园区。

(二) 功能

珠海园区具备从事保税物流、保税加工和国际贸易的功能。

珠海园区可以开展以下业务：① 加工制造；② 检测、维修、研发；③ 储存进出口货物及其他未办结海关手续货物；④ 国际转口贸易；⑤ 国际采购、分销和配送；⑥ 国际中转；⑦ 商品展示、展销。

(三) 管理

珠海园区实行保税区政策，与中华人民共和国关境内的其他地区之间进出货物在税收方面实行出口加工区政策。

1. 加工贸易管理

区内企业自开展业务之日起，应当每年向珠海园区主管海关办理报核手续，珠海园区主管海关应当自受理报核申请之日起 30 天内予以核销。区内企业有关账册、原始单证应当自核销结束之日起至少保留 3 年。

区内企业开展加工贸易不实行加工贸易银行保证金台账制度。

区内加工贸易货物内销不征收缓税利息。

2. 特殊情况处理

因不可抗力造成珠海园区内货物损坏、灭失的，区内企业应当及时书面报告珠海园区主管海关，并且提供保险、灾害鉴定部门的有关证明。经珠海园区主管海关核实确认后，按照以下规定处理，如表 8-6 所示。

表 8-6 珠海园区受损货物海关处理方法

类别＼项目	特殊情况	处理方法
不可抗力造成损坏	货物灭失，或者虽未灭失但完全失去使用价值的	海关依法办理核销和免税手续
	进境货物损坏，失去原使用价值但可以再利用的	区内企业可以向海关办理退运手续，要求运往区外的，须海关核准后按出区实际状态办理海关手续
	区外进入区内的货物损坏，失去原使用价值但可以再利用，并且向区外出口企业进行退换的	可以退换为与损坏货物同一品名、规格、数量、价格的货物，并且向珠海园区主管海关办理退运手续。
保管不善	从境外进入园区	由区内企业按一般进口货物缴纳受损货物原价值的进口代征税
	从区外进入区内	区内企业重新缴纳出口退还的国内环节税

二、珠海园区货物报关

(一) 与境外之间

海关对珠海园区与境外之间进出的货物，实行备案制管理，由货物的收发货人或其代理人填写进出境货物备案清单，向海关备案。

对于珠海园区与境外之间进出的货物，可以办理集中申报手续。

珠海园区与境外之间进出的货物应当向珠海园区主管海关申报。珠海园区与境外之间进出货物的进出境口岸不在园区主管海关管辖区域的，区内企业应当按照转关运输或者异地报关等方式办理有关手续。

珠海园区与境外之间进出的货物，不实行进出口配额、许可证件管理。

(二) 与境内区外其他地区之间

海关对珠海园区与境内区外之间进出货物的监管分出区和进区两种情况。

1. 出区

珠海园区内货物运往区外视同进口。

珠海园区内货物运往区外，由区内企业填制出境货物备案清单向珠海园区主管海关办理申报手续，区外收货人或其代理人填制进口货物报关单向珠海园区主管海关办理申报手续。

区内企业跨关区配送货物或者异地企业跨关区到珠海园区提取货物，可以在珠海园区主管海关办理申报手续，也可以按照规定在异地企业所在地海关办理申报手续。

海关按照货物进口的有关规定办理手续。需要征税的，按照货物出区时的实际状态征税；属于许可证件管理商品的，区内企业或者区外收货人还应当向海关出具进口许可证件。具体执行如下。

(1) CEPA 货物出区

以一般贸易方式经珠海园区进入境内区外，并且获得香港或者澳门签证机构签发的 CEPA 优惠原产地证书的货物，可以按照规定享受《关于建立更紧密经贸关系的安排》(*Closer Economic Partnership Arrangement*，CEPA)零关税优惠。

(2) 一般贸易和加工贸易货物出区

以一般贸易方式经珠海园区进入区外或者经园区企业加工进入区外的货物按出区的实际流向办理进口报关手续。

① 用于加工贸易的，由加工贸易企业或其代理人按加工贸易货物的报关程序办理进口报关手续。

② 用于可以享受特定减免税的特定地区、特定企业和特定用途的，由享受特定减免税的企业或其代理人按特定减免税货物的报关程序办理进口报关手续。

③ 进入国内市场或使用于境内其他方面，由收货人或其代理人按一般进口货物的报关程序办理进口报关手续。

(3) 免税货物出区

从境外免税进入珠海园区的货物出区进入境内区外的，海关按照货物进口的有关规定办理手续；需要征税的，按照货物出区时的实际状态征税；属于进口配额、许可证件管理商品的，区内企业或者区外收货人还应当向海关出具进口配额、许可证件。

(4) 残次品、边角料出区

区内企业在加工生产过程中产生的残次品内销出区的，海关按内销时的实际状态征税。属于进口配额、许可证件管理的，企业应当向海关出具进口配额、许可证件。

区内企业在加工生产过程中产生的边角料、废品，以及加工生产、储存、运输等过程中产生的包装物料，区内企业提出书面申请并且经海关批准的，可以运往区外，海关按出区时的实际状态征税。属于进口配额、许可证件管理商品的，免领进口配额、许可证件；属于列入《禁止进口废物目录》的废物及其他危险废物需出区进行处置的，有关企业凭珠海园区行政管理机构及所在地的市级环保部门批件等材料，向海关办理出区手续。

（5）出区外发加工

区内企业需要将模具、原材料、半成品等运往区外进行加工的，应当在开展外发加工前，凭承揽加工合同或者协议、承揽企业营业执照复印件和区内企业签章确认的承揽企业生产能力状况等材料，向珠海园区主管海关办理“外发加工”手续。

委托区外企业加工的期限不得超过 6 个月，加工完的货物应当按期运回珠海园区。在区外开展外发加工产生的边角料、废品、残次品、副产品不运回珠海园区的，海关将按照实际状态征税。

货物运回园区后，区内企业凭出区时的委托区外加工申请书及有关单证，向海关办理验放核销手续。

（6）出区展示

经珠海园区主管海关批准，区内企业可以在区外进行商品展示，并且比照海关对暂准进境货物的有关规定办理进出区手续。

（7）出区检测、维修

在珠海园区内使用的机器、设备、模具和办公用品等海关监管货物，区内企业或者珠海园区行政管理机构向珠海园区主管海关提出书面申请，并且经珠海园区主管海关核准、登记后，可以运往区外进行检测、维修。区内企业将模具运往区外进行检测、维修的，应当留存模具所生产产品的样品或者图片资料。

运往区外进行检测、维修的机器、设备、模具和办公用品等，不得在区外用于加工生产和使用，并且应当自运出之日起 2 个月内运回珠海园区。因特殊情况不能如期运回的，区内企业或者珠海园区行政管理机构应当在期限届满前 7 天内，以书面形式向海关申请延期，延长期限不得超过 1 个月。

检测、维修完毕运回珠海园区的机器、设备、模具和办公用品等应当为原物。有更换新零件、配件或者附件的，原零件、配件或者附件应当一并运回区内。

对在区外更换的国产零件、配件或者附件，需要退税的，由区内企业或者区外企业提出申请，园区主管海关按照出口货物的有关规定办理手续，签发《出口货物报关单证明联》。

（8）退运出区

需要退运到区外的货物，区内企业向珠海园区主管海关提出退运申请，提供注册地税务主管部门证明其货物未办理出口退税或者所退税款已退还税务主管部门的证明材料和出口单证，并且经珠海园区主管海关批准的，可以办理退运手续；属于已经办理出口退税手续并且所退税款未退还税务主管部门的，应当按照进口货物办理进口手续，需要征税的，按照货物出区时的实际状态征税；属于进口配额、许可证件管理商品的，区内企业或者区外收货人还应当向海关出具进口配额、许可证件。

（9）出区深加工结转

园区企业将加工贸易成品发往境内区外其他特殊监管区域外加工贸易企业开展深加工结转业务，按照出口加工区出区深加工结转的程序办理有关手续。

2. 进区

货物从境内区外进入珠海园区视同出口。

(1) 一般贸易和加工贸易货物进区

海关按照货物出口的有关规定办理手续。属于出口应税商品的，按照有关规定进行征税；属于许可证件管理商品的，区内企业或者区外发货人还应当向海关出具出口许可证件。

从区外进入珠海园区供区内企业使用的国产机器、设备、原材料、零部件、元器件、包装物料及建造基础设施，企业和行政管理部门生产、办公用房所需合理数量的国产基建物资等，除属于取消出口退税的基建物资外，海关按照出口货物的有关规定办理手续，签发《出口货物报关单退税证明联》。

从区外进入珠海园区供区内企业和行政管理机构使用的生活消费用品、交通运输工具等，海关不予签发出口货物报关单退税证明联。

(2) 原进口货物进区

从区外进入珠海园区的进口机器、设备、原材料、零部件、元器件、包装物料、基建物资等，有关企业应当向海关提供上述货物或者物品的清单，并且办理出口报关手续；上述货物或者物品已经缴纳的进口环节税，不予退还。

(3) 出区外发加工运回

区内企业运往境内区外进行外发加工的货物，加工生产过程中使用国内料件并且属于出口应税商品的，加工产品运回区内时，所使用的国内料件应当按规定缴纳出口关税。

(4) 进区商品展示

经珠海园区主管海关批准，区内企业可以承接区外商品的展示，并且比照海关对暂准出境货物的有关规定办理进出区手续。

案例阅读8-3

1. 保税加工货物的特征

保税加工货物特征主要从“证件管理”和“税收征管”两个方面描述。

(1) 证件管理：进口料件免证(除易制毒化学品、监控化学品、消耗臭氧层物质、原油、成品油、音像制品、印刷品、地图产品、工业再生废料等)。其中，易制毒化学品和监控化学品需要两用物项和技术进口许可证(代码为2)，消耗臭氧层物质需要进口许可证(代码为1)，原油、成品油需要自动进口许可证(代码为v)，出口成品须证的交证。具体货物、证件名称、报关规范参见进出口许可证件一章。

(2) 税收征管：进口料件保税(除不予备案的料件，以及试车材料、未列名消耗性物料)，出口成品免税(除部分使用国产料件生产的成品及出口未锻铝)。

2. 保税加工货物电子化手册类型

(1) B手册：加工贸易手册(来料加工)。

(2) C手册：加工贸易手册(进料加工)。

3. 保税加工货物电子账册类型

(1) 非物理围网企业电子账册包括IT账册(经营范围电子账册)和E账册(便捷通关电子账册)。

(2) 物理围网企业电子账册包括企业设备电子账册和H账册(加工贸易电子账册)。

4. 异地加工、外发加工、跨关区深加工结转的区别

异地加工是指经营企业将进口料件直接运到关区以外备案加工贸易合同的加工企业进行加工。例如,上海的一家加工贸易经营企业进口料件,不是自己加工,而是把这些料件委托给了杭州的一家加工企业,让这家企业来加工,加工成成品后回收,由上海的加工贸易经营企业组织出口的加工贸易。

外发加工,即将某道工序或全部工序委托给没有进行加工贸易合同备案的其他企业进行加工。例如,上海的一家企业所进行的是服装的加工贸易,将裁剪这道工序交给了上海的另外一家企业来加工,或者是委托给杭州的某一家企业进行加工。

异地加工两家企业是在不同的直属关区,而外发加工两家企业可以在同一关区,也可以在不同的关区。

深加工结转是指经营企业将初加工的料件或半成品,结转给另一加工企业加工为成品并出口。深加工结转中两家企业在不同的直属关区中,要办理结转手续。两家企业不在一个关区,其中一家加工贸易企业完成加工后转给下一家加工贸易企业完成加工后出口。

5. 余料的结转

余料结转属海关行政许可项目,仅适用剩余的保税料件结转。其他保税货物,如边角料、残次品、副产品等因不符合"同样进口料件",故不能结转。海关审核后不予结转的,企业应按以下方法处理:退运、内销、放弃、销毁。

案例阅读8-4

1. 深加工结转报关的类型

深加工结转报关的两种类型如表8-7所示。

表8-7 深加工结转报关的两种类型

程　序	非物理围网企业	物理围网企业(出口加工区)
计划备案	转出企业先向所在地海关备案,20天内转入企业应向所在地海关备案	转入企业向所在地海关备案,30天内转出企业向出口加工区海关备案
收发货登记	转出企业自发货之日起,或转入企业自收货之日起90天内,向各自海关办结进出口报关手续	转出企业自发货之日起,或转入企业自收货之日起30天内,向出口加工区海关办结进出口报关手续
结转报关	转入企业先向所在地海关报进口,转出企业10天内所在地海关报出口。转入、转出企业均填制报关单	转入企业先报进口,转出企业后报出口,均向出口加工区海关申报,转入企业填报关单,转出企业填备案清单

2. 特殊区域保税加工货物内销征税的完税价格确定方法

特殊区域保税加工货物内销征税的完税价格确定方法如表8-8所示。

表8-8　特殊区域保税加工货物内销征税的完税价格确定方法

适　用	以原进口料件成交价格为基础	以同时或大约同时进口、相同或类似进口料件成交价格为基础	以同时或大约同时进口、相同或类似进口制成品成交价格为基础	以内销价为基础确定完税价格
A. 出口加工区制成品内销			√	
B. 保税区进料加工或来料加工进口料件内销		√		
C. 保税区进料加工制成品(含国产料件)内销	√			
D. 保税区来料加工制成品(含国产料件)内销		√		
E. 保税区进料或来料加工制成品(不含国产料件)内销			√	
F. 边角料或副产品				√

案例阅读8-5

1. 特定减免税货物、保税货物、暂准进出境货物的区别

(1) 性质不同

特定减免税货物是以进口为目的的实际进口货物，针对3个特定(特定的区域、特定的企业、特定的用途)，在符合条件的情况下给予的税收优惠措施；保税货物是针对进境又复运出境的特点简化了海关税、证手续的一种制度，经海关批准，暂时不办理进境纳税手续，在境内存储、加工、装配后复运出境；暂准进出境货物在有担保的情况下，免纳关税、免许可证暂时进境货物，此担保直至货物复运出境(进境)后核销。

(2) 前期准备不同

特定减免税货物是申领减免税证明；保税加工货物是向海关备案，由海关核发加工贸易登记手册等；暂准进出境货物中的展览品展览前需要报批备案。

(3) 后续监管不同

特定减免税货物是监管期满自动解除监管或监管期内作其他处理，保税货物及暂准进出境货物是根据去向不同分别办理相应的手续。

2. 特殊监管区域的功能比较

特殊监管区域的功能比较如表8-9所示。

表8-9 特殊监管区域的功能比较

功　能	出口加工区	跨境工业园区	保税物流园区	保 税 区	保税港区	综合保税区
保税加工	√	√	√	√	√	√
保税仓储	√	√	√	√	√	√
保税物流	√	√	√	√	√	√
港口作业	—	—	—	—	√	—
制造、售后服务	—	√	√	—	√	√
国际转口贸易	√	√	√	√	√	√
商品展示	—	√	√	√	√	√
检测、维修、研发	√	√	√	—	√	√
出口退税	√	√	√	—	√	√

案例阅读8-6

海关特殊监管区域应注意的问题

1. 海关不签发出口退税证明联的情况：(1) 任何货物从区外进入保税区；(2) 从区外进入出口加工区、珠海园区、保税物流中心、保税物流园区、保税港区的基建物资、生活消费品、办公用品(保税港区除外)、交通运输工具、原进口货物、包装物料、设备等，从其他监管区域、场所进区的货物。

2. 海关签发出口退税证明联的情况：国产货物及其包装材料、机器、设备进区的。

3. 对批量少、批次频繁的，可办理集中申报手续，其适用于：(1) 保税仓库，最迟应在次月前5个工作日办理集中申报手续；(2) 出口监管仓库，应在次月10日前办理集中申报手续，不得跨年度办理；(3) 保税物流园区内，不得超过1个月，且不得跨年度使用；(4) 保税港区，在次月底前，办理集中申报手续。

4. 报关制和备案制的适用情况：

(1) 保税区采用报关制与备案制相结合的运行机制，属自用的，采用报关制；属非自用的，即保税加工、保税仓储、转口贸易、商品展示进出境的货物采用备案制。

(2) 出口加工区及珠海园区、保税港区采用备案制。

(3) 保税物流园区除免税品、国际中转货物外实行备案制。

5. 保税港区加工贸易货物出区内销与保税区内销有所不同。其加工贸易成品、残次品、副产品按内销时的实际状态征税，即内销价征税边角料、废品按实际状态征税。

6. 保税区企业开展加工贸易、进口易制毒化学品、监控化学品、消耗臭氧层物质，均要提供进口许可证。境外运入其他特殊监管区的不实行许可证件管理，但法律、行政法规规定的"不论以何种方式进出口"，均须"领证"的除外，如两用物项和技术进出口；废物进口；濒危物种进出口；药品；农产品关税配额管理的农产品。

7. 除保税仓库与保税仓库可以相互结转外(双向)，保税仓库只能结转到其他监管场所或特殊监管区域(单向)，而其他监管场所、特殊监管区域不能结转到保税仓库。因此，保税仓库不能与其他监管场所、特殊监管区域之间相互结转货物。出口监管仓库、保税物流中心、出口加工区、珠海园区、保税物流园区、保税港区之间货物可以相互结转。

8. 出口加工区、珠海园区、保税区、保税物流园区、保税港区均可在园内开展维修业务，但保税港区仅限于我国出口的机电产品的售后维修。维修后的产品、更换的零配件及维修中产生的物料应复运出境。保税物流监管场所(保税仓库、出口监管仓库、保税物流中心)不得开展维修业务，但可以存放维修外国产品用的零配件。

第六节　保税加工货物报关实训(业务一)

辽宁龙信国际货运公司的报关员关羽接到一票货物如下，要求在规定时间内完成此票货物的报关业务。

中国矿产钢铁有限责任公司(110891××××)订购进口一批热拔合金钢无缝锅炉管(属法定检验检疫和自动进口许可管理商品，法定计量单位为"千克")，委托辽宁抚顺辽抚锅炉厂有限责任公司(210491××××)制造出口锅炉。载货运输工具于2005年4月10日申报进境，次日辽宁龙信国际货运公司(210298××××)持经营单位登记手册和相关单证向大连大窑湾海关申报货物进口。保险费率3‰。请作为辽宁龙信国际货运公司的报关员完成此票货物的报关业务。海运提单、商业发票、原产地证书、空白进口货物报关单分别如图8-10～图8-13所示。

Mitsui O.S.K. Lines,Ltd.

Shipper V AND M DEUTSCHLAND GMBH THEDORSTRASSE 90 D-40472 DUSSELDORF-RATH, GERMANY TEL: (0049)211 960××××	**Booking No.** 803364874-A	**B/L No.** MOLU803364874
Consignee (Not negotiable unless consigned 'to order') TO ORDER	**COMBINED TRANSPORT** **BILL OF LADING**	
Notify party SINOTRANS LIAONING SHIPPING IMPORT CO. RM 1207 SINOTRANS LIAONING BLDG. No. 85, RENMIN ROA D DALIAN CHINA.		

Pre-carriage by	**Place of receipt** ANTWERP－CY	Also Notify (For Merchant's reference only) 888/1178.1
Ocean vessel Voy. No. 116E APL HONGKONG	**Port of loading** ANTWERP EUROPEAN MAIN PORT	
Port of discharge DALIAN	**Place of delivery** DALIAN－CY	Final destination for the Merchant's reference

Container No.: Seal No.Marks &Nos.	**No of containers or packages**	**Kind of packages: Description of goods**	**Gross weight Kgs**	**Measurement M^3**
SHIPPING MARK: 04EUWTJ7304317T054 --------------------- DALIAN Container-No. Seal No. Type Tare MOFU 045543-7 718961		FREIGHT PREPAID. SHIPPER'S LOAD AND COUNT. EQUIPMENT SUBSTITUTION PER RULE 2-G5 1 x 40' DRY CONTAINERS SAID TO CONTAIN: HOT FINISHED SEAMLESS STEEL PIPES FOR BOILER GW KGS GW LBS ON BOARD MV "APL HONGKONG" ON 04-03-2005 'FREIGHT PREPAID' CONTRACT NO. 04EUWTJ7304317T054 IRREVOCABLE DOCUMENTARY CREDIT NUMBER LC251060500042	28 795.00 63 482.50	25.000

Total No. of container or other packages or units received by the Carrier(in words) THREE CONTAINERS

Code	Tariff Item	Basis	Freighted as	Curr.	Rate	Per	Prepaid	Collect

No. of Originals THREE	Place and date of B/L issue: ROTTERDAM 04-03-2005	Totals & Pay at:		
LADEN ON BOARD THE VESSEL APL HONGKONG VOY No. 116E AT ANTWERP Date 04-03-2005 Signatue				

Mitsui O.S.K. Lines,Ltd. as Carrier

图 8-10 海运提单

INVOICE No：57/88/0032	Invoice date 04.03.2005	Page 1

Original

MINMETALS STEEL CO.，LTD
MINMETALS PLAZA，6 SANLIHE
ROAD，HAIDIAN DIST.BEIJING
100044 BEIJING，CHINA

M/V船名APL HONGKONG 116E' On 04.03.2005 Shipment from Antwerp European Main Port To Dalian	Contract No. L/C No. Country of destination Station of destination Mill Dispatch station Freight notice Price based on delivery	04EUWTJ7304317T054 LC251060500042 China Dalian Reisholz/Press Dusseldorf, Germany CPT Dalian CPT Dalian	Our order No. Clerk Telephone Telefax Gr.Wt.Of delivery note Gr.Wt.Of consignment Gross Weight = Net weight Carriage free wt . Of consignment	888/1178-1 0211/960-2××× 0211/960-3××× 28,795kgs 28,795kgs

Itern No	TRGN	Product				Price			Amount USD
		Dimension	Quantity deliwered						
			Piece	Kg	Total length/ M	Designation	Un it	USD	
		DESCRIPTION OF GOODS AND/OR SERVICES: COMMODITY: HOT FINISHED SEAMLESS STEEL PIPES FOR BOILER QUALITY: ASME AS106B/C ASTM A335 M P12/P91/P22 ASME A213 M T12 PRICE TEARM:CPT DALIAN COUNTRY OF ORIGIN AND MANUFACTURER:V AND M FRANCE OR GERMANY OR ITALY SHIPPING MARK: 04EUWTJ73040317T054 -------------------------------- DALIAN PACKING:UNPACKED SPECIFICATION: SIZE: CONTRACT NO.04EUWTJ7304317T054							
		QUANTITY SHIPPPED: 787×39×5000 - 7000MM TOTAL: TOTAL INVOICE VALUE: LENGTH（M) LENGTH(FT) 5.655 18.553 5.935 19.472 6.000 19.685 5.925 19.439 6.005 19.701 6.050 19.849 6.070 19.915		28.795MT	41.640米		MT	3,080.00	88, 688.60

V & M DEUTSCHLAND GmbH

图 8-11 商业发票

1.Consignor V AND M DEUTSCHLAND GMBH THEODORSTRASSE 90 D-40472 DUSSELDORF-RATH, GERMANY TEL: (0049)211 960 2××××	No.×××××××× ORIGINAL EUROPEAN COMMUNITY CERTIFICATE OF ORIGIN
2.Consignee MINMETALS STEEL CO.,LTD. MINMETALS PLAZA, 6 SANLIHE ROAD, HAIDIAN DIS. BEIJING 100044 BEIJING, CHINA	**3.Country of origin** FEDERAL REPUBLIC OF GERMANY (EUROPEAN COMMUNITY)
4.Means of transport M/V	**5.Remarks** CONTRACT No. 04EUWTJ7304317T054 OUR ORDER No. 888/1178-1
6.Item No.,marks,Nos.,number and kind of packages, description of goods HOT FINISHED SEAMLESS STEEL PIPES FOR BOILER 787×39×5000-7000MM HS 73045910 MARKING ACC. TO THE B/L	**7.Quantity** 28 795 KGS
8.The undersigned authority certifies that the goods describde above originate in the country shown in box 3. 18. MRZ. 2005 Industrie-und Handelskammer Zu Dusseldorf	

图 8-12 原产地证书

中华人民共和国海关进口货物报关单

预录入编号：　　　　　　　　　　　　　　　　　　　　　　海关编号：

<table>
<tr><td colspan="2">进口口岸</td><td colspan="2">备案号</td><td colspan="2">进口日期</td><td>申报日期</td></tr>
<tr><td colspan="2">经营单位</td><td>运输方式</td><td colspan="3">运输工具名称</td><td>提运单号</td></tr>
<tr><td colspan="2">收货单位</td><td colspan="2">贸易方式</td><td colspan="2">征免性质</td><td>征税比例</td></tr>
<tr><td>许可证号</td><td colspan="2">起运国（地区）</td><td colspan="2">装货港</td><td colspan="2">境内目的地</td></tr>
<tr><td>批准文号</td><td>成交方式</td><td>运费</td><td colspan="2">保费</td><td colspan="2">杂费</td></tr>
<tr><td>合同协议号</td><td>件数</td><td>包装种类</td><td colspan="2">毛重（千克）</td><td colspan="2">净重（千克）</td></tr>
<tr><td>集装箱号</td><td colspan="4">随附单据</td><td colspan="2">用途</td></tr>
<tr><td colspan="7">标记唛码及备注</td></tr>
<tr><td colspan="7">项号　商品编号　商品名称、规格型号　数量及单位　原产国（地区）　单价　总价　币制　征免</td></tr>
<tr><td colspan="7"></td></tr>
<tr><td colspan="7">税费征收情况</td></tr>
<tr><td>录入员　录入单位</td><td colspan="3" rowspan="2">兹声明以上申报无讹并承担法律责任。

申报单位(签章)

填制日期</td><td colspan="3">海关审单批注放行日期（签章）
审单　审价</td></tr>
<tr><td>报关员

单位地址

邮编　电话</td><td colspan="3">征税　统计

查验　放行</td></tr>
</table>

图 8-13　空白进口货物报关单

一、判定海关监管货物的类型

根据认知部分中对保税加工货物的描述，包括定义、范围、特征等，结合案例描述，判定该货物海关监管类型为保税加工货物。

二、商品归类

运用正确的商品归类法查询最新版的《中华人民共和国海关进出口税则》纸质版或电子版，也可以使用一些商品编码查询网站或查询软件。

根据品名及规格描述，使用正确方法查阅税则手册。该批货物的商品编码为 7304.5910，适用进口最惠国税率 4%，增值税率 17%，法定计量单位为千克，监管证件 AB，英文名称为 Boiler tubers and pipes，如表 8-10 所示。

表 8-10 热拔无缝锅炉钢管税则号列

税则号列 Tariff item	商品名称及备注	出口退税	进口税率			增值税率	计量单位	监管条件	Article description
			最惠	普通	暂定				
7304.1930	——外径不超过 114.3 毫米	13	5.0	17.0		17	千克	AB	—Having an outside diameter not exceeding 114.3 mm
7304.1990	——其他	13	5.0	17.0		17	千克	AB	—Other
	——钻探石油及天然气用的套管、导管及钻管								—Casing, tubing and drill pipe, of a kind used in drilling for oil or gas
	——不锈钢制钻管								—Drill pipe of stainless steel
7304.2210	——外径不超过 168.3 毫米	13	4.0	17.0		17	千克	7AB	—Having an outside diameter not exceeding 168.3 mm
7304.2290	——其他	13	4.0	17.0		17	千克	7AB	—Other
	——其他钻管								—Other drill pipe
7304.2310	——外径不超过 168.3 毫米	13	4.0	17.0		17	千克	AB	—Having an outside diameter not exceeding 168.3 mm
7304.2390	——其他	13	4.0	17.0		17	千克	AB	—Other
7304.2400	——其他不锈钢管	13	4.0	17.0		17	千克	7AB	—Other, of stainless steel
7304.2900	——其他	13	4.0	17.0		17	千克	AB	—Other
	——铁或非合金钢的其他圆形截面管								—Other, of circular cross-section, of iron or non-alloy steel
	——冷拔或冷轧的								—Cold-drawn or cold-rolled (cold-reduced)
7304.3110	——锅炉管	9	4.0	17.0		17	千克	AB	—Boiler tubes and pipes
7304.3120	——地质钻管、套管	9	8.0	17.0		17	千克	AB	—Geological casing and drill pipes
7304.3190	——其他	9	4.0	17.0		17	千克	AB	—Other
	——其他								—Other
7304.3910	——锅炉管	9	4.0	17.0		17	千克	AB	—Boiler tubes and pipes
7304.3920	——地质钻管、套管	9	5.0	17.0		17	千克	AB	—Geological casing and drill pipes
7304.3990	——其他	9	4.0	17.0		17	千克	AB	—Other
	——不锈钢的其他圆形截面管								—Other, of circular cross-section, of stainless steel
	——冷拔或冷轧的								—Cold-drawn or cold-rolled (cold-reduced)

续表

税则号列 Tariff item	商品名称及备注	出口退税	进口税率			增值税率	计量单位	监管条件	Article description
			最惠	普通	暂定				
7304.4110	——锅炉管	9	10.0	17.0		17	千克	7AB	—Boiler tubes and pipes
7304.4190	——其他	13	10.0	40.0		17	千克	AB7	—Other
	——其他								—Other
7304.4910	——锅炉管	13	10.0	17.0		17	千克	7AB	—Boiler tubes and pipes
7304.4990	——其他	9	10.0	40.0		17	千克	AB7	—Other
	——其他合金钢的其他圆形截面管								—Other, of circular cross-section, of other alloy steel
	——冷拔或冷轧的								—Cold-drawn or cold-rolled (cold-reduced)
7304.5110	——锅炉管	9	4.0	17.0		17	千克	AB	—Boiler tubes and pipes
7304.5120	——地质钻管、套管	9	4.0	17.0		17	千克	AB	—Geological casing and drill pipes
7304.5190	——其他	9	4.0	17.0		17	千克	AB	—Other
	——其他								—Other
7304.5910	——锅炉管	9	4.0	17.0		17	千克	AB	—Boiler tubes and pipes
7304.5920	——地质钻管、套管	9	4.0	17.0		17	千克	AB	—Geological casing and drill pipes
7304.5990	——其他	9	4.0	17.0		17	千克	AB	—Other
7304.9000	——其他	9	4.0	17.0		17	千克	AB	—Other

三、确定海关监管条件

根据海关监管条件AB，查阅海关监管证件代码表，获知对应监管证件的名称：A——《入境货物通关单》；B——《出境货物通关单》。

因此，该批货物属于入境法检货物，需要报检申请检验检疫，具体事项可查阅最新版《法检目录》，检验检疫合格后由出入境检验检疫机构签发入境货物通关单。

同时，通过Web或EDI预录入规范申报辅助系统查询该商品的申报要素如下。

商品编码：7304591000。

商品描述：非冷轧其他合金钢无缝锅炉管。

申报要素：① 品名；② 规格(管的外径)；③ 用途(锅炉用、石油或天然气钻探用等)；④ 形状(管、空心异型材)；⑤ 材质(铁、非合金钢、不锈钢、合金钢)；⑥ 加工方法(冷拔、冷轧、热轧等)；⑦ 种类(无缝管)；⑧ 成分含量。

四、进口申报

报关企业依照保税加工货物的报关程序先向海关申报。根据基础认知部分所述保税加工货物报关程序包括前期阶段的合同备案、进出口阶段的进口报关和后续阶段的合同报核。

合同备案根据企业类型需建立电子化手册或电子账册。该票货物的加工贸易经营企业是中国矿产钢铁有限责任公司(110891××××)，企业编码第5位是9，属于非物理围网企业，需要建立的是电子化手册，设手册编号为C57205711700。因建册需要和海关等监管部门联网操作，此处不作介绍。

(一) 阅读原始外文资料并翻译

海运提单、商业发票及原产地证书的原始外文资料及其翻译如图8-14至图8-16所示。

<table>
<tr><td colspan="2">Shipper 托运人
V AND M DEUTSCHL AND GMBH 德国 V&M 公司
THEDORSTRASSE 90 o
D-40472 DUSSELDORF-RATH,GERMANY
TEL:(0049)211960××××</td><td>Booking No.
803364874-A
订舱单号</td><td colspan="2">B/L No.
MOLU803364874
提单号</td></tr>
<tr><td colspan="2">Consignee(Not negotiable unless consigned'to order'
TO ORDER 收货人：凭托运人指示</td><td colspan="3" rowspan="2">COMBINED TRANSPORT
BILL OF LADING
多式联运提单</td></tr>
<tr><td colspan="2">Notify Party 通知人：中远辽宁公司
SINOTRANS LIAONING SHIPPING IMPORT CO.
RM1207 SINORTRANS LIAONING BLDG,
No.85,RENMIN ROAD
DALIAN CHINA.</td></tr>
<tr><td>Pre-carriage by
船名/航次</td><td>Place of receipt 接货地：
ANTWERP-CY 安特卫普-堆场</td><td colspan="3" rowspan="2">Also Notify(For Merchant's reference only)
888/1178.1</td></tr>
<tr><td>Ocean vessel voy.No.
116E APL HONGKONG</td><td>Part of loading 装货港
ANTWERP EUROPEAN MAIN PART</td></tr>
<tr><td>Part of discharge 卸货港
DALIAN</td><td>Place of delivery 交货港
DALIAN-CY</td><td colspan="3">Final distination for the Merchant's reference</td></tr>
</table>

Containa No.: Seal No.Marks & Nos.	**No.ofcontainer or packages**	**Kind of packages;Description of goods**	**Gross weight Kgs**	**Measurement M^3**
唛头 SHIPPING MARK :04EUW TJ7304317T054 --------- DALIAN	Cantain-No. 箱号 Seal No. 封箱号 Type tare MOFU 045543-7 718961	FREIGHT PREPAID.运费预付 SHIPPER'S LOAD AND COUNT EQUIPMENT SUBSTITUTION PER RULE 2-G5 1×40' DRY CONTAINERS SAID TO CONTAIN: 一个40英寸箱内含： HOT FINISHED SEAMLESS热拔合金无缝钢管 STEEL PIPES FOR BOILER GW KGS	总毛重 千克28,795,00 镑63,482,50	总尺码 25,000

Mitsui O.S.K. Lines,Ltd.as Carrier

图 8-14 海运提单原始外文资料及其翻译

商业发票

INVOICE No:57/88/0032	Invoice date 04.03.2005	Page 1

Original
正本

MINMETALS STEEL CO., LTD
MINMETALS PLAZA6 SANLIHE
ROAD, HAIDIAN DIST.BEIJING
100044 BEIJING, CHINA
受票人(买方)：

M/V船名APL HONGKONG 116E'
On 04.03.2005
装运港Shipment from Antwerp
European Main Port
目的港To Dalian

Contract No.合同号	04EUWTJ7304317T054	Our order No.	888/1178-1
L/C No.	LC251060500042	Clerk Telephone	0211/960-2xxx
Country of destination	China目的港	Telefax	0211/960-3xxx
Station of destination	Dalian目的地	Gr.Wt.Of delivery note	28,795kgs总毛重
Mill	Reisholz/Press	Gr.Wt.Of consignment	28,795kgs净毛重
Dispatch station起运国	Dusseldorf，Germany	Gross Weight = Net weight	
Freight notice	CPT Dalian 贸易术语	Carriagefree wt .	
Price based on delivery	CPT Dalian	Of consignment	

Itern No	TRGN	Product: Dimension	Quantity deliwered: Piece	Quantity deliwered: Kg	Quantity deliwered: Total length/M	Price: Designation	Price: Unit	Price: USD	Amount USD
	唛头	DESCRIPTION OF GOODS AND/OR SERVICES: COMMODITY: HOT FINISHED SEAMLESS STEEL PIPES FOR BOILER QUALITY: ASME AS106B/C ASTM A335 M P12/P91/P22 ASME A213 M T12 PRICE TEARM:CPT DALIAN COUNTRY OF ORIGIN AND MANUFACTURER:V AND M FRANCE OR GERMANY OR ITALY SHIPPING MARK: 04EUWTJ73040317T054 -------------------------------- DALIAN PACKING:UNPACKED SPECIFICATION: SIZE: CONTRACT NO.04EUWTJ7304317T054							
		QUANTITY SHIPPPED: 787× 39× 5000 - 7000MM TOTAL: TOTAL INVOICE VALUE:		28.795MT	41.640 米		MT	3,080.00	88，688.60 发票总价
		LENGTH（M） LENGTH(FT) 5.655 18.553 5.935 19.472 6.000 19.685 5.925 19.439 6.005 19.701 6.050 19.849 6.070 19.915							

V& M DEUTSCHLAND GmbH
出票人：卖方

图 8-15 商业发票原始外文资料及其翻译

<table>
<tr>
<td rowspan="2">**1.Consignor** 发货人：卖方（德国）
V AND M DEUTSCHLAND GMBH
THEODORSTRASSE 90
D-40472 DUSSELDORF-RATH, GERMANY
TEL: (0049)211 960 2××××</td>
<td>No.××××××××</td>
<td>ORIGINAL</td>
</tr>
<tr>
<td colspan="2">EUROPEAN COMMUNITY
CERTIFICATE OF ORIGIN
欧盟原产地证书</td>
</tr>
<tr>
<td>**2.Consignee** 收货人：买方
MINMETALS STEEL CO.,LTD.
MINMETALS PLAZA, 6 SANLIHE ROAD,
HAIDIAN DIS. BEIJING 100044 BEIJING,
CHINA</td>
<td colspan="2">**3.Country of origin** 原产国
FEDERAL REPUBLIC OF GERMANY
(EUROPEAN COMMUNITY)</td>
</tr>
<tr>
<td>**4.Means of transport** 运输方式
M/V</td>
<td colspan="2">**5.Remarks** 合同号
CONTRACT No. 04EUWTJ7304317T054
OUR ORDER No. 888/1178-1</td>
</tr>
<tr>
<td>**6.Item No.,marks,Nos.,number and kind of packages, description of goods**
品名
HOT FINISHED SEAMLESS STEEL PIPES FOR BOILER
787×39×5000-7000MM HS 73045910 商品编码
规格型号</td>
<td colspan="2">**7.Quantity**
28 795 KGS
毛重</td>
</tr>
<tr>
<td>MARKING
ACC. TO THE B/L</td>
<td colspan="2"></td>
</tr>
<tr>
<td colspan="3">**8.The undersigned authority certifies that the goods described above originate in the country shown in box 3.**
18. MRZ. 2005
Industrie-und Handelskammer
Zu Dusseldorf</td>
</tr>
</table>

图 8-16 原产地证书原始外文资料及其翻译

（二）报关单填报

根据原始资料信息结合基础认知部分的报关单填制规范和经验总结，各个主要栏目填报内容及格式如下。

假定信息：预录入编号同海关编号为090820051×××××××××；加工贸易电子化手册编号C57205711700。

（1）进口口岸：连大窑湾0908。

（2）备案号：C57205711700。

（3）进口日期：20050410。

（4）申报日期：20050411。

（5）经营单位：中国矿产钢铁有限责任公司110891××××。

（6）运输方式：水路运输。

（7）运输工具名称：APL HONGKONG/116E。

（8）提运单号：MOLU803364874。

（9）收货单位：中国矿产钢铁有限责任公司110891××××。

（10）贸易方式：进料对口(0615)。

（11）征免性质：进料加工(503)。

（12）许可证号：免填。

（13）起运国(地区)：德国。

（14）装货港：安特卫普。

（15）境内目的地：辽宁抚顺其他。

（16）批准文号：免填。

（17）成交方式：CFR(C&F)。

（18）运费：免填。

（19）保费：0.3/1。

（20）杂费：免填。

（21）合同协议号：04EUWTJ73040317T054。

（22）件数：1。

（23）包装种类：裸装。

（24）毛重：28 795.00千克。

（25）净重：28 795.00千克。

（26）集装箱号：MOFU0455437/40/××××。

（27）随附单据为A：××××××××××××××××××。

（28）用途：加工返销。

（29）标记唛码及备注：

04EUWTJ73040317T054　　免填

DALIAN。

（30）项号：01。

（31）商品编号：7304.5910.00。

（32）商品名称、规格型号：

热拔合金钢制无缝锅炉管(第一行)；

外径787 mm/锅炉用/管状/长5 000～7 000 mm/合金钢/热拔/无缝管(第二行)。

(33) 数量及单位：

28 795 千克(第一行)；

28.795 吨(第三行)。

(34) 原产国(地区)：德国(304)。

(35) 单价：3 080.00。

(36) 总价：88 688.60。

(37) 币值：美元(502)。

(38) 征免：全免。

(39) 申报单位：辽宁龙信国际货运公司。

该票货物报关单填报内容如图 8-17 所示。

中华人民共和国海关进口货物报关单

预录入编号：　　　　海关编号：090820051××××××××

进口口岸 连大窑湾0908	备案号 C57205711700	进口日期 2005-04-10	申报日期 2005-04-11

经营单位 中国矿产钢铁有限责任公司110891××××	运输方式 水路运输	运输工具名称 APL HONGKONG/116E	提运单号 MOLU803364874

收货单位 中国矿产钢铁有限责任公司110891××××	贸易方式 进料对口	征免性质 进料加工	征税比例

许可证号	起运国（地区） 德国	装货港 安特卫普	境内目的地 辽宁抚顺其他

批准文号	成交方式 CFR	运费	保费 0.3/1	杂费

合同协议号 04EUWTJ73040317T054	件数 1	包装种类 裸装	毛重（千克） 28 795.00	净重（千克） 28 795.00

集装箱号 MOFU0455437/40/××××	随附单据 A: ××××××××××××	用途 加工返销

标记唛码及备注
04EUWTJ73040317T05
DALIAN

项号	商品编号	商品名称、规格型号	数量及单位	原产国（地区）	单价	总价	币制	征免
01	7304.5910.00	热拔合金钢制无缝锅炉管 外径787mm/锅炉用/管状/长5 000~7 000mm/合金钢/热拔/无缝管	28 795千克 28.795吨	德国	3 080.00	88 688.60	美元	全免

税费征收情况

录入员　录入单位	兹声明以上申报无讹并承担法律责任。	海关审单批注及放行日期（签章）
报关员		审单　　审价
单位地址	申报单位（签章） 辽宁龙信国际货运公司	征税　　统计
邮编　　电话	填制日期	查验　　放行

图 8-17　中华人民共和国海关进口货物报关单

五、配合查验

（一）概述

高压锅炉管是锅炉管的一种，属于无缝钢管类。其制造方法与无缝管相同，但对制造钢管所用的钢种有严格要求。高压锅炉管使用时经常处于高温和高压条件，管子在高温烟气和水蒸气的作用下，会发生氧化和腐蚀。要求钢管具有高的持久强度，高的抗氧化腐蚀性能，并有良好的组织稳定性。高压锅炉管主要用来制造高压和超高压锅炉的过热器管、再热器管、导气管、主蒸汽管等。

中华人民共和国国家标准 GB 5310—2008《高压锅炉用无缝钢管》规定。化学成分试验方法按 GB222-84 及《钢铁及合金化学分析方法》、GB223《钢铁及合金化学分析方法》中的有关部分处理。

（1）优质碳素结构钢钢号有 20G。

（2）合金结构钢钢号 15MoG、20MoG、12CrMoG、15CrMoG、12Cr2MoG、12CrMoVG、P11 12Cr3MoVSiTiB 等。

（3）有锈耐热钢常用 1Cr18Ni9、1Cr18Ni11Nb 锅炉管除保证化学成分和机械性能外，要逐根做水压试验，要作扩口、压扁试验。钢管以热处理状态交货。

此外，对成品钢管显微组织、晶粒度、脱碳层也有一定要求。

（1）20G 高压锅炉管主要进口国家是日本、德国。最小的规格是 31.84.5 mm，长度一般为 5～8 m 不等。

（2）在进口索赔案例中，德国曼内斯曼钢管厂进口的 ST45 无缝锅炉管，经超声波探伤普查，发现少部分钢管的内部缺陷超过该厂规定及德国钢铁协会标准。

（3）从德国进口的合金钢管，钢号主要有 34CrMo4 和 12CrMoV 等。这种钢管高温性能好，常用来作为高温锅炉用钢管。

（4）日本进口的合金管较多，执行日本工业标准 JISG3458 钢号为 STPA25。这种钢管常用来作配套用高温合金管。

（二）高压锅炉管的用途

（1）一般锅炉管主要用来制造水冷壁管、沸水管、过热蒸汽管、机车锅炉用的过热蒸汽管，大、小烟管及拱砖管等。

（2）高压锅炉管主要用来制造高压和超高压锅炉的过热器管、再热器管、导气管、主蒸汽管等。

六、缴纳税费

利用 Excel 进行进口税费核算，如表 8-11 所示，表中所使用的各类联动计算公式可参见本书税费实训部分内容。

表 8-11 进口税费核算表

品名	原产地	原产地证书号	最惠国税率	CIF 价 USD	汇率	完税价格 CNY	进口关税税额 CNY	增值税税额 CNY	合计 CNY
热拔合金钢制无缝锅炉管	德国	×××××××	4%	88 688.60	6.229 3	552 467.87	22 098.71	93 920.60	116 019.31

七、提取货物

保税加工货物料件进口申报完成，海关审单通过，查验放行后，海关要继续监管。海运进口货物海关放行以海关在提货单(delivery order)上签章为准，接下去的工作主要由货运代理公司及车队完成。

第七节 保税加工货物报关实训(业务二)

厦门美视光学工业有限公司(以下简称"美视公司")于 2007 年 4 月出口一批太阳眼镜。货物经香港运至最终目的地后，检验发现部分货物不符合质量要求。经协商，美视公司同意退换该部分货物，由香港原收货方安排退回。

商业发票、海运提单、原出口货物报关单、空白进口货物报关单分别如图 8-18～图 8-21 所示。

INVOICE & WEIGHT MEMO

No.: 07060501　　　　**Date:** 05-Jun-07

Invoice of : 3 CTNS SUNGLASSES

For account and risk of Messrs. XIAMEN MEI SHI OPTICAL CO.,LTD.

Shipped By: CHUNG YING INTERNATIONAL LIMITED **Per:** SEA

Sailing on or about 2007/6/5 **From** NEW ZEALAND **To** XIAMEN

L/C No. ____________ **Contract No.** ____________

Marks. Nos.	Description of Goods	Quantity	N.W.	G.W.	Unit Price	Amount
					FOB AUCKLAND	
	SUNGLASSES	818.00	35.00KGS	40.00KGS	USD1.70	FOB USD 1390.60
	1PL-14	PRS				
						SEA FREIGHT & INSURANCE USD150.00
3 CTNS					TOTAL INVOICE VALUE	USD 1540.60

XXXX (HONG KONG) CO., LTD.

____

Authorized Signature

图 8-18　商业发票

Shipper ××××××××CO.,LTD AUCKLAND.NEW ZEALAND	**B/L NO.** GBINXM20314540_08 **GLOBELINK MARINE PTE LTD** **BILL OF LADING**
Consignee XIAMEN MEISHI OPTICAL CO.,LTD NO.XXX FANGHU EAST ROAD,XIAMEN,CHINA	
Notify Party INFINITYCARGO LOGISTICS LIMITED XIAMEN BRANCH TEL:86-592-×××××××FAX:86-592-×××××××ATTN:××××	**Also Notify Party-Routing&Instruction**

Pre-carriage by AIRPORT CITY	**Place of receipt** HONG KONG CFS	**Forwarding Agent References** **FMC NO.**
Vessel Voy OOCL OSAKA V.106N	**Port of loading** HONG KONG CFS	
Port of Discharge XIAMEN CFS	**Place of delivery** XIAMEN CFS	**Type of Movement**

PARTICULARS DECLARED BY SHIPPER BUT NOT ACKNOWLEDGED BY THE CARRIER

Marks &nos.	Number &Kind of Packages	Description of Goods	Gross Weight (KGS)	Measurement (CBM)
	3 CARTON(S)	SHIPPER'S LOAD & COUNT & SEAL S.T.C FAULTY VISUAL AIDES BEING RETURNED TO THE SHIPPER	40.000	0.2500M3
CONTR NO	/SFAL NO	KINDLY RELEASE D/O TO CNEE WITHOUT PRESENTATION OF ORIGINAL		
OOLU3739054 20GP	/OOLH182590	THRU B/L NO: 820385-18 EX VSL:PROVIDER/184 (CONTR NO:NYKU6972919) ISSUED BY MONDIALE FREIGHT SERVICES LIMITED FROM PORT AUCKLAND TO PORT XIAMEN		

Total NO. of Containers Or Packages (In Words): THREE CARTON(S) ONLY

Forwarding Agent References GLOBELINK-TRANS INTL FORWARDERS COMPANY ROOM 404-406,HAITIAN LOGISTICS CENTER NO.1 HAITIAN ROAD,XIAMEN,CHINA	**Date Laden on Board** 04/06/2007 **Place and Date of B(s)/L Issue** HONG KONG 04/06/2007
Freight and Charges LOCAL CHARGES AT DESTINATION ARE FOR RECEIVERS ACCOUNT	**No. of Original B/L Issue** TELEX RELEASE **STAMP AND SIGNATURE OF THECARRIER OR ITS AGENT** GLOBELINK MARINE (CHINA) PTE.LTD

图 8-19 海运提单

中华人民共和国海关出口货物报关单

预录入编号:×××××××××　　　　海关编号:3716200701679711××

出口口岸	备案号	出口日期	申报日期
皇岗海关 5301	E37106000014	2007-04-14	2007-04-12

经营单位	运输方式	运输工具名称	提运单号
厦门美视光学工业有限公司 3502141×××	汽车运输	@0737169001502628	

发货单位	贸易方式	征免性质	结汇方式
××××××××××	进料对口	进料加工	电汇

许可证号	运抵国(地区)	指运港	境内货源地
	中国香港	陶朗加	厦门特区

批准文号	成交方式	运费	保费	杂费
070392703	FOB			

合同协议号	件数	包装种类	毛重(千克)	净重(千克)
	4	托盘	309	202

集装箱号	随附单据	生产厂家
0		××××××

标记唛码及备注

项号	商品编号	商品名称、规格型号	数量及单位	最终目的国(地区)	单价	总价	币制	征免
01 16	90041000	太阳眼镜 1PL－1－14	818 副	新西兰	1.33	1087.94	美元	全免
02 38	90041000	太阳眼镜 1PL－6－14	900 副	新西兰	1.36	1224.00	美元	全免
03 28	90041000	太阳眼镜 1PL－14	2160 副	新西兰	1.70	3672.00	美元	全免

税费征收情况

录入员　录入单位	兹声明以上申报无讹并承担法律责任。	海关审单批注及放行日期(签章)
报关员		审单　审价
单位地址	申报单位(签章)	征税　统计
邮编　电话	填制日期	查验　放行

图 8-20　原出口货物报关单

中华人民共和国海关进口货物报关单

预录入编号:　　　　　　　　海关编号:

进口口岸	备案号	进口日期	申报日期
经营单位	运输方式	运输工具名称	提运单号
收货单位	贸易方式	征免性质	征税比例
许可证号	起运国（地区）	装货港	境内目的地

批准文号	成交方式	运费	保费	杂费
合同协议号	件数	包装种类	毛重（千克）	净重（千克）

集装箱号	随附单据	用途
标记唛码及备注		

项号	商品编号	商品名称、规格型号	数量及单位	原产国（地区）	单价	总价	币制	征免

税费征收情况

录入员　录入单位	兹声明以上申报无讹并承担法律责任。	海关审单批注及放行日期（签章）
报关员		审单　审价
单位地址	申报单位（签章）	征税　统计
邮编　电话	填制日期	查验　放行

图 8-21　空白进口货物报关单

一、判定海关监管货物的类型

根据认知部分中对保税加工货物的描述,包括定义、范围、特征等,结合案例描述,判定该货物海关监管类型为保税加工货物。由于所提供的业务资料只涉及成品出口阶段,因此判定所要操作完成的工作内容为成品退运进口报关工作。

二、商品归类

运用正确的商品归类方法查询最新版的《中华人民共和国海关进出口税则》、《海关统计商品目录》纸质版或电子版,也可以使用一些商品编码查询网站或查询软件,得知该商品的编码为 9004.1000,如表 8-12 所示。

表 8-12 太阳眼镜税则号列

税则号列 Tariff item	商品名称及备注	出口退税	进口税率			增值税率	计量单位	监管条件	Article description
			最惠	普通	暂定				
90031900.90	其他非塑料材料制眼镜架	15	10.0	70.0	6	17	副		Frames made of other non-plastic materials
9003.9000	——零件	15	10.0	70.0	6	17	千克		—Parts
90.04	矫正视力、保护眼睛或其他用途的眼镜、挡风镜及类似品								Spectacles, goggles and the like, corrective, protective or other
9004.1000	——太阳镜	15	20.0	100.0	12	17	副		—Sunglasses
	——其他								—Other
9004.9010	——变色镜	15	16.0	100.0		17	副		—Photochromic spectacles
9004.9090	——其他	15	20.0	90.0	12	17	副		—Other
90.05	双筒望远镜、单筒望远镜、其他光学望远镜及其座架;其他天文仪器及其座架,但不包括射电天文仪器								Binoculars, monoculars, other optical telescopes, and mountings therefor; other astronomical instruments and mountings therefor, but not including instruments for radio-astronomy
9005.1000	——双筒望远镜	15	15.0	50.0		17	个		—Binoculars
	——其他仪器								—Other instruments
9005.8010	——天文望远镜及其他天文仪器	17	3.0	8.0		17	台		—Astronomical telescopes and other astronomical instruments
9005.8090	——其他	15	12.0	50.0		17	台		—Other
	——零件、附件(包括座架)								—Parts and accessories (including mountings)
9005.9010	——天文望远镜及其他天文仪器用	15	2.0	8.0		17	千克		—Of instruments of subheading No. 9005.8010
9005.9090	——其他	15	8.0	30.0		17	千克		—Other

三、确定海关监管条件

根据海关监管条件为空,判定该货物出口不涉及监管证件。

同时,通过 Web 或 EDI 预录入规范申报辅助系统查询该商品的申报要素如下。

商品编码：9004100000。

商品描述：太阳镜。

申报要素：① 品名；② 用途；③ 品牌；④ 类型(变色等)；⑤ 型号。

四、进口申报

根据“原出口货物报关单”信息显示，该票货物由美视公司与香港某公司签订进料加工合同，先进口料件，后采用出口转关方式出口成品太阳镜，汽车运输至香港，最后运往新西兰，使用电子化手册。由于产品质量问题，美视公司同意退换部分货物，由香港原收货方安排退回，要求办理退运进口申报手续。

(一) 阅读原始外文资料并翻译

商业发票、海运提单的原始外文资料并翻译如图 8-22 和图 8-23 所示，中华人民共和国海关出口货物报关单如图 8-24 所示。

INVOICE & WEIGHT MEMO

发票号
No.: 07060501　　　　**Date:** 05-Jun-07

品名及数量
Invoice of : 3 CTNS SUNGLASSES 3 纸箱太阳镜

受票人
For account and risk of Messrs. 厦门美视光学工业有限公司 XIAMEN MEI SHI OPTICAL CO.,LTD.

承运人
Shipped By: CHUNG YING INTERNATIONAL LIMITED　　运输方式：水路运输 **Per:** SEA

起运日
Sailing on or about 2007/6/5　起运地：新西兰 **From** NEW ZEALAND　目的地：厦门 **To** XIAMEN

L/C No.　　　　**Contract No.**

Marks. Nos.	Description of Goods	Quantity	N.W.	G.W.	Unit Price	Amount
					FOB AUCKLAND 奥克兰（新西兰）	
	SUNGLASSES 1PL-14 品名及型号	818.00 PRS 818 副	35.00KGS	40.00KGS	USD1.70 单价	FOB USD 1390.60 总价
					海运费及保险费	SEA FREIGHT & INSURANCE USD150.00
3 CTNS					TOTAL INVOICE VALUE 发票总价	USD 1540.60

出票人　XXXX (HONG KONG) CO., LTD.

Authorized Signature

图 8-22　商业发票原始外文资料及其翻译

<table>
<tr><td colspan="3">Shipper　托运人
××××××××××CO.,LTD　　新西兰奥克兰某公司
AUCKLAND,NEW ZEALAND</td><td rowspan="2">B/L NO:　GBINXM2031
4540_08
提单号

GLOBELINK MARINE
PTE LTD
BILL OF LADING</td></tr>
<tr><td colspan="3">Consignee　收货人：厦门美视光学工业有限公司
XIAMEN MEISHI OPTICAL CO.,LTD.
NO.XXX FANGHU EAST ROAD.XIAMEN.CHINA
TEL:86-592-×××××××　FAX:86-592-×××××××</td></tr>
<tr><td colspan="3">Notify Party　通知人：某物流公司厦门分公司
INFINITY CARGO LOGISTICS LIMITED XIAMEN BRANCH
TEL:86-592-×××××××　FAX:86-592-×××××××ATTN:×××</td><td>Also Notify Party-routing & Instructions</td></tr>
<tr><td>Pre-carriage By　前程承运人
AIRPORT CITY</td><td colspan="2">Place of Receipt
接货地：香港某货运站
HONG KONG CFS</td><td rowspan="2">Forwarding Agent
References
FMC NO.</td></tr>
<tr><td>Vessel/Voy　船名及航次
OOCL OSAKA V.106N</td><td colspan="2">Port of Loading　装货港
HONG KONG CFS</td></tr>
<tr><td>Portof Discharge　卸货港
XIAMEN CFS</td><td colspan="2">Place of Delivery　交货地
XIAMEN CFS</td><td>Type of Movement</td></tr>
</table>

PARTICULARS DECLARED BY SHIPPER BUT NOT ACKNOWLEDGED BY CARRIER

Marks&Nos.	Number&Kind of Packages	Description of Goods	Gross Weight (KGS)	Measurement (CBM)
集装箱箱号 CONTRNO/SEAL NO. OOLU3739054/OOLH182590 20GP 20 英尺普货箱	3 CARTON(S) 总件数	SHIPPER'S LOAD&COUNT&SEAL S.T.C. FAULTY VISUAL AIDES　品名 BEING RETURNED TO THE SHIPPER 退运给原委托人 KINDLY RELEASE D/O TO CNEE WITHOUT PRESENTAION OF ORIGINAL THRUB/LNO:820385-18 联运单号 EXVSL:PROVIDER/184(CONTR NO:NYKU6972919) ISSUED BY MONDIALB FREIGHT SERVICES LIMITED FOROM PORT AUCKLAND TO PORT XIAMEN	40,000 总毛重	0.2500M3 总净重

Total No.of Containers Or Packages(In Word): THREE CARTON(S) ONLY 3　纸箱	
Forward Agent References GLOBELINK-TRANS INT'L FORWARDERS COMPANY ROOM 404-406.HAITIAN LOGISTICS CENTER. NO.1 HAITIAN ROAD.XIAMEN.CHINA	**Data Laden on Board** 04/06/2007 **Place and Date of B(S)/L Issue** 提单签发地及日期 HONG KONG　04/06/2007
Freight and Charges LOCAL CHARGES AT DESTINATION	**NO.of Original B/L Issued** TSLEX RELEASE　电放
	STAMP And SIGNATURE OF THE CARRIER OR ITS AGENT GLOBELINK MARINE (CHINA) PTE,.LTD 提单签发人

图 8-23　海运提单原始外文资料及其翻译

中华人民共和国海关出口货物报关单

预录入编号：×××××××××　　　　海关编号：3716200701679711××

出口口岸 皇岗海关5301	备案号 E37106000014		出口日期 2007-04-14	申报日期 2007-04-12
经营单位 厦门美视光学工业有限公司3502141×××	运输方式 汽车运输	运输工具名称 @0737169001502628	提运单号	
发货单位 ××××××××××	贸易方式 进料对口		征免性质 进料加工	结汇方式 电汇
许可证号	运抵国（地区） 中国香港		指运港 陶朗加	境内货源地 厦门特区
批准文号 70392703	成交方式 FOB	运费	保费	杂费
合同协议号	件数 4	包装种类 托盘	毛重（公斤） 309	净重（公斤） 202
集装箱号 0	随附单据			生产厂家 ××××××
标记唛码及备注				

项号	商品编号	商品名称、规格型号	数量及单位	最终目的国（地区）	单价	总价	币制	征免
01 16	90041000	太阳眼镜 1PL-1-14	818副	新西兰	1.33	1087.94	美元	全免
02 38	90041000	太阳眼镜 1PL-6-14	900副	新西兰	1.36	1224.00	美元	全免
03 28	90041000	太阳眼镜 1PL-14	2160副	新西兰	1.70	3672.00	美元	全免

税费征收情况

录入员　　录入单位	兹声明以上申报无讹并承担法律责任	海关审单批注及放行日期（签章）
报关员	申报单位（签章）	审单　　审价
单位地址		征税　　统计
邮编　　电话	填制日期	查验　　放行

图 8-24　中华人民共和国海关出口货物报关单

（二）报关单填报

根据原始资料信息结合基础认知部分的报关单填制规范和经验总结，各个主要栏目填报内容及格式如下。

假定信息：预录入编号同海关编号为370120071×××××××××。

运输工具申报进境日：2007年7月13日，次日海关受理。

合同号：XM07-1101。

（1）进口口岸：厦门海关3701。

（2）备案号：E37106000014（填写原出口货物报关单的备案号，即电子化手册编号）。

（3）进口日期：20070713。

（4）申报日期：20070714。

（5）经营单位：厦门美视光学工业有限公司3502141×××。

（6）运输方式：水路运输。

（7）运输工具名称：OOCL OSAKA/106N。

（8）提运单号：GBINXM20314540_08。

（9）收货单位：厦门美视光学工业有限公司3502141×××。

（10）贸易方式：进料成品退换(或4600)。

（11）征免性质：免填。

（12）许可证号：免填。

（13）起运国(地区)：中国香港。

（14）装货港：香港。

（15）境内目的地：厦门特区。

（16）批准文号：免填。

（17）成交方式：FOB(或3)。

（18）运费：502/150/3。

（19）保费：免填。

（20）杂费：免填。

（21）合同协议号：XM07-1101。

（22）件数：3。

（23）包装种类：纸箱。

（24）毛重：40千克。

（25）净重：35千克。

（26）集装箱号：OOLU3739054/20/××××。

（27）随附单据：免填。

（28）用途：其他。

（29）标记唛码及备注：371620070167971149(填写关联报关单号，即原出口货物报关单号)。

（30）项号：01(第一行)；

28(第二行)。

（31）商品编号：9004.1000。

（32）商品名称、规格型号：

太阳眼镜/SUNGLASSES(第一行)；

ULTRA/变色/护目/1PL-14(第二行)。

(33) 数量及单位：818 副(第一行)。

(34) 原产国(地区)：中国。

(35) 单价：1.70。

(36) 总价：1390.60。

(37) 币值：美元(502)。

(38) 征免：全免。

(39) 申报单位：厦门美视光学工业有限公司。

该票货物报关单填报内容如图 8-25 所示。

中华人民共和国海关进口货物报关单

预录入编号：　　　　海关编号：370120071××××××

进口口岸 厦门海关3701	备案号 E37106000014	进口日期 2007-07-13	申报日期 2007-07-14
经营单位 厦门美视光学工业有限公司3502141XXX	运输方式 水路运输	运输工具名称 OOCL OSAKA/106N	提运单号 GBINXM20314540_08
收货单位 厦门美视光学工业有限公司3502141XXX	贸易方式 进料成品退换	征免性质	征税比例

许可证号	起运国（地区） 中国香港		装货港 香港	境内目的地 厦门特区
批准文号	成交方式 FOB	运费 502/150/3	保费	杂费
合同协议号 XM07-1101	件数 3	包装种类 纸箱	毛重（千克） 40	净重（千克） 35
集装箱号 OOLU3739054/20/××××	随附单据			用途 其他

标记唛码及备注
N/M　　371620070167971149

项号	商品编号	商品名称、规格型号	数量及单位	原产国（地区）	单价	总价	币制	征免
01 28	9004.1000	太阳眼镜/SUNGLASSES ULTRA/变色/护目	818副	中国	1.70	1390.60	美元	全免

税费征收情况

录入员　录入单位	兹声明以上申报无讹并承担法律责任。	海关审单批注及放行日期（签章）
报关员		审单　　审价
单位地址	申报单位（签章） 厦门美视光学工业有限公司	征税　　统计
邮编　　电话	填制日期	查验　　放行

图 8-25　中华人民共和国海关进口货物报关单

五、配合查验

在配合海关查验前，要做好对查验商品的了解。

案例阅读8-7

厦门海关查扣万余副“名牌”太阳镜

近日，厦门海关在出口货运渠道查获12 278副侵权太阳眼镜，涉及品牌包括古驰、普拉达、阿玛尼等高端国际知名商标。这也是厦门海关近年来在出口货运渠道，首次查获如此大批量仿冒高端品牌太阳眼镜的案件。

服装鞋帽、玩具和太阳眼镜，都属于厦门口岸出口货物中的侵权高风险货物。1月12日，厦门海关象屿保税区海关的关员在对一票由深圳某进出口公司以太阳眼镜为品名申报出口的拼票货物进行开箱查验时，发现一批国际知名品牌汇聚的太阳眼镜。在这批货物中，共有古驰太阳镜6300副、普拉达太阳镜2982副、阿玛尼太阳镜2996副。

厦门虽然是我国重要的太阳眼镜生产和出口基地，每年都有大批代工的知名品牌太阳眼镜从厦门口岸申报出口，但这些世界顶级奢侈品牌何曾一起“携手”出口过？带着这些疑问，海关查验关员在进一步检查中发现，这些太阳镜做工粗糙，包装简陋，商标喷印字迹模糊。

厦门海关象屿保税区海关查验科科长吴荣凯发现这批货质量比较粗糙，又没有合法的授权书，而且同时是3个品牌的太阳镜同时出口，侵权嫌疑较大，就联系了法规部门进行鉴定。

1月19日，古驰、普拉达和阿玛尼等品牌的权利人确认，这些所谓的名牌太阳镜均为侵权产品。目前，厦门海关已依法扣留了这批侵权货物。

（资料来源：厦门广播电视集团 作者：王群 徐疆疆）

因此，报关员要对知识产权的知识有所了解，首先应该认真学习《知识产权海关保护条例》。

六、缴纳税费

该批货物属于进料成品退换，征免为全免。因此，不需要缴纳税费。

七、提取货物

该批货物进口申报完成，海关审单通过，查验放行后，海关要继续监管。海运进口货物海关放行以海关在提货单上签章为准，接下去的工作主要由货运代理公司及车队完成。

知识点关联图

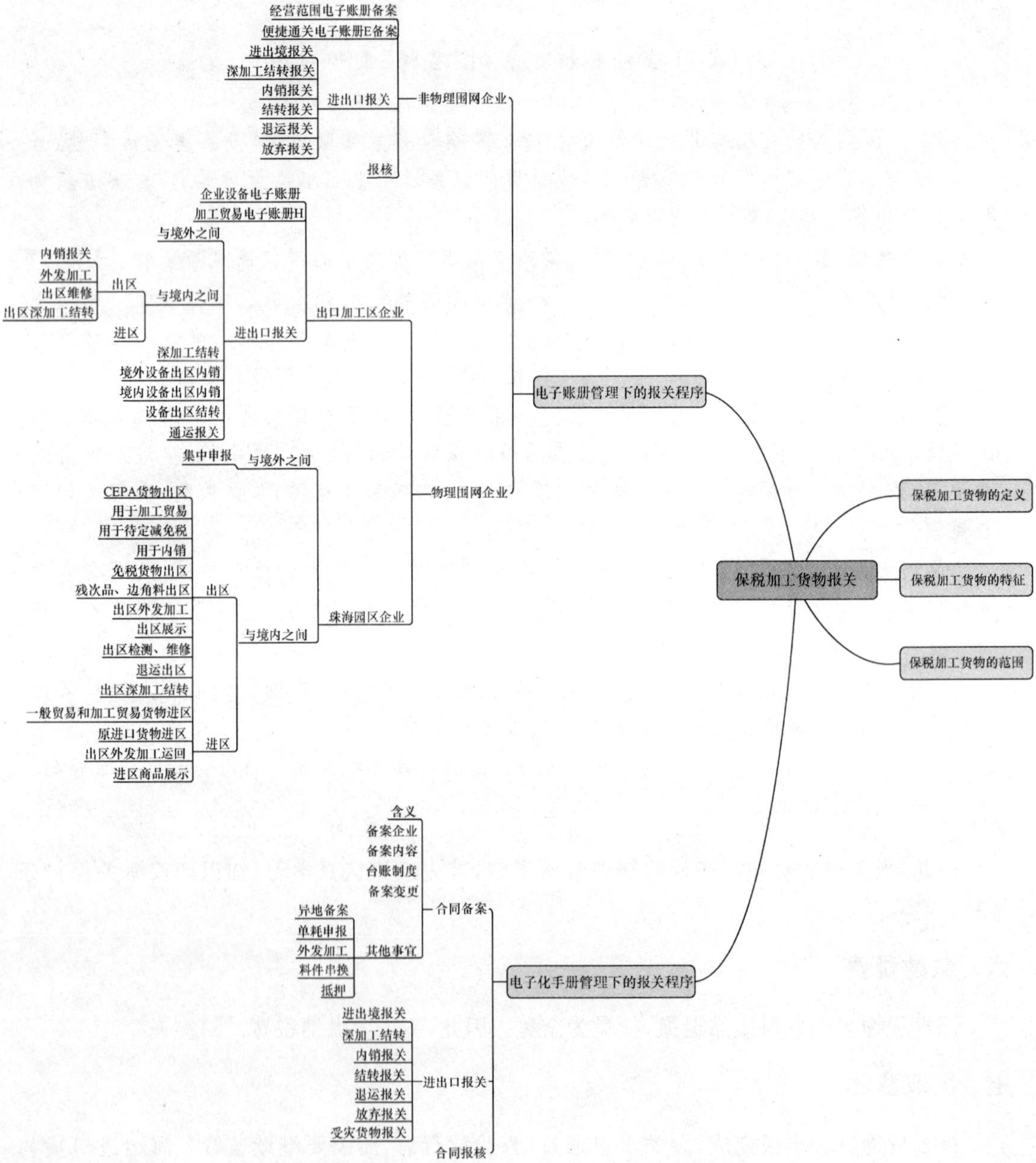
保税加工货物报关
保税加工货物的定义
保税加工货物的特征
保税加工货物的范围
电子账册管理下的报关程序
非物理围网企业
经营范围电子账册备案
便捷通关电子账册E备案
进出口报关
进出境报关
深加工结转报关
内销报关
结转报关
退运报关
放弃报关
报核
出口加工区企业
企业设备电子账册
加工贸易电子账册H
进出口报关
与境外之间
与境内之间
出区
内销报关
外发加工
出区维修
出区深加工结转
进区
深加工结转
境外设备出区内销
境内设备出区内销
设备出区结转
通运报关
物理围网企业
珠海园区企业
集中申报
与境外之间
与境内之间
出区
CEPA货物出区
用于加工贸易
用于待定减免税
用于内销
免税货物出区
残次品、边角料出区
出区外发加工
出区展示
出区检测、维修
退运出区
出区深加工结转
进区
一般贸易和加工贸易货物进区
原进口货物进区
出区外发加工运回
进区商品展示
电子化手册管理下的报关程序
合同备案
含义
备案企业
备案内容
台账制度
备案变更
其他事宜
异地备案
单耗申报
外发加工
料件串换
抵押
进出口报关
进出境报关
深加工结转
内销报关
结转报关
退运报关
放弃报关
受灾货物报关
合同报核

精 选 习 题

一、单项选择题

1. 海关对加工贸易联网企业(电子账册模式)进行盘库核对后,发现企业实际库存量少于电子底账核算结果,但企业提供了短缺的正当理由,对短缺部分,海关应(　　)。
   A. 通过正式报核审核
   B. 按照实际库存量调整电子底账的当期结余数量
   C. 按照内销处理
   D. 移交缉私部门处理
2. 某加工贸易企业从事 A 商品的加工生产,净耗为 2,单耗为 2.5,则 A 商品的工艺耗损率为(　　)。
   A. 10%　　B. 20%　　C. 2.5%　　D. 40%

二、多项选择题

1. 下列属于现场海关已经放行但尚未结关的进境货物是(　　)。
   A. 保税加工货物　　B. 特定减免税货物
   C. 暂准进境货物　　D. 无代价抵偿货物
2. 下列关于加工贸易保证金台账制度的表述错误的是(　　)。
   A. 海南省、广西区、河北省属于西部地区
   B. 加工贸易企业分为 AA 类、A 类、B 类、C 类、D 类 5 个管理类别
   C. 商品分为禁止类、限制类、允许类、鼓励类 4 类
   D. 中、西部地区 C 类企业进口允许类商品,按应该税款的 50%征收保证金
3. 加工贸易余料如作(　　)处理,必须填制报关单报关。
   A. 内销　　B. 结转　　C. 退运　　D. 放弃

三、判断题

1. 外发加工的成品必须运回本企业。(　　)
2. 加工贸易工艺损耗是指因加工工艺原因,料件在正常加工过程中除净耗外所必需耗用,但不能存在或者转化到成品中的无形损耗的量。(　　)
3. 电子化手册管理是海关以企业为单元,对加工贸易进行联网监管的一种方式。(　　)

四、综合实务题

1. 浙江富达桅灯有限公司(加工贸易 A 类管理企业,以下简称"富达公司")2008 年从境外购进一批价值 30 万美元的不锈钢材料(加工贸易限制类商品),用于加工出口桅灯。该

企业为此向海关申领了加工贸易手册。在生产过程中,由于富达公司没有电镀设备,经海关批准将半成品运至安徽海印电镀公司加工后,运回富达公司继续加工成桅灯成品。加工完毕后桅灯全部出口,剩余部分不锈钢原料与生产过程中产生的不锈钢废碎料(属数量合理的公益性损耗)一起作内销处理,内销价格分别为 55 000 元和 8 800 元人民币。

根据上述案例,解答下列问题。

(1) 富达公司在办理登记备案手续时,银行保证金台账应按下列规定办理(　　)。

A. 无须设立银行保证金台账

B. 设立银行保证金台账,无须缴付保证金

C. 设立银行保证金台账,按不锈钢原料应征税款的 50%缴付保证金

D. 设立银行保证金台账,按不锈钢原料应征税款的 100%缴付保证金

(2) 关于富达公司将半成品交海印公司加工,下列表述正确的是(　　)。

A. 海印公司应作为"加工企业"事先办理加工贸易合同备案

B. 交海印公司加工前,富达公司应向海关提交海印公司经营状况和生产能力证明及与海印公司签订的加工合同

C. 交海印公司加工前,富达公司应向海关提交半成品应缴税款金额的保证金或银行保函

D. 富达公司和海印公司实际发货后,应分别填制进、出口报关单向所在地海关申报

(3) 下列关于出口桅灯报关手续的表述,正确的是(　　)。

A. 富达公司或其代理人在出口报关时必须持有加工贸易手册

B. 出口报关单贸易方式代码"0615",征免性质代码"503"

C. 向海关提交不锈钢材料原进口报关单

D. 货物出口后,应向海关领取出口报关单加工贸易核销联

(4) 下列关于不锈钢原料内销手续的表述,正确的是(　　)。

A. 免领进口许可证件和内销批准证件

B. 按"进料料件内销"贸易方式填制进口报关单向海关申报

C. 按不锈钢材料的原进口成交价格为基础确定完税价计征税款

D. 应征缓税利息=应征税款×计息期限(天数)×缓税利息率/360

(5) 下列关于不锈钢废碎料内销手续的表述,正确的是(　　)。

A. 应与内销不锈钢原料分单填报

B. 直接按 8800 元作为完税价格计征进口税

C. 适用海关接受内销申报办理纳税手续之日实施的税率计征进口税

D. 免征缓税利息

2. 无锡长弓电子科技有限公司(以下简称"长弓公司")办理加工贸易纸质手册,进口集成电路芯片,加工生产存储集成电路,加工生产完毕后,成品深加工结转至纪元电子(苏州)有限公司(以下简称"纪元公司")。生产过程中产生的存储集成电路残次品经海关批准后作销毁处理。

纪元公司是一家经海关批准,采用电子账册模式管理的加工贸易联网企业,该企业为承揽该笔加工贸易业务,对便捷通关电子账册的最大周转金额及成品品种进行了变更,但未超

过经营范围和加工能力。纪元公司共进口存储集成电路 10 000 个，出口激光视盘机 5 000 台，每台激光视盘机用 1 个存储集成电路。但其中的 1 000 台由于质量问题退运。经海关批准内销存储集成电路 1 000 个，激光视盘机 1 000 台。尚剩余部分存储集成电路(生产过程中无损耗)。

根据以上案例，解答下列问题。

(1) 长弓公司和纪元公司办理深加工结转手续的正确程序是(　　)。

A. 计划备案—结转报关—收发货登记

B. 计划备案—收发货登记—结转报关

C. 结转报关—计划备案—收发货登记

D. 收发货登记—计划备案—结转报关

(2) 关于长弓公司销毁处理存储集成电路残次品，以下表述正确的是(　　)。

A. 销毁的存储集成电路残次品须办理纳税手续

B. 销毁的存储集成电路残次品应填制报关单报关

C. 由长弓公司按规定销毁，海关可派员监督

D. 长弓公司应当收取有关部门出具的销毁证明材料，以备报核

(3) 下列关于纪元公司变更便捷通关电子账册的表述，正确的是(　　)。

A. 变更最大周转金额及成品品种都须经商务主管部门审批

B. 变更最大周转金额及成品品种不须经商务主管部门审批

C. 变更最大周转金额不须经商务主管部门审批，变更成品品种须经商务主管部门审批

D. 变更最大周转金额须经商务主管部门审批，变更成品品种不须经商务主管部门审批

(4) 纪元公司向海关报核时，账册上的料件量为(　　)个。

A. 4 000　　B. 6 000　　C. 3 000　　D. 5 000

3. 申海工业有限公司(上海松江出口加工区内 A 类独资企业，以下简称“申海公司”)于 2004 年 7 月～2005 年 3 月先后从新加坡、马来西亚、日本等国购进橡胶磨床、粉末集尘器、制胶机、自动送料机等多批用于生产的设备及模具。

2006—2007 年，该公司曾将其中部分设备运往区外进行维修。

2010 年 6 月该公司因对生产线进行调整，决定将原进口的橡胶磨床、粉末集尘器等 5 台设备(原值 USD63 453.00，属于自动进口许可证管理)转售给深圳鹏海科技有限公司，并按规定向海关办理出区报关手续。

申海公司报关员在出区报关时以设备转让金额向海关申报，被海关退回要求修改，为此该报关员还被海关记分，并使该企业当年报关差错率达 3%。

根据以上案例，回答下列问题

(1) 2004—2005 年，设备进口时(　　)。

A. 适用海关保税制度管理

B. 应在出口加工区海关办理进口报关手续

C. 应交验自动进口许可证

D. 应填写出口加工区进境货物备案清单向海关申报

(2) 2006—2007年申海公司将设备运往区外维修，应(　　)。

A. 先报经主管海关核准

B. 按照修理货物的管理规定办理出区手续

C. 自运往区外维修出运之日起60天内运回区内

D. 在运回区内时，将更换的零部件等一并运回区内

(3) 2010年6月设备转售鹏海公司，出区报关手续应按下列规定办理(　　)。

A. 应由鹏海公司按进口货物的有关规定办理报关手续

B. 鹏海公司办理报关手续时，免予交验自动进口许可证

C. 进口报关结束后，由申海公司填写出口加工区出境货物备案清单，办理出区手续

D. 设备转售区外，免予缴纳进口税

(4) 申海公司的申报被退回要求修改后(　　)。

A. 应将所填报的转让金额改为设备进口原值

B. 修改后的申报数据向海关重新发送，原申报日期不变

C. 海关对报关员记2分

D. 该公司的管理类别调整为B类

第九章　保税物流货物报关

第一节　保税物流货物海关监管概述

一、保税物流货物概述

（一）含义

保税物流货物是指经海关批准未办理纳税手续进境，在境内进行分拨、配送或者储存后复运出境的货物，也称保税仓储货物。

已办结海关出口手续尚未离境，经海关批准存放在海关保税监管场所或特殊监管区域的货物，带有保税物流货物性质。

（二）特征

保税物流货物有以下几个特征。

（1）进境时暂缓缴纳进口关税及进口环节海关代征税，复运出境免税，内销应当缴纳进口关税和进口环节海关代征税，不征收缓税利息。

（2）进出境时除国家另有规定外，免予交验进出口许可证件。

（3）进境海关现场放行不是结关，进境后必须进入海关保税监管场所或特殊监管区域，运离这些场所或区域必须办理结关手续。

（三）范围

保税物流货物包括以下几个方面。

（1）进境经海关批准进入海关保税监管场所或特殊监管区域，保税储存后转口境外的货物。

（2）已经办理出口报关手续尚未离境，经海关批准进入海关保税监管场所或特殊监管区域储存的货物。

（3）经海关批准进入海关保税监管场所或特殊监管区域保税储存的加工贸易货物，供应国际航行船舶和航空器的油料、物料和维修用零部件，供维修外国产品所进口寄售的零配件，外商进境暂存货物。

（4）经海关批准进入海关保税监管场所或特殊监管区域保税的其他未办结海关手续的进境货物。

二、保税物流货物海关监管

海关对保税物流货物的监管模式有两大类：一类是非物理围网的监管模式，包括保税仓库、出口监管仓库；另一类是物理围网的监管模式，包括保税物流中心、保税物流园区、保税区、保税港区、综合保税区。

对各种监管形式的保税物流货物的管理，主要可以归纳为以下 5 点。

（一）设立审批

保税监管场所包括保税仓库、出口监管仓库、保税物流中心要经过海关审批，并核发批准证书；特殊监管区域包括保税物流园区、保税区、保税港区要经过国务院审批。

（二）准予保税

保税物流货物通过准予进入保税监管场所或特殊监管区域来实现保税。海关对于保税物流货物的监管通过对保税监管场所和特殊监管区域的监管来实现，海关应当依法监管这些场所或者区域，按批准存放范围准予货物进入这些场所或者区域，不符合规定存放范围的货物不准进入。

（三）纳税暂缓

凡是进境进入保税物流监管场所或特殊监管区域的保税物流货物在进境时都可以暂不办理进口纳税手续，等到运离海关保税监管场所或特殊监管区域时才办理纳税手续，或者征税，或者免税。在这一点上，保税物流监管制度与保税加工监管制度是一致的，但是保税物流货物在运离海关保税监管场所或特殊监管区域征税时不需同时征收缓税利息，而保税加工货物（特殊监管区域内的加工贸易货物和边角料除外）内销征税时要征收缓税利息。

（四）运离结关

除暂准运离（维修、测试、展览等）需要继续监管以外，每一批货物运离保税监管场所或者特殊监管区域，都必须根据货物的实际流向办结海关手续。

（五）管理要点

各种监管形式下的保税物流货物的管理要点比较如表 9-1 所示。

表 9-1 保税物流货物监管要点总结表

类　型	存货范围	存储期限	功　能	审批权限	入区退税
保税仓库	进口	1 年＋1 年	储存	直属海关	否
出口监管仓库	出口①	半年＋半年	储存/出口配送/国内结转	直属海关	否②
保税物流中心	进出口	2 年＋1 年	储存/全球采购配送/国内结转/转口/中转③	海关总署等四部委	是
保税物流园区	进出口	无期限	储存/国际转口贸易/全球采购配送/中转/展示	国务院	是
保税区	进出口	无期限	物流园区功能＋维修/加工	国务院	离境退税（天津关区入区即退税）
保税港区	进出口	无期限	保税区功能＋港口功能	国务院	是

注：① 出口配送型仓库可以存放为拼装出口货物而进口的货物；
② 经批准享受入仓即退税政策的除外；
③ 保税物流中心的经营者不得开展物流业务。

第二节 保税仓库货物报关

一、保税仓库海关监管

(一) 含义

保税仓库是指经海关批准设立的专门存放保税货物及其未办结海关手续货物的仓库。

我国的保税仓库根据使用对象分为公用型和自用型两种。

1. 公用型保税仓库

公用型保税仓库由主营仓储业务的中国境内独立企业法人经营,专门向社会提供保税仓储服务。

2. 自用型保税仓库

自用型保税仓库由特定的中国境内独立企业法人经营,仅存储供本企业自用的保税货物。

根据所存货物的特定用途,公用型保税仓库和自用型保税仓库下面还衍生出一种专用型保税仓库,即专门用来存储具有特定用途或特殊种类商品的保税仓库,包括液体危险品保税仓库、备料保税仓库、寄售维修保税仓库和其他专用保税仓库。其中,液体危险品保税仓库是指符合国家关于危险化学品存储规定的,专门提供石油、成品油或者其他散装液体危险化学品保税仓储服务的保税仓库。

(二) 功能

保税仓库的功能单一,就是仓储,而且只能存放进境货物。

经海关批准可以存入保税仓库的进境货物有下列几种。

(1) 加工贸易进口货物。

(2) 转口货物。

(3) 供应国际航行船舶和航空器的油料、物料和维修用零部件。

(4) 供维修外国产品所进口寄售的零配件。

(5) 外商进境暂存货物。

(6) 未办结海关手续的一般贸易进口货物。

(7) 经海关批准的其他未办结海关手续的进境货物。

(三) 设立

申请设立保税仓库的企业应当是已在海关办理进出口收发货人注册登记的,不同时拥有报关企业身份的企业,同时还应当具备下列条件。

(1) 经工商行政管理部门注册登记,其有企业法人资格。

(2) 注册资本最低限额为 300 万元人民币。

(3) 具备向海关缴纳税款的能力。

(4) 经营特殊许可商品存储的,应当持有规定的特殊许可证件。

(5) 经营备料保税仓库的加工贸易企业,年出口额最低为 1000 万美元。

(四) 管理

保税仓库经营企业应于每月前 5 个工作日内,向海关提交月报关单报表、库存总额报表及其他海关认为必要的月报单证,将上月仓库货物入、出、转、存、退等情况以计算机数据和书面形式报送仓库主管海关。

二、保税仓库货物报关

保税仓库货物在报关前首先需要建立保税仓库电子账册,该电子账册系统是海关为适应保税仓库的发展需要,加强和规范保税仓库管理,建立、健全保税仓库管理电子底账,最终实现全国统一的保税仓库和海关计算机联网监管模式而采取的一项重要举措。保税仓库电子账册是企业开展保税仓储业务前必须向主管海关申请建立的电子文档,是企业向海关申报进出仓货物的电子凭证,是海关为控制和记录企业申报进出及存仓保税货物所建立的电子数据账册。

(一) 保税仓库电子账册具有的优点

(1) 使海关对保税仓库管理工作规范统一,促进保税仓库业务健康发展。

(2) 通过该系统,企业可以方便、快捷地办理与保税仓库相关的海关业务。

(3) 该系统大大提高了保税仓库管理和进出口通关的工作效率,方便了企业外网与海关内网之间的沟通,加大了海关对保税仓库的监管力度。

(4) 企业可以通过网络向海关申请办理审批备案等手续,满足现代企业快节奏的生产及进出口要求。

(二) 企业办理保税仓库电子账册应具备的条件

企业申请保税仓库电子账册的,除本身已在海关注册登记和取得中华人民共和国保税仓库注册登记证书以外,还要向海关企业管理部门办理保税仓库注册登记手续,经审核合格的,海关制发"保税仓库注册编码",该注册编码为 10 位数,前 5 位按企业注册编码设置,第 6 位为企业性质代码,第 7 位为保税仓库类别代码。其中,D 为公用型保税仓库,E 为液体危险品保税仓库,F 为寄售维修保税仓库,H 为特殊商品保税仓库,I 为备料保税仓库。

第 8 位和 9 位为顺序号。

保税仓库货物的几种主要报关类型如图 9-1 所示。

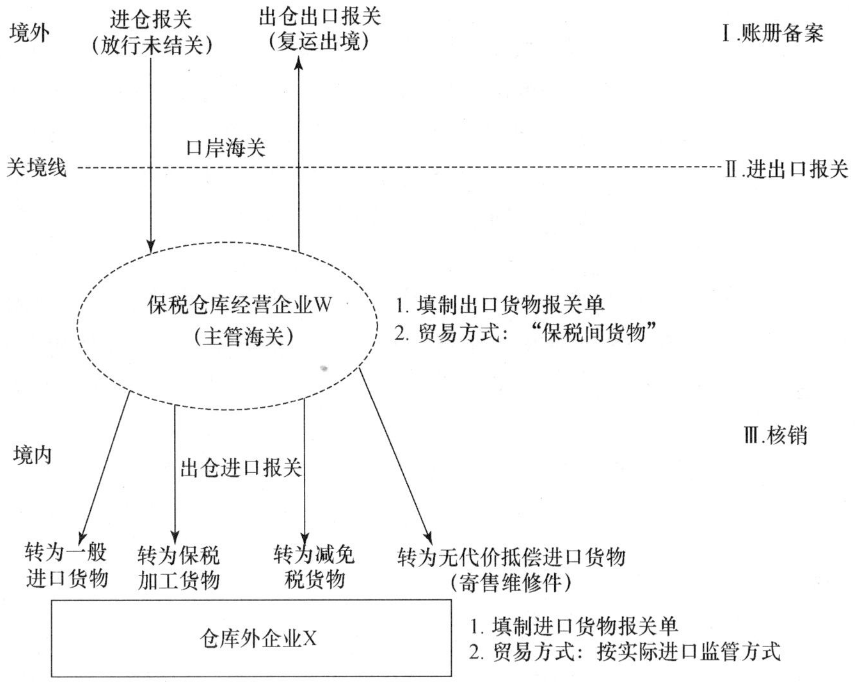

图 9-1 保税仓库主要报关类型

1. 保税仓库电子账册备案

从用途上讲，保税仓库的电子账册分为经营范围电子账册和通关电子账册。

(1) 经营范围电子账册

经营范围电子账册是描述企业进出口货物类别的一份清单，保税仓库必须在经营范围电子账册列明货物类别范围之内进行经营。也就是说，海关通过经营范围电子账册、对保税仓库进、出口报关的货物种类进行管理。海关对一个企业只设立一个经营范围电子账册。经营范围电子账册为 12 位，第 1 位和 2 位为标记代码(IK)，第 3～6 位为关区代码，第 7～12 为顺序号。

企业首先在电子口岸的保税仓库系统中录入经营范围各项，录完后点击"生成报文"，即实现向海关进行备案申请。海关对此进行确认审核。海关审批同意后，分别给出经营范围账册编号和批准编号，由系统自动返填到经营范围中"账册编号"和"保税仓批准编号"两项中。企业再录入电子账册各项。电子账册中"批文账册号"即为经营范围中的"账册编号"。录完后点击"生成报文"生成经营范围 IK 账册，即实现向海关进行备案申请。

海关审批同意后，给出统一的"账册编号"(注意：此处的"账册编号"和经营范围中的"账册编号"含义不同，经营范围中的"账册编号"在电子账册和账册分册中为"批文账册号")，是由系统自动返填到电子账册的"账册编号"一项中。

企业要进行异地报关的，则在电子账册备案的基础上，还需进行账册分册的备案。账册分册中的"账册编号"即为电子账册中的"账册编号"，账册分册中的"批文账册号"即为经营范围的"账册编号"。海关审批同意后，给出统一的账册分册号，由系统自动返填到账册分册的"分册号"一项中。

(2) 通关电子账册

通关电子账册是企业办理货物进出口的凭证,是海关管理、控制、记录保税仓库进口、出口和存仓货物数据的电子文档。一般情况下,海关对一家保税仓库只给设立一本通关电子账册,但根据保税仓库的实际经营情况,也可以给予设立多本通关电子账册。通关电子账册有两种:一种是备案式通关电子账册(K 账册);另一种是记账式通关电子账册(J 账册)。通关电子账册号为 12 位,第 1 位为标记代码(K,J),第 2～5 位为关区代码,第 6 位为年份,第 7 位为仓库类型代码,第 8～12 位为顺序号。

备案式通关电子账册(K 账册)是传统的通关电子账册,保税仓库经营企业要在货物进口报关之前将准备进库的货物品种数量资料等向海关申请在通关电子账册中备案,进仓货物必须限定在通关电子账册备案范围内,否则海关通关系统将在审单过程中不予通过报关单。该账册比较适用备料库和液体库。

记账式通关电子账册(J 账册)是不需要预先备案的电子账册,而是在报关完成、海关放行之后,货物数据自动进入电子账册表体中。由于公用型保税仓库储存的货物有很大的不确定性,且品种很多,备案将会很烦琐,所以记账式通关电子账册比较适用于公用型保税仓库。

既然 J 账册不必在报关前预先在账册中进行备案,使用起来比较方便,与 K 账册比较起来,公用型保税仓库更愿意使用 J 账册。但是,在精细运作型保税供应商管理库存(vendor managed inventory,VMI)①业务中,保税仓库使用 K 账册优于使用 J 账册,其原因在于"两稳定,一有利,一方便"。

所谓"两稳定",一是指在精细运作型保税 VMI 业务中,由保税仓库提供服务的下游客户,即大型加工贸易企业与保税仓库之间服务和被服务的关系比较稳定。一般情况下,大型加工贸易企业在采用 VMI 之前和选择合适的第三方物流公司之前一定经过慎重的考虑,一旦合作关系确立,不会轻易取消。二是指下游客户生产所需的料件品种相对稳定,除非产品方向完全改变,否则基本所需的料件不会改变。所以,一旦备案完成,不必经常变更,只是随时有所增加而已。

所谓"一有利",是指有利于海关监管。保税仓库所存放的保税料件的出库去向,是海关监管的一个非常重要的方面,也是海关重点监管的环节。使用 K 账册的保税仓库与使用 E 账册的加工贸易企业,以相对应的备案序号在各自的通关电子账册中备案,对海关的日常监管、核查来说比较有利。因为备案序号是相对应的,从保税仓库输出了哪种备案序号的料件,必然有哪种备案序号的料件进入加贸企业的 E 账册,海关通过备案序号的对应关系,对照两家企业的一进一出,就可以随时掌握保税料件的去向,完全保证保税仓库存放的特定保税料件进入特定的加贸企业。

所谓"一方便",指的是由于对应备案比较有利于海关的监管,海关才可以对保税仓库和保税仓库服务的下游加工贸易企业在通关等方面给予一定程度的方便。例如,在入仓进口报关、出仓形式出口报关等环节,如果没有海关在满足监管条件的前提下给予一定的方便,精细运作型保税 VMI 业务是很难开展得很好的。

---

① VMI 是一种在供应链环境下的库存运作模式。现在阶段 VMI 管理模式在大型电子制造行业应用广泛,并大部分涉及保税业务。

所以，对于从事精细运作型保税 VMI 业务的公共保税仓库来说，使用 K 账册虽然在备案环节上看，是多了一道手续，但如果运用得好，会换来海关提供的一定程度的通关便利。对于保税 VMI 业务来讲，备案带来的麻烦与通关便利带来的好处相比，就不算什么了。

2. 进仓报关

保税仓库货物进境入仓，经营企业应当在仓库主管海关办理报关手续，经主管海关批准，也可以直接在进境口岸海关办理报关手续。保税仓库货物进境入仓，除易制毒化学品、监控化学品、消耗臭氧层物质外，免领进口许可证件。

如果仓库主管海关与进境口岸海关不是同一直属海关的，经营企业可以按照“提前报关转关”的方式，先到仓库主管海关申报，再到口岸海关办理转关手续，货物运到仓库，由主管海关验放入仓；或者按照“直接转关”的方式，先到口岸海关转关，货物运到仓库，向主管海关申报，验放入仓。

如果仓库主管海关与进境口岸海关是同一直属海关的，经直属海关批准，可不按照转关运输方式办理. 由经营企业直接在口岸海关办理报关手续，口岸海关放行后，企业自行提取货物入仓。

3. 出仓报关

保税仓库货物出仓可能出现进口报关和出口报关两种情况，可以逐一报关，也可以集中报关。

(1) 出口报关

保税仓库出仓复运出境货物，应当按照转关运输方式办理出仓手续。仓库主管海关和口岸海关是同一直属海关的，经直属海关批准，可以不按照转关运输方式，由经营企业自行提取货物出仓到口岸海关办理出口报关手续。

(2) 进口报关

保税仓库货物出仓运往境内其他地方转为正式进口的，必须经主管海关保税监管部门审核同意。转为正式进口的同一批货物，要填制两张报关单，一张办结出仓报关手续，填制出口货物报关单，“贸易方式”栏填“保税间货物”(代码 1200)；一份办理进口申报手续，按照实际进口监管方式，填制进口货物报关单。进口手续大体可分为以下几个步骤。

① 出仓用于加工贸易的，由加工贸易企业或其代理人按保税加工货物的报关程序办理进口报关手续。

② 出仓用于可以享受特定减免税的特定地区、特定企业和特定用途的，由享受特定减免税的企业或其代理人按特定减免税货物的报关程序办理进口报关手续。

③ 出仓进入国内市场或使用于境内其他方面，包括保修期外维修，由保税仓库经营企业按一般进口货物的报关程序办理进口报关手续。

④ 保税仓库内的寄售维修零配件申请以保修期内免税出仓的，由保税仓库经营企业办理进口报关手续，填制《进口货物报关单》，“贸易方式”栏填“无代价抵偿”(代码 3100)，并确认免税出仓的维修件在保修期内且不超过原设备进口之日起 3 年，维修件由外商免费提供，更换下的零部件合法处理。

(3) 集中报关

保税货物出仓批量小、批次频繁的，经海关批准可以办理定期集中报关手续。

集中报关出仓的,保税仓库经营企业应当向主管海关提出书面申请,写明集中报关的商品名称、发货流向、发货频率、合理理由。

集中报关由主管海关的分管关长审批,并按以下要求办理手续。

① 仓库主管海关可以根据企业资信状况和风险度收取保证金。

② 集中报关的时间根据出货的频率和数量、价值合理设定。

③ 为保证海关有效监管,企业当月出仓的货物最迟应在次月前5个工作日内办理报关手续,并且不得跨年度申报。

4. 流转报关

保税仓库与海关特殊监管区域或其他海关保税监管场所往来流转的货物,按转关运输的有关规定办理相关手续。

保税仓库和特殊监管区域或其他海关保税监管场所在同一直属关区内的,经直属海关批准,可不按转关运输方式办理。

保税仓库货物转往其他保税仓库的,应当各自在仓库主管海关报关,报关时应先办理进口报关,再办理出口报关。

第三节　出口监管仓库货物报关

一、出口监管仓库海关监管

（一）含义

出口监管仓库,是指经海关批准设立,对已办结海关出口手续的货物进行存储、保税货物配送,提供流通性增值服务的海关专用监管仓库。它分为两种。

(1) 出口配送型仓库,指存储以实际离境为目的的出口货物的仓库。

(2) 国内结转型仓库,指存储用于国内结转的出口货物的仓库。

（二）功能

出口监管仓库的功能也只有仓储,主要用于存放出口货物。

经海关批准可以存入出口监管仓库的货物有以下几种。

(1) 一般贸易出口货物。

(2) 加工贸易出口货物。

(3) 从其他海关特殊监管区域、场所转入的出口货物。

(4) 其他已办结海关出口手续的货物。

出口配送型仓库还可以存放为拼装出口货物而进口的货物。

（三）设立

申请设立出口监管仓库的经营企业,应当具备下列条件。

(1) 经工商行政管理部门注册登记,具有企业法人资格。

(2) 具有进出口经营权和仓储经营权。

(3) 注册资本在 300 万元人民币以上。

(4) 具备向海关缴纳税款的能力。

(5) 具有专门存储货物的场所，其中出口配送型仓库的面积不得低于 5 000 平方米，国内结转型仓库不得低于 1 000 平方米。

出口监管仓库验收合格，经直属海关注册登记并核发中华人民共和国出口监管仓库注册登记证书，可以投入运营。

(四) 管理

(1) 出口监管仓库必须专库专用，不得转租、转借给他人经营，不得下设分库。

(2) 出口监管仓库经营企业应当如实填写有关单证、仓库账册，真实记录并全面反映其业务活动和财务状况，编制仓库月度进、出、转、存情况表和年度财务会计报告，并定期报送主管海关。

(3) 出口监管仓库所存货物，是海关监管货物，未经海关批准并按规定办理有关手续，任何人不得出售、转让、抵押、质押、留置、移作他用或者进行其他处置。

(4) 货物在仓库储存期间发生损毁或者灭失，除不可抗力原因外，出口监管仓库应当依法向海关缴纳损毁、灭失货物的税款，并承担相应的法律责任。

(5) 经主管海关同意，可以在出口监管仓库内进行品质检验、分级分类、分拣分装、印刷运输标志、改换包装等流通性增值服务。

二、出口监管仓库货物报关

出口监管仓库货物通关，大体可以分为进仓报关、出仓报关、结转报关和更换报关(如图 9-2 所示)。

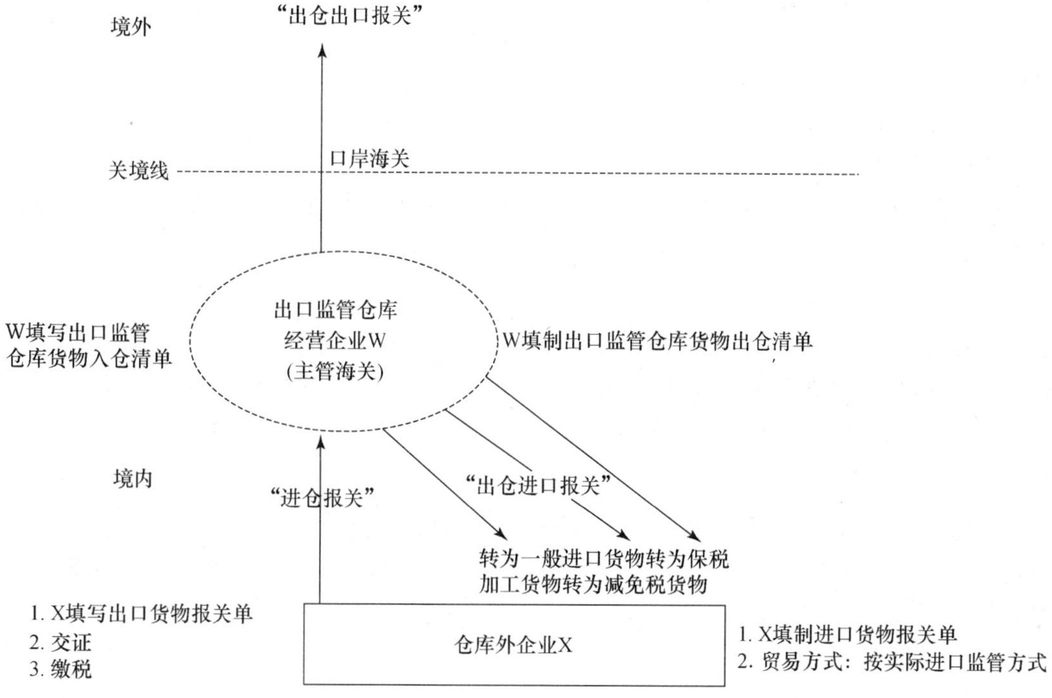

图 9-2　出口监管仓库主要报关类型

(一) 进仓报关

出口货物存入出口监管仓库时，发货人或其代理人应当向主管海关办理出口报关手续，填制出口货物报关单。按照国家规定提交需要的出口许可证件和缴纳出口关税的。

发货人或其代理人提交报关必需单证和仓库经营企业填制的出口监管仓库货物入仓清单。

对经批准享受入仓即退税政策的出口监管仓库，海关在货物入仓办结出口报关手续后予以签发出口货物报关单退税证明联；对不享受入仓即退税政策的出口监管仓库，海关在货物实际离境后签发出口货物报关单退税证明联。

经主管海关批准，对批量小、批次频繁的入仓货物，可以办理集中报关手续。

(二) 出仓报关

出口监管仓库货物出仓可能出现出口报关和进口报关两种情况。

1. 出口报关

出口监管仓库货物出仓出境时，仓库经营企业或其代理人应当向主管海关申报，提交报关必需的单证，并提交仓库经营企业填制的出口监管仓库货物出仓清单。

出仓货物出境口岸不在仓库主管海关，经海关批准，可以在口岸所在地海关办理相关手续，也可以在仓库主管海关办理相关手续。

入仓没有签发出口货物报关单退税证明联的，出仓离境后海关签发。

2. 进口报关

出口监管仓库货物转进口的，应当经海关批准，按照进口货物的有关规定办理相关手续。

(1) 用于加工贸易的，由加工贸易企业或其代理人按保税加工货物的报关程序办理进口报关手续。

(2) 用于可以享受特定减免税的特定地区、特定企业和特定用途的，由享受特定减免税的企业或其代理人按特定减免税货物的报关程序办理进口报关手续。

(3) 进入国内市场或用于境内其他方面，由收货人或其代理人按一般进口货物的报关程序办理进口报关手续。

(三) 结转报关

经转入、转出方所在地主管海关批准，并按照转关运输的规定办理相关手续后，出口监管仓库之间，出口监管仓库与保税区、出口加工区、珠海园区、保税物流园区、保税港区、保税物流中心、保税仓库等特殊监管区域和保税监管场所之间可以进行货物流转。

(四) 更换报关

对已存入出口监管仓库因质量等原因要求更换的货物，经仓库所在地主管海关批准，可以进行更换。被更换货物出仓前，更换货物应当先行入仓，并应当与原货物的商品编码、品名、规格型号、数量和价值相同。

第四节 保税物流中心货物报关

一、保税物流中心海关监管

（一）含义

保税物流中心，是指经海关总署批准，由中国境内一家企业法人经营，多家企业进入并从事保税仓储物流业务的海关集中监管场所。

（二）功能

保税物流中心的功能是保税仓库和出口监管仓库功能的叠加，既可以存放进口货物，也可以存放出口货物，还可以开展多项增值服务。

1. 存放货物的范围

(1) 国内出口货物。

(2) 加工贸易进出口货物。

(3) 转口货物和国际中转货物。

(4) 外商暂存货物。

(5) 供应国际航行船舶和航空器的物料、维修用零部件。

(6) 供维修外国产品所进口寄售的零配件。

(7) 未办结海关手续的一般贸易进口货物。

(8) 经海关批准的其他未办结海关手续的货物。

2. 开展业务的范围

(1) 保税物流中心可以开展的业务

① 保税存储进出口货物及其他未办结海关手续货物。

② 对所存货物开展流通性简单加工和增值服务。

③ 全球采购和国际分拨、配送。

④ 转口贸易和国际中转业务。

⑤ 经海关批准的其他国际物流业务。

(2) 不得开展的业务

① 商业零售。

② 生产和加工制造。

③ 维修、翻新和拆解。

④ 存储国家禁止进出口货物，以及危害公共安全、公共卫生或者健康、公共道德或者秩序的国家限制进出口货物。

⑤ 法律、法规明确规定不能享受保税政策的货物。

⑥ 其他与物流中心无关的业务。

（三）设立

1. 保税物流中心的设立

保税物流中心应当设在靠近海港、空港、陆路枢纽及内陆国际物流需求量较大，交通便利，设有海关机构且便于海关集中监管的地方。

（1）经营企业需满足的资格条件

① 经工商行政管理部门注册登记，具有独立的企业法人资格。

② 注册资本不低于5 000万元人民币。

③ 具备对中心内企业进行日常管理的能力。

④ 具有协助海关对进出保税物流中心的货物和中心内企业的经营行为实施监督的能力。

（2）申请设立保税物流中心需满足的条件

① 符合海关对保税物流中心的监管规划建设要求。

② 仓储面积，东部地区不低于10万平方米，中部地区不低于5万平方米。

③ 经省级人民政府确认，符合地方发展总体布局，满足加工贸易发展对保税物流的需求。

④ 建立符合海关监管要求的计算机管理系统，提供海关查阅数据的终端设备，并按照海关规定的认证方式和数据标准，通过电子口岸平台与海关联网，以便海关在统一平台上与国税、外汇管理等部门实现数据交换及信息共享。

⑤ 设置符合海关监管要求的安全隔离设施、视频监控系统等监管、办公设施。

保税物流中心的申请由直属海关受理，报海关总署审批，并由直属海关出具批准申请企业筹建保税物流中心的文件。

保税物流中心验收合格后，由海关总署向企业核发保税物流中心验收合格证书和保税物流中心注册登记证书，颁发保税物流中心标牌。

保税物流中心在验收合格后方可开展有关业务。

2. 保税物流中心内企业的设立

企业进入保税物流中心的条件如下。

（1）具有独立的法人资格或者特殊情况下的中心外企业的分支机构。

（2）具有独立法人资格的企业注册资本最低限额为500万元人民币，属企业分支机构的，该企业注册资本不低于1 000万人民币。

（3）具备向海关缴纳税款和履行其他法律义务的能力。

（4）建立符合海关监管要求的计算机管理系统并与海关联网。

（5）在保税物流中心内有专门储存海关监管货物的场所。

主管海关受理后报直属海关审批。直属海关对经批准的企业核发中华人民共和国海关保税物流中心企业注册登记证书。

（四）管理

（1）保税物流中心经营企业不得在本中心内直接从事保税仓储物流的经营活动。

（2）企业根据需要经主管海关批准，可以分批进出货物，月度集中报关，但集中报关不得跨年度办理。实行集中申报的进出口货物，应当适用每次货物进出口时海关接受申报之日实施的税率、汇率。

（3）未经海关批准，保税物流中心不得擅自将所存货物抵押、质押、留置、移作他用或者进行其他处置。保税物流中心内的货物可以在中心内企业之间进行转让、转移，但必须办理相关海关手续。

（4）保税仓储货物在存储期间发生损毁或者灭失的，除不可抗力外，保税物流中心经营企业应当依法向海关缴纳损毁、灭失货物的税款，并承担相应的法律责任。

二、保税物流中心货物报关

（一）物流中心与境外之间的进出货物报关

（1）物流中心与境外之间进出的货物，应当在物流中心主管海关办理相关手续。物流中心与口岸不在同一主管海关的，经主管海关批准，可以在口岸海关办理相关手续。

（2）物流中心与境外之间进出的货物，除实行出口被动配额管理和中华人民共和国参加或者缔结的国际条约及国家另有明确规定的以外，不实行进出口配额、许可证件管理。

（3）从境外进入物流中心内的货物，凡属于规定存放范围内的货物予以保税；属于物流中心企业进口自用的办公用品、交通运输工具、生活消费品等，以及物流中心开展综合物流服务所需进口的机器、装卸设备、管理设备等，按照进口货物的有关规定和税收政策办理相关手续。

（二）物流中心与境内之间的进出货物报关

物流中心内货物运往所在关区外，或者跨越关区提取物流中心内货物，可以在物流中心主管海关办理进出中心的报关手续，也可以按照境内监管货物转关运输的方式办理相关手续。

物流中心与境内之间的进出货物报关按下列规定办理。

1. 出中心

（1）出中心进入关境内的其他地区

保税物流中心货物出中心进入关境内的其他地区视同进口，按照货物进入境内的实际流向和实际状态填制进口货物报关单，办理进口报关手续；属于许可证件管理的商品，企业还应当向海关出具有效的许可证件。

进口申报流程同保税仓库出库进入境内货物的报关手续一样，具体手续见保税仓库有关内容。

从保税物流中心进入境内用于在保修期限内免费维修有关外国产品并符合无代价抵偿货物有关规定的零部件或者用于国际航行船舶和航空器的物料或者属于国家规定可以免税的货物，免征进口关税和进口环节海关代征税。

（2）出中心运往境外

保税物流中心货物出中心运往境外填制出口货物报关单，办理出口报关手续，具体流程同保税仓库和出口监管仓库运往境外货物的报关流程相似。

2. 进中心

货物从境内进入保税物流中心视同出口，办理出口报关手续。如需缴纳出口关税的，应当按照规定纳税；属于许可证件管理的商品，还应当向海关出具有效的出口许可证件。

从境内运入保税物流中心的原进口货物，境内发货人应当向海关办理出口报关手续，经主管海关验放；已经缴纳的关税和进口环节海关代征税，不予退还。

从境内运入物流中心已办结报关手续的货物或者从境内运入中心、供中心企业自用的国产机器设备、装卸设备、管理设备、检测检验设备等及转关出口货物（起运地海关在已收到物流中心主管海关确认转关货物进入物流中心的转关回执后），海关签发出口货物报关单退税证明联。

从境内运入保税物流中心的下列货物，海关不签发出口货物报关单退税证明联。

（1）供中心企业自用的生活消费品、交通运输工具。

（2）供中心企业自用的进口的机器设备、装卸设备、管理设备、检测检验设备等。

（3）物流中心之间，物流中心与出口加工区、保税物流园区和已实行国内货物入仓环节出口退税政策的出口监管仓库等海关特殊监管区域或者海关保税监管场所往来的货物。

第五节　海关特殊监管区域报关

以上分别阐述了保税物流货物监管场所（保税仓库、出口监管仓库、保税物流中心）的相关通关规定，以下对保税物流海关特殊监管区域（保税物流园区、保税区、保税港区）的通关规定进行综述。

一、功能综述

保税物流园区、保税区、保税港区的主要功能综述如表 9-2 所示。

表 9-2　海关特殊监管区域功能综述表

保税物流园区	保　税　区	保 税 港 区
① 存储进出口货物及其他未办结海关手续的货物； ② 流通加工； ③ 转口贸易； ④ 国际采购、分配和配送； ⑤ 国际中转； ⑥ 检测、维修； ⑦ 商品展示； ⑧ 经海关批准的其他国际物流业务	① 出口加工； ② 转口贸易； ③ 商品展示； ④ 仓储运输 （保税加工＋保税物流）	① 存储进出口货物及其他未办结海关手续的货物； ② 转口贸易； ③ 国际采购、分配和配送； ④ 国际中转； ⑤ 检测和售后服务维修（仅限我国出口机电产品售后维修）； ⑥ 商品展示； ⑦ 研发、加工、制造； ⑧ 港口作业 具备目前中国海关所有特殊监管区域具备的全部功能

二、通关制度综述

海关特殊监管区域通关制度综述如表 9-3 所示。

表 9-3 海关特殊监管区域通关制度综述表

保税物流园区	保 税 区	保 税 港 区
① 除园区自用的免税进口货物、国际中转货物外，实行备案制，适用进出境备案清单，进出境货物应向园区海关申报； ② 货物的进出境口岸不在园区海关辖区的，经海关批准，可在口岸海关办理申报手续	报关制＋备案制： ① 属自用的货物，采用报关制； ② 属非自用的，即保税加工、保税仓储、转口贸易、商品展示进出境的货物，采取备案制	①实行备案制管理，进出境货物应向港区海关申报； ② 货物进出境口岸不在保税港区海关辖区的，经海关批准，可以在口岸海关办理申报手续

三、报关综述

(一) 区内与境外双向进出

特殊监管区域进出境货物报关综述如表 9-4 所示。

表 9-4 特殊监管区域进出境货物报关综述表

项 目		保税物流园区	保 税 区	保 税 港 区
从境外进入区内货物	保税	与各自监管区域功能相符，为开展业务而从境外进入区内的货物可以保税		
	免税	① 园区的基础设施建设项目所需的设备、物资等； ② 区内企业为开展业务所需机器、装卸设备、仓储设施、管理设备及其维修用消耗品、零部件及工具； ③ 区内行政机构及其经营主体，企业自用合理数量的办公用品		
	征税	区内行政机构及其经营主体、区内企业自用交通运输工具、生活消费品，按一般进口货物办理申报手续		
	许可管理	境外运入区内的货物“免证”(保税区企业开展加工贸易，进口易制毒化学品、监控化学品、消耗臭氧层物质除外)		
区内到境外		除法律、法规另有规定外，免征出口关税，不实行许可证件管理		

(二) 区内到区外

特殊监管区域出区货物报关综述如表 9-5 所示。

表 9-5 特殊监管区域出区货物报关综述表

出 区 货 物	保税物流园区	保 税 区	保 税 港 区
货物出区，报进口	由区外企业(保税物流园区与保税港区也可由区内企业)按货物的实际流向向区内海关办理相关手续： ① 一般进口的，征税，交证； ② 保税加工进口的，保税，免证； ③ 特定减免税进口的，减免税，交证		
区内企业在区外举办商品展示	比照海关对暂准进境货物的管理规定办理有关手续		

续表

出区货物	保税物流园区	保税区	保税港区
运往区外检测、维修机器设备和办公用品的	比照进境维修货物的有关规定，不得留在区外使用，并自运出之日起 60 天内运回区内，可申请延长 30 天(物流园区为届满前 10 天提出延期申请，其他监管区为届满 7 天)		
出区外发加工		由区外企业向区外海关以加工贸易进口货物申报(6 个月，可延长 6 个月)	由区内企业向区内海关办理出区外发加工手续(6 个月)

(三) 区外到区内

特殊监管区域进区货物报关综述如表 9-6 所示。

表 9-6 特殊监管区域进区货物报关综述表

货物监管区域	进区货物
保税物流园区 保税港区	进区，报出口，由区内企业或者区外的收发货人或其代理人向区内海关办理申报手续，缴税，交证，海关签发出口货物报关单退税证明联
保税区	① 进区，报出口，有电子化手册或电子账册，填写出口货物报关单，交证，出口应当征收出口关税的，须缴税；海关不签发出口货物报关单退税证明联； ② 进区外发加工，提交外发加工合同向保税区海关备案，加工出区后核销，不填写进出口货物报关单，不缴纳税费； ③ 设备(不管是施工还是投资设备)进区，均需向保税区海关备案，不填写报关单，免出口关税，海关不签发出口货物报关单退税证明联

第六节 保税物流货物报关实训

中商华联贸易有限公司(海关注册编码 1102918123，以下简称“华联公司”)代理湖南长沙家佳纺织有限责任公司(海关注册编码 4301962104，以下简称“家佳公司”)进口未梳棉花(法定检验检疫商品，法定计量单位为千克)。货物系合同卖方台湾某公司在 2008 年 4 月于棉花原产国采购后运输进境并存放于某公用型保税仓库。2008 年 8 月，华联公司与台湾公司签订合同后，自上述保税仓库提取合同约定数量棉花出库并办理进口报关手续，申报时华联公司向海关提交编号为 B43020080505007 的“关税配额外优惠税率进口棉花配额证”(监管证件代码：e)。海关放行后，华联公司安排将货物运至境内目的地，交由家佳公司用于生产内销成品。商业发票、原进口货物报关单、海运提单分别如图 9-3～图 9-5 所示。

SHARPINVEST INTERNATIONAL LIMITED

NO.61. SEC ZHONG XING RD,WUGU HSIANG,TAIPEI, TAIWAN

Tel: 00886-2-8976-×××× Fax: 00886-2-8976-××××

INVOICE & PACKING LIST

CONTRACT NO.:	CS02580786H-1	DATE: 08 JULY 2008
INVOICE NO.:	CS02580786H-1-A	DATE: 18 JULY 2008

BUYER: CHINA COMMERCE HUALIAN TRADING CO., LTD.
ROOM 225, NO.3 BUILDING, NO.23 XICHENG DISTRICT,
FUXINGMENNEI STREET, BEIJING, CHINA

DESCRIPTION: INDIAN RAW COTTON, SHANKAR-6
CROP 2007/2008 G5 STAPLE 1-1/8"

QUANTITY: 374.761 MTS (826206.58 NET LBS)

PACKING: STANDARD EXPORT PACKING

PRICE: USD 0.7657 PER LB NET WEIGHT CIF QINGDAO PORT,CHINA

REIMBURSEMENT: BY T/T FOR FULL INVOICE VALUE

QUANTITY SHIPPED:

GROSS	100297.00	kg
TARE	360.00	kg
NET	99937.00	kg
BALES	600	

WEIGHT BASIS: CIQ QUALITY AND NET LANDED WEIGHT FINAL

SALE VALUE OF GOODS: USD 168 701.60

SHARPINVEST INTERNATIONAL LIMITED

Authorized Signature

图 9-3 商业发票

中华人民共和国海关进口货物报关单

预录入编号: 18800087　　　　海关编号: 42182008118800087

进口口岸 青开发区 4218	备案号 K42185D00012	进口日期 20080330	申报日期 20080414
经营单位 中国外运山东有限公司 3702910096	运输方式 水路运输	运输工具名称 CMNTI HARMONY/00810N	提运单号 NQK005306
收货单位 青岛中外运物流公用型保税仓库 370291D903	贸易方式 保税仓库货物	征免性质	征税比例

许可证号	起运国（地区） 印度	装货港 加尔各答	境内目的地 青岛其他

批准文号	成交方式 FOB	运费 502/8250/3	保费 0.3/1	杂费
合同协议号	件数 2 250	包装种类 包	毛重（千克） 376 111	净重（千克） 374 761

集装箱号 TCKU9944384/4083900	随附单据 A: ×××××××××××××	用途 其他

标记唛码及备注

×××××××××

项号	商品编号	商品名称、规格型号	数量及单位	原产国 (地区)	单价	总价	币制	征免
1	52010000.80	未梳的棉花	374 671 千克	印度	1.4032	525 875.09	美元	全免
4		1 -1/8″3.5-4.9NCL						

税费征收情况

录入员　录入单位	兹声明以上申报无讹并承担法律责任	海关审单批注放行日期（签章）
报关员		审单　审价
单位地址	申报单位（签章）	征税　统计
邮编　电话	填制日期	查验　放行

图 9-4　原进口货物报关单

Shipper	Book No. NQK0018209　　B/L No. NQK005306
M/S KHINJI VISRAM & SONS (COMM, DEPT.) 23, MITTAL CHAMBERS, 228, NARIMAN POINT, MUMBAI－400021, INDIA	**NORASIA CONTAINER LINES**
Consignee TO ORDER OF NOBLE RESOURCES PTE LTD.	**BILL OF LADING** **FOR PORT TO PORT AND INTERMODAL SHIPMENT**
Notify Party QINGDAO SINOTRANS LOGISTICS CO., LTD. HUANGHE EAST ROAD, HUANGDAO DISTRICT, QINGDAO ,CHINA	**Forwarding Agent-References** EMEM FREIGHT FORWARDERS

Pre-carriage By	Place of Receipt	Vessel/Voy
	CALCUTTA, INDIA	CONTI HARMONY/00810N
Port of Loading CALCUTTA, INDIA	**Port of Transshipment**	**Domestic Routing/Export Instructions** INMUM-CNTAO BLG-CONTI HARMONY/00810/N
Port of Discharge QINDAO, CHINA	**Place of Delivery** QINGDAO, CHINA	

PARTICULARS DECLARED BY SHIPPER BUT NOT ACKNOWLEDGED BY THE CARRIER

Marks & Nos.	Number & Kind of Packages	Description of Goods	Gross Weight (kg)	Measurement (M^3)
TCKU9944384 SNI 769196 QTY: 150 CY/CY FCL/FCL TW: 3900.00 GW: 25074.50 TCKU9491312 SN: 769162 QTY: 150 CY/CY FCL/FCL TW: 3900.00 GW: 25074.50 TCNU9600871 SN: 769159 QTY: 150 CY/CY FCL/FCL TW: 3900.00 GW: 25074.50	15	HIGH CUBE 40' CONTAINER SAID TO CONTAIN 2250 BALES INDIAN RAW COTTON 2007/2008 CROP LOT NO. 1902-1921,2279-2284,2453-2465,2528-2530 S/BILL NO. 6188796/6189024 03.03.2008 ***NOTIFY PARTY*** NOBLE RESOURCES PTE, LTD. 460 Alexandra Road, #26-06 PSA Building, Singapore 119963 Agent Address: CSAV Group Agencies (Hong Kong) Limited (Qingdao) Street: 3/F Nanhai Road, Gaoosca Building, Qingdao, China SHIPPER'S LOAD, STOW, COUNT AND SEALED FREIGHT PREPAID SHIPPED ON BOARD Continued on Appendix to BL Nr NQK005306	376 111.00	

Total No. of Containers or Packages (In Words):	15×40' HQ CONTAINER ONLY

Forwarding Agent References	Date Laden on Board
NORASLA CONTAINER LINES LIMITED As Carrier	**Place and Date of B(S)/L Issue** Mumbai, India 13/03/2008
Freight and Charges FREIGHT PREPAID AS ARRANGED	**No. of Original B/L Issued** THREE (3)
	STAMP AND SIGNATURE OF THE CARRIER OR ITS AGENT ________________

图 9-5　海运提单

一、判定海关监管货物的类型

根据认知部分中对保税物流货物的描述,包括定义、范围、特征等,结合案例描述,判定该货物海关监管类型为保税物流货物,涉及的企业为保税仓库。

根据业务资料,华联公司代理家佳公司所进口棉花是自境内保税仓库提取,资料中的原进口货物报关单说明该批棉花进境后已按"保税仓库货物"办理进口报关手续。本业务要求报关员完成的,是华联公司将棉花提取出库转为正式进口前所需填报的进口货物报关手续。

二、商品归类

根据品名及规格描述,使用正确方法查阅税则手册。该批货物的商品编码为5201.0000.80,适用的进口税率均为0,增值税率13%,法定计量单位为"千克",监管证件4ABex,英文名称为Cotton,not carded (tariff and out-of-quota,interim)如表9-7所示。

申报要素:① 品名;② 是否梳理;③ 纤维长度;④ 等级;⑤ 配额内/外;⑥ 细度;⑦ 强度;⑧ 成交外商;⑨ 签约日期;⑩ 若原产地为美国需报清产区、是否绿卡棉。

表9-7 未梳棉花税则号列

第五十二章
棉 花

子目注释:

子目5209.42及5211.42所称"粗斜纹布(劳动布)",是指用不同颜色的纱线织成的三线或四线斜纹织物,包括破斜纹组织的织物。这种织物以经纱为面,经纱染成一种相同的颜色,纬纱未漂白或经漂白、染成灰色或比经纱稍浅的颜色。

Chapter 52
Cotton

Subheading Note:

For the purposes of subheadings 5209.42 and 5211.42 the expression "denim" means fabrics of yams of different colours, of 3-thread or 4-thread twill, including broken twill, warp faced, the warp yarns of which are of one and the same colour and the weft yams of which are unbleached, bleached, dyed grey or coloured a lighter shade of the colour of the warp yams.

税则号列 Tariff item	商品名称及备注	出口退税	进口税率			增值税率	计量单位	监管条件	Article description
			最惠	普通	暂定				
52.01	未梳的棉花								Cotton, not carded or combed:
5201.0000	未梳的棉花			125.0		13	千克		Cotton, not carded or combed
52010000.01	未梳的棉花[包括脱脂棉花(配额内)]	13	1.0	125.0		13	千克	t4xAB	Cotton, not carded or combed, including degreased cotton, in-quota
52010000.80	未梳的棉花[包括脱脂棉花(关税配额外暂定)]	13	0.0	0.0		13	千克	4ABex	Cotton, not carded or combed, including degreased cotton (tariff and out-of-quota, interim)
52010000.90	未梳的棉花[包括脱脂棉花(配额外)]	13	40.0	125.0		13	千克	4xAB	Cotton, not carded or combed, including degreased cotton, out-of-quota
52.02	废棉(包括废棉纱线及回收纤维)								Cotton waste (including yam waste and garnetted stock)
5202.1000	——废棉纱线(包括废棉线)	13	10.0	30.0		17	千克	AP	—Yarn waste (including thread waste)
	——其他								—Other
5202.9100	——回收纤维	13	10.0	30.0		17	千克	ABP	—Garnetted stock
5202.9900	——其他	13	10.0	30.0		17	千克	ABP	—Other

三、确定海关监管条件

根据海关监管条件 4ABex，该货物进出境时涉及的监管证件如下。4——出口许可证；A——入境货物通关单；B——出境货物通关单；e——关税配额外优惠税率进口棉花配额证；x——出口许可证(加工贸易)。

该批货物为进口，选择监管证件为入境货物通关单和关税配额外优惠税率进口棉花配额证。

四、进口申报

青岛中外运物流公用型保税仓库采用电子账册办理货物进境。中商华联贸易有限公司从仓库提取部分货物需填制进口货物报关单。

(一) 阅读原始外文资料并翻译

商业发票及海运提单的原始外文资料及其翻译如图 9-6 和图 9-7 所示。

SHARPINVEST INTERNATIONAL LIMITED

NO.61.SEC ZHONG XING RD,WUGU HSLANG,TAIPEI,TAIWAN

Tel: 0086-2-8976-xxxx　　Fax: 0086-2-8976-xxxx

出票人（卖方）：台湾某公司

INVOICE&PACKING LIST

合同号 **CONTRACT NO:**	CS02580786H-1	DATE:08 JULY 2008
INVOICE NO: 发票号	CS02580786H-1-A	DATE:08 JULY 2008
BUYER: 买方：中商华联	CHINA COMMERCE HUALIAN TRADING CO,LTD ROOM 225,NO.3 BUILDING,NO.23 XICHENG DISTRICT FUXINGMENNEI STREET,BEIJING,CHINA	

DESCRIPTION: 品名	INDIAN RAW COTTON,SHANKAR-6 CROP 2007/2008 G5 STAPLE 1-1/8"
QUANTITY: 数量	374.76 MTS(826206.58 NET LBS) 公吨（磅）
PACKING:	STANDARD EXPORT PACKING 标准出口包装
PRICE: 单价美元/磅	USD 0.7657 PER LB NET WEIGHT CIF QINGDAO PORT,CHINA
REIMBURSEMENT:	BY T/F FOR FULL INVOICE VALUE　　CIF 青岛

付款方式：电汇发票总额

QUANTITY SHIPPED: 实际托运数量	GROSS	100297.00	kg
	TARE	360.00	kg
	NET	99937.00	kg
	BALES 包		600

WEIGHT BASIS:	CIQ QUALITY AND NET LANDED WEIGHT FINAL
SALE VALUE OF GOODS: 货物总价	USD 168701.60

CIQ 最终检验品质及重量

SHARPINVEST INTERNATIONAL LIMITED

Authaized Signature

图 9-6　商业发票原始外文资料及其翻译

Shipper 托运人：印度MS公司
M/S KHIMJI VISRAM & SONS (COMM, DEPT.)
23, MITTAL CHAMBERS, 228, NARIMAN POINT, MUMBAI – 400021, INDIA

Book No. NQK0018209 **B/L No.** NQK005306
提单号

NORASIA CONTAINER LINES

Consignee 收货人：由NOBLE公司指示
TO ORDER OF
NOBLE RESOURCES PTE LTD.

港到港提单 **BILL OF LADING**
FOR PORT TO PORT AND INTERMODAL SHIPMENT

Notify Party 通知人：中远青岛物流公司
QINGDAO SINOTRANS LOGISTICS CO., LTD.
HUANGHE EAST ROAD, HUANGDAO DISTRICT, QINGDAO ,CHINA

Forwarding Agent-References
提单号
EMEM FREIGHT FORWARDERS

Pre-carriage By	**Place of Receipt** 接货地： CALCUTTA, INDIA 印度加尔各答	**Vessel/Voy** 船名/航次 CONTI HARMONY/00810N
Port of Loading 装货港：加尔各答 CALCUTTA, INDIA	**Port of Transshipment**	**Domestic Routing/Export Instructions** INMUM-CNTAO BLG-CONTI HARMONY/00810/N
Port of Discharge 卸货港：青岛 QINDAO, CHINA	**Place of Delivery** 接货地：青岛 QINGDAO, CHINA	

PARTICULARS DECLARED BY SHIPPER BUT NOT ACKNOWLEDGED BY THE CARRIER

Marks & Nos.	Number & Kind of Packages	Description of Goods	Gross Weight (kg)	Measurement (M^3)
TCKU9944384 箱号 SN: 769196 封箱号 QTY: 150 数量 CY/CY 堆场/堆场 FCL/FCL 整箱接/整箱交 TW: 3900.00 皮重 GW: 25074.50 毛重 TCKU9491312 SN: 769162 QTY: 150 CY/CY FCL/FCL TW: 3900.00 GW: 25074.50 TCNU9600871 SN: 769159 QTY: 150 CY/CY FCL/FCL TW: 3900.00 GW: 25074.50	15 总件数	HIGH CUBE 40' CONTAINER 40 尺高箱 SAID TO CONTAIN 2250 BALES 2250 包 INDIAN RAW COTTON 2007/2008 CROP 印度未梳棉花 LOT NO. 1902-1821,2279-2284,2453-2465,2528-2530 S/BILL NO. 6188796/6189024 03.03.2008 海运单号 •••NOTIFY PARTY••• 通知人 NOBLE RESOURCES PTE, LTD. 460 Alexandra Road, #26-06 PSA Building. Singapore 119963 Agent Address: CSAV Group Agencies (Hong Kong) Limited (Qingdao) Street: 3/F Nanhai Road, Gaoosca Building. Qingdao, China SHIPPER'S LOAD, STOW, COUNT AND SEALED 托运人装箱、理论、计数并封箱 FREIGHT PREPAID 运费预付 SHIPPED ON BOARD 已装船 Continued on Appendix to BL Nr NQK005306	376111.00 总毛重	

Total No. of Containers
Or Packages (In Words): 15×40' HQ CONTAINER ONLY 15 个 40 尺高箱

Forwarding Agent References
NORASIA CONTAINER LINES LIMITED
As Carrier 承运人

Date Laden on Board

Place and Date of B(S)/L Iuuse 提单签发地及日期
Mumbai, India 13/03/2008

Freight and Charges
FREIGHT PREPAID AS ARRANGED

No.of Original B/L Issued
THREE (3)

STAMP AND SIGNATURE OF THE CARRIER OR ITS AGENT

图 9-7 海运提单原始外文资料及其翻译

（二）报关单填报

根据原始资料信息结合基础认知部分的报关单填制规范和经验总结，各个主要栏目填报内容及格式如下。

假定信息：预录入编号同海关编号为421820081××××××××××；青岛中外运物流公用型保税仓库主管海关为青岛开发区。海关接受申报日期为2008年8月10日。

(1) 进口口岸：青开发区4218。

(2) 备案号：免填(此商品为一般进口货物)。

(3) 进口日期：20080810。

(4) 申报日期：20080810。

(5) 经营单位：中商华联贸易有限公司1102918123。

(6) 运输方式：保税仓库。

(7) 运输工具名称：免填。

(8) 提运单号：免填。

(9) 收货单位：湖南长沙家佳纺织有限责任公司4301962104。

(10) 贸易方式：一般贸易。

(11) 征免性质：一般征税。

(12) 许可证号：免填。

(13) 起运国(地区)：中国。

(14) 装货港：中国境内。

(15) 境内目的地：43019。

(16) 批准文号：免填。

(17) 成交方式：CIF。

(18) 运费：免填。

(19) 保费：免填。

(20) 杂费：免填。

(21) 合同协议号：CS02580786H-1。

(22) 件数：600。

(23) 包装种类：包。

(24) 毛重：100 297.00千克。

(25) 净重：99 937.00千克。

(26) 集装箱号：免填。

(27) 随附单据为e：B43020080505007。

(28) 用途：外贸自营内销。

(29) 标记唛码及备注：N/M。

备注：免填(该批货物入境时已经完成检验检疫并出具了入境货物通关单，出仓报进口时不需要再提供)。

(30) 项号：01。

(31) 商品编号：5201.0000.80。

(32) 商品名称、规格型号：未梳的棉花(第一行)；

1-1/83.5-4.9NCL(第二行)。

根据最新的申报规范，可能需要增加申报要素。

(33) 数量及单位：99,937.00 千克(第一行)；220,323.37 磅(第三行)。

(34) 原产国(地区)：印度。

(35) 单价：0.7657。

(36) 总价：168701.60。

(37) 币值：美元。

(38) 征免：照章征税。

(39) 申报单位：中商华联贸易有限公司。

该票货物报关单填报内容如表 3-1 所示。

中华人民共和国海关进口货物报关单

预录入编号：　　　　海关编号：421820081×××××××××

进口口岸 青开发区4218	备案号	进口日期 2008-08-10	申报日期 2008-08-10

经营单位 中商华联贸易有限公司1102918123	运输方式 保税仓库	运输工具名称	提运单号

收货单位 湖南长沙家佳纺织有限责任公司4301962104	贸易方式 一般贸易	征免性质 一般征税	征税比例

许可证号	起运国（地区） 中国	装货港 中国境内	境内目的地 43019

批准文号	成交方式 CIF	运费	保费	杂费

合同协议号 CS02580786H-1	件数 600	包装种类 包	毛重（千克） 100297.00	净重（千克） 99937.00

集装箱号	随附单据 e:B43020080505007	用途 外贸自营内销

标记唛码及备注
N/M

项号	商品编号	商品名称、规格型号	数量及单位	原产国（地区）	单价	总价	币制	征免
01	5201.0000.80	未梳的棉花 1-1/8"3.5-4.9NCL	99,937.00千克 220,323.37磅	印度	0.7657	168 701.6	美元	照章征税

税费征收情况

录入员　录入单位	兹声明以上申报无讹并承担法律责任。	海关审单批注及放行日期（签章）
报关员		审单　　审价
单位地址	申报单位（签章） 中商华联贸易有限公司	征税　　统计
邮编　　电话	填制日期	查验　　放行

图 9-8　中华人民共和国海关进口货物报关单

五、配合查验

在配合海关查验前，要做好对查验商品的了解。

六、缴纳税费

该批货物原产地是印度，但经营单位未提供亚太贸易协定原产地证书，查询《税则手册》，适用最惠国税率0，增值税税率13%。

利用Excel进行进口税费核算，如表9-8所示。表中所使用的各类联动计算公式可参见本书税费实训部分内容。

表9-8　进口税费核算

品名	原产地	原产地证书号	最惠国税率	CIF价 USD	汇率	完税价格 CNY	进口关税税额 CNY	增值税税额 CNY	合计 CNY
未梳的棉花	印度	无	0	168 701.60	6.229 3	1 050 892.88	0.00	136 616.88	136 616.88

七、提取货物

保税物流货物从保税仓库出仓，按照保税仓库管理制度，办理出仓提货手续。

知识点关联图

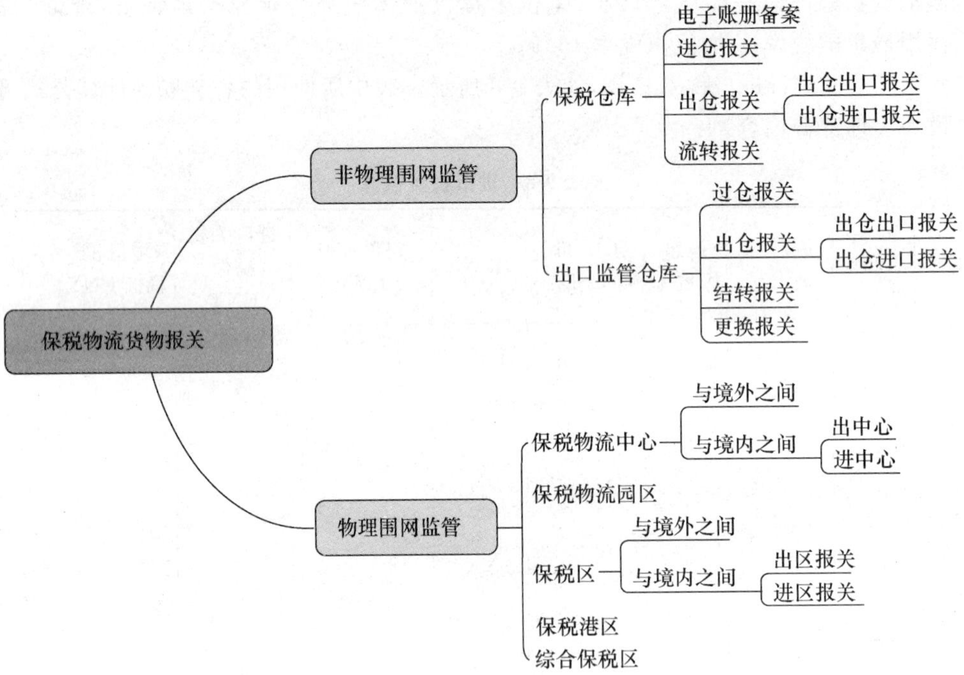

精 选 习 题

一、单项选择题

1. 海关对从事保税物流货物企业的监管模式中采用非物理围网监管模式的是（　　）。
   A. 保税仓库　　B. 保税物流中心　　C. 保税区　　D. 保税港区
2. 保税物流货物在海关税收管理上的主要特征有（　　）。
   A. 进境时暂缓缴纳进口关税　　B. 进境时缴纳进口环节海关代征税
   C. 复运出境征税　　D. 内销时征收缓税利息
3. 保税物流货物在证件管理上的主要特征有（　　）。
   A. 免予交验进出口许可证件
   B. 除国家另有规定的外，免予交验进出口许可证件
   C. 一律交证
   D. 不涉及许可证件管理

4. 保税仓库存放保税物流货物的时间是(　　)。

A. 半年　　B. 1 年　　C. 2 年　　D. 无期限

5. 保税物流中心存放保税物流货物的时间是(　　),可以申请延长(　　)。

A. 1 年;1 年　　B. 半年;半年　　C. 2 年;1 年　　D. 2 年;2 年

6. 保税区进出境备案清单适用于(　　)。

A. 保税区与境外非保税区之间进出口的货物

B. 保税区从境外进口的转口货物

C. 保税区企业从境外进口自用的机器设备

D. 保税区工作人员从境外进口的自用应税物品

7. 下列货物中,不得存入保税仓库的是(　　)。

A. 加工贸易出口货物　　B. 进境转口货物

C. 供应国际航行船舶的进口油料　　D. 外商进境暂存货物

8. 从境内运入物流中心的原进口货物,应当(　　)。

A. 办理出口报关手续,退还原进口税

B. 办理出口报关手续,不退原进口税

C. 办理进口报关手续,退还原进口税

D. 办理进口报关手续,不退原进口税

9. 海关特殊监管区域外的保税仓库经营企业(　　)。

A. 可以自理报关,不能代理报关

B. 既可以自理报关,也可以代理报关

C. 可以代理报关,不能自理报关

D. 既不可以自理报关,也不可以代理报关

10. 经海关批准设立的保税仓库可以存放的货物是(　　)。

A. 进口货物　　B. 进口货物、出口货物

C. 出口货物　　D. 加工贸易进出口货物

11. 出口监管仓库所存货物的储存期限为(　　),如因特殊情况需要延长储存期限,应在到期之前向主管海关申请延期,延长的期限最长不超过(　　)。

A. 6 个月;6 个月　　B. 6 个月;3 个月

C. 1 年;1 年　　D. 2 年;1 年

12. 保税区进出境货物备案清单适用于(　　)。

A. 保税区与境内非保税区之间进出口的货物

B. 保税区从境外进口的转口货物

二、多项选择题

1. 保税物流中心属于(　　)。

A. 非物理围网监管　　B. 物理围网监管

C. 保税监管场所　　D. 特殊监管区域

2. 关于保税物流货物运离海关保税监管场所或特殊监管区域内销时,说法不正确的是(　　)。

A. 需要缴纳进口税费　　B. 免税
C. 不缴纳缓税利息　　D. 缴纳缓税利息

3. 下列可以享受入区退税的有(　　)。
A. 保税仓库　　B. 保税物流中心　　C. 保税区　　D. 保税港区

4. 保税区进境的(　　)使用进出境货物备案清单报关。
A. 加工贸易料件　　B. 加工贸易设备
C. 转口贸易货物　　D. 仓储货物

5. 保税港区可以开展(　　)业务。
A. 对外贸易,国际采购、分销和配送　　B. 商品加工、制造
C. 商品展示与商业零售　　D. 港口作业

6. 海关对保税物流货物监管的基本特征,除监管延伸、纳税暂缓外,还有(　　)。
A. 设立审批　　B. 准入保税　　C. 复运出境　　D. 运离结关

三、判断题

1. 保税物流中心存放保税货物没有时间限制。(　　)
2. 对已存入出口监管仓库因质量等原因要求更换的货物,经仓库所在地主管海关批准,可以更换货物。更换货物入仓前,被更换货物应当先行出仓。(　　)
3. 公用保税仓库由主管仓储业务的中国境内独立企业法人经营,专门向社会提供保税仓储服务,其面积最低为 2 000 平方米。(　　)
4. 保税仓库货物出库内销时,保税物流货物需征收缓税利息。(　　)
5. 企业设立保税仓库应向仓库所在地主管海关提交书面申请,由主管海关初审,报海关总署审批。(　　)
6. 可以在保税仓库内进行实质性加工。(　　)
7. 某保税物流中心企业从境外进口自用办公用品及为开展综合物流服务所需进口的机器、装卸设备等,按照规定,进口这些物资可予以免税。(　　)
8. 从境内运入物流中心已办结报关手续或者从境内运入物流中心供中心内企业自用的各种国产设备及转关出口货物,海关签发出口货物报关单退税证明联。(　　)
9. 保税物流中心的经营企业不得在中心直接从事保税仓储物流的经营活动。(　　)
10. 保税区与境外之间进出境货物,属自用的,填写进出境备案清单。(　　)

第十章　减免税货物报关

《海关法》规定，减免税包括法定减免税、特定减免税和临时减免税。其中，特定减免税和临时减免税都属于政策性减免税范围，两者并无明显区别。自2009年1月1日起，大部分进口减免税货物免进口关税，但不免增值税。

第一节　特定减免税货物

一、特定减免税货物概述

（一）含义

特定减免税货物是指海关根据国家的政策规定准予减免税进口使用于特定地区、特定企业、特定用途的货物。

特定地区是指我国关境内由行政法规规定的某一特别限定区域（如保税区、出口加工区等），享受减免税优惠的进口货物只能在这一特别限定的区域内。

特定企业是指由国务院制定的行政法规专门规定的企业（如外商投资企业），享受减免税优惠的进口货物只能由这些专门规定的企业使用。

特定用途是指国家规定可以享受减免税优惠的进口货物只能用于行政法规专门规定的用途（如科教用品、残疾人专用品等）。

（二）特征

特定减免税货物有以下特征。

1. 特定条件下减免进口关税

特定减免税是我国关税优惠政策的重要组成部分，是国家无偿向符合条件的进口货物使用企业提供的关税优惠，其目的是优先发展特定地区的经济，鼓励外商在我国的直接投资，促进国有大中型企业和科学、教育、文化、卫生事业的发展。因而，这种关税优惠具有鲜明的特定性，只能在国家行政法规规定的特定条件下使用。

2. 进口申报应当提交进口许可证件

特定减免税货物是实际进口货物。按照外贸管制规定，凡属于进口需要交验许可证件的货物，收货人或其代理人都应当在进口申报时向海关提交进口许可证件（除免证情况之外）。

3. 进口后在特定的海关监管期限内接受海关监管

进口货物享受特定减免税的条件之一就是在规定的期限,使用于规定的地区、企业和用途,并接受海关的监管。特定减免税进口货物的海关监管期限按照货物的种类各有不同。以下是特定减免税货物的海关监管期限。

(1) 船舶、飞机:8 年。

(2) 机动车辆:6 年。

(3) 其他货物:5 年。

监管期限自货物进口之日起计算。

(三) 主要范围

特定减免税货物大体有以下三类:特定区域减免税货物、特定企业减免税货物、特定用途减免税货物。

二、特定减免税货物海关监管

(1) 减免税申请人可以自行向海关申请办理减免税备案、审批、税款担保和后续管理业务等相关手续,也可以委托他人办理。

已经在海关办理注册登记并取得报关注册登记证书的报关企业或者进出口货物收发货人可以接受减免税申请人的委托,代为办理减免税相关事宜。

减免税备案、审批、税款担保和后续管理业务等相关手续应当由进口货物减免税申请人或其代理人办理。

(2) 在海关监管年限内,减免税申请人应当自进口减免税货物放行之日起,在每年的第一季度向主管海关递交减免税货物使用状况报告书,报告减免税货物使用状况。在海关监管年限及其后 3 年内,海关依照有关规定可以对减免税申请人进口和使用减免税货物情况实施稽查。

(3) 在海关监管年限内,减免税货物转让给进口同一货物享受同等减免税优惠待遇的其他单位的,不予恢复减免税货物转出申请人的减免税额度,减免税货物转入申请人的减免税额度按照海关审定的货物结转时的价格、数量或者应缴税款予以扣减。

减免税货物因品质或者规格原因原状退运出境,减免税申请人以无代价抵偿方式进口同一类型货物的,不予恢复其减免税额度。

未以无代价抵偿方式进口同一类型货物的,减免税申请人在原减免税货物退运出境之日起 3 个月内向海关提出申请,经海关批准,可以恢复其减免税额度。

对于其他提前解除监管的情形,不予恢复减免税额度。

第二节 特定减免税货物报关程序

特定减免税货物的报关程序包括减免税备案申请和海关审批、进口报关和解除监管,如图 10-1 所示。

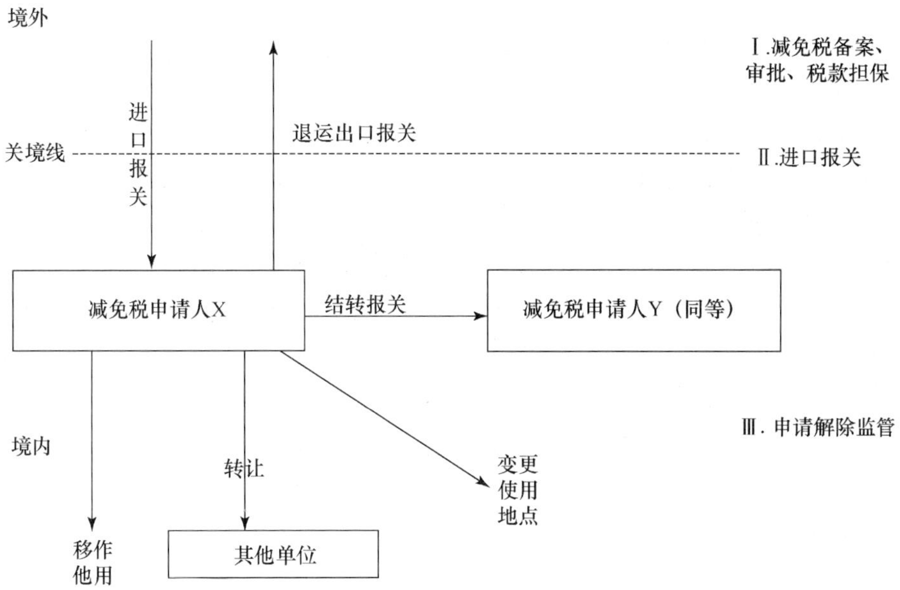

图 10-1　进口特定减免税货物报关程序

一、前期阶段

特定减免税申请人在报关前期阶段应当向其所在地海关申请办理减免税备案、减免税审批和税款担保手续。

特定减免税货物一般用于各类投资项目，投资项目所在地海关与减免税申请人所在地海关不是同一海关的，减免税申请人应当向投资项目所在地海关申请办理上述手续。

投资项目所在地涉及多个海关的，减免税申请人可以向其所在地海关或者有关海关的共同上级海关办理上述手续。

（一）减免税备案申请

减免税申请人向主管海关申请办理减免税备案手续，并同时提交下列材料。

(1) 进出口货物减免税备案申请表。

(2) 营业执照、事业单位法人证书、国家机关设立文件、社团登记证书。

(3) 相关政策规定的享受进出口税收优惠政策的证明。

海关应当自受理之日起 10 个工作日内做出是否准予备案的决定。

（二）减免税审批

减免税备案后，申请人应当在货物申报进口前，向主管海关申请办理进口货物减免税审批，并同时提交下列主要材料。

(1) 进出口货物征免税申请表。

(2) 营业执照、事业单位法人证书、国家机关设立文件、社团登记证书。

(3) 进出口合同、发票及相关货物的产品情况资料。

(4) 相关政策规定的享受进出口税收优惠政策的证明。

减免税申请人按照本条规定提交证明材料后，应当交验原件，同时提交加盖申请人有效印章的复印件。

海关按照相关规定，审核通过的签发中华人民共和国进出口货物征免税证明(以下简称进出口货物征免税证明)。

进出口货物征免税证明的有效期按照具体政策规定签发，但最长不得超过6个月，持证人应当在征免税证明的有效期内办理有关进口货物通关手续。如情况特殊，可以向海关申请延长一次，延期时间自有效期届满之日起算，延长期限不得超过6个月。

进出口货物征免税证明使用一次有效，即一份征免证明上的货物只能在一个进口口岸一次性进口。如果同一合同项下货物分多个口岸进口或者分批到货的，应向审批海关申明，并按到货口岸或到货日期分别申请征免税证明。

(三) 税款担保

有下列情形之一的，减免税申请人可以向海关申请凭税款担保先予办理货物放行手续。

(1) 主管海关按照规定已经受理减免税备案或者审批申请，尚未办理完毕的。

(2) 有关进口税收优惠政策已经国务院批准，具体实施措施尚未明确，海关总署已确认减免税申请人属于享受该政策范围的。

(3) 其他经海关总署核准的情况。

国家对进出口货物有限制性规定，应当提供许可证件而不能提供的，以及法律、行政法规规定不得担保的其他情形，不得办理减免税货物凭税款担保放行手续。

减免税申请人在货物申报进口前向主管海关提出申请，主管海关准予担保的，出具中华人民共和国海关准予办理减免税货物税款担保证明，进口地海关凭主管海关出具的准予担保证明，办理货物的税款担保和验放手续。税款担保期限不超过6个月，经直属海关关长或者其授权人批准可以予以延期，延期时间自税款担保期限届满之日起算，延长期限不超过6个月，海关依照规定延长减免税备案、审批手续办理时限的，减免税货物税款担保时限可以相应延长。

减免税申请人在税款担保期限届满前取得进出口货物征免税证明的，海关应当解除税款担保，办理征免税进出口通关手续。担保期限届满，减免税申请人未按照规定申请办理减免税货物税款担保延期手续的，海关应当要求担保人履行相应的担保责任或者将税款保证金转为税款。

二、进出口阶段

政策性减免税货物进口报关程序，可参见一般进出口货物报关程序中的有关内容，但是有些具体手续有所不同。

(1) 减免税货物进口报关时，进口货物收货人或其代理人除了向海关提交报关单及随附单据以外，还应当向海关提交进出口货物征免税证明。海关在审单时从计算机查阅征免税证明的电子数据，核对纸质的进出口货物征免税证明。

(2) 减免税货物进口填制报关单时，报关员应当特别注意报关单上“备案号”栏目的填写。“备案号”栏内填写进出口货物征免税证明上的12位编号，12位编号写错将不能通过海关计算机逻辑审核，或者在提交纸质报关单时无法顺利通过海关审单。具体填写规范参照进出口货物报关单填制一章。

三、后续阶段

减免税货物报关的后续阶段包括减免税货物的处置和申请解除监管。监管期间，货主定期或不定期呈报使用报表，海关抽查账册和实存。

（一）减免税货物的处置

在进口减免税货物的海关监管年限内，经海关许可，减免税申请可以将减免税货物结转、转让、变更使用地点、移作他用或者进行其他处置。

1. 结转

在海关监管年限内，减免税申请人将进口减免税货物结转给进口同一货物享受同等减免税优惠待遇的其他单位的，应当按照下列规定办理减免税货物结转手续。

（1）减免税货物的转出申请人持有关单证向转出地主管海关提出申请，转出地主管海关审核同意后，通知转入地主管海关。

（2）减免税货物的转入申请人向转入地主管海关申请办理减免税审批手续。转入地主管海关审核无误后签发进出口货物征免税证明。

（3）转出、转入减免税货物的申请人应当分别向各自的主管海关申请办理减免税货物的出口、进口报关手续。

（4）转出地主管海关办理转出减免税货物的解除监管手续。结转减免税货物的监管年限应当连续计算，转入地主管海关在剩余监管年限内对结转减免税货物继续实施后续监管。

（5）转入地海关和转出地海关为同一海关的，按照第（1）条办理。

2. 转让

在海关监管年限内，减免税申请人将进口减免税货物转让给不享受进口税收优惠政策或者进口同一货物不享受同等减免税优惠待遇的其他单位的，应当事先向减免税申请人主管海关申请办理减免税货物补缴税款和解除监管手续。

补税的完税价格以海关审定的货物原进口时的价格为基础，按照减免税货物已进口时间与监管年限的比例进行折旧，其计算公式为

$$\text{补税的完税价格}=\text{货物原进口时的价格}\times\left[1-\frac{\text{已出口时间}}{\text{监管年限}\times 12}\right] \qquad (10\text{-}1)$$

$$\text{补缴税额}=\text{补税的完税价格}\times\text{适用税率} \qquad (10\text{-}2)$$

上述计算公式中，“已进口时间”自减免税货物的放行之日起按“月”计算，不足1个月但超过15天的，按照1个月计算；不超过15天，不予计算。如果以“年”来计算，则分母中要去除12这个数字。

已进口时间的截止日期确定方法如下。

（1）经海关批准，转让减免税货物的，应当以海关接受减免税申请人申请办理补税手续之日作为截止日。

（2）未经海关批准，擅自转让减免税货物的，以货物实际转让之日作为截止日；转让之日不能确定的，应当以海关发现之日作为截止日。

（3）在海关监管年限内，申请人发生破产、撤销、解散或者其他依法终止经营情形的，已进口时间的截止日期应当为申请人破产清算之日或者被依法认定终止生产经营活动的日期。

3. 变更使用地点

在海关监管年限内，减免税货物应当在主管海关核准的地点使用。需要变更使用地点的，减免税申请人应当向主管海关提出申请，说明理由，经海关批准后方可变更使用地点。减免税货物需要移出主管海关管辖地使用的，减免税申请人应当事先持有关单证及需要异地使用的说明材料向主管海关申请办理异地监管手续，经主管海关审核同意并通知转入地海关后，减免税申请人可以将减免税货物运至转入地海关管辖地，转入地海关确认减免税货物情况后进行异地监管。

减免税货物在异地使用结束后，减免税申请人应当及时向转入地海关申请办结异地监管手续，经转入地海关审核同意并通知主管海关后，减免税申请人应当将减免税货物运回主管海关管辖地。

4. 移作他用

在海关监管年限内，减免税申请人需要将减免税货物移作他用的，应当事先向主管海关提出申请。经海关批准，减免税申请人可以向海关申请将减免税货物移作他用，主要包括以下情形。

(1) 将减免税货物交给减免税申请人以外的其他单位使用。

(2) 未按照原定用途、地区使用减免税货物。

(3) 未按照特定地区、特定企业或者特定用途使用减免税货物的其他情形。将减免税货物移作他用，减免税申请人应当按照移作他用的时间补缴相应税款，见式 10-3；移作他用时间不能确定的，应当提交相应的税款担保，税款担保不得低于剩余监管年限应补缴税款总额。

补缴税款＝货物原进口时的价格×税率×(需补缴税款的时间/监管年限×12×30)　(10-3)

上述计算公式中的税率，应当适用海关接受申报办理纳税手续之日实施的税率；需补缴税款的时间是指减免税货物移作他用的实际时间，按日计算，每日实际生产不满 8 小时或者超过 8 小时的均按 1 日计算。

5. 变更、终止

(1) 变更

在海关监管年限内，减免税申请人发生分立、合并、股东变更、改制等变更情形的，权利义务承受人应当自营业执照颁发之日起 30 日内，向原减免税申请人的主管海关报告主体变更情况及原减免税申请人进口减免税货物的情况。

经海关审核，需要补征税款的，承受人应当向原减免税申请人主管海关办理补税手续；可以继续享受减免税待遇的，承受人应当按照规定申请办理减免税备案变更或者减免税货物结转手续。

(2) 终止

在海关监管年限内，因破产、改制或者其他情形导致减免税申请人终止，没有承受人的，原减免税申请人或者其他依法应当承担关税及进口环节海关代征税缴纳义务的主体应当自资产清算之日起 30 日内向主管海关申请办理减免税货物的补缴税款和解除监管手续。

6. 退运、出口

在海关监管年限内，减免税申请人要求将进口减免税货物退运出境或者出口的，应当报主管海关核准。

减免税货物退运出境或者出口后，减免税申请人应当持出口报关单向主管海关办理原进口减免税货物的解除监管手续。

减免税货物退运出境或者出口的，海关不再对退运出境或者出口的减免税货物补征相关税款。

7. 贷款抵押

在海关监管年限内，减免税申请人要求以减免税货物向金融机构办理贷款抵押的，应当向主管海关提出书面申请。经审核符合有关规定的，主管海关可以批准其办理贷款抵押手续。减免税申请人不得以减免税货物向金融机构以外的公民、法人或者其他组织办理贷款抵押。

减免税申请人以减免税货物向境内金融机构办理贷款抵押的，应当向海关提供下列形式的担保。

(1) 与货物应缴税款等值的保证金。

(2) 境内金融机构提供的相当于货物应缴税款的保函。

(3) 减免税申请人、境内金融机构共同向海关提交《进口减免税货物贷款抵押承诺保证书》，书面承诺当减免税申请人抵押贷款无法清偿需要以抵押物抵偿时，抵押人或者抵押权人先补缴海关税款，或者从抵押物的折(变)价款中优先偿付海关税款。

减免税申请人以减免税货物向境外金融机构办理贷款抵押的，应当向海关提交与货物应缴税款等值的保证金或者境内金融机构提供的相当于货物应缴税款的保函。

(二) 解除监管

1. 监管年限届满

特定减免税进口货物监管期届满时，减免税申请人不必向海关申请领取中华人民共和国进口减免税货物解除监管证明(以下简称减免税货物解除监管证明)，有关减免税货物自动解除监管。申请人需要证明的，可以自办结补缴税款和解除监管等相关手续之日或者自海关监管年限届满之日起1年内，向海关申领减免税货物解除监管证明。

2. 监管年限内

在海关监管期限内，减免税申请人书面申请提前解除监管的，应当向主管海关申请办理补缴税款和解除监管手续。按照国家有关规定在进口时免予提交许可证件的，申请人应补交有关许可证件。

第三节　特定减免税货物报关实训

天津华海勘测服务有限公司(120722××××)在投资总额内进口泥浆泵(法定计量单位为“台”)，向海关申请取得Z02024A50706号征免税证明(海关签注的征免性质为“鼓励项目”)，该设备位于征免税证明第 3 项，泥浆泵随其他设备同批进口，单独向海关做出申报。保险费率：2.7‰，法定计量单位为“台”。海运提单、商业发票、空白进口货物报关单如图 10-2～图 10-4 所示。

BIII OF LOADING

SHIPPER/EXPORTEER PANTAINER EXPRESS LINE P.O.BOX 60164 AMF HOUSTON.TX 77205		BOOKING NO. HOU4A058270	BILL OF LOADING NO. HUSCLGBA00347202
		EXPORT REFERENCE	
CONSIGNEE PANALPINA CHINA LTD ROOM XXX SINOTRANS LIAONING BLDG 85-1 RENMIN ROAD ZHONGSHAN DISTRICT DALIAN 116001 LIAONING CHINA		FORWARDING AGENT REFENCES PANALPINA HUSTON PO BOX 60164 AMF HOUSTON,TEXAS.77205 U.REF;050-617630	
NOTIFY PARTY SAME AS CONSIGNEE		POINT AND COUTRY OF ORIGIN	
PIER OR PLACE OF RECEIPT 接货地：休斯敦 HOUSTON,TX	PRE-CARRIAGE BY	ALSO NOTIFY/DOMES TIC ROUTING PANALPINA CHINA LTD.RMXXX SINOTRANS LIAONING BLDG,85-1 RENMIN ROAD,ZHONGSHAN DISTRICT DALIAN,116001 LIAONING CHINA	
VESSLE VOY(FLAG) YONG YUE 6 VO445W	PORT OF LOADING LONG BEACH,CA	TYPE OF MOVE	CONTAINERIZED (VESSEL ONIL)
PORT OF DISCHARGE BUSAN,KOREA	PLACE OF DELIVERY DALIANSEAPORT,P.R CHINA	FINAL DESTIANTIONG (FOR THE MERCHANT'S REFERENCE ONLY)	

PARTICULARS FURNISHED BY SHIPPER

CONTAINER NO. MARKS$NOS.	NO.OF PKGS OR CONTAINERS	KINDS OF PACKGES; DES CRIPTION OF GOODS	TOTAL GROSS WEIGHT KGS.	TOTAL MEASUREMENT CBM(CFT)
			26, 723.000	
HJCU7492121 TARE 4050 KGS HJCU8030278 TAER 2280 KGS WFHU4032026 TARE 4050 KGS	8819.000KGS 8PKGS 10068.000KGS 4PKGS 7836.000KGS 12PKGS	-SHIPPER'S LOAD&COUNT- 1*20ST CONTAINER SAID TO CONTAIN 2*40ST CONTAINER SAID TO CONTAIN 24 PACKAGES IN A TOTAL MUD CONDITIONING SYSTEM(OIL WELL SUPPIIES) UNDER CONTACT NO.Z04SLCS-NO1005 4SHALE SHAKER,2 DEGRESSER, 11 MUD PUMPS L/C NO.LC21A5756/04 FREIGHT PREPAID NO SED BEQUIRED 132564822-5HOU749809		

Total NO. of container or packages(in words) ONE TWENTY AND TWO FORTY FOOT CONTAINERS O NLY

FREIGHT & CHARGES	RATES AS	RATE	PRE	PREPAID	COLLECT	LADED ON BOARD THE VESSLE DATE BY 22 OCT 2004
FREIGHT	ALL AS	ARRANGED				PLACEOF B(s)/L ISSUE
						NO. OF ORIGINAL B(s)/L SIGNED
		TOTAL				DATED OF B(s)/L ISSUE
		AT				
						NANJING SHIPPING CO.,LTD. AS Carrier By

图 10-2 海运提单

Shipper:
National Oilwell L.P.
1000 RICHMOND, HOUSTON,TX(TEXAS)
USA
77042

Number & Date: Mudsystem 10/16/04
LC Number: LC21AQ5756/04

Invoice

Sold to:
Tianjin HuaHai Reconnaissance Services Company Limited
Tianjin, China
TEL: +86-22-8452-××××
FAX: +86-22-8452-××××

Item	Commodity Description	CTNR	QTY (set)	Amount (USD)
1	BEM-600 Shale shaker with Flow Divider	HJCU7492121	4	382 434.60
2	Degasser, CD 14000	HJCU8030278	2	72 380.00
3	Mud pump for trip tank	WFHU4032026	2	11 142.00
4	Mud pump for mud mixing		2	23 000.00
5	Mud pump for mnd charge		3	30 000.00
6	Mud pump for base oil transfer		2	24 572.00
7	Mud pump for brine transfer		1	8 214.00
8	Mud pump for LP shear		1	15 793.00
Total:			17	
Total: in USD				567 535.60

Covering:
UNDER CONTRACT No.Z04SLCS-NO10005
4 SHALE SHAKER, 2 DEGASSER,11 MUD PUMPS
TOTAL AMOUNT: USD567,535.60
PRICE TERM: C AND F DALIAN SEAPORT, P.R.CHINA
SHIPPING MARK: Z04SLCS-NOI0005

DALIAN, P.R.CHINA
PACKING CONDITIONS: PACKED IN STRONG WOODEN CASE(S) SUITABLE FOR LONG DISTANCE OCEAN AND INLAND TRANSPORTATION AND TO CHANGE OF CLIMATE.
MANUFACTURER:N.O.W.,NORWAY
SHIPMENT:FROM LONGBEACH USA TO DALIAN P.R.C BY STERMER: ATLANTIC/0513W,B/L NO:OOCLU123456

ISSUED BY THE NATIONAL OIL WELL L.P.

NATIONAL OIL WELL L.P.
10000 RICHMOND, HOUSTON, TEXAS
77042

图 10-3　商业发票

中华人民共和国海关进口货物报关单

预录入编号:　　　　　　海关编号:

进口口岸	备案号	进口日期	申报日期	
经营单位	运输方式	运输工具名称	提运单号	
收货单位	贸易方式	征免性质	征税比例	
许可证号	起运国（地区）	装货港	境内目的地	
批准文号	成交方式	运费	保费	杂费
合同协议号	件数	包装种类	毛重（千克）	净重（千克）
集装箱号	随附单据	用途		
标记唛码及备注				

项号	商品编号	商品名称、规格型号	数量及单位	原产国（地区）	单价	总价	币制	征免

税费征收情况

录入员　录入单位	兹声明以上申报无讹并承担法律责任。	海关审单批注及放行日期(签章)
报关员		审单　审价
单位地址	申报单位（签章）	征税　统计
邮编　电话	填制日期	查验　放行

图 10-4　空白进口货物报关单

一、判定海关监管货物的类型

根据认知部分中对减免税货物的描述，包括定义、范围、特征等，结合案例描述，判定该货物海关监管类型为特定减免税货物。

二、商品归类

根据品名及规格描述，使用正确方法查阅税则手册。若该设备为回转式排液泵(轴向柱塞泵)，则对应的商品编码为 8413.6060.90，对应进口税率有最惠国税率 10%，普通税率 40%，暂定税率 6%，增值税税率 17%，法定计量单位为“台”，监管证件无，英文名称为 Other axial piston pumps for non-agricultrual use，如表 10-1 所示。同时，通过 Web 或 EDI 预录入规范申报辅助系统查询该商品的申报要素如下。

商品描述：其他非农业用轴向柱塞泵。

申报要素：① 品名；② 驱动方式；③ 原理(往复式、回转式、离心式等)；④ 用途；⑤ 品牌；⑥ 型号。

表 10-1 泥浆泵税则号列

税则号列 Tariff item	商品名称及备注	出口退税	进口税率			增值税率	计量单位	监管条件	Article description
			最惠	普通	暂定				
84136050.90	其他非农业用径向柱塞泵(回转式排液泵)	15	10.0	40.0	6	17	台		Other radial piston pumps for non-agricultural use (rotary positive displacement pumps)
8413.6060	——轴向柱塞泵		10.0	40.0			台		—Axial plunger pumps
84136060.01	农业用轴向柱塞泵(回转式排液泵)	13	10.0	40.0	6	13	台		Axial plunger pumps for agricultural use (rotary positive displacement pumps)
84136060.90	其他非农业用轴向柱塞泵(回转式排液泵)	15	10.0	40.0	6	17	台		Other axial piston pumps for non-agricultural use (rotary positive displacement pumps)
8413.6090	——其他		10.0	40.0			台		—Other
84136090.10	农业用其他回转式排液泵	13	10.0	40.0	6	13	台		Other rotary positive displacement pumps for agricultural use

三、确定海关监管条件

《进出口税则》中显示该商品监管条件为空，因此不涉及监管证件。

四、进口申报

报关单位依照特定减免税货物的报关程序包括前期阶段的备案与审批、进口阶段的进口报关和后续阶段的。此处主要涉及进口申报工作。

(一) 阅读原始外文资料并翻译

海运提单及商业发票的原始外文资料及其翻译如图 10-5 和图 10-6 所示。

BIII OF LOADING 提单号

SHIPPER/EXPORTEER PANTAINER EXPRESS LINE 托运人：PANTAINER P.O.BOX 60164 AMF 运输公司（美国休斯敦） HOUSTON.TX 77205	BOOKING NO. HOU4A058270 BILL OF LOADING NO. HUSCLGBA00347202 EXPORT REFERENCE
CONSIGNEE 收货人：瑞士泛亚班拿中国有限公司 PANALPINA CHINA LTD ROOM XXX SINOTRANS LIAONING BLDG 85-1 RENMIN ROAD ZHONGSHAN DISTRICT DALIAN 116001 LIAONING CHINA	FORWARDING AGENT REFENCES PANALPINA HUSTON PO BOX 60164 AMF HOUSTON,TEXAS.77205 U.REF;050-617630
NOTIFY PARTY 通知人：同收货人 SAME AS CONSIGNEE	POINT AND COUTRY OF ORIGIN

PIER OR PLACE OF RECEIPT 接货地：休斯敦 HOUSTON,TX	PRE-CARRIAGE BY	ALSO NOTIFY/DOMES TIC ROUTING PANALPINA CHINA LTD.RM××× SINOTRANS LIAONINGBLDG,85-1 RENMIN ROAD,ZHONGSHAN DISTRICT DALIAN,116001 LIAONING CHINA	
VESSLE VOY(FLAG) 船名及航次 YONG YUE 6 VO445W	PORT OF LOADING 装运港：长滩 LONG BEACH,CA	TYPE OF MOVE	CONTAINERIZED (VESSEL ONIL)
PORT OF DISCHARGE 卸货港：釜山 BUSAN,KOREA	PLACE OF DELIVERY 接货地：大连 DALIANSEAPORT,P.R CHINA	FINAL DESTIANTIONG (FOR THE MERCHANT'S REFERENCE ONLY)	

PARTICULARS FURNISHED BY SHIPPER

CONTAINER NO. MARKS$NOS.	NO.OF PKGS OR CONTAINERS	KINDS OF PACKGES; DES CRIPTION OF GOODS	TOTAL GROSS WEIGHT KGS.	TOTAL MEASUREMENT CBM(CFT)
			26, 723.000	
集装箱号 HJCU7492121 TARE 4050 KGS HJCU8030278 TAER 2280 KGS WFHU4032026 TARE 4050 KGS 共3个集装箱	毛重及件数 8819.000KGS 8PKGS 10068.000KGS 4PKGS 7836.000KGS 12PKGS	-SHIPPER'S LOAD&COUNT- 1*20ST CONTAINER SAID TO CONTAIN 1个20尺箱 2*40ST CONTAINER SAID TO CONTAIN 2个40尺箱 24 PACKAGES IN A TOTAL 共24件 MUD CONDITIONING SYSTEM(OIL WELL SUPPIIES)泥浆系统 UNDER CONTACT NO.Z04SLCS-NO1005合同号 4SHALE SHAKER,2 DEGRESSER, 11 MUD PUMPS L/C NO.LC21A5756/04 FREIGHT PREPAID 运费预付 NO SED BEQUIRED 132564822-5HOU749809	4个泥浆振动筛，2个排气器，11台泥浆泵	

Total NO. of container or packages(in words) ONE TWENTY AND TWO FORTY FOOT CONTAINERS ONLY

FREIGHT & CHARGES	RATES AS	RATE	PRE	PREPAID	COLLECT	LADED ON BOARD THE VESS LE DATE BY 22 OCT 2004
FREIGHT	ALL AS	ARRANGED				PLACEOF B(s)/L ISSUE
						NO. OF ORIGINAL B(s)/L SIGNED
		TOTAL				DATED OF B(s)/L ISSUE
		AT				
				NANJING SHIPPING CO.,LTD AS Carrier By		

图 10-5 海运提单原始外文资料及翻译

hipper:
National Oilwell L.P
1000 RICHMOND,HOUSTON,TX(TEXAS)
USA
77042
卖方：美国国民油井公司

Number &Date:Mudsystem 10/16/04
LC Number:LC21AQ5756/04

Invoice

Sold to: 买方：天津华海勘测服务有限公司
Tianjin HuaHai Reconnaissance Services Company Linited
Tianjin,China
TEL:+86-22-8452-××××
FAX:+86-22-8452-××××

Item	Commodity Description	CTNR	QTY (set)	Amount (USD)
	4 个泥浆振动筛			
1	BEM-600 Shaker with Flow Divider	HJCU7492121	4	382,434.60
2	Degasser, CD 14000　2 个排气器	HJCU8030278	2	72,380.00
3	Mud pump for trip tank	WFHU4032026	2	11,142.00
4	Mud pump for mud mixing	11 个泥浆泵	2	23,000.00
5	Mud pump for mud charge		3	30,000.00
6	Mud pump for base oil transfer		2	24,572.00
7	Mud pump for brine transfer		1	8,214.00
8	Mud pump for L.P shear		1	15,793.00
Total:			17	
Total: in USD				567,535.60

Covering:
UNDER CONTRACT No.Z04SLCS　NO10005
4 SHALE SHAKER.2 DEGASSER,11 MUD PUMPS
TOTAL AMOUNT:　USD567,535.60　总价
PRICE TERM:C AND F DALIAN SEAPORT,P.R.CHINA　价格术语：CFR 大连

SHIPPING MARK:　Z04SLCS-NO10005　唛头
DALIAN,P.R.CHINA　包装：坚固木箱

PACKING CONDITIONS:PACKED IN STRONG WOODEN CASE(S) SUITABLE FOR LONG DISTANCE OCEAN AND INLAND TRANSPORTATION AND TO CHANGE OF CLIMATE
MANUFACTURER:N.O.W.,NORWAY　生产商：挪威某公司
SHIPMENT:FORM LONGBEACH USA TO DALIAN P.R.C BY STERMER:起运港: 美国长滩，目的港: 中国大连
ATLANTIC/0513W,B/L NO:OOCLU123456　船名及航次,提单号
ISSUED BY THE NATINAL OIL WELL L.P

NATIONAL OIL WELL L.P
10000 RICHMOND, HOUSTON,TEXAS
77042

图 10-6　商业发票原始外文资料及翻译

(二) 报关单填报

根据原始资料信息结合基础认知部分的报关单填制规范和经验总结,各个主要栏目填报内容及格式如下。

假定信息:预录入编号同海关编号为090020041×××××××××。运输工具申报进境日同海关受理日期:2004年11月13日。

(1) 进口口岸:大连海关0900。

(2) 备案号:Z02024A50706。

(3) 进口日期:20041113。

(4) 申报日期:20041113。

(5) 经营单位:天津华海勘测服务有限公司120722××××。

(6) 运输方式:水路运输。

(7) 运输工具名称:ATLANTIC/0513W(填后程船)。

(8) 提运单号:OOCLU123456(填后程提单号)。

(9) 收货单位:天津华海勘测服务有限公司120722××××。

(10) 贸易方式:合资合作设备。

(11) 征免性质:鼓励项目(或789)。

(12) 许可证号:免填。

(13) 起运国(地区):美国。

(14) 装货港:釜山。

(15) 境内目的地:天津经济技术开发区。

(16) 批准文号:免填。

(17) 成交方式:CFR。

(18) 运费:免填。

(19) 保费:0.27/1。

(20) 杂费:免填。

(21) 合同协议号:Z04SLCS-NOI0005。

(22) 件数:12(提单中对应泥浆泵的件数)。

(23) 包装种类:木箱。

(24) 毛重:7836.00千克。

(25) 净重:7800.00千克(单据中未给,假定)。

(26) 集装箱号:WFHU4032026/40/4050。

(27) 随附单据:免填。

(28) 用途:企业自用。

(29) 标记唛码及备注:

Z04SLCS-NOI0005;

DALIAN,P.R.CHINA。

(30) 项号:01(第一行);03(第二行)。

(31) 商品编号:8413.6060.90。

(32) 商品名称、规格型号:泥浆泵(第一行);电动/轴向柱塞/地质钻井/NOW/PW230。

(33) 数量及单位:11台。

（34）原产国（地区）：挪威。

（35）单价：10 247.36。

（36）总价：112 721.00。

（37）币值：美元。

（38）征免：特案（外企进口投资设备，免进口关税，不免进口代征税）。

（39）申报单位：天津华海勘测服务有限公司。

该票货物报关单填报内容如图 10-7 所示。

中华人民共和国海关进口货物报关单

预录入编号：　　　　海关编号：090020041××××××××

进口口岸 大连海关0900	备案号 Z02024A50706		进口日期 20041113	申报日期 20041113
经营单位 天津华海勘测服务有限公司120722××××	运输方式 水路运输	运输工具名称 ATLANTIC/0513W		提运单号 OOCLU123456
收货单位 天津华海勘测服务有限公司120722××××	贸易方式 合资合作设备		征免性质 鼓励项目	征税比例
许可证号	起运国（地区） 美国	装货港 釜山		境内目的地 天津经济技术开发区
批准文号	成交方式 CFR	运费	保费 0.27/1	杂费
合同协议号 Z04SLCS-NOI0005	件数 12	包装种类 木箱	毛重（千克） 7836.00	净重（千克） 7800.00
集装箱号 WFHU4032026/40/4050	随附单据			用途 企业自用
标记唛码及备注 Z04SLCS-NOI0005 DALIAN,P.R.CHINA				

项号	商品编号	商品名称、规格型号	数量及单位	原产国（地区）	单价	总价	币制	征免
01 03	8413.6060.90	泥浆泵 电动/轴向柱塞/地质钻井/NOW/PW230	11台	挪威	10,247.36	112,721	美元	特案

税费征收情况

录入员　　录入单位 报关员 单位地址	兹声明以上申报无讹并承担法律责任。 申报单位（签章） 天津华海勘测服务有限公司 填制日期	海关审单批注及放行日期（签章） 审单　　审价 征税　　统计 查验　　放行

图 10-7　中华人民共和国海关进口货物报关单

五、配合查验

在配合海关查验前，要对查验商品有所了解。

（一）概述

泥浆泵，是指在钻探过程中向钻孔里输送泥浆或水等冲洗液的机械。泥浆泵是钻探设备的重要组成部分。

在常用的正循环钻探中，它是将地表冲洗介质——清水、泥浆或聚合物冲洗液在一定的压力下，经过高压软管、水龙头及钻杆柱中心孔直送钻头的底端，以达到冷却钻头、将切削下来的岩屑清除并输送到地表的目的。

常用的泥浆泵是活塞式或柱塞式的，由动力机带动泵的曲轴回转，曲轴通过十字头再带动活塞或柱塞在泵缸中做往复运动。在吸入和排出阀的交替作用下，实现压送与循环冲洗液的目的。

(a)　　　　(b)

图 10-8　泥浆泵

（二）泥浆泵分类

1. 按作用形式

单作用式泥浆泵，指在活塞往复运动的一个循环中仅完成一次吸排水动作的泥浆泵。

双作用式泥浆泵，指在活塞往复运动的一个循环中完成两次吸排水动作的泥浆泵。

2. 按泵的缸数

若按泵的缸数分类，有单缸、双缸、三缸、五缸等形式。

（三）泥浆泵性能

1. 排量

排量以每分钟排出若干升计算，它与钻孔直径及所要求的冲洗液自孔底上返速度有关，即孔径越大，所需排量越大。要求冲洗液的上返速度能够把钻头切削下来的岩屑、岩粉及时冲离孔底，并可靠地携带到地表。地质岩心钻探时，一般上返速度为 0.4～1.0 米/分左右。

2. 压力

泵的压力大小取决于钻孔的深浅，冲洗液所经过的通道的阻力及所输送冲洗液的性质等。钻孔越深，管路阻力越大，需要的压力越高。

六、缴纳税费

利用 Excel 进行税费核算,如表 10-2 所示。表中所使用的各类联动计算公式可参见本书税费实训部分内容。

表 10-2 进口税费核算表

原产地	产地证号	适用税率	CIF 价 USD	汇率	完税价格 CNY	进口关税税额额 CNY	增值税税额 CNY	合计 CNY
挪威	无	10% 最惠国	160 342.82	6.229 3	998 823.51	0.00 免	169 800.00	169 800.00

七、提取货物

特定减免税货物进口申报完成,海关审单通过,查验放行后,海关要继续监管。海运进口货物海关放行以海关在提货单上的签章为准,接下去的工作主要由货运代理公司及车队完成。

知识点关联图

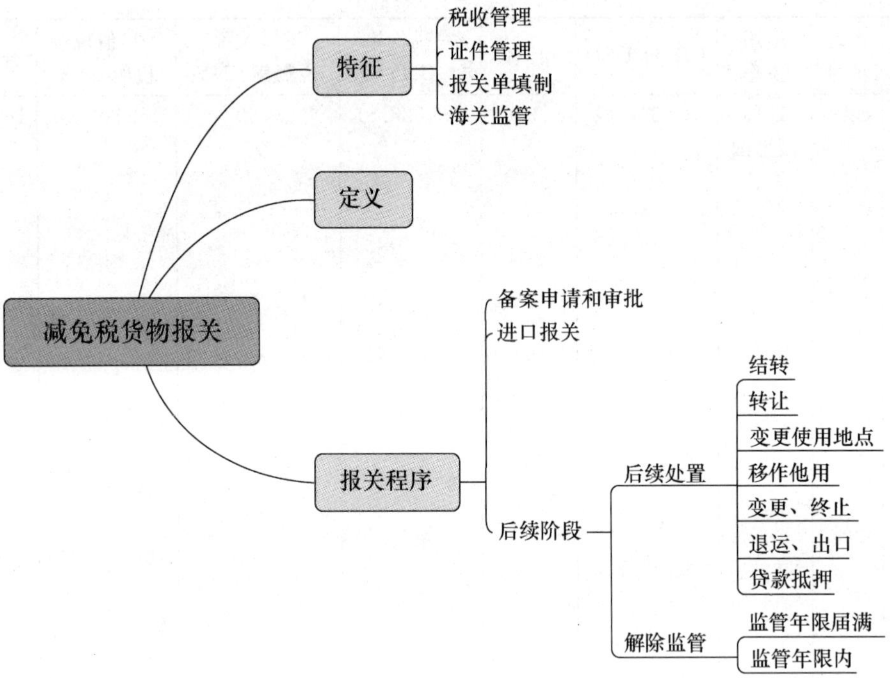

精 选 习 题

一、单项选择题

1. 某公司免税进口造船设备一套，进口 1 年后开始使用，使用 2 年后转让给享有同等免税优惠待遇的另一公司，办理结转手续后，海关继续对该设备进行监管的期限为（　　）。
   A. 8 年　　B. 5 年　　C. 3 年　　D. 2 年
2. 北京某外资企业从美国购进大型机器成套设备，分 3 批运输进口，其中两批从天津进口，另一批从青岛进口。该企业在向海关申请办理该套设备的减免税手续时，下列做法正确的是（　　）。
   A. 向北京海关分别申领两份征免税证明
   B. 向北京海关分别申领 3 份征免税证明
   C. 向天津海关申领一份征免税证明，向青岛海关申领一份征免税证明
   D. 向天津海关申领两份征免税证明，向青岛海关申领一份征免税证明

3. 减免税申请人将进口整 2 年的减免税设备交给其他单位使用 1 年，应当按照（　　）的时间补缴相应税款。

A. 1 年　　B. 2 年　　C. 3 年　　D. 4 年

4. 某造船企业 2009 年 6 月 1 日进口减免税造船设备。经海关批准，该企业 2010 年 6 月 1 日将设备借给不享受减免税优惠的另一企业，明确 2013 年 5 月 31 日返还，该造船企业应当按照（　　）的时间缴纳相应税款。

A. 8 年　　B. 5 年　　C. 4 年　　D. 3 年

二、多项选择题

1. 在海关监管期限内（　　），不能按照“结转”办理海关手续。

A. 将减免税货物转让给不享受进口税收优惠政策的其他单位的

B. 将减免税货物转让给进口同一货物不享受同等减免税优惠待遇的其他单位的

C. 将减免税货物转让给进口同一货物享受同等减免税优惠待遇的其他单位的

D. 减免税申请人未按照原定用途、地区使用减免税货物的

2. 以下不予恢复减免税额度的情况有（　　）。

A. 在监管年限内，将进口减免税货物转让给进口同一货物享受同等减免税优惠待遇的其他单位

B. 因品质或者规格原因原状退运出境，以无代价抵偿方式进口同一类型货物

C. 因品质或者规格原因原状退运出境，未以无代价抵偿方式进口同一类型货物

D. 其他提前解除监管

3. 下列特定减免税货物，免征进口关税和进口环节增值税、消费税的是（　　）。

A. 科技开发用品　　B. 科技用品

C. 救灾捐赠物资　　D. 残疾人专用品

4. 下列关于进口货物减免税管理的表述，正确的是（　　）。

A. 减免税货物转让给进口同一货物享受同等减免税优惠待遇的其他单位的，减免税货物转出申请人的减免税额度不予恢复

B. 减免税货物申办的流程是“办理减免税备案手续—办理减免税审批手续—实际进口减免税货物”

C. 投资项目所在地海关与减免税申请人所在地海关不是同一海关的，减免税申请人应当向其所在地海关申请办理减免税备案、审批手续

D. 在海关监管年限内，减免税货物不得向金融机构办理贷款抵押

三、判断题

1. 如果一批减免货物从不同口岸进口，可以只办理一份《进出口货物征免税证明》。（　　）

2. 特定减免税货物在同一口岸分 3 批进口，需要向入境口岸海关申请 3 张征免税证明。（　　）

3. 外国援赠物资属于特定减免税货物。（　　）

第十一章　暂准进出境货物报关

第一节　暂准进出境货物海关监管

一、暂准进出境货物概述

（一）含义

暂准进境货物是指为了达到特定目的，经海关批准暂时进境，按规定的期限原状复运出境的货物。

暂准出境货物是指为了达到特定目的，经海关批准暂时出境，按规定的期限原状复运进境的货物。

（二）范围

暂准进出境货物分为两大类。

第一类是指经海关批准暂时进境，在进境时纳税义务人向海关缴纳相当于应纳税款的保证金或者提供其他担保可以暂不缴纳税款，并按规定的期限复运出境的货物和经海关批准暂时出境；在出境时纳税义务人向海关缴纳相当于应纳税款的保证金或者提供其他担保可以暂不缴纳税款，并按规定的期限复运进境的货物。

第一类暂准进出境货物的范围如下。

（1）在展览会、交易会、会议及类似活动中展示或者使用的货物。

（2）文化、体育交流活动中使用的表演、比赛用品。

（3）进行新闻报道或者摄制电影、电视节目使用的仪器、设备及用品。

（4）开展科研、教学、医疗活动使用的仪器、设备和用品。

（5）上述4项活动中使用的交通工具及特种车辆。

（6）货样。

（7）供安装、调试、检测、修理设备时使用的仪器及工具。

（8）盛装货物的容器。

（9）其他用于非商业目的的货物。

第二类是指第一类以外的暂准进出境货物，如工程施工中使用的设备、仪器及用品。

二、海关监管

1. 暂时免予缴纳税费

第一类暂准进出境货物，在进境或者出境时向海关缴纳相当于应纳税款的保证金或者提供其他担保的，暂时免予缴纳全部税费；第二类暂准进出境货物，应当按照该货物的完税价格和其在境内滞留时间与折旧时间的比例计算征收进口关税。

2. 免予提交进出口许可证件

暂准进出境货物不是实际进出口货物，只要按照暂准进出境货物的有关法律、行政法规办理进出境手续，可免予交验进出口许可证件。但是，涉及公共道德、公共安全、公共卫生所实施的进出境管制制度的暂准进出境货物应当凭许可证件进出境。

3. 规定期限内按原状复运进出境

暂准进出境货物应当自进境或者出境之日起 6 个月内复运出境或者复运进境；经收发货人申请，海关可以根据规定延长复运出境或者复运进境的期限。

4. 按货物实际流向情况办结海关手续

暂准进出境货物都必须在规定期限内，由货物的收发货人根据货物不同的情况向海关办理核销结关手续。

第二节　暂准进出境货物报关概述

一、使用 ATA 单证册的暂准进出境货物

（一）ATA 单证册概述

1. 含义

ATA 单证册是《暂准进口单证册》的简称，是指世界海关组织（WCO）通过的《货物暂准进口公约》及其附约 A 和《关于货物暂准进口的 ATA 单证册海关公约》（以下简称《ATA 公约》）中规定使用的，用于替代各缔约方海关暂准进出口货物报关单和税费担保的国际性通关文件（俗称“货物通关护照”）。

2. 格式

一份 ATA 单证册一般由 8 页 ATA 单证组成：一页绿色封面单证、一页黄色出口单证、一页白色进口单证、一页白色复出口单证、两页蓝色过境单证、一页黄色复进口单证、一页绿色封底。

我国海关只接受用中文或者英文填写的 ATA 单证册。

3. 适用

在我国，使用 ATA 单证册的范围仅限于展览会、交易会、会议及类似活动项下的货物。除此以外的货物，我国海关不接受持 ATA 单证册办理进出口申报手续。ATA 单证册本身既是一种货物进出口的报关单，同时也是一份国际担保书。

4. 管理

(1) 出证担保机构

中国国际商会是我国 ATA 单证册的出证和担保机构，负责签发《出境 ATA 单证册》，向海关报送所签发单证册的中文电子文本，协助海关确认 ATA 单证册的真伪，并且向海关承担 ATA 单证册持证人因违反暂准进出境规定而产生的相关税费、罚款。

(2) 管理机构

海关总署在北京海关设立 ATA 核销中心。ATA 核销中心对 ATA 单证册的进出境凭证进行核销、统计及追索，应成员方担保人的要求，依据有关原始凭证，提供 ATA 单证册项下暂准进出境货物已经进境或者从我国复运出境的证明，并且对全国海关 ATA 单证册的有关核销业务进行协调和管理。

(3) 暂准进出境期限规定

使用 ATA 单证册报关的货物暂准进出境期限为自货物进出境之日起 6 个月。超过 6 个月的，持证人可以向海关申请延期。延期最多不超过 3 次，每次延长期限不超过 6 个月。延长期届满应当复运出境、进境或者办理进出口手续。

ATA 单证册项下货物延长复运出境、进境期限的，持证人应当在规定期限届满 30 个工作日前向海关提出延期申请，并提交货物暂时进/出境延期申请书及相关申请材料。

直属海关受理的，应当于受理申请之日起 20 个工作日内制发中华人民共和国海关货物暂时进/出境延期申请批准决定书。

参加展期在 24 个月以上展览会的展览品，在 18 个月延长期届满后仍需要延期的，由主管地直属海关报海关总署审批。

(4) 追索

ATA 单证册项下暂时进境货物未能按照规定复运出境或者过境的，ATA 核销中心向中国国际商会提出追索。自提出追索之日起 9 个月内，中国国际商会向海关提供货物已经在规定期限内复运出境或者已经办理进口手续证明的，ATA 核销中心可以撤销追索；9 个月期满后未能提供上述证明的，中国国际商会应当向海关支付税款和罚款。

(二) 报关程序

1. 进出口申报

持 ATA 单证册向海关申报进出境货物，不需向海关提交进出口许可证件，也不需另外再提供担保。但如果进出境货物受公共道德、公共安全、公共卫生、动植物检疫、濒危野生动植物保护、知识产权保护等限制的，展览品收发货人或其代理人应当向海关提交相关的进出口许可证件。

(1) 进境申报

进境货物收货人或其代理人持 ATA 单证册向海关申报进境展览品时，先在海关核准的出证协会中国国际商会及其他商会，将 ATA 单证册上的内容预录进海关与商会联网的 ATA 单证册电子核销系统，然后向展览会主管海关提交纸质 ATA 单证册、提货单等单证。

海关在白色进口单证上签注，并留存白色进口单证(正联)，将存根联和 ATA 单证册其他各联退还给货物收货人或其代理人。

(2) 出境申报

出境货物发货人或其代理人持 ATA 单证册向海关申报出境展览品时，向出境地海关提交国家主管部门的批准文件、纸质 ATA 单证册、装货单等单证。

海关在绿色封面单证和黄色出口单证上签注，并留存黄色出口单证(正联)，将存根联和 ATA 单证册其他各联退还给发货人或其代理人。

(3) 异地复运出境、进境申报

使用 ATA 单证册进出境的货物异地复运出境、进境申报，ATA 单证册持证人应当持主管地海关签章的海关单证向复运出境、进境地海关办理手续。货物复运出境、进境后，主管地海关凭复运出境、进境地海关签章的海关单证办理核销结案手续。

(4) 过境申报

过境货物承运人或其代理人持 ATA 单证册向海关申报将货物通过我国转运至第三国参加展览会的，不必填制过境货物报关单。海关在两份蓝色过境单证上分别签注后，留存蓝色过境单证(正联)，将存根联和 ATA 单证册其他各联退还给运输工具承运人或其代理人。

2. 结关

(1) 正常结关

持证人在规定期限内将进境展览品和出境展览品复运进出境，海关在白色复出口单证和黄色复进口单证上分别签注，留存单证(正联)，将存根联和 ATA 单证册其他各联退还给持证人，正式核销结关。

(2) 非正常结关

ATA 单证册项下暂时进境货物复运出境时，因故未经我国海关核销、签注的，ATA 核销中心凭由另一缔约国海关在 ATA 单证上签注的该批货物从该国进境或者复运进境的证明，或者我国海关认可的能够证明该批货物已经实际离开我国境内的其他文件，作为已经从我国复运出境的证明，对 ATA 单证册予以核销。

发生上述情形的，持证人应当向海关交纳调整费。在我国海关尚未发出 ATA 单证册追索通知书前，如果持证人凭其他国海关出具的货物已经运离我国关境的证明要求予以核销单证册的，免予收取调整费。

二、不使用 ATA 单证册报关的进出境展览品

以上介绍了使用 ATA 单证册报关的暂准进出境货物，其中包括了用于展览会的展览品、交易会、会议及类似活动项下的货物。

对于展览品，还可以使用进出口货物报关单办理报关手续，介绍如下。

(一) 使用报关单报关的展览品的范围

1. 进境展览品

进境展览品包括在展览会中展示或示范用的货物、物品，为示范展出的机器或器具所需用的物品，展览者设置临时展台的建筑材料及装饰材料，供展览品作示范宣传用的电影片、幻灯片、录像带、录音带、说明书、广告、光盘、显示器材等。

对于展览用品，指的是在境内展览会期间供消耗、散发的用品，海关将根据展览会性质、参展商规模、观众人数等情况，对其数量和总值进行核定，在合理范围内的，按照有关规定免征进口关税和进口环节税。展览用品范围如下。

(1) 在展览活动中的小件样品，包括原装进口的或者在展览期间用进口的散装原料制成的食品或者饮料的样品。

(2) 为展出的机器或者器件进行操作示范被消耗或者损坏的物料。

(3) 布置、装饰临时展台消耗的低值货物。

(4) 展览期间免费向观众散发的有关宣传品。

(5) 供展览会使用的档案、表格及其他文件。

上述货物、物品应当符合下列条件。

(1) 由参展人免费提供并在展览期间专供免费分送给观众使用或者消费的。

(2) 单价较低，做广告样品用的。

(3) 不适用于商业用途，并且单位容量明显小于最小零售包装容量的。

(4) 食品及饮料的样品虽未包装分发，但确实在活动中消耗掉的。

但是，展览用品中的酒精饮料、烟草制品及燃料不适用有关免税的规定。

另外，展览会期间出售的小卖品，属于一般进口货物范围，进口时应当缴纳进口关税和进口环节海关代征税，属于许可证件管理的商品，应当交验许可证件。

2. 出境展览品

出境展览品包含国内单位赴国外举办展览会或参加外国博览会、展览会而运出的展览品，以及与展览活动有关的宣传品、布置品、招待品、其他公用物品。

与展览活动有关的小卖品、展卖品，可以按展览品报关出境，不按规定期限复运进境的办理一般出口手续，交验出口许可证件，缴纳出口关税。

(二) 使用报关单报关的展览品的暂准进出境期限

使用报关单报关的展览品的暂准进出境期限参照使用 ATA 单证册报关的货物暂准进出境期限相关规定。

(三) 展览品的报关程序

使用报关单报关的进出境展览品的报关程序如表 11-1 所示。

表 11-1 展览品报关程序总结表

<table>
<tr><th colspan="2">报关程序</th><th>进 境</th><th>出 境</th></tr>
<tr><td colspan="2">前期阶段</td><td colspan="2">办展人、参展人应当在展览品进出境 20 个工作日前，向主管地海关办理备案手续</td></tr>
<tr><td rowspan="4">进出口阶段</td><td>申报</td><td>进境申报向展出地海关办理，涉及检验检疫的，应提交有关进口许可证件</td><td>出境申报向出境地海关办理。属于核用品、核两用品的，应提交出口许可证</td></tr>
<tr><td>查验</td><td colspan="2">开箱查验，核对展览品清单。查验完毕，海关留存一份清单，另一份封入“关封”交还收发货人，凭以办理展览品复运进出境申报手续</td></tr>
<tr><td>征税</td><td colspan="2">免税，但要缴纳相当于税款的保证金</td></tr>
<tr><td>放行</td><td colspan="2">放行未结关，应在规定期限内按原状复运进出境</td></tr>
<tr><td colspan="2">后续阶段</td><td colspan="2">按规定期限复运进出境，海关分别签发报关单证明联，凭此办理核销结案手续</td></tr>
</table>

（四）展览品核销结关特殊情况处理

1. 转为正式进出口

进境展览品在展览期间被人购买的，由展览会主办单位或其代理人向海关办理进口申报、纳税手续，其中属于许可证件管理的，还应当提交进口许可证件。出口展览品在境外参加展览会后被销售的，由海关核对展览品清单后要求企业补办有关正式出口手续。

2. 展览品放弃或赠送

展览会结束后，进口展览品的所有人决定将展览品放弃交由海关处理的，由海关依法变卖后将款项上缴国库。

3. 展览品毁坏、丢失、被窃

因毁坏、丢失、被窃等原因不能复运出境的，展览会主办单位或其代理人应当向海关报告。对于毁坏的展览品，海关根据毁坏程度估价征税；对于丢失或被窃的展览品，海关按照进口同类货物征收进口税。

因不可抗力的原因受损，无法原状复运出境、进境的，进出境展览品的收发货人应当及时向主管地海关报告，可以凭有关部门出具的证明材料办理复运出境、进境手续；因不可抗力的原因灭失或者失去使用价值的，经海关核实后可以视为该货物已经复运出境、进境。

进出境展览品因不可抗力以外其他原因灭失或者受损的，进出境展览品的收发货人应当按照货物进出口的有关规定办理海关手续。

第三节 暂准进出境货物报关实训

2010 年 1 月，某公司申报出口自制铁栅栏（法定计量单位：千克）一批，作为该公司同批出口汽车减震件的包装物。同年 5 月，该批铁栅栏使用完毕退回。运输工具于 5 月 17 日申报进境。运保费共计人民币 29 100 元。

货物暂时进出境申请批准决定书编号为 31012010028。其商业发票、海运提单、空白进口货物报关单如图 11-1 至图 11-3 所示。

ISSUER: SIMUCOM INTERNATIONAL INC. ××××Town Center, Suite×××, Southfield, MI 48×××	**INVOICE & PACKING LIST**
TO: SIMUCOM NVH TECHNOLOGIES CO., LTD ZHOUXI TOWN,NINGGUO,ANHUI,CHINA	**NO.** 08AAP032 **DATE:** 20-May-2010
TRANSPORT DETAILS: FROM CANADA TO NINGBO, CHINA BY SEA	**S/C NO.** **L/C NO.** **TERMS OF PAYMENT:**

MARKS & NO.	**DESCRIPTION & SPECIFICATION**	**QUANTITY PCS**	**UNIT PRICE USD**	**AMOUNT USD**	**G.W. (kg)**	**N.W. (kg)**
			FCA TORONTO			
	Metal Cages	413	15.00	6 195.00	16 298.00	16 298.00

NO COMMERCIAL VALUE

THIS SHIPMENT IS NOT IN WOODEN PACKAGE.

SIMUCOM INTERNATIONAL INC.

图 11-1 商业发票

PORT TO PORT COMBINED TRANSPORT BILL OF LADING

1. Shipper BEACON,INTERNATIONAL ,DESPATCH,LED ××××VIPOND DRIVER MISSISSAUGA,ONTARIO,CANADAL5T1J9	Booking No, 800454230 Export reference BT_WE005857	Bill of lading No. COSU800454230
2. Consignee MAINFREIGHT,INTERNATIONAL ,LOGISTI CS(SHANGHAI)CO,LTD NINGBO BRANCH ROOM***,***BUILDING NO.**DALAI STREET,NINGBO,CHAINA	Forwarding agent and Reference Point and Country Origin	

3. Notify party Same as consignee		Also notify Party Routing&Instructions MAINFREIGHT INTERNATIONAL PTY LTD ROOM***,***BUILDING NO.**DALAI STREET, NINGBO,CHINA TXR
4. Pre-carriage by	5. Place of receipt TORONTO	

6. Ocean vessel Voy.No. COSCO,YOKOHAMA 055W	7. Port of loading PRINCE RUPERT B.C.	Service contract No	Commodity code
8. Port of discharge NINGBO	9. Place of delivery NINGBO,CHINA	Type of movement FCL/FCL　CY_CY	

Marks&NoS. Container/seal NO.	No.of Container or Packages	Description of Goods	Gross weight	Measure ment
N/M	413BINS	1*40*HIGH CUBE CONTAINER S.L.A.C. 413METALBINS/CAGES	16298.00kg 35930.57 LBS	
OCEAN FREIGHT PREPAID SHIPPERS WEIGHT LOAD AND COUNT POR:CAED 01H613 KC9692 20100400619				
CBHU8380526/004809/413 BINS /FCL/FCL/40HQ				
Declared Cargovalue us$				
10.Total Number of Containers and/orPackage(In words) SAY ONE CONTAINER TOTAL				

11.Freight &charges	Revenue tons	Rat e	Per	Amoun t	Prepaid	Collec t	Freight charges payable at/by

	Date laden on board :28APR2010
	COSCO CONTAINER LINES AMERICA,INC.

9805 Date of Issue　28APR 2010　　Place of issue TORONTO

图 11-2　海运提单

中华人民共和国海关进口货物报关单

预录入编号:　　　　　　　　海关编号:

进口口岸	备案号		进口日期	申报日期
经营单位	运输方式	运输工具名称		提运单号
收货单位	贸易方式		征免性质	征税比例
许可证号	起运国（地区）	装货港		境内目的地
批准文号	成交方式	运费	保费	杂费
合同协议号	件数	包装种类	毛重（千克）	净重（千克）
集装箱号	随附单据			用途
标记唛码及备注				

项号	商品编号	商品名称、规格型号	数量及单位	原产国（地区）	单价	总价	币制	征免

税费征收情况		
录入员　录入单位	兹声明以上申报无讹并承担法律责任。	海关审单批注及放行日期(签章)
报关员		审单　审价
单位地址	申报单位（签章）	征税　统计
邮编　电话	填制日期	查验　放行

图 11-3　空白进口货物报关单

一、判定海关监管货物的类型

根据认知部分中对暂准进出境货物的描述，包括定义、范围、特征等，结合案例描述，判定该货物海关监管类型为暂准进境货物中的暂时进出境货物，不是展览品。

二、商品归类

根据品名及规格描述，使用正确方法查阅税则手册。该货品的商品编码可归为7308.9000，对应进口税率有最惠国税率4%、普通税率30%、增值税税率17%，法定计量单位为“千克”，监管证件无，如表11-2所示。同时，通过Web或EDI预录入规范申报辅助系统查询该商品的申报要素为：① 品名；② 用途(支撑用等)；③ 材质(钢铁)；④ 种类(门窗、立柱、塔楼、脚手架、桥梁体段等)。

表11-2　铁栅栏税则号列

税则号列 Tariff item	商品名称及备注	出口退税	进口税率			增值税率	计量单位	监管条件	Article description
			最惠	普通	暂定				
7308.1000	——桥梁及桥梁体段	9	8.0	30.0		17	千克		—Bridges and bridge-sections
7308.2000	——塔楼及格构杆	9	8.4	30.0		17	千克		—Towers and lattice masts
7308.3000	——门窗及其框架、门槛	9	10.0	50.0		17	千克		—Doors, windows and their frames and thresholds for doors
7308.4000	——脚手架、模板或坑道支撑用的支柱及类似设备	9	8.4	30.0		17	千克		—Equipment for scaffolding, shuttering, propping or pit-propping
7308.9000	——其他	9	4.0	30.0		17	千克		—Other
73.09	盛装物料用的钢铁囤、柜、罐、桶及类似容器(装压缩气体或液化气体的除外)，容积超过300升，不论是否衬里或隔热，但无机械或热力装置								Reservoirs, tanks, vats and similar containers for any material (other than compressed or liquefied gas), of iron or steel, of a capacity exceeding 300L, whether or not lined or heat-insulated, but not fitted with mechanical or thermal equipment
7309.0000	盛装物料用的钢铁囤、柜、罐、桶及类似容器(装压缩气体或液化气体的除外)，容积超过300升，不论是否衬里或隔热，但无机械或热力装置	5	10.5	35.0		17	千克		Reservoirs, tanks, vats and similar containers for any material (other than compressed or liquefied gas), of iron or steel, of a capacity exceeding 300L, whether or not lined or heat-insulated, but not fitted with mechanical or thermal equipment

三、确定海关监管条件

《进出口税则》中显示该商品监管条件为空，因此不涉及监管证件。

四、进口申报

报关单位依照暂时进出境货物的报关程序办理该货品的复运进境申报手续。

(一) 阅读原始外文资料并翻译

商业发票及海运提单的原始外文资料及翻译如图 11-4 和图 11-5 所示。

ISSUER: 出票人：SIM公司 SIMUCOM INTERNATIONAL INC. ××××Town Center, Suite×××, Southfield, MI 48×××	**INVOICE & PACKING LIST**
TO: 受票人：SIM公司NVH技术安徽分公司 SIMUCOM NVH TECHNOLOGIES CO., LTD ZHOUXI TOWN,NINGGUO,ANHUI,CHINA	NO. 08AAP032 DATE: 20-May-2010
TRANSPORT DETAILS: FROM CANADA TO NINGBO, CHINA BY SEA 运输路线：加拿大到宁波	S/C NO. NVH10SC13 L/C NO. TERMS OF PAYMENT:

MARKS & NO.	DESCRIPTION & SPECIFICATION	QUANTITY PCS	UNIT RPICE USD	AMOUNT USD	G.W. (kg)	N.W. (kg)
	FCA TORONTO					
	品名	件数	单价	总价	总毛重	总净重
	Metal Cages	413	15.00	6 195.00	16 298.00	16 298.00

NO COMMERCIAL VALUE
无商业价值

THIS SHIPMENT IS NOT IN WOODEN PACKAGE.
无木质包装

SIMUCOM INTERNATIONAL INC.

图 11-4 商业发票原始外文资料及翻译

Shipper　托运人：加拿大 BEACON 公司 BEACON INTERNATIONAL DESPATCHLED. ****VIPOND DRIVER MISSISSAUGA,ONTARIO,CANADAL5T1J9	Booking No, 800454230	Bill of lading No. COSU800454230
	Export reference　提单号 BT_WE005857	
Consignee　收货人：上海某物流公司宁波分公司 MAINFREIGHT INTERNATIONAL LOGISTICS(SHANGHAI)CO.LTD NINGBO BRANCH ROOM***,***BUILDING NO.**DALAI STREET,NINGBO,CHAINA	Forwarding agent and reference Point and country origin	
Notify party Same as consignee	Also notify party routing&instructions MAINFREIGHT INTERNATIONAL PTY LTD ROOM***,***BUILDING NO.**DALAI STREET, NINGBO,CHINA TXR	

Pre-carriage by 前程承运人	Place of receipt TORONTO 接货地：多伦多		
Ocean vessel Voy.No 船名及航次 COSCO,YOKOHAMA, 055W	7. Port of loading PRINCE RUPERT B.C.装货港：鲁伯特港	Service contract no	Commodity code
8.Port of discharge NINGBO　卸货港	9.Place of delivery NINGBO,CHINA 交货地：宁波	Type of movement FCL/FCL　CY_CY	

Marks&NOS. Container/seal NO.	No.of Container Or packages	Description of Goods	Gross weight	Measurement
N/M	413BINS 总件数	1*40*HIGH CUBE CONTAINER 一个40尺高柜 S.L.A.C　托运人装箱并计数 413METAL BINS/CAGES	16298.00kg 35930.57LBS 总毛重	千克 磅
OCEAN FREIGHT PREPAID SHIPPERS WEIGHT LOAD AND COUNT POR:CAED 01H613 KC9692 20100400619				
CBHU8380526 /004809/413 BINS				
CBHU8380526 /004809/413 BINS				
箱号 /FCL/FCL/40HQ				
Declared Cargo　value us$				

10.total number of containers and/or package(in words)

SAY ONE CONTAINER TOTAL

11.Freight & Charges	Revenue tons	Rate	Per	Amount	Prepaid	Collect	Freight Charges Payable at/by

Date laden on board: 28 APR 2010
承运人
COSCO CONTAINER LINES AMERICA,INC.

9805 Date of issue 28 APR 2010　　**Place of issue TORONTO** 签发地及日期

图 11-5　海运提单原始资料及其翻译

（二）报关单填报

根据原始资料信息结合基础认知部分的报关单填制规范和经验总结，各个主要栏目填报内容及格式如下。

假定信息：预录入编号同海关编号为宁波海关310120101×××××××××；运输工具申报进境日同海关受理日。原出口报关单号310120100 ×××××××××。

（1）进口口岸：宁波海关3101。

（2）备案号：免填。

（3）进口日期：20100517。

（4）申报日期：20100517。

（5）经营单位：安徽某公司×××××××××××。

（6）运输方式：水路运输。

（7）运输工具名称：COSCO YOKAHAMA/055W。

（8）提运单号：COSU800454230。

（9）收货单位：安徽某公司×××××××××××。

（10）贸易方式：暂时进出货物（或2600）。

（11）征免性质：其他法定（或299）。

（12）许可证号：免填。

（13）起运国（地区）：加拿大。

（14）装货港：鲁伯特港。

（15）境内目的地：×××××。

（16）批准文号：免填。

（17）成交方式：FOB。

（18）运费：142/29100/3。

（19）保费：免填。

（20）杂费：免填。

（21）合同协议号：NVH10SC13。

（22）件数：1。

（23）包装种类：裸装。

（24）毛重：16 298.00千克。

（25）净重：16 298.00千克。

（26）集装箱号：CBHU8380526/40/××××。

（27）随附单据：免填。

（28）用途：其他。

（29）标记唛码及备注：N/M；货物暂时进/出境申请批准决定书编号：31012010028（第一行）；原出口报关单号：310120100 ×××××××××（第二行）。

（30）项号：01。

（31）商品编号：7308.9000。

（32）商品名称、规格型号：铁栅栏/METAL CAGE（第一行）；支撑用/钢铁/包装物（第二行）。

(33) 数量及单位：16 298 千克(第一行)；413 件(第三行)。

(34) 原产国(地区)：中国。

(35) 单价：15.00。

(36) 总价：6 195.00。

(37) 币值：美元。

(38) 征免：全免。

(39) 申报单位：安徽某公司××××××××××。

该票货物报关单填报内容如图 11-6 所示。

中华人民共和国海关进口货物报关单

预录入编号：　　　　海关编号：310120101××××××

进口口岸 宁波海关3101	备案号		进口日期 20100517	申报日期 20100517
经营单位 安徽某公司××××××××	运输方式 水路运输	运输工具名称 COSCO YOKAHAMA/055W	提运单号 COSU800454230	
收货单位 安徽某公司×××××××××	贸易方式 暂时进出货物		征免性质 其他法定	征税比例
许可证号	起运国（地区） 加拿大		装货港 鲁伯特港	境内目的地 ××××××
批准文号	成交方式 FOB	运费 142/29100/3	保费	杂费
合同协议号 NVH10SC13	件数 1	包装种类 裸装	毛重（千克） 16 298.00	净重（千克） 16 298.00
集装箱号 CBHU8380526/40/××××	随附单据			用途 其他
标记唛码及备注 N/M;　货物暂时进/出境申请批准决定书编号：31012010028；原出口报关单号：310120100 ××××××××				

项号	商品编号	商品名称、规格型号	数量及单位	原产国（地区）	单价	总价	币制	征免
01	7308.9000	铁栅栏/METAL CAGE	16 298千克	中国	15.00	6 195.00	美元	全免
		支撑用/钢铁/包装物						
			413件					

税费征收情况		
录入员　录入单位	兹声明以上申报无讹并承担法律责任。	海关审单批注及放行日期(签章)
报关员		审单　　审价
单位地址	申报单位（签章） 安徽某公司××××××××	征税　　统计
邮编　　电话	填制日期	查验　　放行

图 11-6　中华人民共和国海关进口货物报关单

五、配合查验

在配合海关查验前,要对查验商品进行了解。此货品为复运进境货物,此处不详述。

六、缴纳税费

暂时进出境货物实际进出境时需缴纳保证金或出具保函,复运进出境时,税费全免。

七、提取货物

货物申报完成,货主或其代理人凭提货单据提取货物,海关放行即结关。

知识点关联图

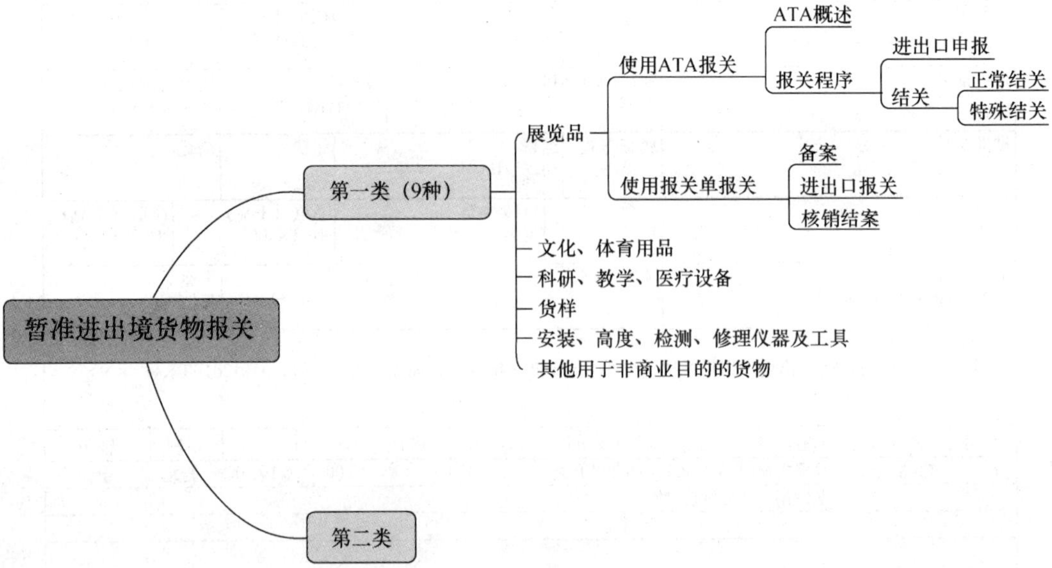

精 选 习 题

一、单项选择题

1. 在我国,使用 ATA 单证册的范围仅限于(　　)。
   A. 展览会、交易会、会议及类似活动项下的货物
   B. 进行新闻报道或者摄制电影、电视节目使用的仪器、设备及用品
   C. 货样

D. 其他用于非商业目的的货物

2. 我国 ATA 单证册的出证和担保机构是( )。

A. 海关总署北京 ATA 核销中心 B. 中国国际商会

C. 商务部 D. 国际展览局

3. 展览会期间出售的小卖品,属于( )。

A. 暂准进境货物 B. 展览品 C. 展览用品 D. 一般进口货物

二、多项选择题

1. 已进境的展览品在某些情形下不需要缴纳进口税,这些情形包括( )。

A. 展览品复运出境的

B. 展览品放弃交由海关处理的

C. 展览品被窃的

D. 展览品因不可抗力原因灭失的

2. 已进境的展览品在某些情形下不需要缴纳进口税。这些情形包括( )。

A. 展览品复运出境的

B. 展览品放弃交由海关处理的

C. 展览品被窃的

D. 展览品因不可抗力原因灭失的

3. 下列属于现场海关已经放行但尚未结关的进境货物是( )。

A. 保税加工货物 B. 特定减免税货物

C. 暂准进境货物 D. 无代价抵偿货物

4. 进境展览品( )不复运出境的,海关按照进出同类货物征收进口税。

A. 毁坏 B. 留购 C. 丢失 D. 被窃

三、判断题

1. 暂准进出境货物在向海关申报进出境时,暂不缴纳进出口税费,但收发货人须向海关提供担保。 ( )

2. 与展览活动有关的小卖品、展卖品,可以按展览品报关出境,不按规定期限复运进境的办理一般出口手续,交验出口许可证件,缴纳出口关税。 ( )

3. 进境展览品在展览期间被人购买的,由展览会主办单位或其代理人向海关办理进口申报、纳税手续,其中属于许可证件管理的,还应当提交进口许可证件。 ( )

4. 对期限在 6 个月以内临时进口的加工贸易生产所需不作价模具,按暂准进境货物办理进口手续。 ( )

第十二章　货样、广告品报关

第一节　货样、广告品报关概述

一、货样、广告品的定义

1. 含义

货样是指专供订货参考的进出口货物样品；广告品是指用以宣传有关商品的进出口广告宣传品。

2. 分类

有进出口经营权的企业价购或售出货样、广告品为“货样广告品 A”。

没有进出口经营权的企业进出口及免费提供进出口的货样、广告品为“货样广告品 B”。

二、货样、广告品海关监管及报关程序

1. 证件管理

货样、广告品证件管理分类如表 12-1 所示。

表 12-1　货样、广告品证件管理分类表

证件类别	适用条件	报关规范
非许可证件	进口货样广告品 A	凭经营权申报
	进口货样广告品 B(数量合理且价值 1 000 元人民币)	凭局级以上单位证明申报
	进口货样广告品 B、广告品(数量不合理或价值 1 000 元人民币)	凭省级商务主管部门的批件申报
进口许可证*1	货样广告品 A、货样广告品 B	凭进口许可证申报
自动进口许可证*7、*O	货样广告品 A、货样广告品 B(机电产品和一般商品)，每批次价值 5 000 元	免证
	货样广告品 A、货样广告品 B(属旧机电产品)	按程序审批并按有关旧机电产品进口的规定申报
出口许可证*4	出口货样广告品 A、货样广告品 B 每批次货值 3 万元	免证
两用物项和技术出口许可证*3	属两用物项和技术的货样或实验用样品出口到境外的	交证
出入境货物通关单*A、*B	列入《法检目录》的进出口货样、广告品	交证

2. 税收管理

进出口货物、广告品，除法定减免税外，一律照章征税。

3. 报关程序

进出口货样、广告品的报关程序除暂准进出境的货样、广告品外只有进出口报关阶段的4个环节，即申报、配合查验、缴纳税费、提取或装运货物。

第二节　货样、广告品报关实训

无锡锡孚汽车配件有限公司(320392××××)委托无锡锡孚国际贸易有限公司(320231××××)向海关申报出口汽车发动机零件一批，法定计量单位为“千克”，外汇核销单号为045365427。其空运单、商业发票、装箱单及空白出口货物报关单分别如图12-1至图12-4所示。

189 | PVG | 6124 8806　　999-87908844

Shipper's Name and Address	Shipper's Account Number	NOT NEGOTIABLE Air Waybill　AIR CHINA (Air Consignment note) issued by
		Copies 1, 3 and 3 of this Air Waybill are originals and have the same validity.
Consignee's Name and Address	Consignee's Account Number	It is agreed that the goods described herein are accepted in apparent good order and condition (except as noted) for carriage SUBJECT TO THE CONDITIONS OF CONTRACT ON THE REVERSE HEREOF. THE SHIPPER'S ATTENTION IS DRAWN TO THE NOTICE CONCERNING CARRIERS' LIMITATION OF LIABILITY. Shipper may increase such limitation of liability by declaring higher value for carriage and paying a supplemental charge it required.
Issuing Carrier's Name and City STR. SHA HOUSE A. W. B. NEC10539636		Accounting Information FREIGHT PREPAID
Agent's IATA Code	Account No.	
Airport of Departure PVG 始发地机场		

To	By First Carrier	Routing and Destination	to	by	to	by	Currency	Chgs Code	WT/VAL PPD	WT/VAL COL	Other PPD	Other COL	Declared Value For Carriage	Declared Value For Customs
FRA	CA						CNY		PP		PP		NVD	NCV

Airport of Destination	Fright/Date	Flight Date	Amount of Insurance	INSURANCE - If Carrier offers insurance, and such insurance is requested in accordance with conditions on reverse thereof, indicate amount to be insured in figures in box marked "amount of Insurance."
FRANKFURT	CA3202	JUL.22	NIL	

Handling Information　NO SOLID WOOD PACKING MATERIALS

No. of Pieces RCP	Gross Weight	kg lb	Rate Class	Commodity item no.	Chargeable Weight	Rate Charge	Total	Nature and Quantity of Goods (incl. Dimensions or Volume)
	118.0	K	Q		118.0	4269	5037.42	CONSOLIDATION AS PER ATTACHED MANIFEST

Prepaid	Weight Charge	Collect	Other Charges
5037.42		AS ARRANGED	AWC:50.00 MYC:708.00 MSC:118.00
	Valuation Charge		
	Tax		
	Total other Charges Due Agent	AS ARRANGED	Shipper certifies that the particulars on the face hereof are correct and that insofar as any part of the consignment contains dangerous goods, such part is properly described by name and is in proper condition for carriage by air according to the applicable Dangerous Goods Regulations.
876	Total other Charges Due Carrier		Signature of Shipper or his Agent
Total Prepaid 5913.42		Total Collect AS ARRANGED	JUL. 21. 2006　STR.SHA　LW
Currency Conversion Rates		CC Charges in Dest. Curency	Executed on (date)　at (place)　Stamp and Signature of the Carrier or its Agent
For Carrier's Use only at Destination		Charges at Destination	Total Collect Charges　999-8790 8844

图12-1　空运单

INVOICE

1/1

XIFU

No.×××West Remin Road
Wuxi,Jiangsu,P.R.China
Tel:86-510-8270 ×××× Fax:86-510-8271 ××××

Invoice No. 06-WF-BS-061   Date. 2006-7-20

Sold to Tecnologie Diesel & Sistemi Frenanti S.p.A. Via delli Ortensie 70026 Modugno(BA) – Italia Ust. –Nr.1T05616770722	Case Mark
Ship to Tecnologie Diesel e Sistemi Frenanti S.p.A. Div DS Via delli Ortensie n° 17, 70026 Z.I. Modugno(BA) – Italia TEL:+39 080 5879 ××× FAX:+39 080 5878×××	Bank Information Intermediary Bank: Citibank N.A. NEW YORK SWIFT BIC: CITIUS55 Beneficiary Bank: Wuxi City Commercial Bank Account with Citibank:3601844×
Vessel or On or About BY AIR	SWIFT BIC:WXCBCNSH Beneficiary: Account Number:89060148800000×××
From Via SHANGHAI,CHINA	Name:Xifu International Trade Co.,ltd. Address:No.×××West Renmin Road, Wuxi Jiangsu,P.R.China Tel:86-510-8270××××
To Rome,Italy	Payment Terms T/T

Marks and Nos.	Description of Goods	Quantity	Unit Price	Amount
			FOB SHANGHAI IN USD	
		PCS.	PER PC	Total
	(PPAP Samples) Auto spare parts: flange			
Order No. DS 45164811	F01M 100 031	5	3.2040	16.02
TOTAL		5		16.02
		ONE CARTON ONLY		

Issued By **XIFU INTERNATIONAL TRADE CO.,LTD.**

图 12-2 商业发票

PACKING LIST

1/1

XIFU

No.××× West Remin Road
Wuxi,Jiangsu,P.R.China
Tel:86-510-8270×××× Fax:86-510-8271××××

Invoice No. 06-WF-BS-061   Date. 2006-7-20

Sold to	Case Mark
Tecnologie Diesel & Sistemi Frenanti S.p.A. Via delli Ortensie 70026 Modugno(BA) – Italia Ust. –Nr.1T05616770722	
Ship to Tecnologie Diesel e Sistemi Frenanti S.p.A. Div DS Via delli Ortensie n° 17, 70026 Z.l. Modugno(BA)– Italia TEL:+39 080 5879 ××× FAX:+39 080 5878 ×××	Bank Information
Vessel or On or About BY AIR	
From Via SHANGHAI,CHINA	
To Italy	Payment Terms

Case No.	Description of Goods	Quantity	NET WEIGHT	GROSS WEIGHT	MEASUREMENT
		(PCS)	(KGS)	(KGS)	(M^3)
	Auto spare parts: flange				
No.1	F01M 100 031	5	2.13	3.23	0.010
TOTAL	ONE CARTON ONLY	5	2.13	3.23	0.010

Issued By: **XIFU INTERNATIONAL TRADE CO.,LTD.**

图 12-3 装箱单

中华人民共和国海关出口货物报关单

预录入编号：　　　　　　　　　　　　　　　海关编号：

出口口岸	备案号	出口日期	申报日期	
经营单位	运输方式	运输工具名称	提运单号	
发货单位	贸易方式	征免性质	结汇方式	
许可证号	运抵国（地区）	指运港	境内货源地	
批准文号	成交方式	运费	保费	杂费
合同协议号	件数	包装种类	毛重（千克）	净重（千克）
集装箱号	随附单据	生产厂家		
标记唛码及备注				

项号	商品编号	商品名称、规格型号	数量及单位	最终目的国（地区）	单价	总价	币制	征免

税费征收情况

录入员　　录入单位	兹声明以上申报无讹并承担法律责任。	海关审单批注及放行日期（签章）
报关员		审单　　审价
单位地址	申报单位（签章）	征税　　统计
邮编　　电话	填制日期	查验　　放行

图 12-4　空白出口货物报关单

一、判定海关监管货物的类型

根据认知部分中对货样广告品的描述，包括定义、范围、特征等，结合案例描述，判定该货物海关监管类型为出口货样。

二、商品归类

根据品名及规格描述，该商品属于一种汽车发动机专用标准件，称法兰盘(或法兰)。运用正确的归类方法查阅税则手册，确定该货物的商品编码为 8409.9199.90，无出口税率，法定计量单位为“千克”，监管证件无，如表 12-2 所示。

同时，通过 WEB 或 EDI 预录入规范申报辅助系统查询该商品的申报要素为：① 品名；② 用途(适用机型)；③ 品牌；④ 型号；⑤ 材质(是否硫化橡胶制)；⑥ 零件号。

表 12-2 发动机法兰税则号列

税则号列 Tariff item	商品名称及备注	出口退税	进口税率			增值税率	计量单位	监管条件	Article description
			最惠	普通	暂定				
84.09	专用于或主要用于品目 84.07 或 84.08 所列发动机的零件								Parts suitable for use solely or principally with the engines of heading No. 84.07 or 84.08
8409.1000	——航空器发动机用	17	2.0	11.0		17	千克		—For aircraft engines
	——其他								—Other
	——专用于或主要用于点燃式活塞内燃发动机的								—Suitable for use solely or principally with spark-ignition internal combustion piston engines
8409.9110	——船舶发动机用	17	6.0	17.0		17	千克		—For marine propulsion engines
	——其他								—Other
8409.9191	——电控燃油喷射装置	17	5.0	35.0	2	17	千克/套	0	—Electric fuel injection devices
8409.9199	——其他		5.0	35.0		17	千克		—Other
8409.9199.20	废气再循环装置(专用或主要用于内燃发动机)	15	5.0	35.0		17	千克		exhaust gas recycle apparatuses (used exclusively or primarily for internal combustion engines)
8409.9199.30	连杆(专用或主要用于内燃发动机)	15	5.0	35.0		17	千克		Connecting rods (used exclusively or primarily for internal combustion engines)
8409.9199.40	喷嘴(专用或主要用于内燃发动机)	15	5.0	35.0		17	千克		Nozzles (used exclusively or primarily for internal combustion engines)
8409.9199.50	气门摇臂(专用或主要用于内燃发动机)	15	5.0	35.0		17	千克		Valve rocker arms (used exclusively or primarily for internal combustion engines)
8409.9199.90	其他点燃式活塞内燃发动机用零件	15	5.0	35.0		17	千克		Other parts of spark-ignition internal combustion piston engines
	——其他								—Other
8409.9910	——船舶发动机用	17	5.0	11.0		17	千克		—For marine propulsion engines
8409.9920	——机车发动机用	17	2.0	11.0		17	千克		—For locomotive engines
	——其他								—Other
8409.9991	——输出功率在 132.39 千瓦(180 马力)及以上的发动机用	17	2.0	11.0		17	千克		—For engines with an output of 132.39 kw (180hp) or more

三、确定海关监管条件

《进出口税则》中显示该商品监管条件为空,因此不涉及监管证件。

四、出口申报

报关单位依照货样广告品的报关程序办理出口申报的手续。

(一) 阅读原始外文资料并翻译

空运单、商业发票、装箱单的原始外文资料及翻译如图 12-5～图 12-7 所示。

189 | PVG | 6124 8806　　　　主运单号999-87908844

Shipper's Name and Address　　Shipper's Account Number

NOT NEGOTIABLE
Air Waybill
(Air Consignment note)
issued by　　中国国际航空公司 AIR CHINA

Copies 1,3 and 3 of this Air Waybill are originals and have the same validity.

Consignee's Name and Address　　Consignee's Account Number

It is agreed that the goods described herein are accepted in apparent good order and condition (except as noted) for carriage SUBJECT TO THE CONDITIONS OF CONTR ACT ON THE REVERSE HEREOF. THE SHIPPER'S ATTENTION IS DRAWN TO THE NOTICE CONCERNING CARRIERS' LIMITATION OF LIABILITY. Shipper may increas e such limitation of liability by declaring higher value for carriage and paying a supplemental charge it required.

Issuing Carrier's Name and City
STR. SHA　　分运单号 HOUSE A. W. B. NEC1(

Accounting Information
FREIGHT PREPAID

Agent's IATA Code　　Account No.

Airport of Departure
PVG始发地机场

货币　　货物没有声明价没有海关申明价值

To	By First Carrier (Routing and Destination)	to	by	to	by	Currency	Chgs Code	WT/VAL PPD	WT/VAL COL	Other PPD	Other COL	Declared Value For Carriage	Declared Value For Customs
FRA	CA 第一承运人					CNY		PP		PP		NVD	NCV

Airport of Destination FRANKFURT 目的地机场　　Fright/Date 航班号 CA3202　　Flight Date JUL.22　　Amount of Insurance NIL

INSURANCE - If Carrier offers insurance, and such insurance is requested in accordance with conditions on reverse thereof, indicate amount to be insured in figures in box marked "amount of Insurance."

Handling Information　NO SOLID WOOD PACKING MATERIALS　操作信息：没有木质包装

运价类别　计费重量　运价

No. of Pieces RCP	Gross Weight	kg lb	Rate Class / Commodity item no.	Chargeable Weight	Rate / Charge	Total	Nature and Quantity of Goods (incl. Dimensions or Volume)
总件数	实际毛重 118.0	K 千克	Q 45KG 以上	118.0 千克	4269 元/千克	5037.42 运费	CONSOLIDATION AS PER ATTACHED MANIFEST 集中托运货物详见仓单 SHIPPER OR AGENT LOAD AND COUNT 0.70CBN 总尺码
	预付		运费		到付		

Prepaid	Weight Charge	Collect
5037.42		AS ARRANGED
	Valuation Charge	
	Tax	
	Total other Charges Due Agent	
其他费用		AS ARRANGED
	Total other Charges Due Carrier	
876		
费用合计		
Total Prepaid		Total Collect
5913.42		AS ARRANGED
Currency Conversion Rates		CC Charges in Dest. Curency

Other Charges
AWC:50.00　MYC:708.00　MSC:118.00
其他费用

Shipper certifies that the particulars on the face hereof are correct and that insofar as any part of the consignment contains dangerous goods, such part is properly described by name and is in proper condition for carriage by air according to the applicable Dangerous Goods Regulations.

签发人 STR. SHA
Signature of Shipper or his Agent

签发日期 JUL. 21. 2006　　STR.SHA　　LW
Executed on (date)　at (place)　Stamp and Signature of the Carrier or its Agent

For Carrier's Use only at Destination　　Charges at Destination　　Total Collect Charges　　999-8790 8844

图 12-5　空运单原始外文资料及翻译

INVOICE

1/1

XIFU 出票人：无锡锡孚

No.×××West Remin Road
Wuxi,Jiangsu,P.R.China
Tel:86-510-8270 ×××× Fax:86-510-8271 ××××

Invoice No. 06-WF-BS-061 Date. 2006-7-20

Sold to 受票人：意大利TDSF公司 Tecnologie Diesel & Sistemi Frenanti S.p.A. Via delli Ortensie 70026 Modugno(BA) – Italia Ust. –Nr. IT05616770722	Case Mark
Ship to 收货人：意大利TDSF公司 Tecnologie Diesel e Sistemi Frenanti S.p.A. Div DS Via delli Ortensie n° 17, 70026 Z.I. Modugno(BA) – Italia TEL:+39 080 5879 ××× FAX:+39 080 5878×××	Bank Information 银行信息 Intermediary Bank: Citibank N.A. NEW YORK SWIFT BIC: CITIUS55 Beneficiary Bank: Wuxi City Commercial Bank Account with Citibank:3601844× SWIFT BIC:WXCBCNSH Beneficiary: Account Number:89060148800000××× Name:Xifu International Trade Co.,ltd. Address:No.×××West Renmin Road, Wuxi Jiangsu,P.R.China Te:86-510-8270××××
Vessel or On or About 空运 BY AIR	
From Via 起运地：上海 SHANGHAI,CHINA	
To 目的地：意大利罗马 Rome,Italy	Payment Terms T/T 电汇

Marks and Nos.	Description of Goods	Quantity	Unit Price	Amount
			价格术语 FOB SHANGHAI IN USD	
订单号 Order No.	汽车标准件：法兰 (PPAP Samples) Auto spare parts: flange	PCS. 个数	PER PC 单价	Total 总价
DS 45164811	F01M 100 031	5	3.2040	16.02
TOTAL		5		16.02

1 纸箱 ONE CARTON ONLY

Issued By: **XIFU INTERNATIONAL TRADE CO.,LTD.**

图 12-6 商业发票原始外文资料及翻译

PACKING LIST

装箱单

1/1

XIFU

No.××× West Remin Road
Wuxi,Jiangsu,P.R.China
Tel:86-510-8270 ×××× Fax:86-510-8271 ××××

Invoice No.	Date.
06-WF-BS-061	2006-7-20

Sold to Tecnologie Diesel & Sistemi Frenanti S.p.A. Via delli Ortensie 70026 Modugno(BA) –Italia Ust. –Nr. IT05616770722	Case Mark
Ship to Tecnologie Diesel e Sistemi Frenanti S.p.A. Div DS Via delli Ortensie n° 17, 70026 Z.l. Modugno(BA) – Italia TEL:+39 080 5879 ××× FAX:+39 080 5878 ×××	Bank Information
Vessel or On or About BY AIR	
From Via SHANGHAI,CHINA	
To Italy	Payment Terms

Case No.	Description of Goods	Quantity	NET WEIGHT	GROSS WEIGHT	MEASUREMENT
		(PCS)	(KGS)	(KGS)	(M^3)
	Auto spare parts: flange		净重	毛重	尺码
No.1	F01M 100 031	5	2.13	3.23	0.010
TOTAL	ONE CARTON ONLY	5	2.13	3.23	0.010

Issued By: **XIFU INTERNATIONAL TRADE CO.,LTD.**

图 12-7 装箱单原始外文资料及翻译

（二）报关单填报

根据原始资料信息结合基础认知部分的报关单填制规范和经验总结，各个主要栏目填报内容及格式如下。

假定信息：预录入编号同海关编号为223320070×××××××××；运输工具申报出境日同海关受理日期：2007年7月21日。

（1）出口口岸：浦东机场2233。

（2）备案号：免填。

（3）出口日期：免填。

（4）申报日期：20070721。

（5）经营单位：无锡锡孚国际贸易有限公司320231××××。

（6）运输方式：航空运输（或5）。

（7）运输工具名称：CA3202。

（8）提运单号：99987908844_NEC10539636。

（9）发货单位：无锡锡孚汽车配件有限公司320392××××。

（10）贸易方式：货样广告品A（或3010）。

（11）征免性质：一般征税。

（12）结汇方式：电汇。

（13）许可证号：免填。

（14）运抵国（地区）：意大利。

（15）指运港：罗马。

（16）境内货源地：32039。

（17）批准文号：045365427。

（18）成交方式：FOB。

（19）运费：免填。

（20）保费：免填。

（21）杂费：免填。

（22）合同协议号：DS45164811。

（23）件数：1。

（24）包装种类：纸箱。

（25）毛重（千克）：3.23。

（26）净重（千克）：2.13。

（27）集装箱号：0。

（28）随附单据：免填。

（29）生产厂家：无锡锡孚汽车配件有限公司。

（30）标记唛码及备注：N/M。

（31）项号：01。

（32）商品编号：8409.9199.90。

（33）商品名称、规格型号：汽车发动机专用法兰（第一行）；F01M 100 031/汽油发动机用/铁质（第二行）。

（34）数量及单位：2.13千克（第一行）；5个（第三行）。

(35) 最终目的国(地区)：意大利。

(36) 单价：3.2040。

(37) 总价：16.02。

(38) 币值：美元。

(39) 征免：照章征税。

该票货物报关单填报内容如图 12-8 所示。

中华人民共和国海关出口货物报关单

预录入编号:　　　　　　海关编号: 223320070×××××××××

出口口岸 浦东机场2233	备案号		出口日期	申报日期 20070721
经营单位 无锡锡孚国际贸易有限公司320231××××	运输方式 航空运输	运输工具名称 CA3202	提运单号 99987908844_NEC10539636	
发货单位 无锡锡孚汽车配件有限公司320392××××	贸易方式 货样广告品A		征免性质 一般征税	结汇方式 电汇
许可证号	运抵国（地区） 意大利		指运港 罗马	境内货源地 32039
批准文号 045365427	成交方式 FOB	运费	保费	杂费
合同协议号 DS45164811	件数 1	包装种类 纸箱	毛重（千克） 3.23	净重（千克） 2.13
集装箱号 0	随附单据			生产厂家 无锡锡孚汽车配件有限公司
标记唛码及备注 N/M				

项号	商品编号	商品名称、规格型号	数量及单位	最终目的国（地区）	单价	总价	币制	征免
01	8409.9199.90	汽车发动机专用法兰 F01M100031/汽油发动机用/铁质	2.13 (千克) 5个	意大利	3.2040	16.02	美元	照章征税

税费征收情况

录入员　　录入单位	兹声明以上申报无讹并承担法律责任。	海关审单批注及放行日期（签章）
报关员		审单　　审价
单位地址	申报单位（签章）	征税　　统计
邮编　　电话	填制日期	查验　　放行

图 12-8　中华人民共和国海关出口货物报关单

五、配合查验

在配合海关查验前,要对查验商品进行了解。

(一) 简介

法兰(Flange)又称法兰盘或突缘,是使管子与管子相互连接的零件,连接于管端,如图 12-9 所示。法兰上有孔眼,螺栓使两法兰紧连。法兰间用衬垫密封。法兰分螺纹连接(丝接)法兰和焊接法兰及卡套法兰。

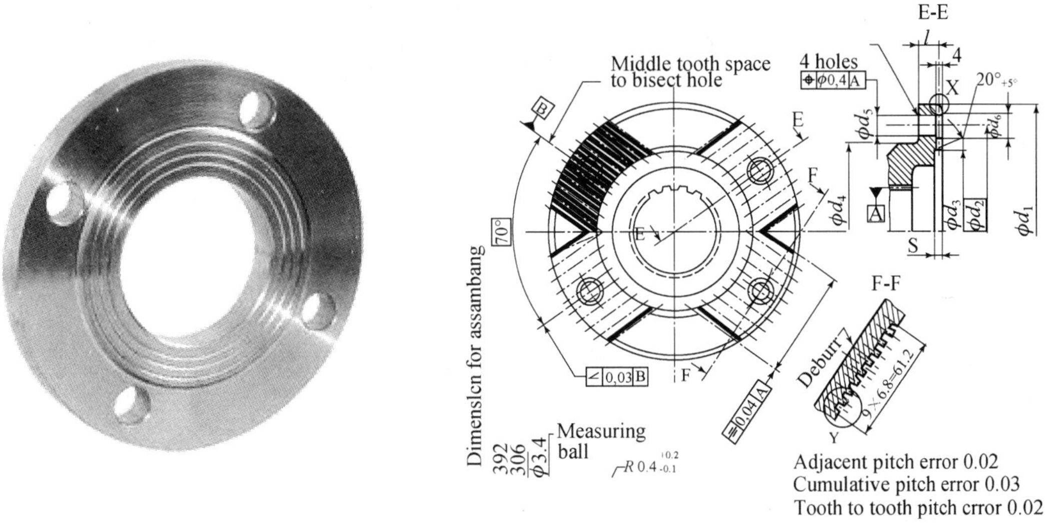

(a)　　(b)

图 12-9　法兰

(二) 材质

按制作材质可分为 WCB(碳钢)、LCB(低温碳钢)、LC3(3.5%不锈钢带颈对焊钢制管法兰镍钢)、WC5(1.25%铬、0.5%钼钢)、WC9(2.25%铬)、C5(5%铬)、C12(9%铬、1%钼)、CA6NM4(12%铬钢)、CA15(4)(12%铬)、CF8M(316 不锈钢)等。

(三) 连接分类

按所连接的部件可分为容器法兰及管法兰;按结构形式分,有整体法兰、活套法兰和螺纹法兰。

六、缴纳税费

对于货样广告品,除特定减免税货物以外,一律照章征税。经查《进出口税则》,该商品不涉及出口税率,因此出口免税。

七、装运货物

该货物出口申报完成,海关审单通过并查验放行。接下来的工作由空运货运代理人安排装机出运。

知识点关联图

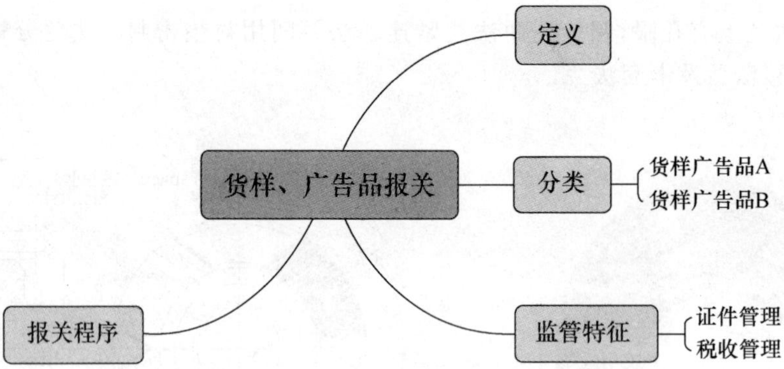

精选习题

一、单项选择题

1. 有进出口经营权的企业价购或售出货样、广告品为(　　)。
   A. 货样广告品 A　　B. 货样广告品 B
   C. 货样　　D. 一般进出口货物
2. 进口非许可证件的货样广告品 A,须凭(　　)办理报关手续。
   A. 局级以上单位证明　　B. 省级商务主管部门批件
   C. 进出口经营权　　D. 报关注册登记证书
3. 进口非许可证件的货样广告品 B,数量合理且价值不超过 1 000 元,须凭(　　)办理报关手续。
   A. 局级以上单位证明　　B. 省级商务主管部门批件
   C. 进出口经营权　　D. 报关注册登记证书
4. 进口非许可证件的货样广告品 B,价值超过 1 000 元,须凭(　　)办理报关手续。
   A. 局级以上单位证明　　B. 省级商务主管部门批件
   C. 进出口经营权　　D. 报关注册登记证书

二、多项选择题

1. 下列表述正确的有(　　)。
   A. 进口货样广告品,每批次价值小于 5 000 元的,可以免自动进口许可证
   B. 进口货样广告品,可以免进口许可证

C. 出口货样，每批次货值不超过 3 万元的，可以免出口许可证

D. 进出口货样，属法检货物的，可以免出入境货物通关单

2. 下列需要提交进出口许可证的有(　　)。

A. 出口两用物项和技术许可证项下的货样

B. 出口每批次价值 1 万元的广告品

C. 进口货样属于重点旧机电产品的

D. 进口每批次 1 万元，属自动进口许可证项下的货样

三、判断题

1. 进出口货物、广告品，除法定减免税外，一律照章征税。　(　　)

2. 进口无商业价值的广告品和货样，一律免税。　(　　)

3. 进口货样广告品，属许可证件管理的，一律交证。　(　　)

第十三章　退运货物报关

第一节　退运货物报关概述

退运货物是指原出口货物或进口货物因各种原因造成退运进口或者退运出口的货物。退运货物包括一般退运进出口货物和进口直接退运货物。

一、一般退运进出口货物海关监管及报关程序

一般退运进出口货物是指已办理申报手续且海关已放行出口或进口，因各种原因造成退运进口或退运出口的货物，其报关程序如图 13-1 所示。

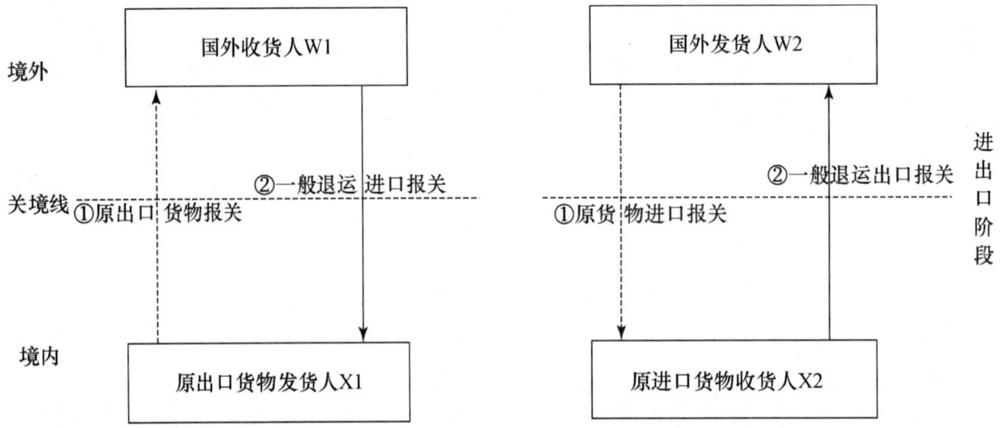

图 13-1　一般退运进出口货物报关程序

一般退运进出口货物不包括加工贸易退运货物。加工贸易退运货物，若手册已核销的，按进境修理货物报关，若手册未核销的，按加工贸易退运货物报关。

(一) 一般退运进口货物海关监管及报关程序

1. 报关管理

一般退运进口货物的报关分以下两种情况。

(1) 原出口货物已收汇的

原出口货物退运进境时，若该批出口货物已收汇、已核销，原发货人或其代理人应填写进口货物报关单向进境地海关申报，并提供原货物出口时的出口货物报关单，现场海关应凭加盖有已核销专用章的出口收汇核销单出口退税专用联（正本），或税务部门出具的出口商

品退运已补税证明,保险公司证明或承运人溢装、漏卸的证明等有关资料办理退运进口手续。

(2) 原出口货物未收汇的

原出口货物退运进口时,若出口未收汇,原发货人或其代理人在办理退运手续时,提交原出口货物报关单、出口收汇核销单、出口报关单退税证明联向进境地海关申报退运进口,同时填制一份进口货物报关单。

若出口货物部分退运进口,海关应在原出口货物报关单上批注退运的实际数量、金额后退回企业并留存复印件,海关核实无误后,验放有关货物进境。

2. 税收管理

因品质或者规格原因,原出口货物自出口之日起 1 年内原状退运进境的,经海关核实后不予征收进口税。

原出口时已经征收出口关税的,只要重新缴纳因出口而退还的国内环节税,自缴纳出口税款之日起 1 年内准予退还。

(二) 一般退运出口货物海关监管及报关程序

1. 报关管理

因故退运出口的原进口货物,原收货人或其代理人应填写出口货物报关单申报出境,并提供原货物进口时的进口货物报关单,保险公司证明或承运人溢装、漏卸的证明等有关资料,经海关核实无误后,验放有关货物出境。

2. 税收管理

因品质或者规格原因,原进口货物自进口之日起 1 年内原状退运出境的,经海关核实后可以免征出口关税,已征收的进口关税和进口环节海关代征税,自缴纳进口税款之日起 1 年内准予退还。

二、进口直接退运货物海关监管及报关程序

进口直接退运货物是指在货物进境后、办结海关放行手续前,进口货物收货人、原运输工具负责人或者其代理人(以下统称"当事人")申请直接退运境外,或者海关根据国家有关规定责令直接退运境外的全部或者部分货物。

进口直接退运货物不包括加工贸易退运货物。加工贸易退运货物,若手册已核销的,按进境修理货物报关,若手册未核销的,按加工贸易退运货物报关进口转关货物在进境地海关放行后,当事人申请办理退运手续的,不属于直接退运货物,应当按照一般退运货物办理退运手续。

进口直接退运货物的报关规定如表 13-1 所示。

表 13-1 进口直接退运货物报关规定

项　目	当事人申请直接退运的货物	海关责令直接退运的货物
适用情况	① 因国家贸易管理政策调整，收货人无法提供相关证件的； ② 属于错发、误卸或者溢卸货物，能够提供发货人或者承运人书面证明文书的； ③ 收发货人双方协商一致同意退运，能够提供双方同意退运的书面证明文书的； ④ 有关贸易发生纠纷，能够提供法院判决书、仲裁机构仲裁决定书或者无争议的有效货物所有权凭证的； ⑤ 货物残损或者国家检验检疫不合格，能够提供国家检验检疫部门根据收货人申请而出具的相关检验证明文书的。 注：对在当事人申请直接退运前，海关已经确定查验或者认为有走私违规嫌疑的货物，不予办理直接退运，待查验或者案件处理完毕后，按照海关有关规定处理	① 进口国家禁止进口的货物，经海关依法处理后的； ② 经 CIQ 施检不合格，出具检验检疫处理通知书或者其他证明文件的； ③ 未经许可擅自进口属于限制进口用做原料的固体废物，经海关依法处理后的
报关程序	① 申请直接退运及提交材料：进口货物直接退运申请书；合同、发票、装箱单、提运单、载货清单；已报关货物的原进口报关单等其他文件； ② 海关审核通过，制发准予直接退运决定书； ③ 新填出口货物报关单和进口货物报关单	① 海关制发海关责令进口货物直接退运通知书； ② 当事人新填出口货物报关单和进口货物报关单
	注：先填写出口货物报关单，后填写进口货物报关单： ①“贸易方式”栏填“直接退运”(4500)； ② 出口报关单备注栏填准予直接退运决定书编号或责令直接退运通知书编号； ③ 进口报关单备注栏填关联报关单(出口报关单)号； ④ 其他栏目填写参见进出口货物报关单填制规范	
其他规定	① 因进口货物发货人或者承运人的责任造成货物错发、误卸或者溢卸，经海关批准直接退运的，当事人免于填制报关单，凭准予直接退运决定书或责令直接退运通知书向海关办理直接退运手续； ② 对在当事人申请直接退运前，海关已经确定查验或者认为有走私违规嫌疑的货物，不予办理直接退运； ③ 经海关批准直接退运的货物不需要交验进出口许可证或者其他监管证件，免予征收各种税费及滞报金，不列入海关统计； ④ 对货物进境申报后经海关批准直接退运的，在办理进口货物直接退运出境申报手续前，海关应当将原进口货物报关单或者转关单电子数据予以撤销； ⑤ 进口货物直接退运应当从原进境地口岸退运出境。对因运输原因需要改变运输方式或者由另一口岸退运出境的，应当经由原进境地海关批准后，以转关运输方式出境	

第二节 退运货物报关实训

2007 年 5 月，杭州凌云文具有限公司(3301944018)出口自产办公打孔机一批，出口报关单号为 310420070546636188，出口收汇核销单号为 039997791。货到目的地后客商检验发现货物存在质量问题，双方协商同意将货物退回凌云公司。2007 年 10 月，该批打孔机与凌云公司自同一客商购买的旧点焊机同批进境(运保费共计 3 300 美元)，在向口岸海关办理转关手续(转关申报单编号@0731049999505171)后，运抵指运地海关办理正式进口报关手续。

点焊机属自动进口许可证管理商品，为凌云公司投资额内进口减免税货物，位于征免税证明第 1 项。其发票和装箱单、提单、空白进口货物报关单(进口打孔机铁件、进口旧点焊机)分别如图 13-2～图 13-5 所示。

ACCO BRANDS Corporation
300 Tower Parkway
Lincolnshire, IL 60068-3604
www.accobrands.com

ACCO BRANDS

INVOICE & PACKING LIST

INVOICE No .: NGBAO7011 **DATE:** Sep, 1, 2007

CONSIGNED TO: HANGZHOU UNITOP STATIONERY GO.,LTD. RIVER HILL ROAD HANGZHOU,ZHEJIANG,CHINA		**SHIPPING MARK:**
SHIPPED PER OCEAN VESSEL	**SAILING ON OR ABOUT** Sep. 3, 2007	
FROM LONG BEACH, USA	**TO** NINGBO, CHINA	

DESCRIPTION	Qty	P'kg	G.W.	N.W.	UNIT PRICE	AMOUNT
					FCA NOGALES	
1. Welding machines (used)	8 set	16 pallets	16 000 kg	15 600kg	@$17 100.-	$136 800.-
2. Punch metal parts - Returned cargo, Price for customs declaration only	40 400pcs	2 cases	1 600 kg	1 500 kg	@ $0.15	$6 060.-

Country of Origin:USA

ACCO BRANDS Corporation

Authorized Signature

图 13-2 发票和装箱单

Shipper ACCO Brands US LLC. 300 Towe Parkway Lincolnshire, IL	B/L No. KKLUUS0681814
Consignee Hangzhou Unitop Stationery Co., Ltd. River Hill Road,Hangzhou, China	"K" LINE KAWASAKI KISEN KAISHA, LTD. **BILL OF LADING**
Notify Party Same as Consignee	**Forwarding Agent References**

Pre-carriage By	**Place of Receipt** NOGALES	**Point and Country of Origin** NOGALES,US
Vessel/Voyage ROTTERDAM BRIDGE v.226w	**Port of Loading** LONG BEACH	
Port of Discharge NINGBO	**Place of Delivery** NINGBO	**Type of Movement** DOOR/CY

PARTICULARS FURNISHED BY SHIPPER

Container & Seal No.	Number & Kind of Packages	Description of Goods	Gross Weight (kg)	Measurement (m^3)
KKFU7044043 6794		1 × 40' Container (6794) 12 pallets of used machinery XTN#265705100-NINGO-40FT	12 000	24.82
PRSU2208522 6531		1 × 20' Container (6531) 6 p'kg of used machinery and parts of other machines XTN#265705100-NINGO-20FT	5 600	9.75
		Shipper's Load Stow and Count		

Total No. of Containers Or Packages (In Words):
SIXTEEN PALLETS AND TWO WOODEN CASES

Date Laden on Board September 03, 2007	**Place and Date of B(S)/L Issue** RICHMOND,VA September 03, 2007
Freight and Charges FREIGHT PREPAID AS ARRANGED	**No. of Original B/L Issued** THREE (3)
	STAMP AND SIGNATURE OF THE CARRIER OR ITS AGENT "K" Line America, Inc.

图 13-3 提单

中华人民共和国海关进口货物报关单

预录入编号:　　　　　　　　　　海关编号:

进口口岸	备案号		进口日期	申报日期
经营单位	运输方式	运输工具名称	提运单号	
收货单位	贸易方式		征免性质	征税比例
许可证号	起运国（地区）		装货港	境内目的地
批准文号	成交方式	运费	保费	杂费
合同协议号	件数	包装种类	毛重（千克）	净重（千克）
集装箱号	随附单据			用途
标记唛码及备注				

项号	商品编号	商品名称、规格	数量及单位	原产国（地区）	单价	总价	币制	征免

税费征收情况

录入员　　录入单位	兹声明以上申报无讹并承担法律责任。	海关审单批注及放行日期(签章)
报关员		审单　　审价
单位地址	申报单位（签章）	征税　　统计
邮编　　电话	填制日期	查验　　放行

图 13-4　空白进口货物报关单一(进口打孔机铁件)

中华人民共和国海关进口货物报关单

预录入编号：　　　　　　　　海关编号：

进口口岸	备案号	进口日期	申报日期
经营单位	运输方式	运输工具名称	提运单号
收货单位	贸易方式	征免性质	征税比例
许可证号	起运国（地区）	装货港	境内目的地

批准文号	成交方式	运费	保费	杂费
合同协议号	件数	包装种类	毛重（千克）	净重（千克）
集装箱号	随附单据			用途

标记唛码及备注

项号	商品编号	商品名称、规格型号	数量及单位	原产国（地区）	单价	总价	币制	征免

税费征收情况

录入员　录入单位	兹声明以上申报无讹并承担法律责任。	海关审单批注及放行日期（签章）
报关员		审单　　审价
单位地址	申报单位（签章）	征税　　统计
邮编　　电话	填制日期	查验　　放行

图 13-5　空白进口货物报关单二（进口旧点焊机）

一、判定海关监管货物的类型

根据认知部分中对一般退运货物和特定减免税货物的描述，包括定义、范围、特征等，结合案例描述，判定自产办公打孔机为一般退运进口货物，旧点焊机为特定减免税货物，两种货物通关属性不一样，需要分单填报。

二、商品归类

根据产品品名及规格描述，使用正确方法查阅税则手册。打孔机商品编码为8472.9021，对应出口退税率15%，进口税率有最惠国税率0%、普通税率40%、增值税率17%、法定计量单位为“台”、监管证件无、英文名称为Perforator，如表13-2所示。同时，通过Web或EDI预录入规范申报辅助系统查询该商品的申报要素为：① 品名；② 用途；③ 品牌；④ 型号。

旧点焊机商品编码为8515.2190，对应出口退税率17%，进口税率有最惠国税率10%、普通税率30%、增值税率17%，法定计量单位为“台”，监管证件“AO”，如表13-3所示。其申报要素为：① 品名；② 原理；③ 是否为全自动或半自动；④ 品牌；⑤ 型号；⑥ 新旧状态。

表13-2 打孔机税则号列

税则号列 Tariff item	商品名称及备注	出口退税	进口税率			增值税率	计量单位	监管条件	Article description
			最惠	普通	暂定				
84.72	其他办公室用机器(例如，胶版复印机、油印机、地址印写机、自动付钞机、硬币分类、计数及包装机、削铅笔机、打洞机或订书机)								Other office machines (for example, hectograph or stencil duplicating machines, addressing machines, automatic banknote dispensers, coin sorting machines, coin counting or wrapping machines, pencil-sharpening machines, perforating or stapling machines)
8472.1000	——胶版复印机、油印机	15	14.0	40.0		17	台		—Duplicating machines
	——信件分类或折叠机或信件装封机、信件开封或闭封机、粘贴或盖销邮票机								—Machines for sorting or folding mail or for inserting mail in envelopes or bands, machines for opening, closing or sealing mail and machines for affixing or cancelling postage stamps
8472.3010	——邮政信件分拣及封装设备	15	10.0	40.0		17	台		—Machines for sorting or banding mail
8472.3090	——其他	15	14.0	40.0		17	台		—Other
	——其他								—Other
8472.9010	——自动柜员机	15	0.0	40.0		17	台		—Automated teller
	——装订用机器								—Stapling machines
8472.9021	——打洞机	15	0.0	40.0		17	台		—Perforator
8472.9022	——订书机	15	0.0	40.0		17	台		—Stapler
8472.9029	——其他	15	0.0	40.0		17	台		—Other
8472.9030	——碎纸机	15	0.0	40.0		17	台		—Paper shredders
8472.9040	——地址印写机及地址铭牌压印机	15	14.0	40.0		17	台		—Addressing machines and address plate embossing machines
8472.9090	——其他	15	0.0	40.0		17	台		—Other

表 13-3 点焊机税则号列

税则号列 Tariff item	商品名称及备注	出口退税	进口税率			增值税率	计量单位	监管条件	Article description
			最惠	普通	暂定				
85.15	电气(包括电热气体)、激光、其他光、光子束、超声波、电子束、磁脉冲或等离子弧焊接机器及装置,不论是否兼有切割功能;用于热喷金属或金属陶瓷的电气机器及装置								Electric (including electrically heated gas), laser or other light or photon beam, ultrasonic, electron beam, magnetic pulse or plasma are soldering, brazing or welding machines and apparatus, whether or not capable of cutting; electric machines and apparatus for hot spraying of metals or cermets
	——钎焊机器及装置								—Brazing or soldering machines and apparatus
8515.1100	——烙铁及焊枪	17	10.0	30.0		17	个	A	—Soldering irons and guns
8515.1900	——其他	17	10.0	30.0		17	台		—Other
	——电阻焊接机器及装置								—Machines and apparatus for resistance welding of metals
	——全自动或半自动的								—Fully or partly automatic
8515.2110	——直缝焊管机	17	10.0	30.0		17	台		—Aligning tube welding machines
8515.2190	——其他	17	10.0	30.0		17	台	AO	—Other
8515.2900	——其他	17	10.0	30.0		17	台	A	—Other
	——电弧(包括等离子弧)焊接机器及装置								—Machines and apparatus for (including plasma are) welding of metals
	——全自动或半自动的								—Fully or partly automatic
8515.3110	——螺旋焊管机	17	10.0	30.0		17	台	B	—Spiralling tube welding machines
8515.3190	——其他	17	10.0	30.0		17	台	BAO	—Other
8515.3900	——其他	17	10.0	30.0		17	台	BAO	—Other
8515.8000	——其他机器及装置		8.0	30.0		17	台		—Other machines and apparatus
85158000.10	电子束、激光自动焊接机[将端塞焊接于燃料细棒(或棒)的自动焊接机]	17	8.0	30.0		17	台	3	Electron beam, laser automatic welding machine (automatic welding machine for welding end plug onto fuel pins or rods)
85158000.90	其他焊接机器及装置	17	8.0	30.0		17	台		Other kinds of welding machine and device
8515.9000	——零件	17	6.0	30.0	3	17	千克		—Parts

三、确定海关监管条件

《进出口税则》中打孔机显示该商品监管条件为空,因此不涉及监管证件。点焊机监管条件为 AO,涉及入境货物通关单和自动进口许可证,且该商品是旧的。

四、进口申报

报关单位依照一般退运进口货物的报关程序办理打孔机的进口申报工作，依照特定减免税货物的报关程序办理旧点焊机的进口申报工作。两张报关单分开填报。

(一) 阅读原始外文资料并翻译

商业发票和装箱单及海运提单的原始外文资料及翻译如图 13-6 和图 13-7 所示。

ACCO BRANDS Corporation 出票人
300 Tower Parkway
Lincolnshire, IL 60069-3604
www.accobrands.com

商业发票 & 装箱单

INVOICE & PACKING LIST

INVOICE No .: NGBAO7011　　**DATE:** Sep. 1, 2007

CONSIGNED TO: 受票人：杭州凌云文具有限公司 HANGZHOU UNITOP STATIONERY CO.,LTD. RIVER HILL ROAD HANGZHOU,ZHEJIANG,CHINA		**SHIPPING MARK:**
SHIPPED PER OCEAN VESSEL 水路运输	**SAILING ON OR ABOUT** Sep. 3, 2007	
FROM LONG BEACH , USA 起运港：美国长滩	**TO** NINGBO , CHINA 目的港：中国宁波	

DESCRIPTION	Qty	P'kg	G.W.	N.W.	UNIT PRICE	AMOUNT
	数量	件数			**FCA NOGALES** 价格术语	
1. Welding machines (used) 电焊机（旧）	8 set 台	16 pallets 托盘	16 000 kg	15 600kg	@ $17 100.- 单价	$136 800.- 总价
2. Punch metal parts - Returned cargo, Price for customs declaration only 打孔机	40 400pcs 个	2 cases 木箱	1 600 kg	1 500 kg	@ $0.15	$6 060.-

Country of Origin: USA
原产国：美国

ACCO BRANDS Corporation

Authorized Signature

图 13-6 商业发票和装箱单外文原始资料及翻译

Shipper 托运人：美国 ACCO 公司 ACCO Brands US LLC. 300 Tower Parkway Lincolnshire, IL	B/L No. KKLUUS0681814 "K" LINE KAWASAKI KISEN KAISHA. LTD. **BILL OF LADING**
Consignee Hangzhou Unitop Stationery Co., Ltd. River Hill Road, Hangzhou, China 收货人：杭州凌云	
Notify Party Same as Consignee	**Forwarding Agent References**

Pre-carriage By	**Place of Receipt** 接货地 NOGALES	**Point and Country of Origin** NOGALES,US 起运国及地区
Vessel/Voyage 船名及航次 ROTTERDAM BRIDGE v.226w	**Port of Loading** 装货港 LONG BEACH	
Port of Discharge 卸货港 NINGBO	**Place of Delivery** 交货地 NINGBO	**Type of Movement** DOOR/CY 门/堆场

PARTICULARS FURNISHED BY SHIPPER

Container & Seal No.	Number & Kind of Packages	Description of Goods	Gross Weight (kg)	Measurement (m^3)
KKFU7044043 6794 集装箱号		1 × 40'Container (6794) 1 个 40 尺箱 12 pallets of used machinery 12 托盘旧机器 XTN#265705100-NINGO-40FT	12 000 毛重	24.82 尺码
PRSU2208522 6531		1 × 20'Container (6531) 6 p'kg of used machinery and parts of other machines XTN#265705100-NINGO-20FT 1 个 20 尺箱 6 件旧机器和其他机器零件 Shipper's Load Stow and Count	5 600	9.75

Total No. of Containers Or Packages (In Words): SIXTEEN PALLETS AND TWO WOODEN CASES 共 16 个托盘和 2 个木箱

Date Laden on Board September 03, 2007	**Place and Date of B(S)/L Issue** RICHMOND,VA 提单签发地和日期 September 03, 2007
Freight and Charges FREIGHT PREPAID AS ARRANGED 运费付费	**No. of Original B/L Issued** THREE (3)
	STAMP AND SIGNATURE OF THE CARRIER OR ITS AGENT 提单签发人：承运人或其他代理人 "K" Line America, Inc.

图 13-7 海运提单原始外文资料及翻译

（二）报关单填报

根据原始资料信息结合基础认知部分的报关单填制规范和经验总结，退运进口的打孔机报关单各个主要栏目填报内容及格式如下。

假定信息：预录入编号同海关编号为310120071×××××××××；运输工具申报进境日同海关受理日期为2007年10月3日；合同号为LINYUN07001。

（1）进口口岸：宁波海关3101。

（2）备案号：免填。

（3）进口日期：20071003。

（4）申报日期：20071003。

（5）经营单位：杭州凌云文具有限公司3301944018。

（6）运输方式：水路运输。

（7）运输工具名称：@0731049999505171。

（8）提运单号：KKLUUS0681814。

（9）收货单位：杭州凌云文具有限公司3301944018。

（10）贸易方式：退运货物（或4561）。

（11）征免性质：其他法定。

（12）许可证号：免填。

（13）起运国（地区）：美国。

（14）装货港：长滩。

（15）境内目的地：33019。

（16）批准文号：免填。

（17）成交方式：FOB（或3）。

（18）运费：502/300/3［运费根据发票中显示的毛重进行分摊，即3 300×1 600/（16 000+1 600）］。

（19）保费：免填（运保费合计填运费栏）。

（20）杂费：免填（不涉及成交价格以外的费用）。

（21）合同协议号：LINYUN07001。

（22）件数：2。

（23）包装种类：木箱。

（24）毛重：1 600千克。

（25）净重：1 500千克。

（26）集装箱号：PRSU2208522/20/××××。

（27）随附单据：免填。

（28）用途：其他。

（29）标记唛码及备注：N/M（唛码项）；310420070546636188（备注项：原出口货物报关单号）。

（30）项号：01。

（31）商品编号：8472.9021。

（32）商品名称、规格型号：打孔机（第一行）；办公用/ACCO/PS001（根据申报要素可假定）。

（33）数量及单位：40 400 台。

（34）原产国(地区)：中国。

（35）单价 0.15。

（36）总价：6 060.00。

（37）币值：美元。

（38）征免：全免。

（39）申报单位：杭州凌云文具有限公司。

该票货物报关单填报内容如图 13-8 所示。

中华人民共和国海关进口货物报关单

预录入编号：　　　　海关编号：310120071××××××××

进口口岸 宁波海关3101	备案号	进口日期 20071003	申报日期 20071003
经营单位 杭州凌云文具有限公司3301944018	运输方式 水路运输	运输工具名称 @0731049999505171	提运单号 KKLUUS0681814
收货单位 杭州凌云文具有限公司3301944018	贸易方式 退运货物	征免性质 其他法定	征税比例
许可证号	起运国（地区） 美国	装货港 长滩	境内目的地 33019
批准文号	成交方式 FOB	运费 502/300/3	保费	杂费
合同协议号 LINYUN07001	件数 2	包装种类 木箱	毛重（千克） 1 600	净重（千克） 1 500
集装箱号 PRSU2208522/20/××××	随附单据		用途 其他
标记唛码及备注 N/M　310420070546636188			

项号	商品编号	商品名称、规格型号	数量及单位	原产国（地区）	单价	总价	币制	征免
01	8472.9021	打孔机 办公用/ACCO/PS001	40 400台	中国	0.15	6 060.00	美元	全免

税费征收情况

录入员　录入单位	兹声明以上申报无讹并承担法律责任。	海关审单批注及放行日期(签章)
报关员		审单　审价
单位地址	申报单位（签章） 杭州凌云文具有限公司	征税　统计
邮编　电话	填制日期	查验　放行

图 13-8　中华人民共和国海关进口货物报关单

新进口的旧点焊机报关单各个主要栏目填报内容及格式如下。

假定信息：预录入编号同海关编号为 310120071×××××××××；运输工具申报进境日同海关受理日期为 2007 年 10 月 3 日；合同号为 LINYUN07001。

(1) 进口口岸：宁波海关 3101。

(2) 备案号：Z×××××××××××。

(3) 进口日期：20071003。

(4) 申报日期：20071003。

(5) 经营单位：杭州凌云文具有限公司 3301944018。

(6) 运输方式：水路运输。

(7) 运输工具名称：@07310499999505171。

(8) 提运单号：KKLUUS0681814。

(9) 收货单位：杭州凌云文具有限公司 3301944018。

(10) 贸易方式：外资设备物品。

(11) 征免性质：鼓励项目。

(12) 许可证号：免填。

(13) 起运国(地区)：美国。

(14) 装货港：长滩。

(15) 境内目的地：33019。

(16) 批准文号：免填。

(17) 成交方式：FOB。

(18) 运费：502/3000/3。

(19) 保费：免填。

(20) 杂费：免填。

(21) 合同协议号：LINYUN07001。

(22) 件数：16。

(23) 包装种类：托盘。

(24) 毛重：16 000 千克。

(25) 净重：15 600 千克。

(26) 集装箱号：KKFU7044043/40/××××。

(27) 随附单据为 A：×××××（旧机电属法检货物）。

(28) 用途：企业自用。

(29) 标记唛码及备注如下。N/M(唛码项)，O：××××××××××（备注项）(第一行)；PRSU2208522/20/××××(第二行)(旧机电不免自动进口许可证，点焊机分装在两个集装箱内)。

(30) 项号：01(第一行)；01(第二行)。

(31) 商品编号：8515.2190。

(32) 商品名称、规格型号：点焊机(第一行)；双面双点/全自动/ACCO/SY-001/旧(第二行)(部分信息可根据商品资料自拟)。

(33) 数量及单位：8 台。

(34) 原产国(地区)：中国。

（35）单价：17 100。

（36）总价：136 800。

（37）币值：美元。

（38）征免：特案(免关税，不免增值税)。

（39）申报单位：杭州凌云文具有限公司。

该票货物报关单填报内容如图 13-9 所示。

中华人民共和国海关进口货物报关单

预录入编号：　　　　海关编号：310120071×××××

进口口岸 宁波海关3101	备案号 Z×××××××××××	进口日期 20071003	申报日期 20071003

经营单位 杭州凌云文具有限公司3301944018	运输方式 水路运输	运输工具名称 @0731049999505171	提运单号 KKLUUS0681814

收货单位 杭州凌云文具有限公司3301944018	贸易方式 外资设备物品	征免性质 鼓励项目	征税比例

许可证号	起运国（地区） 美国	装货港 长滩	境内目的地 33019

批准文号	成交方式 FOB	运费 502/3000/3	保费	杂费

合同协议号 LINYUN07001	件数 16	包装种类 托盘	毛重（千克） 16 000	净重（千克） 15 600

集装箱号 KKFU7044043/40/××××	随附单据 A:×××××	用途 企业自用

标记唛码及备注
N/M　　O:××××××××××
　　　　PRSU2208522/20/××××

项号	商品编号	商品名称、规格型号	数量及单位	原产国（地区）	单价	总价	币制	征免
01 01	8515.2190	点焊机 双面双点/全自动 /ACCO/SY-001/旧	8台	中国	17 100	136 800	美元	特案

税费征收情况

录入员　录入单位	兹声明以上申报无讹并承担法律责任。	海关审单批注及放行日期(签章)
报关员		审单　　审价
单位地址	申报单位（签章） 杭州凌云文具有限公司	征税　　统计
邮编　　电话	填制日期	查验　　放行

图 13-9　中华人民共和国海关进口货物报关单

五、配合查验

在配合海关查验前，要对查验商品进行了解。

中文名称：点焊机。

英文名称：spot welding machine。

应用学科：机械工程（一级学科）；焊接与切割（二级学科）；焊接与切割工艺装备与设备（二级学科）。

（一）简介

点焊机的通俗名称有点焊机、精密点焊机、储能点焊机、交流脉冲点焊机、高频点焊机、逆变点焊机、电阻焊机、微电脑点焊机、直流点焊机、热电偶点焊机、气动点焊机、五金焊机工具/电池点焊机、电子点焊机、手提式点焊机、高精密焊机、碰焊机、对焊机、手持点焊机等，如图 13-10 所示。

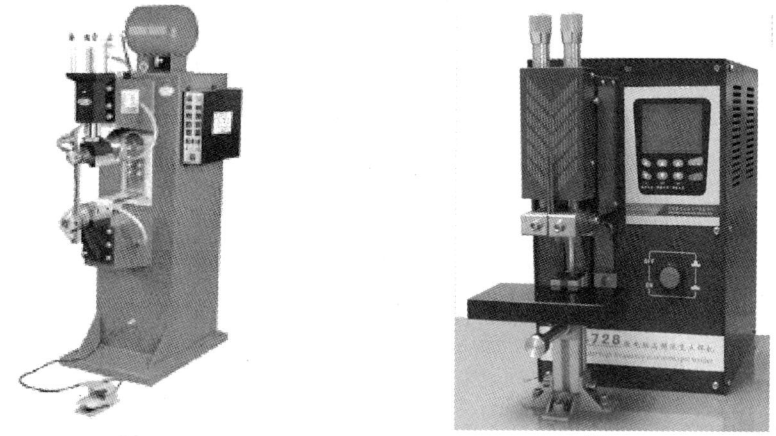

(a)　　(b)

图 13-10　点焊机

（二）点焊机的分类

点焊机按照用途分，有万能式（通用式）、专用式；按照同时焊接的焊点数目分，有单点式、双点式、多点式；按照导电方式分，有单侧的、双侧的；按照加压机构的传动方式分，有脚踏式、电动机—凸轮式、气压式、液压式、复合式（气液压合式）；按照运转的特性分，有非自动化、自动化；按照安装的方法分，有固定式，移动式或轻便式（悬挂式）；按照焊机的活动电极（普通是上电极）的移动方向分，有垂直行程（电极作直线运动）、圆弧行程；按照电能的供给方式分，有工频焊机（采用 50 赫兹交流电源）、脉冲焊机（直流脉冲焊机、储能焊机等）、变频焊机（如低频焊机）。

点焊机又称电阻焊机，通常分为 4 类：① 交流点焊机；② 储能点焊机；③ 钎点焊机；④ 封帽机。

（三）点焊原理

点焊是焊件装配成搭接接头，并压紧在两电极之间，利用电阻热熔化固体金属，形成焊点的电阻焊方法。点焊可分为单点焊及多点焊两种。在多点焊时，需使用两对以上的电极，并且在同一工序内形成多个溶核。点焊机系采用双面双点过流焊接的原理，工作时两个电极加压工件，使两层金属在两电极的压力下形成一定的接触电阻，而焊接电流从一电极流经另一电极时在两接触电阻点形成瞬间的热熔接，且焊接电流瞬间从另一电极沿两工件流至此电极形成回路，不会伤及被焊工件的内部结构。

六、缴纳税费

退运进口的打孔机税费全免，原出口已退还的国内环节税应退还。按特定减免税进口的旧点焊机，免进口关税但不免进口代征税(包括消费税和增值税)，如表 13-4 所示。

表 13-4 进口税费核算表

品名	原产地	产地证号	适用税率	CIF 价 USD	汇率	完税价格 CNY	进口关税	增值税额	合计 CNY
电焊机	美国	无	10% 最惠国	139 800.00	6.229 3	870 856.14	0.00 免	148 045.54	148 045.54

七、提取货物

一般退运进口货物申报完成，海关审单放行即结关。特定减免税货物进口申报完成，海关审单通过，查验放行后，海关要继续监管。海运进口货物海关放行以海关在提货单上签章为准，接下去的工作主要由货运代理公司及车队完成。

第三节 直接退运货物报关实训

宁波新达再生资源有限公司(以下简称“新达公司”，海关注册编码 3302961244)订购进口废电机一批，进口前已申领环保部固体废物进口许可证(编号 SEPAX2011014513)。货物到港后报关前申请商检检验，发现该批货物中部分为国家规定禁止入境的废压缩泵，其夹带量超过环控限量标准，检验证书编号 380000111015959。新达公司遂向海关申请办理废压缩泵的直接退运手续，合规部分正常申报进口。海关核实属境外发货人原因错发，并出具准予进口货物直接退运决定书"甬关业务许可(2011)3104051 号"。

该批货物原进口时未办理运输保险，法定计量单位为"千克"。其提单(部分)、发票及空白进口货物报关单分别如图 13-11～图 13-13 所示。

<table>
<tr><td colspan="2" rowspan="2">MAERSK LINE</td><td rowspan="2">BILL OF LADING FOR
OCEAN TRANSPORT OR
MULTIMODAL
TRANSPORT</td><td>SCAC MAEU</td></tr>
<tr><td>B/L No. 861473666</td></tr>
<tr><td colspan="2" rowspan="3">Shipper
TUNG TAI GROUP
1726 ROGERS AVENUE
SAN JOSE,CA95112
TBL: +1 408 573 ××××
FAX: +1 408 573 ××××</td><td colspan="2">Booking No. 861473665</td></tr>
<tr><td colspan="2">Export references
Svc Contract
40071</td></tr>
<tr><td colspan="2">Notify Party
SAME AS CONSIGNEE</td></tr>
<tr><td>Vessel
MAERSK
WALVIS BAY</td><td>Voyage
V. 1108</td><td colspan="2">Place of Receipt</td></tr>
<tr><td>Port of Loading
San Juan, Puerto Rico</td><td>Port of Discharge
Ningbo, CN</td><td colspan="2">Place of Delivery</td></tr>
<tr><td colspan="4">PARTICULARS FINISHED SHIPPER</td></tr>
<tr><td colspan="2">Kind of Packages; Description of Goods;
Marks & Nos; Container NO. /Seal No.</td><td>Gross Weight</td><td>Measurement</td></tr>
<tr><td colspan="2">2 containers said to contain
2 LOOSE
Metal Scrap-Motors
MSKU7346855 20 DRY 8'6 1 LOOSE 19468. 00
KGS 20. 00 CBM
Shipper Seal: 0193338

MSKU7964909 20 DRY8'6 1 LOOSE 23560. 00
KGS 20. 00 CBM
Shipper Seal: BJ99737
SHIPPER'S LOAD. STOW. WEIGHT AND COUNT
FREIGHT PREPAID
CY/CY</td><td>43 028. 000 KGS</td><td>400 000 CBM</td></tr>
</table>

图 13-11 提单(部分)

TUNG TAI GROUP

1726 Roger Avenue

Sun Jose, CA 95112

U. S. A

TEL: +1(408)573-8681

INVOICE & PACKING LIST

BILL TO:	DATE: 3/ 12/ 2011
NINGBO XINDA RECYCLING RESOURCES CO. , LTD	INVOICE NO. : INV-861473645
NO. 3 DINGHAI ROAD NINGBO RECYCLING	CONTRACT NO. : SCD12711-GEBL
RESOURCES PROCESSING PARK	VESSEL: MAERSK WALVIS BAY
TEL: 0574-8629××××	V. 1108
801, DINGJIAO STREET, HANGZHOU, CHINA	TERMS OF PRICE: CNF NINGBO CHINA

DESCRIPTION	QUANTITY	UNIT PRICE	AMOUNT
METAL SCRAP- MOTOR SCRAP COUNTURY OF ORIGINAL: U. S. A	43.028 MT	USD 1 150 MT	USD 49 482 20

PACKING CONTAINER NO.		GROSS WEIGHT	NET WEIGHT
MSKU79641909 SEAL#0193338	1×20'	23 560.00KGS	23 560.00KGS
TOTAL	2×20'	43 028.00KGS	43 028.00KGS

WIRE INSTRUCTIONS FOR PAYMENT:
Beneficiary: TUNG TAI GROUP
Account Number: 10876-03×××
Bank Name: BANK OF CHINA
SWIFT Code: BOFAUS6S
909 E. HILL SDALE BLVD FOSTER CITY, CA94404 U. S. A.

图 13-12 发票

中华人民共和国海关进口货物报关单

预录入编号:　　　　　　　　海关编号:

进口口岸	备案号	进口日期	申报日期	
经营单位	运输方式	运输工具名称	提运单号	
收货单位	贸易方式	征免性质	征税比例	
许可证号	起运国（地区）	装货港	境内目的地	
批准文号	成交方式	运费	保费	杂费
合同协议号	件数	包装种类	毛重（千克）	净重（千克）
集装箱号	随附单据	用途		
标记唛码及备注				

项号	商品编号	商品名称、规格型号	数量及单位	原产国（地区）	单价	总价	币制	征免

税费征收情况

录入员　录入单位	兹声明以上申报无讹并承担法律责任。	海关审单批注及放行日期(签章)
报关员		审单　审价
单位地址	申报单位（签章）	征税　统计
邮编　电话	填制日期	查验　放行

图 13-13　空白进口货物报关单

一、判定海关监管货物的类型

根据认知部分中对进口直接货物的描述，包括定义、范围、特征等，结合案例描述，判定该货物海关监管类型为进口直接退运。

二、商品归类

根据品名及规格描述，使用正确方法查阅税则手册。废电机商品编码为7404.0000.10，对应进口税率有最惠国税率1.5%、普通税率11%、增值税税率17%、法定计量单位为“千克”，监管证件7AP，如表13-5所示。同时，通过Web或EDI预录入规范申报辅助系统查询该商品的申报要素如下。

商品描述：以回收铜为主的废电机等。

申报要素：① 品名；② 用途(供回收铜用)；③ 材质(铜)；④ 状态(废、碎、管、板、线、棒、边角料等)；⑤ 来源(废的电机、电线、电缆、五金等)；⑥ 成分含量(回收金属的含量)；⑦ 包装形式。

表13-5 废电机税则号列

税则号列 Tariff item	商品名称及备注	出口退税	进口税率			增值税率	计量单位	监管条件	Article description
			最惠	普通	暂定				
7403.2200	——铜锡合金(青铜)		1.0	17.0		17	千克	7	—Copper-tin base alloys (bronze)
7403.2900	——其他铜合金(品目74.05的铜母合金除外)		1.0	17.0		17	千克	7	—Other copper alloys other than master alloys of (heading No. 74.05)
74.04	铜废碎料								Copper waste and scrap
7404.0000	铜废碎料		1.5	11.0	0	17	千克		Copper waste and scrap
7404.0000.10	以回收铜为主的废电机等(包括废电机、电线、电缆、五金电器)		1.5	11.0		17	千克	7AP	Waste electric machines mainly for recycling copper, including waste wires, cables, hardware and electric appliance
7404.0000.90	其他铜废碎料		1.5	11.0		17	千克	7AP	Other copper waste and scrap
74.05	铜母合金								Master alloys of copper
7405.0000	铜母合金		4.0	17.0		17	千克		Other copper waste and scrap
74.06	铜粉及片状粉末								Copper powders and flakes
	——非片状粉末								—Powders of non-lamellar structure
7406.1010	——精炼铜制		3.0	14.0		17	千克	7	—Of refined copper
7406.1020	——铜镍合金(白铜)或铜镍锌合金(德银)制		6.0	40.0		17	千克	7	—Of copper-nickel base alloys (cupronickel) or copper-nickel-zinc base alloys (nickel silver)
7406.1030	——铜锌合金(黄铜)制		6.0	30.0		17	千克		—Of copper-zinc base alloys (brass)
7406.1040	——铜锡合金(青铜)制		6.0	30.0		17	千克		—Of copper-tin base alloys (bronze)
7406.1090	——其他铜合金制		6.0	30.0		17	千克	7	—Other
	——片状粉末								—Powders of lamellar structure; flakes
7406.2010	——精炼铜制		4.0	14.0		17	千克	7	—Of refined copper
7406.2020	——铜镍合金(白铜)或铜镍锌合金(德银)制		6.0	40.0		17	千克	7	—Of copper-nickel base alloys (cupronickel) or copper-nickel-zinc base alloys (nickel silver)
7406.2090	——其他铜合金制		6.0	30.0		17	千克	7	—Other

三、确定海关监管条件

《进出口税则》中显示该商品监管条件为7AP，因此涉及监管证件：7——自动进口许可证；A——入境货物通关单；P——废物进口许可证。

四、进口申报

由于检验检疫发现该批货物中含有国家禁止进口的废压缩泵。因此报关单位依照海关要求，对禁止进口的部分货物办理进口直接退运手续，合规部分正常进口。此处，主要完成的是废压缩泵的进口直接退运申报手续，不涉及废压缩泵的出口申报手续和合规部分货物的进口申报手续。

（一）阅读原始外文资料并翻译

提单和发票的原始外文资料及其翻译如图13-14所示。

<table>
<tr><td colspan="2" rowspan="2">MAERSK LINE</td><td rowspan="2">BILL OF LADING FOR
OCEAN TRANSPORT OR
MULTIMODAL
TRANSPORT</td><td>SCAC MAEU</td></tr>
<tr><td>B/L No.
提单号 861473666</td></tr>
<tr><td colspan="2" rowspan="3">Shipper 托运人
TUNG TAI GROUP
1726 ROGERS AVENUE
SAN JOSE，CA95112
TBL：+1 408 573 ××××
FAX：+1 408 573 ××××</td><td colspan="2">Booking No. 861473665</td></tr>
<tr><td colspan="2">Export references
Svc Contract
40071</td></tr>
<tr><td colspan="2">Notify Party
SAME AS CONSIGNEE</td></tr>
<tr><td>Vessel 船名
MAERSK
WALVIS BAY</td><td>Voyage 航次号
V. 1108</td><td colspan="2">Place of Receipt</td></tr>
<tr><td>Port of Loading
San Juan，Puerto Rico
圣胡安港，波多黎各</td><td>Port of Discharge
Ningbo，CN
中国宁波</td><td colspan="2">Place of Delivery</td></tr>
<tr><td colspan="4">PARTICULARS FINISHED SHIPPER</td></tr>
<tr><td colspan="2">Kind of Packages；Description of Goods；
Marks & Nos；Container NO. /Seal No.</td><td>Gross Weight</td><td>Measurement</td></tr>
<tr><td colspan="2">2 containers said to contain 2 个集装箱
2 LOOSE
Metal Scrap-Motors 金属电机废料
MSKU7346855 20 DRY 8'6 1 LOOSE 19 468.00
KGS 20.00 CBM 箱号，毛重，尺码
Shipper Seal：0193338 封箱号

MSKU7964909 20 DRY8'6 1 LOOSE 23 560.00
KGS 20.00 CBM 箱号，毛重，尺码
Shipper Seal：BJ99737 封箱号
SHIPPER'S LOAD. STOW. WEIGHT AND COUNT
FREIGHT PREPAID
CY/CY</td><td>43 028.000 KGS 总毛重</td><td>400 000 CBM 总尺码</td></tr>
</table>

图13-14　提单原始外文资料及翻译

TUNG TAI GROUP 出票人(美国 TTG 公司)

1726 Roger Avenue
Sun Jose，CA 95112
U. S. A
TEL：＋1(408)573-8681

INVOICE & PACKING LIST

BILL TO：受票人	DATE：3/ 12/ 2011
NINGBO XINDA RECYCLING RESOURCES CO. , LTD	INVOICE NO. ：INV-861473645
NO. 3 DINGHAI ROAD NINGBO RECYCLING	CONTRACT NO. ：SCD12711-GEBL
RESOURCES PROCESSING PARK	VESSEL：MAERSK WALVIS BAY
TEL：0574-8629××××	V. 1108
801，DINGJIAO STREET，HANGZHOU，CHINA	TERMS OF PRICE：CNF NINGBO CHINA
	价格条款：CFR 宁波

DESCRIPTION	QUANTITY	UNIT PRICE	AMOUNT
金属电机废料	43. 028 公吨	单价	总价
METAL SCRAP-	43. 028 MT	USD 1 150 MT	USD 4 948 220
MOTOR SCRAP			
COUNTURY OF ORIGINAL：U. S. A 原产国美国			

PACKING CONTAINER NO.		GROSS WEIGHT	NET WEIGHT
MSKU79641909	1×20’	23 560. 00KGS	23 560. 00KGS
SEAL＃0193338	1 个 20 尺箱	毛重	尺码
此箱内货物是可以正常进口的部分			
TOTAL	2×20’	43 028. 00KGS	43 028. 00KGS
共 2 个 20 尺箱		总毛重	总尺码

WIRE INSTRUCTIONS FOR PAYMENT：
Beneficiary：TUNG TAI GROUP 受益人
Account Number：10876-03×××
Bank Name：BANK OF CHINA
SWIFT Code：BOFAUS6S　　909 E. HILL SDALE BLVD FOSTER CITY，CA94404 U. S. A.

图 13-15　商业发票原始外文资料及翻译

（二）报关单填报

根据原始资料信息结合基础认知部分的报关单填制规范和经验总结，各个主要栏目填报内容及格式如下。

假定信息：预录入编号同海关编号为 310120111×××××××××；原出口货物报关单号为 310120110×××××××××；运输工具申报进境日同海关受理日期为 2011 年 12 月 15 日。

(1) 进口口岸：宁波海关 3101。

(2) 备案号：为空。

(3) 进口日期：20111215。

(4) 申报日期：20111215。

(5) 经营单位：宁波新达再生资源有限公司 3302961244。

(6) 运输方式：水路运输。

(7) 运输工具名称：MAERSK WALVIS BAY/1108。

(8) 提运单号：861473666。

(9) 收货单位：宁波新达再生资源有限公司 3302961244。

(10) 贸易方式：直接退运(或 4500)。

(11) 征免性质：免填。

(12) 许可证号：免填。

(13) 起运国(地区)：波多黎各。

(14) 装货港：圣胡安。

(15) 境内目的地：浙江宁波其他。

(16) 批准文号：免填。

(17) 成交方式：CFR。

(18) 运费：免填。

(19) 保费：502/19792.88/3 [保险费=(货价+运费)×3‰]。

(20) 杂费：免填。

(21) 合同协议号：SCD12711-GEBL。

(22) 件数：1。

(23) 包装种类：裸装。

(24) 毛重：19 468.00 千克(总毛重－可以正常进口的部分毛重=43 028－23 560)。

(25) 净重：19 468.00 千克。

(26) 集装箱号：MSKU7346855/20/×××× (填要退运的箱子)。

(27) 随附单据：免填(进口直接退运货物，监管证件免填)。

(28) 用途：其他。

(29) 标记唛码及备注：甬关业务许可(2011)3104051 号(第一行)；310120110××××××××(第二行填原出口货物报关单号，先报出口后报进口)。

(30) 项号：01。

(31) 商品编号：7404.0000.10。

(32) 商品名称、规格型号：废电机(含废压缩泵)(第一行)；供回收铜用/铜/废/废的电机/90%/裸装(第二行)。

(33) 数量及单位：19 468.00 千克(第一行)；19.468 公吨(第三行)。

(34) 原产国(地区)：美国。

(35) 单价：1 150。

(36) 总价：22 388.20。

（37）币值：美元。

（38）征免：全免。

（39）申报单位：宁波新达再生资源有限公司。

该票货物报关单填报内容如图 13-16 所示。

中华人民共和国海关进口货物报关单

预录入编号：　　　　海关编号：310120111XXXXXXXXX

进口口岸 宁波海关3101		备案号		进口日期 20111215	申报日期 20111215
经营单位 宁波新达再生资源有限公司3302961244		运输方式 水路运输	运输工具名称 MAERSK WALVIS BAY/1108		提运单号 861473666
收货单位 宁波新达再生资源有限公司3302961244		贸易方式 直接退运		征免性质	征税比例
许可证号	起运国（地区） 波多黎各		装货港 圣胡安		境内目的地 浙江宁波其他
批准文号	成交方式 CFR	运费		保费 502/19792.88/3	杂费
合同协议号 SCD12711-GEBL	件数 1	包装种类 裸装		毛重（千克） 19 468.00	净重（千克） 19 468.00
集装箱号 MSKU7346855/20/××××	随附单据				用途 其他
标记唛码及备注 （2011）3104051号　310120110×××××××××					

项号	商品编号	商品名称、规格型号	数量及单位	原产国（地区）	单价	总价	币制	征免
01	7404.0000.10	废电机（含废压缩泵）供回收铜用/铜/废/废的电机/90%/裸装	19 468.00千克 19.468公吨	美国	1 150	22 388.2	美元	全免

税费征收情况		
录入员　录入单位 报关员 单位地址 邮编　　电话	兹声明以上申报无讹并承担法律责任。 申报单位（签章） 宁波新达再生资源有限公司 填制日期	海关审单批注及放行日期(签章) 审单　　审价 征税　　统计 查验　　放行

图 13-16　中华人民共和国海关进口货物报关单

五、配合查验

在配合海关查验前，要对查验商品进行了解。

（一）简介

空气压缩泵的种类很多，按工作原理可分为容积式压缩泵、速度式压缩泵、容积式压缩泵。空气压缩泵的工作原理是压缩气体的体积，使单位体积内气体分子的密度增大，以提高压缩空气的压力；速度式压缩泵的工作原理是提高气体分子的运动速度，使气体分子具有的动能转化为气体的压力能，从而提高压缩空气的压力。空气压缩泵如图 12-17 所示。

(a)

(b)

图 12-17　空气压缩泵

（二）空气压缩泵的种类

现在常用的空气压缩泵有活塞式空气压缩泵、螺杆式空气压缩泵（又分双螺杆空气压缩泵和单螺杆空气压缩泵）、离心式压缩泵及滑片式空气压缩泵，涡旋式空气压缩泵。下面是各种压缩泵的定义。凸轮式、膜片式和扩散泵等压缩泵没有列入其中，是因为它们用途特殊而尺寸相对较小。

（三）空气压缩泵的特点

由电动机直接驱动压缩泵，使曲轴产生旋转运动，带动连杆使活塞产生往复运动，引起气缸容积变化。由于气缸内压力的变化，通过进气阀使空气经过空气滤清器（消声器）进入气缸，在压缩行程中，由于气缸容积的缩小，压缩空气经过排气阀的作用，经排气管，单向阀（止回阀）进入储气罐，当排气压力达到额定压力 0.7MPa 时由压力开关控制而自动停机。

六、缴纳税费

进口直接退运货物，税费全免。

七、装运货物

进口直接退运货物，先办理废压缩泵的出口申报手续，后办理废压缩泵的进口直接退运申报手续，用于不列入海关贸易统计和单项统计，因此只涉及货物装运手续。

知识点关联图

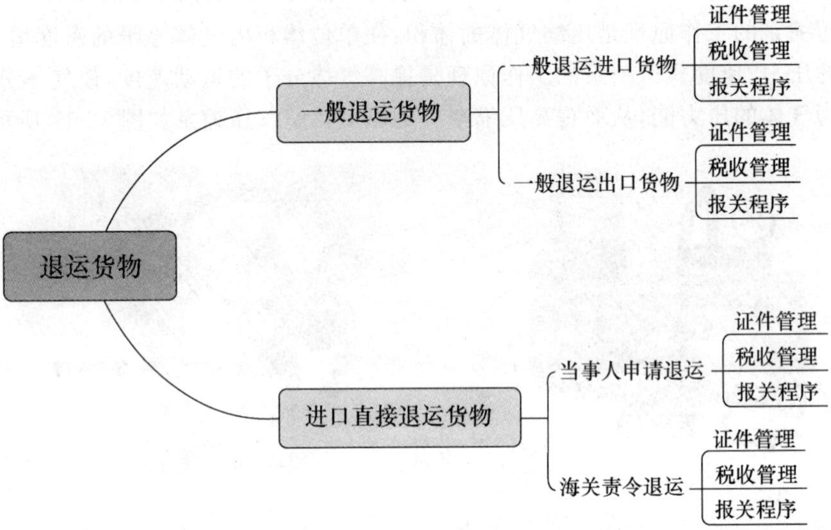

精 选 习 题

一、单项选择题

1. 一般退运货物对应的贸易方式代码为（　　）。

   A. 4500　　B. 4561　　C. 4600　　D. 4400

2. 贸易方式“退运货物”适用于（　　）。

   A. 一般退运进出口货物　　B. 直接退运货物

   C. 保税加工料件退运　　D. 报数加工成品复出

二、多项选择题

1. 下列关于直接退运货物报关手续的表述，正确的是（　　）。

   A. 先报出口，再报进口　　B. 因发货人错发的，免填报关单

   C. 不需要交验进出口许可证件　　D. 免予征收各种税费及滞报金

2. 原出口货物退运进口时，若出口未收汇，原发货人或其代理人在办理退运手续时，应提交（　　）。

   A. 原出口货物报关单　　B. 出口收汇核销单

   C. 出口报关单退税证明联　　D. 进口货物报关单

三、判断题

1. 因品质或者规格原因，原出口货物自出口之日起1年内原状退运进境的，经海关核实后不予征收进口税。 （ ）
2. 直接退运货发生滞报的，应当征收滞报金。 （ ）
3. 原出口时已经征收出口关税的，只要重新缴纳因出口而退还的国内环节税，自缴纳出口税款之日起1年内准予退还。 （ ）

第十四章　货物转关运输

第一节　转关运输

一、转关运输概述

(一) 转关含义

转关是指海关监管货物,从一个海关运至另一个海关办理某项海关手续的行为。

(1) 货物由进境地入境,向海关申请转关,运往另一个设关地点进口报关。

(2) 货物在起运地出口报关运往出境地,由出境地海关监管出境。

(3) 已经办理入境手续的海关监管货物从境内一个设关地点运往境内另一个设关地点报关。

转关示意图如图 14-1 所示。

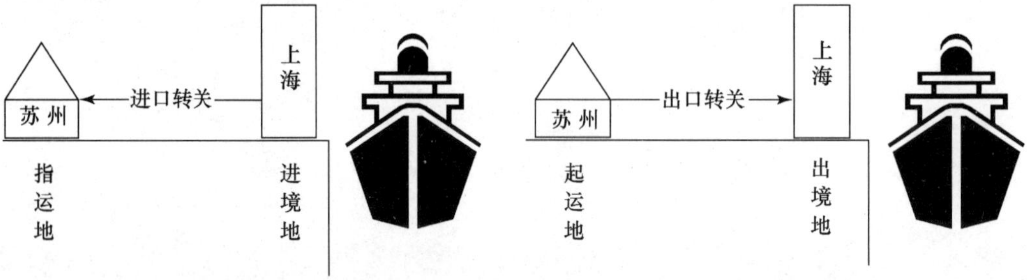

图 14-1　转关

(二) 转关条件

1. 申请转关应符合的条件

(1) 转关的指运地和起运地必须设有海关。

(2) 转关的指运地和起运地应当设有经海关批准的监管场所。

(3) 转关运输承运人应当在海关注册登记,承运车辆符合海关监管要求,并承诺按海关对转关路线范围和途中运输时间所作的限定将货物运往指定的场所。

2. 不得申请转关的货物

下列货物不得申请转关。

(1) 进口固体废物(废纸除外)。

(2) 进口易制毒化学品、监控化学品、消耗臭氧层物质。

(3) 进口汽车整车,包括成套散件和二类底盘。

(4) 国家检验检疫部门规定必须在口岸检验检疫的商品(如活动物)。

二、转关方式及程序

转关方式分为提前报关转关、直转转关和中转转关3种,如表14-1所示。

表14-1 转关方式归类表

转关方式	进口转关	出口转关
提前报关转关	报关单位先向指运地海关办理报关手续,后向进境地海关办理转关手续	报关单位向起运地海关办理出口报关手续和转关手续
直转转关	报关单位先向进境地海关办理转关手续,后向指运地海关办理报关手续	报关单位先向起运地海关办理报关手续,后向出境地海关办理转关手续
中转转关	报关单位先向指运地海关办理报关手续,后由转关运输承运人向进境地海关办理转关手续	报关单位先向起运地海关办理报关手续,后由转关运输承运人向起运地海关办理转关手续

三、转关运输管理

(一) 转关运输的期限

1. 直转方式转关的期限

直转方式转关的进口货物应当自运输工具申报进境之日起14日内向进境地海关办理转关手续,在海关限定期限内运抵指运地之日起14日内,向指运地海关办理报关手续。

逾期按规定征收滞报金。在进境地办理转关手续逾期的,以自载运进口货物的运输工具申报进境之日起第15日为征收滞报金的起始日;在指运地申报逾期的,以自货物运抵指运地之日起第15日为征收滞报金的起始日。

2. 提前报关方式转关的期限

进口转关货物应在电子数据申报之日起的5日内,向进境地海关办理转关手续,超过期限仍未到进境地海关办理转关手续的,指运地海关撤销提前报关的电子数据。

出口转关货物应于电子数据申报之日起5日内,运抵起运地海关监管场所,办理转关和验放等手续;超过期限的,起运地海关撤销提前报关的电子数据。

(二) 转关申报单证

转关货物申报的电子数据与书面单证具有同等的法律效力,对确实因为填报或传输错误的数据,有正当的理由并经海关同意,可作适当修改或者撤销。对海关已决定查验的转关货物,则不再允许修改或撤销申报内容。

办理转关运输手续,应向海关提交的单证如表14-2所示。

表 14-2 转关货物通关申报单证列表

转关方式	进口货物	出口货物转关	出口转关货物出境
提前报关转关	① 进口转关货物核放单； ② 汽车载货登记簿； ③ 提货单	① 出口货物报关单； ② 汽车载货登记簿； ③ 广东省内公路运输的，提交出境汽车载货清单	① 出口货物报关单； ② 出口转关货物申报单或出境汽车载货清单； ③ 汽车载货登记簿
直转转关	① 进口转关货物申报单； ② 汽车载货登记簿	① 出口货物报关单； ② 汽车载货清单； ③ 广东省内公路运输的，提交出境汽车载货清单	① 出口货物报关单； ② 汽车载货清单； ③ 广东省内公路运输的，提交出境汽车载货清单
中转转关	① 进口转关货物申报单； ② 进口货物中转通知书； ③ 按指运地目的港分列的纸质舱单（空运为联程运单）	① 出口转关货物申报单； ② 按出境运输分列的电子或纸质舱单； ③ 汽车载货登记簿	出口货物中转通知书

（三）境内监管货物的转关

境内监管货物的转关运输，即关区间的转关除加工贸易深加工结转按有关规定办理外，其余均应按进口转关方式办理，但只有提前式和直转式，无中转方式。

第二节 货物转关运输报关实训

厦门某外商投资企业利用自有资金进口零件（法定计量单位：千克）用于本企业设备维修。货物于 2007 年 6 月 28 日运抵上海浦东国际机场（机场代码 PVG），办理相关手续后，于 6 月 29 日运至厦门高崎机场，向海关（3715）办理进口报关纳税手续。转关申报单号为 0731049999505171。其空运单、发票、装箱单、空白进口货物报关单分别如图 14-2～图 14-5 所示。

781 | OSA | 51500083

Shipper's Name and Address NHV CORPORATION TOKYO.JAPAN	Shipper's Account Number	NOT NEGOTIABLE Air Waybill (Air Consignment note) issued by CHINA EASTERN AIRLINES SHANGHAI BLDG.,2550 HONGQIAO ROAD, 200335,SHANGHAI,CHINA
Consignee's Name and Address XIAMEN××××CO.,LTD. XIN YANG INDUSTRIAL DISTRICT.HAICANG.XIAMEN.CHIA TEL:0592-6537××××	Consignee's Account Number	Copies 1, 3 and 3 of this Air Waybill are originals and have the same validity.
Issuing Carrier's Name and City THE SUMITOMO WAREHOUSE CO., LTD. OSAKA. JAPAN		Accounting Information Claims for overchanges must be made in writing within one hundredand eighty (180)days from The date of issue of the air waybill. ••JAPAN •CHINA
Agent's IATA Code 16-3 0030/0026	Account No.	
Airport of Departure OSAKA AIRPORT		

To	By First Carrier	to	by	to	by	Currency	Chgs Code	WT/VAL PPD	WT/VAL COL	Other PPD	Other COL	Declared Value For Carriage	Declared Value For Customs
PVG	MU	XMN	MU			JPY		×		×		N.V.D	

Airport of Destination	Flight Date		Amount of Insurance	INSURANCE
XIAMEN AIRPORT	MU730/28	MU2450/29		INSURANCE - If Carrier offers insurance, and such insurance is requested in accordance with conditions on reverse thereof, indicate amount to be insured in figures in box marked "amount of Insurance."

Handling Information
NOTIFY:SAME AS CONSIGNEE
///FRAGILE ARTICLES.HANDLE WITH CARE

No. of Pieces RCP	Gross Weight	kg lb	Rate Class	Commodity item no.	Chargeable Weight	Rate Charge	Total	Nature and Quantity of Goods (incl. Dimensions or Volume)
1	5.3	K	M		5.5	8,500	8,500	Window Bolts with Special Washers INVOICE NO. NHV07-0342 COUNTRY OF ORIGIN:JAPAN FREIGHT: PREPAID TOTAL:1 CASE DIM:42×19×22×1
MARK-AS PER ATTACHED INVOICE								
1	5.3						8,500	

Prepaid	Collect	Other Charges
Weight Charge		
8,500	AS ARRANGED	
Valuation Charge		
Tax		
Total other Charges Due Agent		Shipper certifies that the particulars on the face hereof are correct and agrees THE CONDITIONS ON THE REVERSE HEREOF
	AS ARRANGED	
Total other Charges Due Carrier		Signature of Shipper or his Agent
Total Prepaid	Total Collect	Carrier centifies that the goods described hereon are accepted for carriage subject to THE CONDITION OF CONTRACT ON THE REVERSE HEREOF, the goods then being in apparent good order and condition except as noted hereon.
8,500	AS ARRANGED	27 JUN.2007　OSAKA.JAPAN　签发地点和日期
Currency Conversion Rates	CC Charges in Dest. Curency	Executed on (date)　at (place)　Stamp and Signature of the Carrier or its Agent
For Carrier's Use only at Destination	Charges at Destination	Total Collect Charges

图 14-2　空运单

NHV Corporation

1, Kandaizumi-cho, Chiyoda-ku, Tokyo 101-0024, JAPAN

TEL. +81-3-5821-5909 FAX. +81-3-5821-0380

INVOICE

INVOICE NO. NHV07-0342 DATE: June 26, 2007

CONSIGNED TO: XIN YANG INDUSTRIAL DISTRICT,HAICANG, XIAMEN,CHIA TEL: 0592-6537XXXX		**SHIPPING MARK:** XIAMEN XXXX CO.,LTD. CASE NO.1 MADE IN JAPAN
PAYMENT TERMS: 100% by T.T. Remittance within 1 month after shipment		
SHIPPED PER AIRCRAFT	**SAILING ON OR ABOUT** June 28,2007	
FROM OSAKA AIRPORT, JAPAN	**TO** XIAMEN AIRPORT,CHINA	

DESCRIPTION	QUANTITY	UNIT PRICE	AMOUNT
		CIF XIAMEN AIRPORT, CHINA IN JAPANESE YEN	
P/O No. NHV07B34217 Window Bolts with Special Washers (94NHV-0256A)	1 set	@¥176,000.-	¥176,000.-
AMOUNT			
		Total Amount:	¥176,000.-

Country of Origin: Japan

Freight: Prepaid

NHV Corporation

Authorized Signature

图 14-3 发票

NHV Corporation

NHV Corporation
1, Kandaizumi-cho, Chiyoda-ku, Tokyo 101-0024,JAPAN
TEL. +81-3-5821-5909 FAX. +81-3-5821-0380

PACKING LIST

INVOICE NO. NHV07-0342 DATE: June 26,2007

CONSIGNED TO: XIN YANG INDUSTRIAL DISTRICT,HAICANG, XIAMEN,CHIA TEL: 0592-6537××××		**SHIPPING MARK:** XIAMEN××××CO.,LTD. CASE NO.1 MADE IN JAPAN
RAYMENT TERMS: 100% by T.T. Remittance within 1 month after shipment		
SHIPPED PER AIRCRAFT	**SAILING ON OR ABOUT** June 28,2007	
FROM OSAKA AIRPORT, JAPAN	**TO** XIAMEN AIRPORT,CHINA	

DESCRIPTION	QUANTITY	UNIT PRICE	AMOUNT
P/O No. NHV07B34217 Window Bolts with Special Washers (94NHV-0256A) (100pc/set)	1 set	NET WEIGHT: 4.5KG GROSS WEIGHT: 5.3KG M'MENT: 42×19×22 CM (0.0176M3)	

Total: 1 Case

NHV Corporation

Authorized Signature

图 14-4 装箱单

中华人民共和国海关进口货物报关单

预录入编号：　　　　　　　　　　　海关编号：

<table>
<tr><td colspan="3">进口口岸</td><td colspan="3">备案号</td><td colspan="2">进口日期</td><td>申报日期</td></tr>
<tr><td colspan="3">经营单位</td><td>运输方式</td><td colspan="3">运输工具名称</td><td colspan="2">提运单号</td></tr>
<tr><td colspan="3">收货单位</td><td colspan="2">贸易方式</td><td colspan="3">征免性质</td><td>征税比例</td></tr>
<tr><td colspan="2">许可证号</td><td colspan="3">起运国（地区）</td><td colspan="2">装货港</td><td colspan="2">境内目的地</td></tr>
<tr><td colspan="2">批准文号</td><td>成交方式</td><td colspan="2">运费</td><td colspan="2">保费</td><td colspan="2">杂费</td></tr>
<tr><td colspan="2">合同协议号</td><td>件数</td><td colspan="2">包装种类</td><td colspan="2">毛重（千克）</td><td colspan="2">净重（千克）</td></tr>
<tr><td colspan="2">集装箱号</td><td colspan="5">随附单据</td><td colspan="2">用途</td></tr>
<tr><td colspan="9">标记唛码及备注</td></tr>
<tr><td>项号</td><td>商品编号</td><td>商品名称、规格型号</td><td>数量及单位</td><td>原产国（地区）</td><td>单价</td><td>总价</td><td>币制</td><td>征免</td></tr>
<tr><td></td><td></td><td></td><td></td><td></td><td></td><td></td><td></td><td></td></tr>
<tr><td></td><td></td><td></td><td></td><td></td><td></td><td></td><td></td><td></td></tr>
<tr><td></td><td></td><td></td><td></td><td></td><td></td><td></td><td></td><td></td></tr>
<tr><td></td><td></td><td></td><td></td><td></td><td></td><td></td><td></td><td></td></tr>
<tr><td></td><td></td><td></td><td></td><td></td><td></td><td></td><td></td><td></td></tr>
<tr><td colspan="9">税费征收情况</td></tr>
<tr><td colspan="3">录入员　　录入单位</td><td colspan="4" rowspan="2">兹声明以上申报无讹并承担法律责任。</td><td colspan="2">海关审单批注及放行日期(签章)
审单　　　审价</td></tr>
<tr><td colspan="3">报关员</td><td colspan="2"></td></tr>
<tr><td colspan="3">单位地址</td><td colspan="4">申报单位（签章）</td><td colspan="2">征税　　　统计</td></tr>
<tr><td colspan="3">邮编　　　电话</td><td colspan="4">填制日期</td><td colspan="2">查验　　　放行</td></tr>
</table>

图 14-5　空白进口货物报关单

一、判定海关监管货物的类型

根据业务资料描述，判定该货物不是特定减免税货物（非投资设备），而是一般进口货物。

二、商品归类

根据发票品名英文显示，该货物是一种窗户用的螺栓（带特制垫片），属于通用零件，归7318.1500。对应进口税率有最惠国税率8%、普通税率80%、增值税税率17%，法定计量单位为“千克”，监管证件无，英文名称为 other screws and bolts, whether or not with their nuts or washers，如表14-3所示。同时，通过Web或EDI预录入规范申报辅助系统查询该商品的申报要素为：① 品名；② 品牌；③ 材质（钢铁）；④ 种类（螺钉、螺母、垫圈、铆钉、销等）；⑤ 螺钉请注明种类（方头、钩头、环头等）；⑥ 规格型号。

表 14-3 螺栓税则号列

税则号列 Tariff item	商品名称及备注	出口退税	进口税率			增值税率	计量单位	监管条件	Article description
			最惠	普通	暂定				
7318.1200	——其他木螺钉	5	10.0	80.0		17	千克		—Other wood screws
7318.1300	——钩头螺钉及环头螺钉	5	10.0	80.0		17	千克		—Screw hooks and screw rings
7318.1400	——自攻螺钉	5	10.0	80.0		17	千克		—Self-tapping screws
7318.1500	——其他螺钉及螺栓，不论是否带有螺母或垫圈	5	8.0	80.0		17	千克		—Other screws and bolts, whether or not with their nuts or washers
7318.1600	——螺母	5	8.0	80.0		17	千克		—Nuts
7318.1900	——其他	5	5.0	80.0		17	千克		—Other
	——无螺纹制品								—Non-threaded articles
7318.2100	——弹簧垫圈及其他防松垫圈	5	10.0	80.0		17	千克		—Spring washers and other lock washers
7318.2200	——其他垫圈	5	10.0	80.0		17	千克		—Other washers
7318.2300	——铆钉	5	10.0	80.0		17	千克		—Rivets
7318.2400	——销及开尾销	5	10.0	80.0		17	千克		—Cotters and cotter-pins
7318.2900	——其他	5	10.0	80.0		17	千克		—Other
73.19	钢铁制的手工缝针、编织针、引针、钩针、刺绣穿孔锥及类似制品；其他品目未列名的钢铁制安全别针及其他别针								Sewing needles, knitting needles, bod-kins, crochet hooks, embroidery stilettos and similar articles, for use in the hand, of iron or steel; safety pins and other pins of iron or steel, not elsewhere specified or included
7319.2000	——安全别针	5	10.0	90.0		17	千克		—Safety pins
7319.3000	——其他别针	5	10.0	90.0		17	千克		—Other pins
7319.9000	——其他	5	10.0	80.0		17	千克		—Other

三、确定海关监管条件

《进出口税则》中显示该商品监管条件为空，因此不涉及监管证件。

四、进口申报

报关单位依照一般进口货物报关程序办理进口申报手续。

(一) 阅读原始外文资料并翻译

空运提单、发票及装箱单的原始外文资料并翻译分别如图 14-6～图 14-8 所示。

781 OSA 51500083

Shipper's Name and Address	Shipper's Account Number	NOT NEGOTIABLE Air Waybill (Air Consignment note) issued by CHINA EASTERN AIRLINES 中国东方航空公司 SHANGHAI BLDG.,2550 HONGQIAO ROAD, 200335,SHANGHAI,CHINA
NHV CORPORATION 托运人日本 NHC 公司 TOKYO.JAPAN		
Consignee's Name and Address	Consignee's Account Number	Copies 1, 3 and 3 of this Air Waybill are originals and have the same validity.
收货人：厦门公司 XIAMEN××××CO.,LTD. XIN YANG INDUSTRIAL DISTRICT.HAICANG.XIAMEN.CHINA TEL:0592-6537××××		
Issuing Carrier's Name and City THE SUMITOMO WAREHOUSE CO.,LTD. 承运人代理人 OSAKA. JAPAN		Accounting Information Claims for overchanges must be made in writing within one hundredand eighty (180)days from The date of issue of the air waybill. ••JAPAN •CHINA
Agent's IATA Code 16-3 0030/0026	Account No.	
Airport of Departure OSAKA AIRPORT 始发地机场：日本大阪		

To	By First Carrier / Routing and Destination	to	by	to	by	Currency	Chgs Code	WT/VAL PPD	WT/VAL COL	Other PPD	Other COL	Declared Value For Carriage	Declared Value For Customs
到达机场 PVG	MU 第一承运人：东方航空	XMN	MU			JPY		×		×			N.V.D

Airport of Destination	Flight Date		Amount of Insurance	INSURANCE - If Carrier offers insurance, and such insurance is requested in accordance with conditions on reverse thereof, indicate amount to be insured in figures in box marked "amount of Insurance."
XIAMEN AIRPORT 目的机场	MU730/28 一程航班号	MU2450/29 二程航班号		

Handling Information
NOTIFY:SAME AS CONSIGNEE
///FRAGILE ARTICLES.HANDLE WITH CARE

No. of Pieces RCP	Gross Weight	kg lb	Rate Class / Commodity item no.	Chargeable Weight	Rate / Charge	Total	Nature and Quantity of Goods (incl. Dimensions or Volume)
1 总件数 MARK-AS PER ATTACHED INVOICE	5.3 实际毛重	K	M	5.5 计费重量	8,500 运价	8,500 运费	Window Bolts with Special Washers 品名 INVOICE NO. NHV07-0342 COUNTRY OF ORIGIN:JAPAN 原产国 FREIGHT: PREPAID TOTAL:1 CASE 1 木箱 DIM:42×19×22×1 尺码
1	5.3					8,500	

Prepaid	Weight Charge	Collect	Other Charges
8,500		AS ARRANGED	
Valuation Charge			
Tax			
Total other Charges Due Agent		AS ARRANGED	Shipper certifies that the particulars on the face hereof are correct and agrees THE CONDITIONS ON THE REVERSE HEREOF
Total other Charges Due Carrier 航空总运费			Signature of Shipper or his Agent
Total Prepaid 8,500		Total Collect AS ARRANGED	Carrier centifies that the goods described hereon are accepted for carriage subject to THE CONDITION OF CONTRACT ON THE REVERSE HEREOF, the goods then being in apparent good order and condition except as noted hereon.
Currency Conversion Rates		CC Charges in Dest. Curency	27 JUN.2007 OSAKA.JAPAN 签发地点和日期 Executed on (date) at (place) Stamp and Signature of the Carrier or its Agent
For Carrier's Use only at Destination		Charges at Destination	Total Collect Charges

图 14-6 空运提单原始外文资料及其翻译

NHV Corporation

1, Kandaizumi-cho, Chiyoda-ku, Tokyo 101-0024,JAPAN

TEL. +81-3-5821-5909　FAX. +81-3-5821-0380

INVOICE

INVOICE NO. NHV07-0342　　　　DATE:June 26,2007

CONSIGNED TO: 受票人：厦门公司 XIN YANG INDUSTRIAL DISTRICT,HAICANG, XIAMEN,CHIAN TEL: 0592-6537×××× **PAYMENT TERMS:** 装运后全额电汇 100% by T.T. Remittance within 1 month after shipment		**SHIPPING MARK:** 唛头 XIAMEN××××CO.LTD CASE NO.1 MADE IN JAPAN
SHIPPED PER AIRCRAFT 空运	**SAILING ON OR ABOUT** June 28,2007	
FROM 始发地机场 OSAKA AIRPORT, JAPAN	**TO** 目的地机场 XIAMEN AIRPORT,CHINA	

DESCRIPTION	**QUANTITY**	**UNIT PRICE**	**AMOUNT**
		CIF XIAMEN AIRPORT, CHINA IN JAPANESE YEN 价格术语	
P/O No. NHV07B34217 Window Bolts with Special Washers (94NHV-0256A)	1 set	@￥176 000.-	￥176 000.-
AMOUNT	1 套	单价及总价	
		Total Amount:	￥176 000.-

Country of Origin: Japan

Freight: Prepaid

NHV Corporation

Authorized Signature

图 14-7　发票原始外文资料及其翻译

NHV Corporation
1, Kandaizumi-cho, Chiyoda-ku, Tokyo 101-0024,JAPAN
TEL. +81-3-5821-5909 FAX. +81-3-5821-0380

PACKING LIST

INVOICE NO. NHV07-0342 DATE:June 26,2007

CONSIGNED TO: XIN YANG INDUSTRIAL DISTRICT,HAICANG, XIAMEN,CHIA TEL: 0592-6537××××		**SHIPPING MARK:** XIAMEN××××CO.LTD CASE NO.1 MADE IN JAPAN
PAYMENT TERMS: 100% by T.T. Remittance within 1 month after shipment		
SHIPPED PER AIRCRAFT	**SAILING ON OR ABOUT** June 28,2007	
FROM OSAKA AIRPORT, JAPAN	**TO** XIAMEN AIRPORT,CHINA	

DESCRIPTION	QUANTITY	UNIT PRICE	AMOUNT
P/O No. NHV07B34217 Window Bolts with Special Washers (94NHV-0256A) (100pc/set) 100个/套	1 set	净重 NET WEIGHT: 4.5KG 毛重 GROSS WEIGHT: 5.3KG 尺码 M'MENT: 42×19×22 CM (0.0176M3)	

Total: 1 Case 1木箱

NHV Corporation

Authorized Signature

图 14-8 装箱单原始外文资料及其翻译

（二）报关单填报

根据原始资料信息结合基础认知部分的报关单填制规范和经验总结，各个主要栏目填报内容及格式如下。

假定信息：预录入编号同海关编号为223320071××××××××××；运输工具申报进境日同海关受理日期为2007年6月28日。

(1) 进口口岸：浦东机场2233。

(2) 备案号：免填(一般进口货物，无征免税证明)。

(3) 进口日期：20070628。

(4) 申报日期：20070628。

(5) 经营单位：厦门某外商投资企业××××××××××。

(6) 运输方式：航空运输(或5)。

(7) 运输工具名称：@0731049999505171(转关申报单号)。

(8) 提运单号：781-51500083。

(9) 收货单位：厦门某外商投资企业××××××××××。

(10) 贸易方式：一般贸易。

(11) 征免性质：一般征税。

(12) 许可证号：免填。

(13) 起运国(地区)：日本。

(14) 装货港：大阪。

(15) 境内目的地：×××××。

(16) 批准文号：免填。

(17) 成交方式：CIF。

(18) 运费：免填。

(19) 保费：免填。

(20) 杂费：免填。

(21) 合同协议号：NHV07B34217。

(22) 件数：1。

(23) 包装种类：木箱。

(24) 毛重：5.3千克。

(25) 净重：4.5千克。

(26) 集装箱号：0。

(27) 随附单据：免填。

(28) 用途：外贸自营内销。

(29) 标记唛码及备注：XIAMEN ×××× CO.,LTD.(第一行)；CASE NO 1(第二行)；MADE IN JAPAN(第三行)。

(30) 项号：01。

(31) 商品编号：7318.1500。

(32) 商品名称、规格型号：窗户螺栓(第一行)；钢铁/方头/94NHV-0256A(第二行)。

(33) 数量及单位：4.5千克(第一行)；1套(第三行)。

(34) 原产国(地区)：日本。

(35) 单价：176 000。

(36) 总价：176 000。

(37) 币值：日元。

(38) 征免：照章征税。

(39) 申报单位：厦门某外商投资企业。

该票货物报关单填报内容如图 14-9 所示。

中华人民共和国海关进口货物报关单

预录入编号:　　　　　　　　海关编号: 223320071××××××

进口口岸 浦东机场2233	备案号	进口日期 20070628	申报日期 20070628
经营单位 厦门某外商投资企业×××××××××	运输方式 航空运输	运输工具名称 @0731049999505171	提运单号 781-51500083
收货单位 厦门某外商投资企业×××××××××	贸易方式 一般贸易	征免性质 一般征税	征税比例

许可证号	起运国（地区） 日本	装货港 大阪	境内目的地 ××××

批准文号	成交方式 CIF	运费	保费	杂费
合同协议号 NHV07B34217	件数 1	包装种类 木箱	毛重（千克） 5.3	净重（千克） 4.5

集装箱号 0	随附单据	用途 外贸自营内销

标记唛码及备注
XIAMEN XXXX CO.,LTD.
CASE NO 1
MADE IN JAPAN

项号	商品编号	商品名称、规格型号	数量及单位	原产国（地区）	单价	总价	币制	征免
01	7318.1500	窗户螺栓 钢铁/方头/94NHV-0256A	4.5千克 1套	日本	176 000	176 000	日元	照章征税

税费征收情况

录入员　录入单位	兹声明以上申报无讹并承担法律责任。	海关审单批注及放行日期(签章)
报关员		审单　　审价
单位地址	申报单位（签章） 厦门某外商投资企业	征税　　统计
邮编　　电话	填制日期	查验　　放行

图 14-9　中华人民共和国海关进口货物报关单

五、配合查验

在配合海关查验前，要对查验商品进行了解。因窗户螺栓较简单，此处不作介绍。

六、缴纳税费

利用 Excel 进行税费核算，如表 14-4 所示。表中所使用的各类联动计算公式可参见本书税费实训部分内容。

表 14-4　进口税费核算表

品名	原产地	产地证号	适用税率	CIF 价 JPY	汇率	完税价格 CNY	进口关税税额 CNY	增值税税额 CNY	合计 CNY
螺栓	日本	无	8%最惠国	176 000.00	0.075 45	13 279.20	1 062.34	2 438.06	3 500.40

七、提取货物

该批货物按照进口直转转关方式办理申报手续，先由报关单位向进境地海关办理转关申请，生成转关申报单，货物运抵指运地后，再向指运地海关办理报关手续。货物在进境地办理放行手续后，由转关运输承运人将货物运至指运地。

知识点关联图

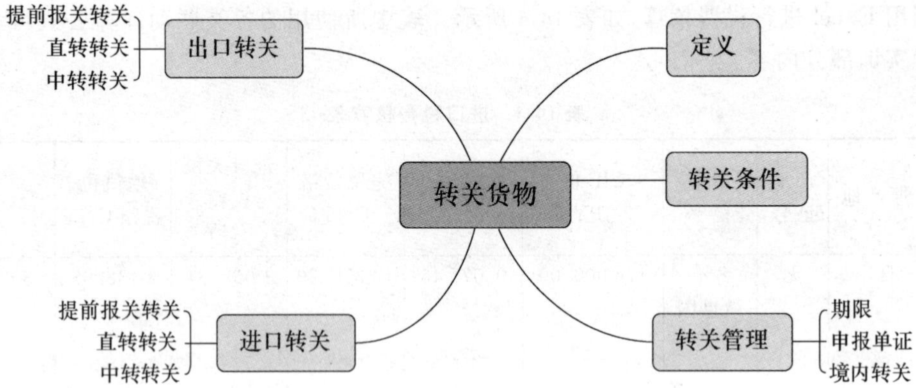

精选习题

一、单项选择题

1. 进口货物在进境地海关办理转关手续，货物运抵指运地海关办理申报手续，这种转关方式是（ ）。

A. 提前报关转关　　B. 直接转关
C. 转运货物　　D. 中转转关

2. 下列货物可以申请转关的是（ ）。

A. 固体废物　　B. 废纸　　C. 废特种纸　　D. 进口汽车

二、多项选择题

1. 集中申报是集中办理海关手续的特殊通关方式，下列货物适用集中申报方式通关的有（ ）。

A. 期刊　　B. 危险品　　C. 鲜活品　　D. 易腐货物

2. 境内监管货物的转关运输可以选择以下方式（ ）。

A. 进口提前报关转关　　B. 出口提前报关转关
C. 进口直转转关　　D. 出口直转转关

三、判断题

1. 进出口直转转关均为先向进境地海关办理转关手续，货物运抵指运地再向指运地海关办理申报手续。（ ）

2. 进口提前报关转关的转关期限是自运输工具申报进境之日起 14 日内。 ( )

四、综合实务题

湖南湘水铜业有限公司以 CIF 黄埔 USD2 000/吨的条款从美国进口委内瑞拉(享受最惠国待遇)产的 10 吨黄铜废料,货物由黄埔海关区老港口进口,该公司持有关单证到海关申请转关至长沙海关办理进口纳税验放手续。接受申报的海关在审价时认为货价偏低,确定按 CIF 黄埔 USD2 500/吨征税,该公司对此提出异议。

已知:黄铜废料的监管条件为 7AP,进口关税最惠国税率为 15%,普通税率为 11%,暂定税率为 0,进口增值税税率为 17%。

根据以上案例,解答下列问题。

(1) 该企业提出转关申请后,海关( )。

A. 不同意转关,货物在老港办理进口报关验放手续

B. 同意转关,货物在长沙海关办理进口报关验放手续

C. 同意转关,货物由老港海关初验后加封运至长沙海关办理复核放行手续

D. 同意转关,货物由老港海关员押运至长沙海关办理报关验放手续

(2) 该企业办理货物进口报关手续时,应向海关提交( )。

A. 入境货物通关单

B. 进口许可证

C. 自动进口许可证

D. 固体废物进口许可证

(3) 设 USD100=CNY700,根据海关的估计 CIF 黄埔 USD2 500/吨,该货物应向海关缴纳的进口税款为人民币( )。

A. 23 800 元　　B. 32 821.25 元

C. 29 750 元　　D. 52 272.5 元

(4) 该企业对海关审定的完税价格有异议,可以采取的救济措施有( )。

A. 直接向人民法院提起行政诉讼

B. 向老港海关申请行政复议

C. 向黄埔海关申请行政复议

D. 向长沙海关申请行政复议

第十五章　进出口税费

第一节　进出口税费概述

进出口税费是指在进出口环节中由海关依法征收的关税、消费税、增值税等税费。依法征收税费是海关的任务之一。依法缴纳税费是有关纳税义务人的基本义务。学会如何缴纳进出口税费是从事国际物流通关业务人员应该具备的重要技能之一。

进出口税费征收的法律依据主要是《海关法》、《关税条例》及其他有关法律、行政法规。

另外，按规定船舶吨税也由海关代征，但不属于进口环节海关代征税，本章一并介绍。

一、关税

关税(customs duty)是国家税收的重要组成部分，是由海关代表国家按照国家制定的关税政策和有关法律、行政法规的规定，对准许进出关境的货物和物品向纳税义务人征收的一种流转税。

关税是一种国家税收，其征收主体是国家，由海关代表国家向纳税义务人征收；课税对象是进出关境的货物和物品。

关税纳税义务人也称关税纳税人或关税纳税主体，是指依法负有直接向国家缴纳关税义务的法人或自然人。我国关税的纳税义务人是进口货物的收货人、出口货物的发货人、进(出)境物品的所有人。

关税是国家保护国内经济、实施财政政策、调整产业结构、发展进出口贸易的重要手段，也是世界贸易组织(Word Trade Organization，WTO)允许各缔约方保护其境内经济的一种手段。

(一) 进口关税

1. 含义

进口关税(import duty)是指一国海关以进境货物和物品为课税对象所征收的关税。在国际贸易中，它一直被各国公认是一种重要的经济保护手段。

2. 计征方法

进口关税计征方法包括从价税、从量税、复合税、滑准税等。

(1) 从价税

从价税是以货物、物品的价格作为计税标准，以应征税额占货物价格的百分比为税率，价格和税额成正比例关系的关税。从价税是包括中国在内的大多数国家使用的主要计税标准。

我国对进口货物征收进口关税主要采用从价税计税标准，具体税目税率如表 15-1 所示。

表 15-1 从价税进口税目税率表（摘要）

税则号列	海关商品名称	法定单位	最惠国税率	普通税率	增值税率	监管条件
8517623500	集线器	台	0%	40%	17%	A
8517623610	非光通信加密路由器	台	0%	40%	17%	M
8517623690	其他路由器	台	0%	40%	17%	
8517623700	有线网络接口卡	台	0%	30%	17%	
8517623900	其他有线数字通信设备	台	0%	30%	17%	O
8517629200	无线网络接口卡	台	0%	14%	17%	
8517629300	无线接入固定台	台	0%	14%	17%	
8517629400	无线耳机	台	0%	14%	17%	
8517691090	其他无线通信设备	台	9%	14%	17%	ABO
8517699000	其他有线通信设备	台	0%	30%	17%	

从价税的优点主要有以下几个方面。

① 从价税的征收比较简单，对于同种商品，可以不必因其品质的不同再详加分类。

② 税率明确，便于比较各国税率。

③ 税收负担较为公平。因从价税税额随商品价格与品质的高低而增减，比较符合税收的公平原则。

④ 在税率不变时，税额随商品价格上涨而增加，这样既可增加财政收入，又可起到保护关税的作用。

(2) 从量税

从量税是以货物和物品的计量单位（如重量、数量、容量等）作为计税标准，按每一计量单位的应征税额征收的关税。

我国目前对冻鸡、石油原油、啤酒、胶卷等类进口商品征收从量税，从量税进口税目税率具体如表 15-2 所示。

表 15-2 从量税进口税目税率表（摘要）

税则号列	海关商品名称	普通税率	最惠国税率
02071200	冻的整只鸡	5.6 元/千克	1.3 元/千克
02071411	冻的带骨鸡块（包括鸡胸脯、鸡大腿等）	4.2 元/千克	0.6 元/千克
02071419	冻的不带骨鸡块（包括鸡胸脯、鸡大腿等）	9.5 元/千克	1.0 元/千克
02071421	冻的鸡翼（不包括翼尖）	8.1 元/千克	0.9 元/千克
02071422	冻的鸡爪	3.2 元/千克	0.5 元/千克
02071429	冻的其他鸡杂碎（包括鸡翼尖、鸡爪、鸡肝等）	3.2 元/千克	0.5 元/千克
05040021	冷、冻的鸡肫（即鸡胃）	7.7 元/千克	1.4 元/千克
22030000	麦芽酿造的啤酒	7.5 元/升	0
27090000	石油原油（包括从沥青矿物提取的原油）	85 元/吨	0

征收从量关税的特点是手续简便，可以无须审定货物的规格、品质、价格，便于计算。因单位税额固定，对质量次、价格廉的低档商品进口与高档商品征收同样的关税，因此，抑制进

出口的作用较大，各国经常用它来抵制廉价商品的进口和限制资源类商品的出口。为此，有的国家大量使用从量关税，尤其被广泛适用于食品、饮料和动植物油的进口方面。但近些年来由于各国物价变动加快，从量计征的缺点显现出来。因此，目前绝大多数国家都从从量税改用从价税，从量税计算渐处于辅助地位。

(3) 复合税

复合税是在《进出口税则》中，一个税目中的商品同时使用从价、从量两种标准计税，计税时按两者之和作为应征税额征收的关税。

我国目前对录像机、放像机、摄像机、非家用型摄录一体机、部分数字照相机等进口商品征收复合关税。

(4) 滑准税

滑准税是在《进出口税则》中预先按产品的价格高低分档制定若干不同的税率，然后根据进口商品价格的变动而增减进口税率的一种关税。当商品价格上涨时采用较低税率，当商品价格下跌时则采用较高税率，其目的是使该种商品的国内市场价格保持稳定。

目前，我国对关税配额外进口的一定数量的棉花(税号：5201.0000)实行滑准税。

3. 进口关税的种类

进口关税分为进口正税和进口附加税。

进口正税即按《进出口税则》中的进口税率征收的关税。

进口附加税指国家出于特定需要对进口货物除征收关税正税之外另行征收的一种进口税。进口附加税一般具有临时性，包括反倾销税、反补贴税、保障措施关税、报复性关税等特别关税在内。

(二) 出口关税

出口关税(export duty)是指海关以出境货物、物品为课税对象所征收的关税。征收出口关税的主要目的是限制、调控某些商品的过度、无序出口，特别是防止本国一些重要自然资源和原材料的无序出口。为鼓励出口，世界各国一般不征收出口税或仅对少数商品征收出口税。

我国出口关税主要以从价税为计征标准。

根据实际情况，我国还在一定时期内对部分出口商品临时开征出口暂定关税，或者在不同阶段实行不同的出口暂定关税税率，或者加征特别出口关税。

根据《关税条例》的规定，适用出口税率的出口货物有暂定税率的，应当适用暂定税率。除法律法规有明确规定可以免征出口关税外，对外商投资企业出口的应税商品，一律照章征收出口关税。

(三) 暂准进出境货物进出口关税

第二类暂准进出境货物(《关税条例》第四十二条第一款所列范围以外的其他暂准进出境货物)，海关按照审定进出口货物完税价格的有关规定和海关接受该货物申报进出境之日适用的计征汇率、税率，审核确定其完税价格，按月征收税款，或者在规定期限内货物复运出境或者复运进境时征收税款。暂准进出境货物在规定期限届满后不再复运出境或者复运进境的，纳税义务人应当在规定期限届满前向海关申报办理进出口及纳税手续，缴纳剩余税款。

计征税款的期限为60个月。不足1个月但超过15天的，按1个月计征；不超过15天的，免予计征。计征税款的期限自货物放行之日起计算。按月征收税款的计算公式为

$$每月关税税额=关税总额\times(1/60) \tag{15-1}$$

$$每月进口环节代征税税额=进口环节代征税总额\times(1/60) \tag{15-2}$$

（四）关税征收的工作程序

（1）确定完税价格。

（2）选择关税税率。

（3）计算关税税额。

（4）申报缴税。

（5）强制纳税。

二、进口环节海关代征税

进口货物、物品在办理海关手续放行后，进入国内流通领域，与国内货物同等对待，所以应缴纳应征的国内税。进口货物、物品的一些国内税依法由海关在进口环节征收。目前，进口环节海关代征税（以下简称"进口环节代征税"）主要有消费税、增值税两种。

（一）消费税

1. 含义

消费税是以消费品或消费行为的流转额作为课税对象而征收的一种流转税。我国开征消费税的目的是调节我国的消费结构，引导消费方向，确保国家财政收入，它是在对货物普遍征收增值税的基础上，选择少数消费品再予征收的税。

2. 征纳

在中华人民共和国境内生产、委托加工和进口《消费税暂行条例》规定的消费品（以下简称"应税消费品"）的单位和个人，以及国务院确定的销售《消费税暂行条例》规定的消费品的其他单位和个人，为消费税的纳税义务人。我国的消费税由税务机关征收，进口的应税消费品的消费税由海关代征，由纳税义务人（进口人或者其代理人）在报关进口时向报关地海关申报纳税。

我国进口的应税消费品消费税采用从价、从量和复合计税的方法计征。消费税的税目、税率，依照《消费税暂行条例》所附的《消费税税目税率表》执行。

消费税税目、税率的调整，由国务院决定。进口环节消费税的起征点为人民币50元，低于50元的免征。进口环节消费税的征收管理，适用关税征收管理的规定。

3. 征收范围

消费税的征税范围，主要是根据我国经济社会发展现状和现行消费政策、人民群众的消费结构及财政需要，并借鉴国外的通行做法确定的。

消费税的征收范围仅限于少数消费品。应税消费品大体可分为以下4种类型。

（1）一些过度消费会对人的身体健康、社会秩序、生态环境等方面造成危害的特殊消费品，如烟、酒、酒精、鞭炮、焰火等。

（2）奢侈品、非生活必需品，如贵重首饰及珠宝玉石、化妆品等。

(3) 高能耗的高档消费品,如小轿车、摩托车、汽车轮胎等。

(4) 不可再生和替代的资源类消费品,如汽油、柴油等。

消费税税目税率如表 15-3 所示。

表 15-3 消费税税目税率表(摘要)

税则号列	海关商品名称	税率	备注
21069020	制造饮料用的复合酒精制品	5%	
22030000	麦芽酿造的啤酒,进口完税价格≥370 美元/吨	250 元/吨	1 千克=0.988 升
	麦芽酿造的啤酒,进口完税价格<370 美元/吨	220 元/吨	
22041000	葡萄汽酒	10%	
22060010	黄酒	240 元/吨	1 千克=0.962 升
22060090	其他发酵饮料	10%	
22071000	浓度在 80%及以上的未改性乙醇	5%	
22072000	任何浓度的改性乙醇及其他酒精	5%	
22082000	蒸馏葡萄酒制得的烈性酒	20%+1 元/千克	1 升=0.912 千克
22083000	威士忌酒	20%+1 元/千克	

三、船舶吨税

(一) 含义

船舶吨税(tonnage dues)简称吨税,是由海关在设关口岸对进入我国境内港口的船舶(以下简称"应税船舶")征收的一种使用税,是对船舶使用港口助航设施征收的税款,征收船舶吨税的目的是用于航道设施的建设。

(二) 征纳

船舶吨税分为优惠税率和普通税率两种。中华人民共和国籍的应税船舶,船籍国(地区)与中华人民共和国签订含有相互给予船舶税费最惠国待遇条款的条约的应税船舶,适用优惠税率。其他应税船舶,适用普通税率。

吨税按照船舶净吨位和吨税执照期限征收,船舶吨税税目税率如表 15-4 所示。

表 15-4 船舶吨税税目税率表

税目(按船舶净吨位划分)	税率(元/净吨)					
	普通税率(按执照期限划分)			优惠税率(按执照期限划分)		
	1 年	90 日	30 日	1 年	90 日	30 日
不超过 2 000 净吨	12.6	4.2	2.1	9.0	3.0	1.5
超过 2 000 净吨,但不超过 10 000 净吨	24.0	8.0	4.0	17.4	5.8	2.9
超过 10 000 净吨,但不超过 50 000 净吨	27.6	9.2	4.6	19.8	6.6	3.3
超过 50 000 净吨	31.8	10.6	5.3	22.8	7.6	3.8
备注	拖船和非机动驳船分别按相同净吨位船舶税率的 50%计征税款					

船舶吨税分 1 年期缴纳、90 天期缴纳与 30 天期缴纳 3 种。缴纳期限由应税船舶负责人或其代理人自行选择。

吨税的缴款期限为自海关填发船舶吨税专用缴款书之日起 15 日。缴款期限届满日遇节假日的，顺延至节假日之后的第一个工作日。未按期缴纳税款的，从滞纳税款之日起，按日加收滞纳税款 0.5‰的滞纳金。

吨税税款、滞纳金以人民币计算至“分”后四舍五入。

（三）下列船舶免征吨税

（1）应纳税额在人民币 50 元以下的船舶。

（2）自境外购买、受赠、继承等方式取得船舶所有权的初次进口到港的空载船舶。

（3）吨税执照期满后 24 小时内不上下客货的船舶。

（4）非机动船舶(不包括非机动驳船)。

（5）捕捞、养殖渔船。

（6）避难、防疫隔离、修理、终止运营或者拆解，并不上下客货的船舶。

（7）军队、武警专用或者征用的船舶。

（8）依照法律予以免税的外国驻华使领馆、国际组织驻华机构及其有关人员的船舶。

四、滞纳金

（一）征收范围

征收滞纳金是税收管理中的一种行政强制措施。在海关管理中，滞纳金指应纳税的单位或个人因逾期向海关缴纳税款而依法应缴纳的款项。按照规定，关税、进口环节增值税、进口环节消费税、船舶吨税等的纳税义务人或其代理人，应当自海关填发税款缴款书之日起 15 日内向指定银行缴纳税款，逾期缴纳的，海关依法在原应纳税款的基础上，按日加收滞纳税款 0.5‰的滞纳金。

根据规定，对逾期缴纳税款应征收滞纳金的，还有以下几种情况。

（1）进出口货物放行后，海关发现因纳税义务人违反规定造成少征或者漏征税款的，可以自缴纳税款或货物放行之日起 3 年内追征税款，并从缴纳税款或货物放行之日起至海关发现之日止，按日加收少征或者漏征税款 0.5‰的滞纳金。

（2）因纳税义务人违反规定造成海关监管货物少征或者漏征税款的，海关应当自纳税义务人应缴纳税款之日起 3 年内追征税款，并自应缴纳税款之日起至海关发现违规行为之日止按日加收少征或者漏征税款 0.5‰的滞纳金。

这里所述“应缴纳税款之日”是指纳税义务人违反规定的行为发生之日；该行为发生之日不能确定的，应当以海关发现该行为之日作为应缴纳税款之日。

（3）租赁进口货物分期支付租金的，纳税义务人应当在每次支付租金后的 15 日内向海关申报办理纳税手续，逾期办理申报手续的，海关除了征收税款外，还应当自申报办理纳税手续期限届满之日起至纳税义务人申报纳税之日止，按日加收应缴纳税款 0.5‰的滞纳金。

租赁进口货物自租期届满之日起 30 日内，应向海关申请办结海关手续，逾期办理手续的，海关除按照审定进口货物完税价格的有关规定和租期届满后第 30 日该货物适用的计征汇率、税率，审核确定其完税价格、计征应缴纳的税款外，还应当自租赁期限届满后 30 日起至纳税义务人申报纳税之日止按日加收应缴纳税款 0.5‰的滞纳金。

(4) 暂时进出境货物未在规定期限内复运出境或者复运进境，且纳税义务人未在规定期限届满前向海关申报办理进出口及纳税手续的，海关除按照规定征收应缴纳的税款外，还应当自规定期限届满之日起至纳税义务人申报纳税之日止按日加收应缴纳税款 0.5‰的滞纳金。

海关对滞纳天数的计算是自滞纳税款之日起至进出口货物的纳税义务人缴纳税费之日止，其中的法定节假日不予扣除。缴纳期限届满日遇星期六、星期日等休息日或者法定节假日的，应当顺延至休息日或法定节假日之后的第一个工作日。国务院临时调整休息日与工作日的，则按照调整后的情况计算缴款期限。例如，缴款期限的最后一天是 9 月 30 日，该日恰好是星期日，国务院决定将 9 月 29 日、30 日与 10 月 4 日、5 日互相调换，即 9 月 29 日、30 日成为工作日，不适用节假日顺延。如果纳税义务人在 9 月 30 日仍未缴纳税款，则从 10 月 1 日开始即构成滞纳。

滞纳金应当自海关填发滞纳金缴款书之日起 15 内向指定银行缴纳。因纳税义务人违反规定需在征收税款的同时加收滞纳金的，如果纳税义务人未在规定的 15 天缴款期限内缴纳税款，另行加收自缴款期限届满之日起至缴清税款之日止所滞纳税款的 0.5‰的滞纳金。

(二) 征收标准

滞纳金按每票货物的关税、进口环节增值税、消费税单独计算，计算到人民币“分”后四舍五入。起征点为人民币 50 元，不足人民币 50 元的免予征收。滞纳金的计算公式为

$$关税滞纳金金额=滞纳关税税额\times 0.5‰\times 滞纳天数 \quad (15\text{-}3)$$

$$进口环节海关代征税滞纳金金额=滞纳进口环节海关代征税税额\times 0.5‰\times 滞纳天数 \quad (15\text{-}4)$$

船舶吨税的滞纳金计算同理。

由于滞纳金的收入随同税款同一科目一并缴入中央金库，所以滞纳金缴纳凭证与进出口税款缴纳凭证(即海关专用缴款书)相同。

第二节 进出口货物完税价格的确定

一、我国海关审价的法律依据

进出口货物完税价格是海关对进出口货物征收从价税时审查估定的应税价格，是凭以计征进出口货物关税及进口环节代征税税额的基础。审定进出口货物完税价格是贯彻关税政策的重要环节，也是海关依法行政的重要体现。我国已加入世界贸易组织，并已全面实施世界贸易组织估价协定，我国对进口货物海关审价的法律法规已与国际通行规则衔接。

目前，我国海关审价的法律依据可分为 3 个层次。第一个层次是法律层次，即《海关法》。《海关法》规定：“进出口货物的完税价格，由海关以该货物的成交价格为基础审查确定。成交价格不能确定时，完税价格由海关估定。”第二个层次是行政法规层次，即《关税条例》。第三个层次是部门规章，如海关总署颁布施行的《审价办法》、《征管办法》等。

二、进口货物完税价格的审定

进口货物完税价格的审定包括一般进口货物完税价格的审定和特殊进口货物完税价格的审定两个方面的内容。

（一）一般进口货物完税价格的审定

海关确定进口货物完税价格共有进口货物成交价格法、相同货物成交价格法、类似货物成交价格法、倒扣价格法、计算价格法、合理方法6种估价方法。上述估价方法应当依次采用，但如果进口货物纳税义务人提出要求，并提供相关资料，经海关同意，可以颠倒倒扣价格法和计算价格法的适用次序。

1. 进口货物成交价格法

进口货物成交价格法是《关税条例》及《审价办法》规定的第一种估价方法，进口货物的完税价格应首先以成交价格估价方法审查确定。这里应注意进口货物成交价格法中成交价格与完税价格两个概念的差异。

（1）完税价格

《审价办法》规定：进口货物的完税价格，由海关以该货物的成交价格为基础审查确定，并应包括货物运抵中华人民共和国境内输入地点起卸前的运输及相关费用、保险费。“相关费用”主要是指与运输有关的费用，如装卸费、搬运费等属于广义的运费范围内的费用。成交价格需满足一定的条件才能被海关所接受。

（2）成交价格

进口货物的成交价格，是指卖方向中华人民共和国境内销售该货物时买方为进口该货物向卖方实付、应付的，并按有关规定调整后的价款总额，包括直接支付的价款和间接支付的价款。

此处的“实付或应付”是指必须由买方支付，支付的目的是获得进口货物，支付的对象既包括卖方也包括与卖方有联系的第三方，且包括已经支付和将要支付两者的总额。此外，成交价格不完全等同于贸易中实际发生的发票价格，需要按有关规定进行调整。

（3）关于“调整因素”

调整因素包括计入项目和扣除项目。

① 计入项目（又称加项）。下列项目若由买方支付，且尚未包括在国际贸易的发票价格中，必须计入完税价格，包括以下项目。

A. 销售佣金和经纪费。佣金通常可分为购货佣金和销售佣金。购货佣金指买方向其采购代理人支付的佣金，按照规定购货佣金不应该计入进口货物的完税价格中。销售佣金指卖方向其销售代理人支付的佣金，但上述佣金如果由买方直接付给卖方的代理人，按照规定应该计入完税价格中。

经纪费指买方为购进进口货物向代表买卖双方利益的经纪人支付的劳务费用，根据规定应计入完税价格中。

B. 与进口货物作为一个整体的容器费。与有关货物归入同一个税号的容器与该货物视作一个整体，如酒瓶与酒构成一个不可分割的整体，两者归入同一税号，如果没有包括在酒的完税价格中间，则应该计入。

C. 包装费。这里应注意，包装费既包括材料费，也包括劳务费。按照现行商业惯例，包装费一般已经包含在货价中，这里所指的是在合同中明确规定，买方需要另付费或包装费由买方自行解决的进口货物。在此还须指出，集装箱租赁费不属于包装费和容器费，但是它也计入完税价格中，只不过是通过运输的相关费用计入的。

D. 协助的价值。在国际贸易中，买方向卖方提供的，供卖方在生产和出口销售货物过程中使用的有关货物或服务的价值被称为协助的价值。

协助价值计入到进口货物完税价格中应满足以下条件：由买方以免费或低于成本价的方式直接或间接提供；未包括在进口货物的实付或应付价格之中；与进口货物的生产和向中华人民共和国境内销售有关；可按适当比例分摊。

协助费分为两类：一类为有形协助。如装置在进口货物的零部件及其有关货物，生产进口货物的工具和设备，以及消耗在进口货物生产过程中的原材料等硬件帮助。另一类为无形协助，主要是指买方向卖方提供的为进口货物生产所需的技术、开发、工艺、设计等方案和制图等软件帮助。关于无形协助在实际操作时，要注意它的两个执行条件：其一，技术、开发、工艺、设计等方案和制图必须在境外完成；其二，必须是生产进口货物所需的方案和制图，即生产所用的方案和制图，而不是备选的方案和制图。

E. 特许权使用费，是指进口货物的买方为取得知识产权权利人及权利人有效授权人关于专利权、商标权、专材技术、著作权、分销权或者销售权的许可或者转让而支付的费用。

以成交价格为基础审查确定进口货物的完税价格时，未包括在该货物实付、应付价格中的特许权使用费需计入完税价格，但是符合下列情形之一的除外：特许权使用费与该货物无关；特许权使用费的支付不构成该货物向中华人民共和国境内销售的条件。

F. 返回给卖方的转售收益(又称回归卖方利润)。如果买方在货物进口之后，把进口货物的转售、处里或使用的收益的一部分返还给卖方，这部分收益的价格应该计入完税价格中。例如，我国音像公司如果从美国进口电影拷贝，向海关申报的成交价格除购买拷贝的合同价格外，还应包括合同规定需要支付给美国电影发行公司的票房收入的一部分利润。

上述所有项目的费用或价值计入完税价格中，必须同时满足 3 个条件：由买方负担；未包括在进口货物的实付或应付价格中；有客观量化的数据资料。

② 扣减项目(又称减项)。进口货物的价款中单独列明的下列税收、费用，不计入该货物的完税价格。

A. 厂房、机械或者设备等货物进口后发生的建设、安装、装配、维修或者技术援助费用，但是保修费用除外。例如，汽车生产线的进口合同，此类合同按国际惯例都是交钥匙工程合同(交给进口方是马上可以生产汽车的生产线)，合同价格中含有厂房基建、设备安装和调试等费用，由于这些费用都是在进境后发生的，不计入完税价格中。

B. 货物运抵境内输入地点起卸后发生的运输及其相关费用、保险费；注意，这里的运保费以第一口岸或卸货口岸为界。

C. 进口关税、进口环节代征税及其他国内税；有时进口货物合同价格中含有进口关税等相关税费(如采用 DDP 贸易术语成交的进口货物)，但是关税是价外税，计税价格不含关税本身。

D. 为在境内复制进口货物而支付的费用；此费用的实质是国内生产费用，与进口货物的价格没有必然联系。

E. 境内外技术培训及境外考察费用。此种费用应属于项目费用,而不是产品费用,尽管有时企业也将此费用计入产品成本中,但是并不是所有同类产品都含有此费用,所以为了公平起见,报关申报时,应予以扣除。

F. 同时符合下列条件的利息费用不计入完税价格:利息费用是买方为购买进口货物而融资所产生的;有书面的融资协议的;利息费用单独列明的;纳税义务人可以证明有关利率不高于在融资当时当地此类交易通常具有的利率水平,且没有融资安排的相同或者类似进口货物的价格与进口货物的实付、应付价格非常接近的。

G. 码头装卸费(terminal handling charge,THC)是指货物从船舷到集装箱堆场间发生的费用,属于货物运抵中华人民共和国境内输入地点起卸后的运输相关费用,因此不应计入货物的完税价格。

(4) 成交价格本身须满足的条件

成交价格必须满足一定的条件才能被海关所接受,否则不能适用成交价格法。根据规定,成交价格必须具备以下 4 个条件。

① 买方对进口货物的处置和使用不受限制。如果买方对进口货物的处置权或者使用权受到限制,则进口货物就不适用成交价格法。

有下列情形之一的,视为对买方处置或者使用进口货物进行了限制。

A. 进口货物只能用于展示或者免费赠送的。

B. 进口货物只能销售给指定第三方的。

C. 进口货物加工为成品后只能销售给卖方或者指定第三方的。

D. 其他经海关审查,认定买方对进口货物的处置或者使用受到限制的。

但是以下 3 种限制并不影响成交价格的成立。

A. 国内法律、行政法规规定的限制。

B. 对货物转售地域的限制。

C. 对货物价格无实质影响的限制。

② 进口货物的价格不应受到某些条件或因素的影响而导致该货物的价格无法确定。有下列情形之一的,视为进口货物的价格受到了使该货物成交价格无法确定的条件或者因素的影响。

A. 进口货物的价格是以买方向卖方购买一定数量的其他货物为条件而确定的。

B. 进口货物的价格是以买方向卖方销售其他货物为条件而确定的。

C. 其他经海关审查,认定货物的价格受到使该货物成交价格无法确定的条件或者因素影响的。

③ 卖方不得直接或间接从买方获得因转售、处置或使用进口货物而产生的任何收益,除非上述收益能够被合理确定。

④ 买卖双方之间没有特殊关系,或虽有特殊关系但不影响成交价格。

根据规定,有下列情形之一的,应当认定买卖双方有特殊关系。

A. 买卖双方为同一家族成员。

B. 买卖双方互为商业上的高级职员或董事。

C. 一方直接或间接地受另一方控制。

D. 买卖双方都直接或间接地受第三方控制。

E. 买卖双方共同直接或间接地控制第三方。

F. 一方直接或间接地拥有、控制或持有对方 5%及以上公开发行的有表决权的股票或股份。

G. 一方是另一方的雇员、高级职员或董事。

H. 买卖双方是同一合伙的成员。

此外，买卖双方在经营上相互有联系，一方是另一方的独家代理、经销或受让人，若与以上规定相符，也应当视为有特殊关系。

买卖双方有特殊关系这个事实本身并不能构成海关拒绝成交价格的理由，买卖双方之间存在特殊关系，但是纳税义务人能证明其成交价格与同时或者大约同时发生的下列任何一款价格相近的，视为特殊关系没有对进口货物的成交价格产生影响。

A. 向境内无特殊关系的买方出售的相同或者类似进口货物的成交价格。

B. 按照倒扣价格估价方法所确定的相同或者类似进口货物的完税价格。

C. 按照计算价格估价方法所确定的相同或者类似进口货物的完税价格。

海关在使用上述价格进行比较时，需考虑商业水平和进口数量的不同，以及买卖双方有无特殊关系造成的费用差异。

进口货物成交价格法是海关估价中使用最多的一种估价方法，但是如果货物的进口非因销售引起或销售不能符合成交价格须满足的条件，就不能采用成交价格法，而应该依次采用下列方法审查确定货物的完税价格。

2. 相同货物成交价格法及类似货物成交价格法

相同货物成交价格法及类似进口货物成交价格法，即以与被估货物同时或大约同时向中华人民共和国境内销售的相同货物及类似货物的成交价格为基础，审查确定进口货物完税价格的方法。

(1) 相同货物和类似货物

"相同货物"，指与进口货物在同一国家或者地区生产的，在物理性质、质量和信誉等所有方面都相同的货物，但是表面的微小差异允许存在。

"类似货物"，指与进口货物在同一国家或者地区生产的，虽然不是在所有方面都相同，但是却具有相似的特征、相似的组成材料、相同的功能，并且在商业中可以互换的货物。

(2) 相同或类似货物的时间要素

时间要素是指相同或类似货物必须与进口货物同时或大约同时进口，其中的"同时或大约同时"指在海关接受申报之日的前后各 45 天以内。

(3) 关于相同及类似货物成交价格法的运用

在运用这两种估价方法时，首先应使用和进口货物处于相同商业水平、大致相同数量的相同或类似货物的成交价格，只有在上述条件不满足时，才可采用以不同商业水平和不同数量销售的相同或类似进口货物的价格，但不能将上述价格直接作为进口货物的价格，还须对由此而产生的价格方面的差异做出调整。

此外，对进口货物与相同或类似货物之间由于运输距离和运输方式不同而在成本和其他费用方面产生的差异应进行调整。

上述调整都必须建立在客观量化的数据资料的基础上。

同时还应注意，在采用相同货物成交价格法或类似货物成交价格法确定进口货物完税价格时，首先应使用同一生产商生产的相同或类似货物的成交价格，只有在没有同一生产商生产的相同或类似货物的成交价格的情况下，才可以使用同一生产国或地区不同生产商生产的相同或类似货物的成交价格。如果有多个相同或类似货物的成交价格，应当以最低的成交价格为基础估定进口货物的完税价格。

3. 倒扣价格法

倒扣价格法即以进口货物、相同或类似进口货物在境内第一环节的销售价格为基础，扣除境内发生的有关费用来估定完税价格。上述"第一环节"是指有关货物进口后进行的第一次转售，且转售者与境内买方之间不能有特殊关系。

(1) 用以倒扣的上述销售价格应符合的条件

① 在被估货物进口时或大约同时，将该货物、相同或类似进口货物在境内销售的价格。

② 按照该货物进口时的状态销售的价格。

③ 在境内第一环节销售的价格。

④ 向境内无特殊关系方销售的价格。

⑤ 按照该价格销售的货物合计销售总量最大。

(2) 倒扣价格法的核心要素

① 按进口时的状态销售。必须首先以进口货物、相同或类似进口货物按进口时的状态销售的价格为基础。如果没有按进口时的状态销售的价格，应纳税义务人要求，可以使用经过加工后在境内销售的价格作为倒扣的基础。

② 时间要素。必须是在被估货物进口时或大约同时转售给国内无特殊关系方的价格，其中"进口时或大约同时"为在进口货物接受申报之日的前后各 45 天以内。如果进口货物、相同或者类似货物没有在海关接受进口货物申报之日前后 45 天内在境内销售，可以将在境内销售的时间延长至接受货物申报之日前后 90 天内。

③ 合计的货物销售总量最大。必须使用被估的进口货物、相同或类似进口货物售予境内无特殊关系方合计销售总量最大的价格为基础估定完税价格。

(3) 倒扣价格法的倒扣项目

确定销售价格以后，在使用倒扣价格法时，还必须扣除一些费用，这些倒扣项目根据规定有以下 4 项。

① 该货物的同级或同种类货物在境内第一环节销售时通常支付的佣金及利润和一般费用。

② 货物运抵境内输入地点之后的运输及其相关费用、保险费。

③ 进口关税、进口环节代征税及其他国内税。

④ 加工增值额，如果以货物经过加工后在境内转售的价格作为倒扣价格的基础，则必须扣除上述加工增值部分。

4. 计算价格法

计算价格法既不是以成交价格，也不是以在境内的转售价格作为基础，它是以发生在生产国或地区的生产成本作为基础的价格，此处不再详述。

5. 合理方法

合理方法，是指当海关不能根据成交价格估价法、相同货物成交价格估价法、类似货物成交价格估价法、倒扣价格估价法和计算价格估价法确定完税价格时，根据公平、统一、客观的估价原则，以客观量化的数据资料为基础审查确定进口货物完税价格的估价方法。

（二）特殊进口货物完税价格的审定

1. 加工贸易进口料件或者其制成品一般估价方法

由于种种原因，部分加工贸易进口料件或者其制成品不能按有关合同、协议约定复出口，经海关批准转为内销，需依法对其实施估价后征收进口税款。对加工贸易进口货物估价的核心问题有两个：一是按制成品征税还是按料件征税，二是征税的环节是在进口环节还是在内销环节。非物理围网企业内销进口料件或者制成品、物理围网（出口加工区）区内企业内销制成品、保税区内加工企业内销进口料件或者制成品的估价方法可以参照前面章节相关内容。

2. 从保税区、出口加工区、保税物流园区、保税物流中心等区域、场所进入境内需要征税的货物的估价方法

从保税区、出口加工区、保税物流园区、保税物流中心等区域、场所进入境内，需要征税的货物，海关参照一般进口货物完税价格审定的有关规定，以从上述区域、场所进入境内的销售价格为基础审查确定完税价格，加工贸易进口料件及其制成品除外。如果销售价格中未包括上述区域、场所发生的仓储、运输及其他相关费用的，按照客观量化的数据资料予以计入。

3. 出境修理复运进境货物的估价方法

运往境外修理的机械器具、运输工具或者其他货物，出境时已向海关报明，并在海关规定的期限内复运进境的，海关以境外修理费和料件费审查确定完税价格。

出境修理货物复运进境超过海关规定期限的，由海关按照本节审定一般进口货物完税价格的规定审查确定完税价格。

该项内容可以结合前面章节中“进出境修理货物通关”相关内容一并学习。

4. 出境加工复运进境货物的估价方法

运往境外加工的货物，出境时已向海关报明，并在海关规定期限内复运进境的，海关以境外加工费和料件费及该货物复运进境的运输及其相关费用、保险费审查确定完税价格。

出境加工货物复运进境超过海关规定期限的，由海关按照审定一般进口货物完税价格的规定审查确定完税价格。

该项内容可以结合前面章节中“出料加工货物通关”相关内容一并学习。

5. 暂时进境货物的估价方法

经海关批准的暂时进境货物，应当缴纳税款的，由海关按照审定一般进口货物完税价格的规定审查确定完税价格。经海关批准留购的暂时进境货物，以海关审查确定的留购价格作为完税价格。

该项内容可以结合前面章节中“暂准进境货物通关”相关内容一并学习。

6. 租赁进口货物的估价方法

(1) 以租金方式对外支付的租赁货物，在租赁期间以海关审定的该货物的租金作为完税价格，利息予以计入。

(2) 留购的租赁货物以海关审定的留购价格作为完税价格。

(3) 纳税义务人申请一次性缴纳税款的，可以选择申请按照规定估价方法确定完税价格，或者按照海关审查确定的租金总额作为完税价格。

该项内容可以结合前面章节中"租赁货物通关"相关内容一并学习。

7. 减免税货物的估价方法

特定减免税货物在监管年限内不能擅自出售、转让、移作他用，如果有特殊情况，经过海关批准可以出售、转让、移作他用，须向海关办理纳税手续。减税或免税进口的货物需予征税时，海关以审定的该货物原进口时的价格，扣除折旧部分价值作为完税价格，其计算公式为

$$\text{完税价格}=\text{海关审定的该货物原进口时的价格}\times[1-\text{征税时实际已进口的月数}/(\text{监管年限}\times 12)] \quad (15\text{-}5)$$

式中，"征税时实际已进口的月数"，不足 1 个月但超过 15 日的，按照 1 个月计算；不超过 15 日的，不予计算。

该项内容可以结合前面章节中"减免税货物通关"相关内容一并学习。

8. 软件介质的估价方法

进口载有专供数据处理设备用软件的介质，具有下列情形之一的，以介质本身的价值或者成本为基础审查确定完税价格。

(1) 介质本身的价值或者成本与所载软件的价值分列。

(2) 介质本身的价值或者成本与所载软件的价值虽未分列，但是纳税义务人能够提供介质本身的价值或者成本的证明文件，或者能提供所载软件价值的证明文件。

含有美术、摄影、声音、录像、影视、游戏、电子出版物的介质不适用上述规定。

(三) 进口货物完税价格中的运费、保险费的计算

1. 运费分类及计算标准

在国际物流中主要有海洋运费费用、陆路运输费用和航空运输费用。对于海洋运输中班轮运输费用又可分为杂货班轮运输费用和集装箱班轮运输费用，它们的运费计算方法都不一样。简而言之，包括以下方法。

(1) 杂货班轮运输费用计算标准大致有重量吨法(W 法)、体积吨法(M 法)、运费吨法(W/M 法)等，其基本运费计算公式为

$$F\,\text{总运费}=F\,\text{基本运费}+F\,\text{附加费} \quad (15\text{-}6)$$

其中

$$F\,\text{基本运费}=\text{基本运价}\times\text{计量总数}$$

式中，基本运价可查询船公司或代理人公布的运价表。计量总数根据不同的计算标准确定。

(2) 集装箱班轮运输费用计算方法对于整箱货 FCL 一般采用包箱费率标准，拼箱货

LCL 一般采用杂货的运费吨法(W/M 法)或者进行运费分摊。

(3) 航空运费计算标准只要有普通货物运价 GCR、指定商品运价 SCR、等级货物运价 CCR 等。具体计算方法本书不作说明,可参考有关货运代理书籍。

2. 保险费计算

保险费在报关中一般以保险费率的格式表示,也可以用保险费总价的格式表示。

$$保险费=保险总金额\times保险费率 \tag{15-7}$$

其中

$$保险总金额=CIF 价\times(1+10\%)$$

如果进口货物的保险费无法确定或者未实际发生,海关按照“货价加运费”两者总额的3‰计算保险费,其计算公式为

$$保险费=(货价+运费)\times3‰ \tag{15-8}$$

3. FOB、CFR、CIF 价格换算

FOB、CFR、CIF 价格的关系式为

$$CIF=FOB+运费+保险费 \tag{15-9}$$

$$CFR=FOB+运费$$

以上内容可以参考国际贸易实务书籍中的相关内容,本书不作详细说明。

(四) 进口货物完税价格计算公式

进口货物完税价格计算公式为

$$进口货物完税价格=CIF 价(通过汇率折算成本国货币) \tag{15-10}$$

三、出口货物完税价格的审定

1. 出口货物的完税价格

出口货物的完税价格由海关以该货物的成交价格为基础审查确定,包括货物运至中华人民共和国境内输出地点装载前的运输及其相关费用、保险费。

2. 出口货物的成交价格

出口货物的成交价格,是指该货物出口销售时,卖方为出口该货物向买方直接收取和间接收取的价款总额。

3. 不计入出口货物完税价格的税收、费用

(1) 出口关税。

(2) 在货物价款中单独列明的货物运至中华人民共和国境内输出地点装载后的运费及其相关费用、保险费。

(3) 在货物价款中单独列明由卖方承担的佣金。

4. 出口货物完税价格计算公式

出口货物完税价格的计算公式为

$$出口货物完税价格=(FOB 中国境内口岸)/(1+出口关税税率)(通过汇率折算成本国货币) \tag{15-11}$$

四、海关估价中的价格质疑程序和价格磋商程序

（一）价格质疑程序

在确定完税价格过程中，海关对申报价格的真实性或准确性有疑问，或有理由认为买卖双方的特殊关系可能影响到成交价格时，向纳税义务人或者其代理人制发中华人民共和国海关价格质疑通知书，将质疑的理由书面告知纳税义务人或者其代理人。

纳税义务人或者其代理人应自收到价格质疑通知书之日起 5 个工作日内，以书面形式提供相关资料或者其他证据，证明其申报价格真实、准确或者双方之间的特殊关系未影响成交价格。纳税义务人或者其代理人确有正当理由无法在规定时间内提供资料或证据的，可以在规定期限届满前以书面形式向海关申请延期。除特殊情况外，延期不得超过 10 个工作日。

（二）价格磋商程序

价格磋商是指海关在使用除成交价格以外的估价方法时，在保守商业秘密的基础上，与纳税义务人交换彼此掌握的用于确定完税价格的数据资料的行为。海关按照《审价办法》规定通知纳税义务人进行价格磋商时，纳税义务人需自收到中华人民共和国海关价格磋商通知书之日起 5 个工作日内与海关进行价格磋商。

（三）不进行价格质疑与价格磋商的特殊情况

对符合下列情形之一的，经纳税义务人书面申请，海关可以不进行价格质疑或价格磋商，依法审查确定进出口货物的完税价格。

(1) 同一合同项下分批进出口的货物，海关对其中一批货物已经实施估价的。

(2) 进出口货物的完税价格在人民币 10 万元以下或者关税及进口环节代征税总额在人民币 2 万元以下的。

(3) 进出口货物属于危险品、鲜活品、易腐品、易失效品、废品、旧品等的。

加工贸易进口料件或其制成品、出口加工区内加工企业内销制成品、保税区内加工企业内销进口料件或者其制成品估价，海关可以不进行价格质疑，经与纳税义务人进行价格磋商后，依法审查确定完税价格。

第三节 进出口货物原产地的确定

在国际贸易中，原产地是指货物生产的国家(地区)，就是货物的“国籍”。

随着世界经济一体化和生产国际化的发展，准确认定进出口货物的“国籍”变得更为重要。因为确定了进口货物“国籍”，就直接确定了其依照进口国的贸易政策所适用的关税和非关税待遇。原产地的不同决定了进口商品所享受的待遇不同。

一、原产地规则的含义

各国为了适应国际贸易的需要，并为执行本国关税及非关税方面的国别歧视性贸易措

施，必须对进出口商品的原产地进行认定。为此，各国以本国立法形式制定出其鉴别货物“国籍”的标准，这就是原产地规则。

世贸组织（WTO）《原产地规则协议》将原产地规则定义为，一国（地区）为确定货物的原产地而实施的普遍适用的法律、法规和行政决定。

二、原产地规则的类别

从适用目的讲，原产地规则分为两大类：一类为优惠原产地规则，另一类为非优惠原产地规则。

（一）优惠原产地规则

优惠原产地规则是指一国为了实施国别优惠政策而制定的法律、法规，是以优惠贸易协定通过双边、多边协定形式或者是由本国自主形式制定的一些特殊原产地认定标准，因此也称协定原产地规则。优惠原产地规则具有很强的排他性，优惠范围以原产地为受惠国（地区）的进口产品为限，其目的是促进协议方之间的贸易发展。优惠原产地规则主要有以下两种实施方式。

（1）通过自主方式授予，如欧盟普惠制、中国对最不发达国家的特别优惠关税待遇。

（2）通过协定以互惠性方式授予，如北美自由贸易协定、中国—东盟自贸区协定等。

由于优惠原产地规则是用于认定进口货物有无资格享受比最惠国更优惠待遇的依据，因此其认定标准通常会与非优惠原产地规则不同，其宽或严完全取决于成员方。进口国（地区）为了防止此类优惠措施被滥用或规避，一般都制定了货物直接运输的条款。

我国加入WTO后，为了进一步改善所处的贸易环境，推进市场多元化进程，开创新的格局，截至2011年3月，先后签订了《亚太贸易协定》、《中国—东盟合作框架协议》、《香港CEPA》、《澳门CEPA》、《最不发达国家特别优惠关税待遇》等优惠贸易协定。上述优惠贸易协定中均包含有相应的优惠原产地规则。

上述贸易协定中，《亚太贸易协定》适用国家包括韩国、印度、斯里兰卡、孟加拉国和老挝；《中国—东盟合作框架协议》适用国家包括越南、泰国、新加坡、马来西亚、印度尼西亚、文莱、缅甸、老挝、柬埔寨和菲律宾。

（二）非优惠原产地规则

非优惠原产地规则，是一国根据实施其海关税则和其他贸易措施的需要，由本国立法自主制定的，因此也称为自主原产地规则。按照WTO的规定，适用于非优惠性贸易政策措施的原产地规则，其实施必须遵守最惠国待遇原则，即必须普遍地、无差别地适用于所有原产地为最惠国的进口货物。它包括实施最惠国待遇、反倾销和反补贴税、保障措施、数量限制或关税配额、原产地标记或贸易统计、政府采购时所采用的原产地规则。《WTO协调非优惠原产地规则》正在统一协调中，完成后，WTO成员将实施统一的协调非优惠原产地规则，以取代各国自主制定的非优惠原产地规则。

三、原产地认定标准

在认定货物的原产地时，会出现以下两种情况：一种是货物完全是在一个国家（地区）获得或生产制造，另一种是货物由两个或两个以上国家（地区）生产或制造。无论是优惠原产地规则还是非优惠原产地规则，都要确定这两种货物的原产地认定标准。

对于完全在一国(地区)获得的产品，如农产品或矿产品，各国的原产地认定标准基本一致，即以产品的种植、开采或生产国(地区)为原产国(地区)，这一标准通常被称为“完全获得标准”(wholly obtained standard)。

对于经过几个国家(地区)加工、制造的产品，各国多以最后完成实质性加工的国家(地区)为原产国，这一标准通常被称为“实质性改变标准(substantial transformation standard)”。

实质性改变标准用于判定“非完全获得”货物的原产地，即含有进口成分、部分使用了进口的、包括来源不明的原材料或零部件制成的货物的原产地。

实质性改变标准包括税则归类改变标准、从价百分比标准(或称增值百分比标准、区域价值成分标准等)、加工工序标准、混合标准等。

税则归类改变标准是指在某一国家(地区)对非该国(地区)原产材料进行加工、制造后，所得货物在《协调制度》中的某位数级税目归类发生了变化。

从价百分比标准是指在某一国家(地区)对非该国(地区)原产材料进行加工、制造后的增值部分超过了所得货物价值的一定比例。

加工工序标准是指在某一国家(地区)进行的赋予制造、加工后所得货物基本特征的主要工序。

(一) 优惠原产地认定标准

1. 完全获得标准

完全获得，即从优惠贸易协定成员国或者地区(以下简称“成员国或者地区”)直接运输进口的货物是完全在该成员国或者地区获得或者生产的。

(1) 在该成员国或者地区境内收获、采摘或者采集的植物产品。

(2) 在该成员国或者地区境内出生并饲养的活动物。

(3) 在该成员国或者地区领土或者领海开采、提取的矿产品。

(4) 其他符合相应优惠贸易协定项下完全获得标准的货物。

原产于优惠贸易协定某一成员国或者地区的货物或者材料在同一优惠贸易协定另一成员国或者地区境内用于生产另一货物，并构成另一货物组成部分的，该货物或者材料应当视为原产于另一成员国或者地区境内。

为便于装载、运输、储存、销售进行的加工、包装、展示等微小加工或者处理，不影响货物原产地确定。在货物生产过程中使用，本身不构成货物物质成分，也不成为货物组成部件的材料或者物品，其原产地不影响货物原产地确定。

2. 税则归类改变标准

优惠原产地认定标准中的税则归类改变标准，是指原产于非成员国或者地区的材料在出口成员国或者地区境内进行制造、加工后，所得货物在《协调制度》中税则号列(一般为前4位)发生了变化。例如，中国A公司与韩国B公司签订合同，进口一批纯棉机织物，适用《亚太贸易协定》，该批机织物所使用的棉纱线(供零售用)系越南C公司生产，机织物在韩国生产。由于棉纱线的税则号列前4位为5207，棉机织物的则为5208，材料来自非成员国越南，在出口成员国韩国境内加工，所得货物(棉机织物)的税则号前4位由5207变为5208，因此韩国为原产国。

3. 区域价值成分标准

区域价值成分标准(优惠原产地标准)中的百分比有两种表示方法：一种是对进口成分(非原产材料)规定了最高百分比，即小于规定的比率；另一种是对加工成分(增值部分)规定了最低百分比，即大于等于规定比率。本书建议采用后一种表示方法，即加工增值部分价值占 FOB 价的比率已超过规定比率及以上，其加工国为原产地。

不同协定框架下的优惠原产地规则中的区域价值成分标准各有不同，部分贸易协定的区域价值成分标准如下。

(1)《亚太贸易协定项下进出口货物原产地管理办法》规定，某一成员国非原产材料成分不超过 55%，且最后生产工序在该国境内完成的货物，其原产地为该国。非原产材料包括在生产过程中所使用的进口非原产材料和不明原产地材料。对孟加拉国只要求非原产材料成分不超过 65%。非原产材料成分计算公式为

$$\frac{\text{进口非原产材料价值}+\text{不明原产地材料价值}}{\text{FOB 价}}\times 100\%\leqslant 55\% \qquad (15\text{-}12)$$

式中，进口非原产材料价值(也称“非受惠国原产材料价值”)是指能够证实的原材料、零件或者产物进口时的成本、运费和保险费(CIF 价格)；不明原产地材料价值是指在生产或者加工货物的该成员国境内最早可以确定的为不明原产地原材料、零件或者产物所支付的价格。

其中

$$\text{进口非原产材料价值}+\text{不明原产地材料价值}=\text{进口成分的价值}$$

进口非原产材料价值也称“非受惠国原产材料价值”。

由于 FOB 价＝进口成分的价值＋加工增值价值，上述公式可转换为

$$\frac{\text{加工增值价值}}{\text{FOB 价}}\times 100\%\geqslant 45\%$$

(2)《中国—东盟合作框架协议项下原产地管理办法》规定，在东盟成员国非完全获得或者生产的货物，其生产过程中使用的原产于任一东盟成员国的中国—东盟自由贸易区成分不低于该货物船上交货价格(FOB)40%的，并且最后生产工序在东盟成员国境内完成，应当视为原产于东盟成员国境内，即

$$\frac{\text{加工增值价值}}{\text{FOB 价}}\times 100\%\geqslant 40\% \qquad (15\text{-}13)$$

(3) 港澳 CEPA 项下的原产地规则要求，在港澳获得的原料、组合零件、劳工价值和产品开发支出价值的合计，与在港澳生产或获得产品 FOB 价的比例应超过 30%，并且产品最后的制造或加工工序在香港、澳门完成的，应视为原产地为中国香港、中国澳门，其计算公式与非优惠原产地的从价百分比标准相同，即

$$\frac{\text{加工增值价值}}{\text{FOB 价}}\times 100\%\geqslant 30\% \qquad (15\text{-}14)$$

(4)“特别优惠关税待遇”项下进口货物原产地规则的从价百分比标准是指在受惠国对非该国原产材料进行制造、加工后的增值部分不小于所得货物价值的 40%，即

$$\frac{\text{加工增值价值}}{\text{FOB 价}}\times 100\%\geqslant 40\% \qquad (15\text{-}15)$$

4. 制造加工工序标准

制造加工工序标准，是指赋予加工后所得货物基本特征的主要工序。

5. 其他标准

其他标准，是指除上述标准之外，成员国或者地区一致同意采用的确定货物原产地的其他标准。

6. 直接运输规则

"直接运输"是指优惠贸易协定项下进口货物从该协定成员国或者地区直接运输至中国境内，途中未经过该协定成员国或者地区以外的其他国家或者地区。原产于优惠贸易协定成员国或者地区的货物，经过其他国家或者地区运输至中国境内，不论在运输途中是否转换运输工具或者作临时储存，同时符合下列条件的，视为"直接运输"。

(1) 该货物在经过其他国家或者地区时，未做除使货物保持良好状态所必须处理以外的其他处理。

(2) 该货物在其他国家或者地区停留的时间未超过相应优惠贸易协定规定的期限。

(3) 该货物在其他国家或者地区作临时储存时，处于该国家或者地区海关监管之下。

不同协定框架下的优惠原产地规则中的直接运输规则各有不同，部分贸易协定的直接运输规则如下。

(1)《亚太贸易协定项下原产地管理办法》中的直接运输规则是指货物运输未经任何非成员国境内；货物运输途中经过非成员国，无论是否在这些国家或者地区转换运输工具或者作临时储存，同时符合由于地理原因或者仅出于运输需要，货物未在这些国家或者地区进入贸易或者消费领域，货物在经过这些国家或者地区时未做除装卸或者其他为使货物保持良好状态所必须处理以外的其他处理。

(2)《中国—东盟合作框架协议项下原产地管理办法》中的直接运输规则是指，该协议项下的进口货物从东盟成员国直接运输至我国境内，途中没有经过成员国以外的其他国家或者地区。原产于东盟成员国的货物，如经过其他国家或地区运输至我国境内的，不论在运输中是否转换过运输工具或者临时储存，同时符合下列条件的，仍视为"直接运输"：仅是由于地理原因或者运输需要；产品经过上述国家时未进行贸易或者消费；该货物经过这些国家或地区时，未作除装卸或者为使货物保持良好状态所必须处理以外的其他处理。

(3) 香港 CEPA 项下的香港原产进口货物应当从香港直接运输至内地口岸；澳门 CEPA 项下的进口货物不能从香港以外的地区或者国家转运。

(二) 非优惠原产地认定标准

目前，我国的非优惠原产地认定标准主要有完全获得标准和实质性改变标准。

1. 完全获得标准

完全在一个国家(地区)获得的货物，以该国(地区)为原产地；两个以上国家(地区)参与生产的货物，以最后完成实质性改变的国家(地区)为原产地。以下货物视为在一国(地区)"完全获得"。

(1) 在该国(地区)出生并饲养的活的动物。

(2) 在该国(地区)野外捕捉、捕捞、搜集的动物。

(3) 从该国(地区)的活的动物获得的未经加工的物品。

(4) 在该国(地区)收获的植物和植物产品。

(5) 在该国(地区)采掘的矿物。

(6) 在该国(地区)获得的上述(1)～(5)项范围之外的其他天然生成的物品。

(7) 在该国(地区)生产过程中产生的只能弃置或者回收用做材料的废碎料。

(8) 在该国(地区)收集的不能修复或者修理的物品,或者从该物品中回收的零件或者材料。

(9) 由合法悬挂该国旗帜的船舶从其领海以外海域获得的海洋捕捞物和其他物品。

(10) 在合法悬挂该国旗帜的加工船上加工上述第(9)项所列物品获得的产品。

(11) 从该国领海以外享有专有开采权的海床或者海床底土获得的物品。

(12) 在该国(地区)完全从上述(1)～(11)项所列物品中生产的产品。

在确定货物是否在一个国家(地区)完全获得时,为运输、储存期间保存货物而作的加工或者处理,为货物便于装卸而进行的加工或者处理,为货物销售而进行的包装等加工或者处理等,不予考虑。

2. 实质性改变标准(非优惠原产地认定标准)

实质性改变标准也称非优惠原产地认定标准,以税则归类改变为基本标准,税则归类改变不能反映实质性改变的,以从价百分比、制造或者加工工序等为补充标准。

税则归类改变,是指在某一国家(地区)对非该国(地区)原产材料进行制造、加工后,所得货物在《进出口税则》税则号列前2位发生改变。

制造或者加工工序,是指在某一国家(地区)进行的赋予制造、加工后所得货物基本特征的主要工序。

从价百分比,是指在某一国家(地区)对非该国(地区)原产材料进行制造、加工后的增值部分,超过所得货物价值的30%,用公式表示为

$$\frac{\text{加工增值价值}}{\text{FOB 价}}\times 100\% \geqslant 30\% \tag{15-16}$$

其中

加工增值价值=加工原料价值+组合零件价值+劳工价值+产品开发支出价值

以上述"制造、加工工序"和"从价百分比"作为标准来判定实质性改变的货物在有关的"适用制造或者加工工序及从价百分比标准的货物清单"中具体列明,并按列明的标准判定是否发生实质性改变。对未列入上述清单货物的,其实质性改变的判定应当适用税则归类改变标准。上述清单由海关总署会同商务部、国家质量监督检验检疫总局根据实施情况修订并公告。

上述实质性改变标准适用于非优惠性贸易措施项下两个及以上国家(地区)所参与生产的货物原产地的确定。

如果在两个或以上国家都进行实质性加工,应以最后加工国家为原产地。

四、原产地证明书

原产地证明书是证明产品原产于某地的书面文件。它是受惠国的产品出口到给惠国时享受关税优惠的凭证,同时也是进口货物是否适用反倾销、反补贴税率及保障措施等贸易政策的参考凭证。

(一) 适用优惠原产地规则的原产地证明书

法律、行政法规规定的有权签发出口货物原产地证书的机构(以下简称签证机构)可以签发优惠贸易协定项下出口货物原产地证书。

1.《亚太贸易协定》原产地证明书

原产地证书应当同时符合以下3个条件。

(1) 由该成员国政府指定机构以手工或者电子形式签发。

(2) 符合《亚太贸易协定项下原产地管理办法》附件所列格式,用国际标准A4纸印制,所用文字为英文。

(3) 证书印章与该成员国通知中国海关的印章印模相符。

原产地证书自签发之日起1年内有效,不得涂改和处印,所有未填空白之处应当予以划去,以防事后填写。

货物申报进口时,进口货物收货人未申明适用《亚太贸易协定》协定税率或者特惠税率,也未同时提交《亚太贸易协定》成员国政府指定机构签发的原产地证书正本的,其申报进口的货物不适用《亚太贸易协定》协定税率或者特惠税率,海关应当依法选择按照该货物适用的税率计征关税及进口环节海关代征税。

2.《中国—东盟合作框架协议》原产地证明书

进口货物收货人或其代理人向海关提交的原产地证书、流动证明应当同时符合下列条件。

(1) 由东盟成员国签证机构签发。

(2) 符合《中国—东盟合作框架协议项下原产地管理办法》附件所列格式,以英文填制并由出口商署名和盖章。

(3) 原产地证书、流动证明的签证机构印章、签证人员签名,与东盟成员国通知中国海关的签证机构印章、签证人员签名样本相符。

(4) 仅有一份正本,并且具有不重复的原产地证书编号。

(5) 注明确定货物具有原产资格的依据。

该协议项下进口货物原产地证书应当由东盟成员国签证机构在货物装运前后装运时签发;因不可抗力未能及时签发的,可以在货物装运后3天内签发。

进口货物原产地证书自签发之日起1年内有效。

3. 港澳CEPA的原产地证明书

原产地证书应与海关总署发布的有关原产地证书及其签章的备案材料一致(其中,香港原产地证书签发机构包括香港工贸署、香港总商会、香港印度商会、香港工业总会、香港中华厂商联合会、香港中华总商会6家机构;澳门原产地证书签发机构为澳门经济局)。

原产地证书必须在有效期内使用,且证书编号和商品编码两项内容必须与报关单所报内容相符(应当注意的是,报关时商品编码可能有10位,而海关只要求前8位编码必须一致),申报数量不得超出原产地证书上的数量,原产地证书的签证机构、签发地区、到货口岸等内容应与实际相符。原产地证书应与海关联网核对无误。一个原产地证书只适用于一批进口货物,不可多次使用。一份报关单不可涉及多份原产地证书或含非原产地证书商品。

海关因故无法进行联网核对时,应纳税义务人书面申请并经海关审批同意后,可以按照适用的最惠国税率或者暂定税率征收与应缴税款等值的保证金后先予放行货物，并按规定办理进口手续。海关应当自该货物放行之日起 90 天内核定其原产地证书的真实情况，根据核查结果办理退还保证金手续或者保证金转税手续。

4. ECFA 原产地证书

ECFA 原产地证书自签发之日起 12 个月内有效。进口货物收货人或其代理人向海关提交的原产地证书应当同时符合下列条件。

(1) 由台湾地区签证机构在货物申报出口前签发。

(2) 证书在有效期内。

(3) 以规定的格式正确填制、署名和盖章。

(4) 仅有一份正本，并且具有单一证书的编号。

(5) 所列的货物为同一批次的进口货物，项数不超过 20 项。

(6) 一份进口货物报关单上所列货物对应一份原产地证书。

(二) 适用非优惠原产地规则的原产地证书

1. 对适用反倾销、反补贴措施的进口商品的要求

(1) 进口经营单位申报进口与实施反倾销措施的被诉倾销产品(以下简称"被诉倾销产品")相同的货物时，应向海关提交原产地证书。

(2) 对于进口经营单位确实无法提交原产地证书的，海关可以通过实际查验确定货物的原产地，海关按与该货物相同的被诉倾销产品的最高反倾销税率或保证金征收比率征收反倾销税或现金保证金。

(3) 对于加工贸易保税进口与被诉倾销产品相同的货物，进口经营单位在有关货物实际进口申报时，也应向海关提交原产地证书。

(4) 对于在反倾销措施实施之前已经申报进口的加工贸易和其他保税进口货物，因故申报内销是在反倾销措施实施期间的，进口经营单位应在申报内销时向海关提交原产地证书。对于进口经营单位确实无法提交原产地证书，经海关实际查验不能确定货物的原产地的，海关按与该货物相同的被诉倾销产品的最高反倾销税率或保证金征收比率征收反倾销税或现金保证金。

2. 对适用最终保障措施的进口商品的要求

自海关总署公告规定的加征关税之日起，进口企业申报进口涉案产品时，不能提供不适用最终保障措施的国家(地区)的原产地证书或尚不应加征关税的适用最终保障措施的国家(地区)的原产地证书，或者海关对其所提供的原产地证书的真实性有怀疑的，如经海关审核有关单证(包括合同、发票、提运单等)及对货物实际验估能够确定原产地的，应按照相关规定处理；如仍不能确定原产地，且进口企业也不能进一步提供能够证明原产地的其他材料的，应在现行适用的关税税率基础上，按照相应的涉案产品适用的加征关税税率加征关税。

在海关审核认定原产地期间，进口企业可在提供相当于全部税款的保证金担保后，要求先行验放货物。

原产地证书并不是确定货物原产地的唯一标准。若海关通过查验货物或审核单证认为所提供的原产地证书可能不真实，海关可以请求出口国(地区)的有关机构对该货物的原产地进行核查。

五、台湾农产品零关税措施

自 2005 年 8 月 1 日起，对原产于台湾地区的 15 种进口鲜(包括冷藏)水果实施零关税；自 2007 年 3 月 20 日起，对原产于台湾地区的 19 种进口农产品实施零关税。进口地海关凭经海关总署认可的台湾地区签发水果、农产品产地证明文件的有关机构和民间组织于实施日后签发的、能够证明水果或农产品原产于台湾地区的产地证明文件，办理享受零关税水果、农产品的征税验放手续。原产于台湾地区的水果、农产品的原产地标准为在台湾地区完全获得，即水果为在台湾地区收获、采摘或采集；水产品为在台湾地区养殖或由台湾籍渔船在远洋、近海捕捞；蔬菜为在台湾地区收获、采摘或采集。享受零关税的台湾地区水果、农产品，应符合如下运输要求：一是直接从台湾本岛、澎湖、金门或马祖运输到大陆关境口岸；二是经过中国香港、中国澳门或日本石垣岛转运到大陆关境口岸。经过上述地点转运到大陆关境口岸的，在进口申报时须向海关提交在台湾地区签发的，并以台湾地区为起运地的运输单证。

第四节 税率的适用

一、税率适用的规定

进口税则分设最惠国税率、协定税率、特惠税率、普通税率、关税配额税率等税率。对进口货物在一定期限内可以实行暂定税率。根据我国加入 WTO 时承诺的关税减让义务，2007 年以来我国的进口关税总水平保持在 9.8%。

出口税则按进口税则列目方式确定出口税则税目，对部分出口商品实行暂定出口税率。

(一) 进口税率种类

(1) 最惠国税率适用：原产于共同适用最惠国待遇条款的 WTO 成员方的进口货物，原产于与中华人民共和国签订含有相互给予最惠国待遇条款的双边贸易协定的国家或者地区的进口货物，以及原产于中华人民共和国境内的进口货物。

(2) 协定税率适用：原产于与中华人民共和国签订含有关税优惠条款的区域性贸易协定的国家或者地区的进口货物。

(3) 特惠税率适用：原产于与中华人民共和国签订含有特殊关税优惠条款的贸易协定的国家或者地区的进口货物。

(4) 普通税率适用：上述之外的国家或者地区的进口货物，以及原产地不明的进口货物。

(二) 多种税率适用原则

(1) 对于同时适用多种税率的进口货物，在选择适用的税率时，基本的原则是“从低适用”，特殊情况除外，具体情况如表 15-5 所示。

① 适用最惠国税率的进口货物有暂定税率的，应当适用暂定税率。

② 适用协定税率、特惠税率的进口货物有暂定税率的，应当从低适用税率。

③ 适用普通税率的进口货物，不适用暂定税率。

④ 对于无法确定原产国(地区)的进口货物，按普通税率征税。

表 15-5 税率适用表

进口货物可选用的税率同时适用最惠国税率、进口暂定税率	税率适用的规定应当适用暂定税率
同时适用协定税率、特惠税率、进口暂定税率	应当从低适用税率
同时适用国家优惠政策、进口暂定税率	按国家优惠政策进口暂定税率商品时，以优惠政策计算确定的税率与暂定税率两者取低计征关税，但不得在暂定税率基础上再进行减免
进口货物可选用的税率	税率适用的规定
适用普通税率的进口货物，存在进口暂定税率	适用普通税率的进口货物，不适用暂定税率
适用关税配倾税率、其他税率	关税配额内的，适用关税配额税率；关税配额外的，适用其他税率
同时适用 ITA 税率、其他税率	适用 ITA 税率
反倾销税、反补贴税、保障措施关税、报复性关税	适用反倾销税率、反补贴税率、保障措施税率、报复性关税税率

(2) 按照国家规定实行关税配额管理的进口货物，关税配额内的，适用关税配额税率；关税配额外的，其税率的适用按其所适用的其他相关规定执行。

(3) 按照有关法律、行政法规的规定对进口货物采取反倾销、反补贴、保障措施的，其税率的适用按照《反倾销条例》、《反补贴条例》和《保障措施条例》的有关规定执行。

(4) 任何国家或者地区违反与中华人民共和国签订或者共同参加的贸易协定及相关协定，对中华人民共和国在贸易方面采取禁止、限制、加征关税或者其他影响正常贸易的措施的，对原产于该国家或者地区的进口货物可以征收报复性关税，适用报复性关税税率。征收报复性关税的货物、适用国别、税率、期限和征收办法，由国务院关税税则委员会决定并公布。

(5) 凡进口原产于与我国达成优惠贸易协定的国家或地区并享受协定税率的商品，同时该商品又属于我国实施反倾销或反补贴措施范围内的，应按照优惠贸易协定税率计征进口关税；凡进口原产于与我国达成优惠贸易协定的国家或地区并享受协定税率的商品，同时该商品又属于我国采取保障措施范围内的，应在该商品全部或部分中止、撤销、修改关税减让义务后所确定的适用税率基础上计征进口关税。

(6) 执行国家有关进出口关税减征政策时，首先应当在最惠国税率基础上计算有关税目的减征税率，然后根据进口货物的原产地及各种税率形式的适用范围，将这一税率与同一税目的特惠税率、协定税率、进口暂定最惠国税率进行比较，税率从低执行，但不得在暂定最惠国税率基础上再进行减免。

(7) 从 2002 年起我国对部分非全税目信息技术产品的进口按 ITA 税率征税。

(三) 出口税率

对于出口货物，在计算出口关税时，出口暂定税率的执行优先于出口税率。

二、税率的实际运用

《关税条例》规定，进出口货物应当适用海关接受该货物申报进口或者出口之日实施的税率。

在实际运用时应区分以下不同情况。

(1) 进口货物到达前，经海关核准先行申报的，应当适用装载该货物的运输工具申报进境之日实施的税率。

(2) 进口转关运输货物，应当适用指运地海关接受该货物申报进口之日实施的税率；货物运抵指运地前，经海关核准先行申报的，应当适用装载该货物的运输工具抵达指运地之日实施的税率。

(3) 出口转关运输货物，应当适用起运地海关接受该货物申报出口之日实施的税率。

(4) 经海关批准，实行集中申报的进出口货物，应当适用每次货物进出口时海关接受该货物申报之日实施的税率。

(5) 因超过规定期限未申报而由海关依法变卖的进口货物，其税款计征应当适用装载该货物的运输工具申报进境之日实施的税率。

(6) 因纳税义务人违反规定需要追征税款的进出口货物，应当适用违反规定的行为发生之日实施的税率；行为发生之日不能确定的，适用海关发现该行为之日实施的税率。

(7) 已申报进境并放行的保税货物、减免税货物、租赁货物或者已申报进出境并放行的暂时进出境货物，有下列情形之一需缴纳税款的，应当适用海关接受纳税义务人再次填写报关单申报办理纳税及有关手续之日实施的税率。

① 保税货物经批准不复运出境的。

② 保税仓储货物转入国内市场销售的。

③ 减免税货物经批准转让或者移作他用的。

④ 可暂不缴纳税款的暂时进出境货物，经批准不复运出境或者进境的。

⑤ 租赁进口货物，分期缴纳税款的。

进出口货物关税的补征和退还，按照上述规定确定适用的税率。

第五节 进出口税费减免

进出口税费减免是指海关按照国家政策、《海关法》和其他有关法律、行政法规的规定，对进出口货物的关税和进口环节海关代征税给予减征或免征。

税费减免可分为3类，即法定减免税、特定减免税和临时减免税。

此外，国家还根据不同时期的需要制定专项的进口税收政策，这些政策在管理效果上具有替代或者部分替代某些进口免税政策的作用。

一、法定减免税

法定减免税是指按照《海关法》、《关税条例》和其他法律、行政法规的规定，进出口货物可以享受的减免关税优惠。海关对法定减免税货物一般不进行后续管理。

下列进出口货物、进出境物品，减征或者免征关税。

(1) 关税税额在人民币50元以下的一票货物。

(2) 无商业价值的广告品和货样。

(3) 外国政府、国际组织无偿赠送的物资。

(4) 在海关放行前遭受损坏或者损失的货物。

(5) 进出境运输工具装载的途中必需的燃料、物料和饮食用品。

(6) 中华人民共和国缔结或者参加的国际条约规定减征、免征关税的货物、物品。

二、特定减免税

特定减免税是指海关根据国家规定，对特定地区、特定用途和特定企业给予的减免关税和进口环节海关代征税的优惠，也称政策性减免税。特定减税或者免税的范围和办法由国务院规定，海关根据国务院的规定单独或会同国务院其他主管部门制定具体实施办法并加以贯彻执行。

为配合全国增值税转型改革，规范税制，自2009年1月1日起，国家对部分进口税收优惠政策进行相应调整。目前实施特定减免税的项目主要有以下几项。

1. 外商投资项目投资额度内进口自用设备

根据对外商投资的法律法规规定，在中国境内依法设立，并领取中华人民共和国外商投资企业批准证书和外商投资企业营业执照等有关法律文件的中外合资经营企业、中外合作经营企业和外资企业(以下统称“外商投资企业”)，所投资的项目符合《外商投资产业指导目录》中鼓励类或《中西部地区外商投资优势产业目录》的产业条目，在投资总额内进口的自用设备及随设备进口的配套技术、配件、备件(以下简称“自用设备”)，除《外商投资项目不予免税的进口商品目录》所列商品外，免征关税，进口环节增值税照章征收。

《外商投资项目不予免税的进口商品目录》主要有电视机、摄像机、录像机、放像机、音响设备、空调器、电冰箱(电冰柜)、洗衣机、照相机、复印机、程控电话交换机、微型计算机及外设、电话机、无线寻呼系统、传真机、电子计算器、打字机及文字处理机、汽车、摩托车及《进出口税则》中第1～83章、第91～97章的所有税号商品。

2. 外商投资企自由资金项目

属于国家鼓励发展产业的外商投资企业(外国投资者的投资比例不低于25%)、外商研究开发中心、先进技术型、产品出口型的外商投资企业，在企业投资额以外的自有资金(指企业储备基金、发展基金、折旧、税后利润)内，对原有设备更新(不包括成套设备和生产线)和维修进口国内不能生产或性能不能满足需要的设备，以及与上述设备配套的技术、配件、备件，除《国内投资项目不予免税的进口商品目录》所列商品外，可以免征进口关税，进口环节增值税照章征收。

3. 国内投资项目进口自用设备

属国家重点鼓励发展产业的国内投资项目，在投资总额内进口的自用设备，以及按照合同随设备进口的技术及配套件、备件，除《国内投资项目不予免税的进口商品目录》、《进口不予免税的重大技术装备和产品目录》所列商品外，免征进口关税，进口环节增值税照章征收。

4. 贷款项目进口物资

外国政府贷款和国际金融组织贷款项目，在项目额度或投资总额内进口的自用设备，以及按照合同随设备进口的技术及配套件、备件，除《外商投资项目不予免税的进口商品目录》所列商品外，《进口不予免税的重大技术装备和产品目录》所列商品外，免征进口关税。

对贷款项目进口自由设备，经确认按有关规定增值税进项税额无法抵扣的，除《外商投资项目不予免税的进口商品目录》、《进口不予免税的重大技术装备和产品目录》所列商品外，同时免征进口环节增值税。

5. 特定区域物资

保税区、出口加工区等特定区域进口的区内生产性基础设施项目所需的机器、设备和基建物资可以免税；区内企业进口企业自用的生产、管理设备和自用合理数量的办公用品及其所需的维修零配件，生产用燃料，建设生产厂房、仓储设施所需的物资、设备可以免税；行政管理机构自用合理数量的管理设备和办公用品及其所需的维修零配件，可以免税。

6. 科教用品

为了促进科学研究和教育事业的发展，推动"科教兴国"战略的实施，国务院规定对国务院部门和省、自治区、直辖市、计划单列市所属专门从事科学研究工作的科学研究机构和国家承认学历的实施专科及以上高等学历教育学校，或财政部会同国务院有关部门核定的其他科学研究机构和学校，以科学研究和教学为目的，在合理数量范围内进口国内不能生产或者性能不能满足需要的科学研究和教学用品，免征进口关税和进口环节增值税、消费税。

7. 科技开发用品

为了鼓励科学研究和技术开发，促进科技进步，规范科技开发用品的免税进口行为，国务院规定对经国家有关部门核准从事科技开发的科学研究、技术开发机构，在一定时期内，进口国内不能生产或者性能不能满足需要的合理数量范围内的科技开发用品，免征进口关税和进口环节增值税、消费税。

8. 救灾捐赠物资

对外国民间团体、企业、友好人士和华侨、港澳居民和台湾同胞无偿向境内受灾地区捐赠的直接用于救灾的物资，在合理数量范围内，免征关税和进口环节增值税、消费税。

9. 扶贫慈善捐赠物资

为促进公益事业的健康发展，经国务院批准下发了《扶贫、慈善性捐赠物资免征进口税收的暂行办法》，对境外捐赠人（指中华人民共和国关境外的自然人、法人或者其他组织）无偿向受赠人捐赠的直接用于扶贫、慈善事业（指非营利的扶贫济困、慈善救助等社会慈善和福利事业）的物资，免征进口关税和进口环节增值税。

10. 残疾人专用品

为支持残疾人的康复工作，国务院制定了《残疾人专用品免征进口税收暂行规定》，对民政部直属企事业单位和省、自治区、直辖市民政部门所属福利机构、假肢厂、荣誉军人康复医院等，中国残疾人联合会直属事业单位和省、自治区、直辖市残联所属福利机构和康复机构进口的残疾人专用物品，免征进口关税和进口环节增值税、消费税。

11. 远洋渔业项目进口自捕水产品

对经中华人民共和国农业部批准获得《农业部远洋渔业企业资格证书》的远洋渔业企业运回的品种及产地符合要求的自捕水产品执行不征进口关税和进口环节增值税的政策。

12. 集成电路项目进口物资

我国对集成电路生产企业进口自用生产性原材料及净化室专用建筑材料等实施税收优惠政策，对在中国境内设立的投资超过80亿元或集成电路线宽小于0.25微米的集成电路生产企业进口自用生产性原材料、消耗品，净化室专用建筑材料、配套系统，集成电路生产设备零、配件，免证进口关税，进口环节增值税照章征收。

13. 贷款中标项目进口零部件

为了鼓励国内机电制造企业积极参与利用国际金融组织贷款和外国政府贷款项目采购设备的国际招标活动，平衡国内外中标设备的税收负担，在利用世界银行贷款、亚洲开发银行贷款、日本国际协力银行贷款及其赠款的国际招标中，国内中标单位为生产中标机电设备而进口国内不能生产或性能不能满足需要的零部件免征进口关税，照章征收进口环节增值税和消费税。

14. 无偿援助项目进口物资

无偿援助项目进口物资，指外国政府、国际组织无偿赠送及我国履行国际条约规定减免税进口的物资，其减免税范围包括根据中国与外国政府、国际组织间的协定或协议，由外国政府、国际组织直接无偿赠送的物资等无偿援助项目进口物资，性质上属于法定减免税范畴，但是按照特定减免税货物管理。

三、临时减免税

临时减免税是指法定减免税和特定减免税以外的其他减免税，国务院根据某个单位、某类商品、某个时期或某批货物的特殊情况和需要，给予特别的临时性减免税优惠，如汶川地震灾后重建进口物资，3年内免征进口关税和进口环节增值税。

第六节 进出口税费的缴纳与退补

一、税款缴纳

(一) 缴纳地点与方式

纳税义务人应当在货物的进出境地向海关缴纳税款，经海关批准也可以在纳税义务人所在地向其主管海关缴纳税款（“属地纳税”）。

纳税义务人向海关缴纳税款的方式主要有两种：一种是持缴款书到指定银行营业柜台办理税费交付手续（“柜台支付税费”）；另一种是向签有协议的银行办理电子交付税费（网上支付税费手续）。

网上支付税费是指纳税义务人、银行、中国电子口岸数据中心和海关按照网上支付项目管理规定，通过中国电子口岸数据平台办理进出口税费缴纳手续的付税方式。目前，实行网上支付的税费有进出口关税、反倾销税及其他特别关税、进口增值税、进口消费税及缓税利息。

网上支付税费银行担保是指根据进出口税费担保的有关规定，由银行对纳税义务人在一定时期内通过网上支付方式申请缴纳的进出口税费提供的总担保。

（二）缴纳凭证

1. 进出口关税和进口环节代征税的缴纳凭证

海关征收进出口关税和进口环节税时，应向纳税义务人或其代理人填发“海关专用缴款书”（含关税、进口环节税）。纳税义务人或其代理人持凭“海关专用缴款书”向银行缴纳税款。

海关填发的“海关专用缴款书”第一联为“收据”，由国库收款签章后交缴款单位或缴纳人；第二联为“付款凭证”，由缴库单位开户银行作付出凭证；第三联为“收款凭证”，由收款国库作收入凭证；第四联为“回执”，由国库盖章后退回海关财务部门；第五联为“报查”，关税由国库收款后退回海关，进口环节代征税送当地税务机关；第六联为“存根”，由填发单位存查。

进口货物收货人或其代理人缴纳税款后，应将“海关专用缴款书”第一联送签发海关验核，海关凭以办理有关手续。

2. 滞纳金的缴纳凭证

滞纳金缴款书的格式与税款缴款书相同。海关征收进出口货物的关税、进口环节增值税、进口环节消费税、船舶吨税等的滞纳金时，应向纳税义务人或其代理人填发海关专用缴款书。纳税义务人或其代理人应持凭海关专用缴款书向银行缴纳滞纳金。

二、税款退还

（一）退税的范围

以下情况经海关核准可予以办理退税手续。

（1）已缴纳进口关税和进口环节代征税税款的进口货物，因品质或者规格原因原状退货复运出境的。

（2）已缴纳出口关税的出口货物，因品质或者规格原因原状退货复运进境，并已重新缴纳因出口而退还的国内环节有关税收的。

（3）已缴纳出口关税的货物，因故未装运出口，已退关的。

（4）已征税放行的散装进出口货物发生短卸、短装，如果该货物的发货人、承运人或者保险公司已对短卸、短装部分退还或者赔偿相应货款的，纳税义务人可以向海关申请退还进口或者出口短卸、短装部分的相应税款。

（5）进出口货物因残损、品质不良、规格不符等原因，由进出口货物的发货人、承运人或者保险公司赔偿相应货款的，纳税义务人可以向海关申请退还赔偿货款部分的相应税款。

（6）因海关误征，致使纳税义务人多缴税款的。

（二）退税的期限及要求

海关发现多征税款的，应当立即通知纳税义务人办理退还手续。

纳税义务人发现多缴税款的，自缴纳税款之日起1年内，可以以书面形式要求海关退还多缴的税款并加算银行同期活期存款利息。所退利息按照海关填发收入退还书之日中国人民银行规定的活期储蓄存款利息计算，计算所退利息的期限自纳税义务人缴纳税款之日起至海关填发收入退还书之日止。

进口环节增值税已予抵缴的除国家另有规定外不予退还，已征收的滞纳金不予退还。

海关应当自受理退税申请之日起30日内查实并通知纳税义务人办理退还手续。纳税义务人应当自收到通知之日起3个月内办理有关退税手续。

退税必须在原征税海关办理。办理退税时，纳税义务人应填写"退税申请表"并持凭原进口或出口报关单、原盖有银行收款章的税款缴纳收据正本及其他必要单证（合同、发票、协议、商检机构证明等）送海关审核，海关同意后，应按原征税或者补税之日所实施的税率计算退税额。

（三）退税凭证

海关退还已征收的关税和进口环节代征税时，应填发"收入退还书"（海关专用），同时通知原纳税义务人或其代理人。海关将"收入退还书"（海关专用）送交指定银行划拨款。

"收入退还书"（海关专用）第一联为"收账通知"，交收款单位；第二联为"付款凭证"，由退款国库作付出凭证；第三联为"收款凭证"，由收款单位开户银行作收入凭证；第四联为"付款通知"，由国库随收入统计表送退库海关；第五联为"报查凭证"，由国库将进口环节代征税的送当地税务机关，关税的送退库海关；第六联为"存根"，由填发海关存查。

三、税款追征和补征

（一）追征和补征税款的范围

（1）进出口货物放行后，海关发现少征或者漏征税款的。

（2）因纳税义务人违反规定造成少征或者漏征税款的。

（3）海关监管货物在海关监管期内因故改变用途按照规定需要补征税款的。

（二）追征、补征税款的期限和要求

（1）进出口货物放行后，海关发现少征或者漏征税款的，应当自缴纳税款或者货物放行之日起1年内，向纳税义务人补征税款。

（2）因纳税义务人违反规定造成少征或者漏征税款的，海关可以自缴纳税款或者货物放行之日起3年内追征税款，并按规定加收滞纳金。

（3）海关发现海关监管货物因纳税义务人违反规定造成少征或者漏征税款的，应当自纳税义务人应缴纳税款之日起3年内追征，并按规定加收滞纳金。

（三）追征、补征税款凭证

海关追征或补征进出口货物关税和进口环节代征税时，应当向纳税义务人填发海关专用缴款书（含关税、进口环节代征税）。纳税义务人持凭海关专用缴款书向指定银行或开户银行缴纳税款。进口货物收货人或其代理人缴纳税款后，应将盖有"收讫"章的《海关专用缴款书》第一联送签发海关验核，海关凭以办理有关手续。

四、延期纳税

纳税义务人因不可抗力或者国家税收政策调整不能按期缴纳税款的，应当在货物进出口前向办理进出口申报纳税手续所在地直属海关提出延期缴纳税款的书面申请并随附相关材料，同时还应当提供缴税计划。

货物实际进出口时，纳税义务人要求海关先放行货物的，应当向海关提供税款担保。

延期缴纳税款的期限，自货物放行之日起最长不超过6个月。

纳税义务人在批准的延期缴纳税款期限内缴纳税款的，不征收滞纳金；逾期缴纳税款的，自延期缴纳税款期限届满之日起至缴清税款之日止按日加收滞纳税款0.5‰的滞纳金。

五、加工贸易保税货物缓税利息

加工贸易保税货物在规定的有效期限内（包括经批准延长的期限）全部出口的，由海关通知中国银行将保证金及其活期存款利息全部退还；加工贸易保税料件或制成品内销的，海关除依法征收税款外，还应加征缓税利息。缓税利息缴纳方式、缴纳凭证、缴纳规定等与税款缴纳相同。

（一）征收规定

（1）缓税利息的利率为中国人民银行公布的活期存款利率，海关根据中国人民银行最新公布的活期存款利率随时调整并公布执行。2009年3月公布的年缓税利息率为0.36%。

（2）对于实行保证金台账实转（包括税款保付保函）管理的加工贸易手册项下的保税货物，在办理内销征税手续时，如果海关征收的缓税利息大于对应台账保证金的利息，应由中国银行在海关税款缴款书上签注后退单，由海关重新开具两份缴款书，一份将台账保证金利息全额转为缓税利息，另一份将台账保证金利息不足部分单开海关税款缴款书，企业另行缴纳。

（二）计息期限

（1）加工贸易保税料件或制成品经批准内销的，缓税利息计息期限的起始日期为内销料件或制成品所对应的加工贸易合同项下首批料件进口之日至海关填发税款缴款书之日；加工贸易E类电子账册项下的料件或制成品内销时，起始日期为内销料件或制成品所对应电子账册的最近一次核销之日（若没有核销日期的，则为电子账册的首批料件进口之日）至海关填发税款缴款书之日。

（2）加工贸易保税料件或制成品未经批准擅自内销违反海关监管规定的，或加工贸易保税货物需要后续补税但海关未按违规处理的，缓税利息计息期限的起始日期为内销料件或制成品所对应的加工贸易合同项下首批料件进口之日至保税料件或制成品内销之日（内销之日无法确定的，终止日期为海关发现之日）；若内销涉及多本合同，且内销料件或制成品与合同无法一一对应的，则计息的起始日期为最近一本合同项下首批料件进口之日至保税料件或制成品内销之日（内销之日无法确定的，终止日期为海关发现之日）；若加工贸易E类电子账册项下的料件或制成品擅自内销的，则计息的起始日期为内销料件或制成品所对应电子账册的最近一次核销之日（若没有核销日期的，则为电子账册的首批料件进口之日）至保税料件或制成品内销之日（内销之日无法确定的，终止日期为海关发现之日）。按照前述方法仍无法确定计息的起始日期的，则不再征收缓税利息。

加工贸易保税料件或制成品等违规内销的，还应根据规定征收滞纳金。滞纳金是从应缴纳税款之日起至海关发现之日止按日计算，滞纳金征收比例为少征或漏征税款的0.5‰。

（3）加工贸易剩余料件、残次品、副产品和受灾保税货物等内销需征收缓税利息的，亦应比照上述规定办理。

(三) 计算公式

加工贸易缓税利息应根据填发海关税款缴款书时海关总署调整的最新缓税利息率按日征收。缓税利息的计算公式为

$$应征缓税利息=应征税额\times\frac{计息期限}{360}\times年缓税利息率 \tag{15-17}$$

(四) 办理程序

(1) 海关审核准予内销后向经营企业签发《加工贸易货物内销征税联系单》。

(2) 经营企业持该《加工贸易货物内销征税联系单》办理通关申报手续。在填制内销报关单时,经营企业需在备注栏注明"活期"字样。

(3) 海关核对确认无误后,按规定办理内销货物审单、征税、放行等海关手续。

六、税收保全和强制措施

(一) 保全措施

进出口货物的纳税义务人在规定的纳税期限内有明显的转移、藏匿其应税货物,以及其他财产迹象的,海关可以要求纳税义务人在海关规定的期限内提供海关认可的担保。纳税义务人不能提供担保的,经直属海关关长批准,海关可以采取以下税收保全措施。

(1) 暂停支付存款。

(2) 暂扣货物或财产。

(二) 强制措施

纳税义务人、担保人自纳税期限届满之日起超过 3 个月仍未缴纳税款的,海关可以依次采取强制措施。

(1) 书面通知金融机构从其存款中扣缴税款。

(2) 将应税货物依法变卖,以变卖所得抵缴税款。

(3) 扣留并依法变卖其价值相当于应纳税款的货物后或其他财产,以变卖所得抵缴税款。

理论解读15-1

1. 优惠原产地认定标准总结

优惠原产地认定标准中的区域价值成分标准总结如表 15-6 所示。

表 15-6 区域价值成分标准总结表

优惠原产地协定	加工增值价值 Y	原产材料价值 X
《亚太贸易协定》	$\frac{Y}{FOB价}\geqslant 45\%$ (孟加拉国≥35%)	
《中国—东盟合作框架协议》	$\frac{Y}{FOB价}\geqslant 40\%$	

续表

优惠原产地协定	加工增值价值 Y	原产材料价值 X
《港澳 CEPA》	$\frac{Y}{\text{FOB 价}} \geq 30\%$	
《中巴优惠贸易安排》		$\frac{X}{\text{FOB 价}} \geq 40\%$
《中国—智利自由贸易协定》		$\frac{X}{\text{FOB 价}} \geq 40\%$

注：原产材料价值＝FOB 价－进口材料价值(非原产材料价值)。

2. 对原产地规则的理解

原产地规则是确定进出口货物原产国的标准和方法，是确定货物适用关税税率的重要依据。货物的原产地规则起源于 20 世纪 70 年代初期，是发达国家对发展中国家的出口货物给予普遍的关税优惠待遇，即在普惠制广泛实施下产生的，原产地规则是在普惠制的基础上确定的。原产地规则分为优惠原产地规则和非优惠原产地规则。

随着国际经济技术合作的领域不断拓展、程度不断加深，各国生产分工也越来越细，跨国生产制造产品越来越多。因此，需要制定出明确的、能够普遍适用的原产地规则和原产地认定标准。

3. 对原产地证书作用的理解

在优惠贸易协定项下，某一国家进口某种货物，如果对方(受惠国)能够提供原产地证书来证明该货物的原产国是本国，就可以给予该进口货物优惠贸易协定项下的优惠税率(如协定税率、特惠税率)。同样，某一国家出口某种货物，如果能够提供原产地证书来证明该货物的原产国是本国，在他国进口时，也可以享受优惠税率，从而可以提高企业利润。

例如，普惠制原产地证书是具有法律效力的我国出口产品在给惠国享受在最惠国税率基础上进一步减免进口关税的官方凭证；由出入境检验检疫局出具；我国出口东盟货物在东盟通关时，凭检验检疫机构签发的中国—东盟自由贸易区原产地证可获得关税减免的优惠待遇。

理论解读15-2

1. 对于普惠制的理解

普惠制又称普遍优惠制，是发达国家给予发展中国家出口制成品和半制成品的一种普遍的、非歧视的、非互惠的关税优惠制度。目前，世界上已有 100 多个发展中国家和地区享受普惠制待遇，给惠国也已达到 30 多个国家，包括美国、日本、加拿大、澳大利亚、新西兰等发达国家及欧盟国家。随着中国经济发展和在加入 WTO 时的承诺，我国也加入给惠国行列。目前，在关税税率方面已经给予了 40 多个发展中国家特惠税率待遇。

普惠制具体实施方案由给惠国分别制订，给惠商品的范围是列入给惠商品清单的，包括工业制成品、半制成品和部分农产品。优惠关税幅度一般为最惠国税率与普惠制税率之间的差额。由于普惠制优惠幅度较大，范围较广，为了确保普惠制待遇只给予发展中国家和地区生产和制造的产品，各给惠国都把确定进口货物的原产国作为海关监管的一项重要内容。

2. 优惠贸易协定成员国

(1)《亚太贸易协定》的成员国包括中国、韩国、印度、斯里兰卡、孟加拉国、老挝。

(2)《中国—东盟合作框架协议》的成员国包括中国、越南、泰国、新加坡、马来西亚、印度尼西亚、文莱、缅甸、柬埔寨、菲律宾、老挝。

第七节 进出口税费核算实训

海关征收的关税、进口环节增值税、进口环节消费税、船舶吨税、滞纳金等税费一律以人民币计征，起征点为人民币 50 元。完税价格、税额采用四舍五入法计算至分。

进出口货物的成交价格及有关费用以外币计价的，计算税款前海关按照该货物适用税率之日所适用的计征汇率折合为人民币计算完税价格。

海关每月使用的计征汇率为上一个月第三个星期三(第三个星期三为法定节假日的，顺延采用第四个星期三)中国人民银行公布的外币对人民币的基准汇率。以基准汇率币种以外的外币计价的，采用同一时间中国银行公布的现汇买入价和现汇卖出价的中间值(人民币元后采用四舍五入法保留 4 位小数)。如果上述汇率发生重大波动，海关总署认为必要时，可另行规定计征汇率，并对外公布。

一、进出口关税税款的计算

(一) 进口关税税款的计算

1. 从价税

(1) 计算公式

从价税的计算公式为

$$进口关税税额=进口货物完税价格\times进口从价税税率 \quad (15\text{-}18)$$

其中

$$进口货物完税价格=CIF价(折算成人民币)$$

(2) 计算程序

从价税的计算程序如下。

① 按照归类原则确定税则归类，将应税货物归入适当的税号。

② 根据原产地规则和税率适用规定，确定应税货物所适用的税率。

③ 根据审定完税价格办法的有关规定，确定应税货物的 CIF 价格。

④ 根据汇率适用规定，将以外币计价的 CIF 价格折算成人民币(完税价格)。

⑤ 按照计算公式正确计算应征税款。

(3) 计算实例

我国某公司购进韩国原产轿车一批，成交价格 FOB 釜山 120 000 美元，另付卖方佣金 3%(FOB 成交价格)，运费 5 000 美元，保险费尚未实际支付。轿车规格：4 座、2.0 升。当日银行外汇牌价美元汇率中间价 1∶6.37，如何计算进口关税税额？其计算方法如下。

① 经查阅《进出口税则》、《进出口商品名称与编码》及网上查询工具，确定该轿车税则归类(商品编码)为 8703.2341.01，如表 15-7 所示。

② 此号列涉及 3 个税率：最惠国税率 25%、普通税率 230%，并结合《亚太贸易协定税率表》(以海关总署公告 2006 年第 49 号为例)中的协定税率 22.5%，根据税率适用的基本原则，原产于韩国产品可适用于亚太协定税率和最惠国税率的，按"从低适用"原则，选税率 22.5%。

注意：由于每年我国进出口税则及税率会进行调整，因此要根据最新的税则号列及商品编码进行查阅。

③ CIF 价＝FOB＋运费＋保险费＝120 000＋5 000＋(120 000＋5 000)×3‰＝125 375 美元 [保险费由于尚未实际支付，海关按(货价＋运费)×3‰计算]。

④ 进口完税价格＝CIF 价×汇率＋卖方佣金×汇率＝125 375×6.37＋120 000×3%×6.37＝821 570.75(元)。

⑤ 进口关税税额＝进口完税价格×税率＝821 570.75×22.5%＝184 853.42(元)。

表 15-7 轿车进出口税则

海关编码	海关商品名称	海关商品备注	法定单位	最惠国税率	普通税率	增值税税率	监管条件	商检标志
8703.2230.90	1<排量≤1.5 升带点燃往复式活塞		辆	25%	230%	17%	46ABOxy	需商检
8703.2240.01	1<排量≤1.5 升带点燃往复活塞内		辆	25%	230%	17%	46ABOxy	需商检
8703.2240.90	1<排量≤1.5 升带点燃往复活塞内		辆	25%	230%	17%	46ABOxy	需商检
8703.2250.01	1<排量≤1.5 升带点燃往复式活塞	≤9 座	辆	25%	230%	17%	46ABOxy	需商检
8703.2250.90	1<排量≤1.5 升带点燃往复式活塞	≤9 座	辆	25%	230%	17%	46ABOxy	需商检
8703.2290.01	1<排量≤1.5 升带点燃往复式活塞		辆	25%	230%	17%	46ABOxy	需商检
8703.2290.90	1<排量≤1.5 升带点燃往复式活塞		辆	25%	230%	17%	46ABOxy	需商检
8703.2341.01	1.5<排量≤2 升装点燃往复式活塞		辆	25%	230%	17%	46ABOxy	需商检

2. 从量税

(1) 计算公式

从量税的计算公式为

$$应征税额＝进口货物数量×单位税额 \tag{15-19}$$

(2) 计算程序

从量税的计算程序如下。

① 按照归类原则确定税则归类，将应税货物归入适当的税号。

② 根据原产地规则和税率适用规定，确定应税货物所适用的税率。

③ 确定其实际进口量。

④ 如计征进口环节增值税，根据审定完税价格的有关规定，确定应税货物的CIF价格。

⑤ 根据汇率适用规定，将外币折算成人民币(完税价格)。

⑥ 按照计算公式正确计算应征税额。

(3) 计算实例

我国某公司分别从WTO成员方和非成员方进口税则号列为0207.1200(整只冻鸡)各5吨，海关对该公司应征收多少关税？商品税则号列如表15-8所示。

① WTO成员方适用最惠国税率，查《进出口税则》，税率为1.3元/千克，计算如下：

进口关税税额＝5吨×1 000×1.3元/千克＝6 500(元)

② 非WTO成员方适用普通税率，查《进出口税则》，税率为5.6元/千克，计算如下：

进口关税税额＝5吨×1 000×5.6元/千克＝28 000(元)

表15-8 中华人民共和国海关进出口税则

税则号列 Tariff item	商品名称及备注	出口退税	进口税率			增值税率	计量单位	监管条件	Article description
			最惠	普通	暂定				
02.07	品目01.05所列家禽的鲜、冷、冻肉及食用杂碎								Meat and edible offal, of the poultry of headingNo. 01.05, fresh, chilled or frozen
	——鸡								—Of fowls of the species Gallus domesticus
0207.1100	——整只，鲜或冷的	5	20.0	70.0		13	千克	4x7AB	—Not cut in pieces, fresh or chilled
0207.1200	——整只，冻的	5	CNY 1.3/kg	CNY 5.6/kg		13	千克	4x7AB	—Not cut in pieces, frozen
	——块及杂碎，鲜或冷的								—Chicken cut and offal, frozen
	——块								—Cut
0207.1311	——带骨的	13	20.0	70.0		13	千克	4x7AB	—With bone
0207.1319	——其他	13	20.0	70.0		13	千克	4x7AB	—Other
	——杂碎								—Offal
0207.1321	——翼(不包括翼尖)	13	20.0	70.0		13	千克	4x7AB	—Midjoint wing
0207.1329	——其他	5	20.0	70.0		13	千克	7AB4x	—Other
	——块及杂碎，冻的								—Cuts and offal, frozen
	——块								—Cut
0207.1411	——带骨的	13	CNY	CNY		13	千克	7AB4x	—With bone

(二) 出口关税税款的计算

1. 计算公式

出口关税税额的计算公式为

$$\text{出口关税税额}=\frac{\text{FOB价}}{1+\text{出口关税税率}}\times\text{出口关税税率} \tag{15-20}$$

出口货物是以FOB价成交的，应以该价格扣除出口关税后作为完税价格；如果以其他价格成交的，应换算成FOB价后再按式(15-20)计算。

2. 计算程序

(1) 按照归类原则确定税则归类，将应税货物归入适当的税号。

(2) 根据审定完税价格的有关规定,确定应税货物的成交价格。

(3) 根据汇率适用规定,将外币折算成人民币。

(4) 按照计算公式正确计算应征出口关税税款。

3. 计算实例

国内某企业从广州出口硅铁一批,申报成交价格为 FOB 广州黄埔港 9 060.25 美元,设 1 美元=6.571 8 元,计算出口关税。计算方法如下。

(1) 确定税则归类,该批硅铁归入税号 7202.2100,出口税率为 25%。

(2) 审定 FOB 价为 9 060.25 美元。

(3) 将外币价格折算成人民币为 59 542.15 元。

(4) 计算应征税额:

$$出口关税税额=\frac{59\ 542.15}{1+25\%}\times 25\%=11\ 908.43(元)$$

二、进口环节海关代征税的计算

(一) 消费税税款的计算

1. 计算公式

(1) 实行从价定率办法计算纳税,采用价内税的计税方法,即计税价格的组成中包括了消费税税额。其计算公式为

$$消费税税额=\frac{进口完税价格+进口关税}{1-消费税税率}\times 消费税税率 \qquad (15\text{-}21)$$

(2) 从量征收的消费税的计算公式为

$$消费税税额=消费品数量\times 消费税单位税额 \qquad (15\text{-}22)$$

2. 计算程序

(1) 按照归类原则确定税则归类,将应税货物归入适当的税号。

(2) 根据有关规定,确定应税货物所适用的消费税税率。

(3) 根据审定完税价格的有关规定,确定应税货物的 CIF 价格。

(4) 根据汇率适用规定,将外币折算成人民币(完税价格)。

(5) 按照计算公式正确计算消费税税款。

3. 计算实例

某公司向海关申报进口一批小轿车(排气量 1.8 升),价格为 FOB 横滨 1 000 万日元,运费为 20 万日元,保险费率为 5‰(保险费已支付),消费税税率为 8%,100 日元=8.5 元人民币。试计算消费税税额。

(1) $CIF价=\frac{FOB+运费}{1-1.1\times 保险费率}=\frac{1\ 000+20}{1-1.1\times 0.5\%}=1\ 025.64(万日元)$

(2) 进口完税价格=1 025.64×10 000÷100×8.5=871 794(元人民币)

(3) 查最新税则手册,该小轿车可归入税号 8703.2341,适用亚太贸易协定税率 22.5%。

$$进口关税税额=871\ 794\times 22.5\%=196\ 153.65(元)$$

(4) 消费税税额$=\frac{871\ 794+196\ 153.65}{1-8\%}\times 8\%=92\ 865$(元)

注：复杂税费的计算可借助于 MS Excel 的计算功能，进行列表自动计算，以防人为错误。

(二) 增值税税额的计算

1. 计算公式

增值税税额的计算公式为

增值税税额=(进口完税价格+进口关税税额+消费税税额)×增值税税率 (15-23)

2. 计算程序

(1) 按照归类原则确定税则归类，将应税货物归入适当的税号。

(2) 根据有关规定，确定应税货物所适用的增值税税率。

(3) 根据审定完税价格的有关规定，确定应税货物的 CIF 价格。

(4) 根据汇率适用规定，将外币折算成人民币(完税价格)。

(5) 按照计算公式正确计算关税税款。

(6) 按照计算公式正确计算消费税税款、增值税税款。

3. 计算实例

广州某工厂从美国某公司购买 90 吨轻柴油，成交条件为 CIF 广州。该货物的发票总价为 USD500 000。发票还显示其中含国内运费 USD5 000，码头装卸费 USD2 000，进境后保险费 USD20 000，另支付卖方佣金 USD25 000。该货物适用最惠国税率 6%，计算增值税税额(假设汇率：1 美元=6.8 元人民币)。

(1) 确定完税价格。按照《中华人民共和国海关审定进出口货物完税价格办法》的规定，国内运费、码头装卸费、进境后的运费和保险费是完税价格调整项目的减项，而且包含在发票价格中，应从发票总价中扣除；另支付卖方佣金是加项，而且未包含在发票价格中，应加入到发票总价中。

进口完税价格=(500 000－5 000－2 000－20 000+25 000)×6.8=3 386 400(元)

(2) 计算关税税额：

进口关税税额=3 386 400×6%=203 184(元)

由表 15-9 可知，此货物最惠进口税率为 6%。

表 15-9 中华人民共和国海关进出口税则

税则号列 Tariff item	商品名称及备注	出口退税	进口税率 最惠	进口税率 普通	进口税率 暂定	增值税率	计量单位	监管条件	Article description
	——其他								—Other
	——煤油馏分								—Kerosene distillages
2710.1911	——航空煤油		9.0	14.0	6	17	千克/升	47ABvy	—Aviation kerosene
2710.1912	——灯用煤油		9.0	14.0		17	千克	47ABvy	—Lamp-kerosene
2710.1919	——其他		6.0	20.0		17	千克		—Other
2710.1919.10	正构烷烃(C9～C13)		6.0	20.0	2	17	千克	4y	Normal paraffin (C9-C13)
2710.1919.90	其他煤油馏分的油及制品		6.0	20.0		17	千克	4y	Other kerosene distillages oils and preparations

续表

税则号列 Tariff item	商品名称及备注	出口退税	进口税率			增值税率	计量单位	监管条件	Article description
			最惠	普通	暂定				
	——柴油及其他燃料油								—Diesel oils and other fuel oils
2710.1921	——轻柴油		6.0	11.0		17	千克/升	47ABvy	—Light diesel oil
2710.1922	——5～7号燃料油		6.0	20.0	3	17	千克/升	7ABv	—Fuel oils No. 5～No. 7
2710.1929	——其他		6.0	20.0		17	千克/升	—Other	
2710.1929.10	蜡油(350℃以下馏出物体积＜20%，550℃以下馏出物体积＞80%)		6.0	20.0	0	17	千克/升	7ABv	Paraffin oils (which less than 20% by volume distils at below 350℃, which more than 80% by volume distils at below 550℃)
2710.1929.20	重柴油		6.0	20.0		17	千克/升	47ABvy	Heavy diesel fuel

(3) 计算消费税：

柴油属于成品油需要征收消费税，采用从量法计征，根据消费税税率表(如表15-10所示)，轻柴油消费税税率为0.8元/升。

表15-10 2011年进口商品消费税税率表

商品编码	商品名称	税率	备注
2403910090	均化烟草	30%	
2403990090	其他烟草及烟草代用品的制品	30%	烟草精汁除外
2710111001	车用汽油及航空汽油(铅含量每升不超过0.013克)	1.0元/升	1千克＝1.388升
2710111002	车用汽油及航空汽油(铅含量每升超过0.013克)	1.4元/升	1千克＝1.388升
2710112000	石脑油	1.0元/升	1千克＝1.385升
2710113000	橡胶溶剂油、油漆溶剂油、抽提溶剂油	1.0元/升	1千克＝1.282升
2710192100	轻柴油	0.8元/升	1千克＝1.176升
2710192200	5～7号燃料油	0.8元/升	1千克＝1.015升

按照备注栏计量单位的换算标准，轻柴油1千克＝1.176升，90吨可换算成90×1 176＝105 840(升)，则消费税税额＝105 840×0.8＝84 672(元人民币)。

(4) 计算增值税：

柴油增值税税率为17%。

增值税税额＝(3 386 400＋203 184＋84 672)×17%＝624 623.52(元人民币)。

三、船舶吨税的计算

(一) 计算公式

船舶吨税按《船舶吨位证书》中净吨位计征，对申报为拖船的，应按照发动机功率每1千瓦折合净吨位0.67吨进行折算。计税公式为

船舶吨税税额＝船舶净吨位×适用税率(元/净吨)　　(15-24)

(二) 计算程序

(1) 根据《船舶吨税税率表》最新版确定适用的税率种类。

(2) 根据《船舶吨位证书》确定船舶净吨位和申报纳税期所适用的税率额。

(3) 按照计算公式计算应征税额。

(三) 计算实例

一艘从美国长滩进入我国上海口岸的日本籍船舶(船舶有效容积13 500立方米,净吨位4 770吨),船名为“川崎号”。船舶负责人申报纳税期30日,计算应征税额。其计算步骤如下。

(1) 根据《船舶吨税税率表》,日本籍船舶在适用船舶吨税优惠税率的国家和地区名单之列,所以使用“优惠吨税税率”。

(2) 经查表得知,4 770净吨船舶,30日期限优惠税率为2.9元/净吨。

(3) 计算税款:代入上述计算公式,得船舶吨税税额=4 770×2.9=13 833(元)。

知识点关联图

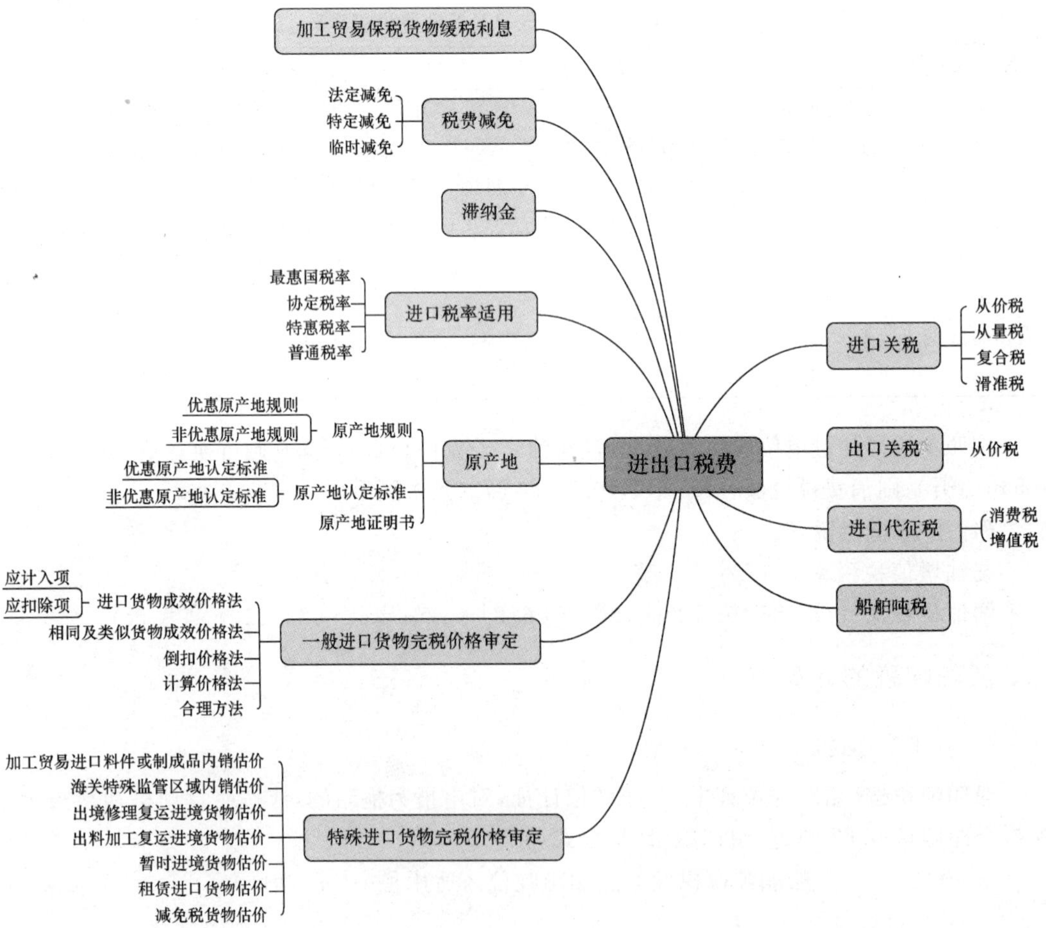

精 选 习 题

一、单项选择题

1. 采用价内税计税方法的税种是(　　)。
A. 进口关税　　B. 进口环节增值税
C. 进口环节消费税　　D. 出口关税

2. 下列经纳税义务人书面申请,海关可以不进行价格质疑及价格磋商,依法审查确定进出口货物完税价格的商品是(　　)。
A. 汽车　　B. 电梯　　C. 矿砂　　D. 废五金

3. 下列不属于非优惠原产地认定标准中的“实质性改变标准”的是(　　)。
A. 完全获得标准　　B. 税则归类改变标准
C. 从价百分比标准　　D. 加工工序标准

4. 某企业从德国进口医疗检查设备一台,发票分别列明:CIF 上海 50 000 美元/台,境外培训费 3 000 美元。此外,合同列明设备投入使用后买方从收益中另行支付卖方 20 000 美元。该批货物经海关审定的成交价格应为(　　)。
A. 73 000 美元　　B. 50 000 美元　　C. 70 000 美元　　D. 53 000 美元

5. 某公司进口红酒一批。海关于 2009 年 1 月 12 日(星期一)填发税款缴款书。该公司于 2 月 11 日(星期三)缴纳税款(注:1 月 25～31 日为法定节假日)。税款滞纳天数为(　　)。
A. 3 天　　B. 10 天　　C. 11 天　　D. 15 天

6. 广西某公司从韩国进口绣花机 1 台,发票列明:交易单价为 CIF 南宁 100 000 美元/台,商标使用费 10 000 美元,经纪费 3 000 美元,该批货物经海关审定的成交价格应为(　　)。
A. 100 000 美元　　B. 103 000 美元　　C. 110 000 美元　　D. 113 000 美元

7. 海关确定进口货物完税价格的方法有:① 合理方法;② 成交价格法;③ 倒扣价格法;④ 计算价格法;⑤ 类似货物成交价格法;⑥ 相同货物成交价格法。采用上述 6 种估计方法的正确顺序为(　　)。
A. ①②③④⑤⑥　　B. ②⑤⑥①③④
C. ②⑥⑤③④①　　D. ①②⑥⑤④③

8. 下列进出口货物中,属于法定减免税范围的是(　　)。
A. 关税完税价格在人民币 50 元以下的一票货物
B. 无商业价值的货样、广告品
C. 外国政府、国际组织、商业机构无偿赠送的物资
D. 在海关放行后遭受损坏或损失的货物

9. 境内某公司与中国香港某公司签约进口韩国产的彩色超声波诊断仪1台,直接由韩国运抵上海,成交价格CIF上海10 000美元/台。设1美元=7元人民币,最惠国税率为5%,普通税率为17%,亚太贸易协定税率为4.5%,应征进口关税税额为(　　)。

A. 0　　B. 3 150元人民币

C. 3 500元人民币　　D. 11 900元人民币

10. 某企业从德国进口放映设备一台,发票分别列明:交易价格CIF上海100 000美元,境外考察费为2 500美元,销售佣金1 500美元,合同另规定,该设备投入使用后买方应从收益中支付卖方10 000美元,该批货物应向海关申报的成交价格为(　　)。

A. 114 000美元　　B. 112 500美元

C. 111 500美元　　D. 104 000美元

11. 境内某公司从中国香港进口日本产的冷却肉切片机2台,成交价格CIF广州50 000美元/台,设1美元=7元人民币,最惠国税率为7%,普通税率为30%,应征进口关税税额为(　　)。

A. 24 500元人民币　　B. 49 000元人民币

C. 105 000元人民币　　D. 210 000元人民币

12. 关税和进口环节增值税、消费税的纳税义务人,应当自海关填发税款缴款书之日起(　　)内缴纳税款,逾期缴纳的,海关依法按日加收滞纳税款(　　)的滞纳金。

A. 5日;0.5%　　B. 5日;0.5‰

C. 15日;0.5%　　D. 15日;0.5‰

13. 以下国家不适用《中华人民共和国与东南亚国家联盟全面经济合作框架协议》的是(　　)。

A. 老挝　　B. 越南　　C. 菲律宾　　D. 孟加拉国

14. 下列类别的特定减免税货物,免征进口关税同时免征进口环节增值税的是(　　)。

A. 外商投资企业自有资金项目　　B. 国内投资项目进口自用设备

C. 贷款中标项目进口零部件　　D. 重大技术装备

二、多项选择题

1. 下列关于滑准税的表述正确的是(　　)。

A. 当商品价格上涨时采用较低税率　　B. 当商品价格上涨时采用较高税率

C. 当商品价格下跌时采用较高税率　　D. 当商品价格下跌时采用较低税率

2. 下列应计入出口货物完税价格的项目是(　　)。

A. 出口关税

B. 在货物价款中单独列明由卖方承担的佣金

C. 境内生产货物的成本、利润和一般费用

D. 货物运至境内输出地点装载前的运输及其相关费用、保险费

3. 下列进口货物中,应当适用装载货物的运输工具申报进境之日实施的税率的是(　　)。

A. 到达前经海关核准先行申报的进口货物

B. 货物运抵指运地前经海关核准先行申报的进口转关运输货物

C. 因超过规定期限未申报而由海关依法变卖的进口货物

D. 因纳税义务人违反规定需要追征税款的进口货物

4. 下列属于纳税义务人可以在货物进出口前向海关申请延期缴纳税款的情形是(　　)。

A. 因企业分立不能按期缴纳税款的

B. 因不可抗力不能按期缴纳税款的

C. 因国家税收政策调整不能按期缴纳税款的

D. 因企业资金紧张不能按期缴纳税款的

5. 从价计征进口货物税款时,应考虑(　　)等因素。

A. 汇率　　B. 价格　　C. 税率　　D. 税则号列

6. 特许权使用费包括(　　)。

A. 专利权使用费　　B. 商标权使用费

C. 著作权使用费　　D. 专有技术使用费

7. 因品质或者规格的原因,出口货物自出口之日起 1 年内原状退货复运进境,纳税义务人在办理进口申报手续时,应当按照规定提交有关单证和证明文件,经海关确认后,对退运进境的原出口货物(　　)。

A. 不予征收进口关税　　B. 不予征收进口环节增值税

C. 不予征收进口环节消费税　　D. 不予退还原征出口关税

8. 下列属于关税附加税的是(　　)。

A. 反倾销税　　B. 反补贴税

C. 消费税　　D. 增值税

9. 关于各类优惠贸易协定项下的优惠原产地认定标准,以下表述正确的是(　　)。

A. 完全获得,是指从成员国(地区)直接运输进口的货物是完全在该成员国(地区)获得或产生的

B. 税则归类改变,是指原产于成员国(地区)的材料在非成员国(地区)境内进行制造,加工后,所得税则归类发生了变化

C. 区域价值成分,是指出口货物 FOB 价格扣除生产过程中该成员国(地区)非原产材料价格后,所余价格在出口货物 FOB 价格中所占的百分比

D. 制造加工工序,是指赋予加工后所得货物基本特征的主要工序

10. 货物运抵中华人民共和国境内输入地点起卸前的(　　)应计入进口货物完税价格。

A. 运输费　　B. 装卸费　　C. 搬运费　　D. 保险费

11. 非优惠原产地认定标准中的实质性改变标准包括(　　)。

A. 税则归类改变标准　　B. 完全获得标准

C. 从价百分比标准　　D. 加工工序标准

12. 进口货物不适用协定税率的情形包括(　　)。

A. 在报关单上未申明适用协定税率的

B. 未提交符合规定的原产地证书、原产地声明的

C. 经查验员查核，确认货物原产地与申报内容不符的

D. 经查验或者核查，无法确认货物真实原产地的

13. 关税的纳税义务人包括（　　）。

A. 进口货物收货人　　B. 出口货物发货人

C. 进出境物品所有人　　D. 运输工具的负责人

14. 纳税义务人自缴纳税期限届满之日起超过3个月未缴纳税款的，海关可以采取税收强制措施（　　）。

A. 通知金融机构暂停向其支付存款

B. 书面通知金融机构从其存款中扣缴税款

C. 将应税货物依法变卖，以变卖所得抵缴税款

D. 暂扣其货物或者其他财产

三、判断题

1. 进口环节增值税的征收管理，适用关税征收管理的规定。（　　）
2. 公式定价的进口货物，由于销售合同是以约定的定价公式而不是以具体明确的数值约定货物价格，因此该类进口货物不存在成交价格。（　　）
3. 对于在反倾销措施实施之前已经申报进口的保税货物，进口经营单位在反倾销措施实施期间因故申报内销的，可免予提交原产地证明。（　　）
4. 海关发现多征税款的，应当立即通知纳税义务人办理退还手续，但滞纳金不予退还。（　　）
5. 海关对进口货物实施估价必须征得纳税义务人的同意。（　　）
6. 进出口货物的价格及有关费用以外币计价的，海关按照该货物适用税率之日所适用的计征汇率折合为人民币计算完税价格，完税价格采用四舍五入法计算至元。（　　）
7. 海关办理退税手续时，已征收的滞纳金一并予以退还。（　　）
8. 非优惠原产地认定标准中的实质性改变标准，适用于非优惠贸易措施项下两个及两个以上国家（地区）所参与生产的货物原产地的确定。（　　）
9. 关税是海关代表国家向纳税义务人征收的一种流转税，其征收的主体是国家，课税对象是纳税义务人。（　　）
10. 关税是对准许进出关境的货物和物品向纳税义务人征收的一种流转税。（　　）
11. 除国家政策调整等原因并经海关总署批准外，货物征税放行后，减免税申请人申请补办减免税审批手续的，海关不予受理。（　　）
12. 进口享受协定税率的商品，同时该商品又属于我国实施反倾销措施范围内，按普通税率计征进口关税。（　　）

第十六章　报关单的填制

第一节　进出口货物报关单概述

一、进出口货物报关单各联的用途

纸质进口货物报关单一式四联，分别是海关作业联、企业留存联、海关核销联、进口付汇证明联。纸质出口货物报关单一式五联，分别是海关作业联、企业留存联、海关核销联、出口收汇证明联、出口退税证明联。

（一）进出口货物报关单海关作业联

进出口货物报关单海关作业联是报关员配合海关查验、缴纳税费、提取或装运货物的重要单据，也是海关查验货物、征收税费、编制海关统计及处理其他海关事务的重要凭证。

（二）进口货物报关单付汇证明联与出口货物报关单收汇证明联

进口货物报关单付汇证明联和出口货物报关单收汇证明联，是海关对已实际进出境的货物所签发的证明文件，是银行和国家外汇管理部门办理售汇、付汇和收汇及核销手续的重要依据之一。

对需办理进口付汇核销或出口收汇核销的货物，进出口货物的收发货人或其代理人应当在海关放行货物或结关以后，向海关申领进口货物报关单进口付汇证明联或出口货物报关单出口收汇证明联，凭以向银行或国家外汇管理部门办理付汇、收汇核销手续。

（三）进出口货物报关单海关核销联

进出口货物报关单海关核销联是指接受申报的海关对已实际申报进口或出口的货物所签发的证明文件，是海关办理加工贸易合同核销、结案手续的重要凭证。加工贸易的货物进出口后，申报人应向海关领取进出口货物报关单海关核销联，并凭以向主管海关办理加工贸易合同核销手续。该联在报关时与海关作业联一并提供。

（四）出口货物报关单出口退税证明联

出口货物报关单出口退税证明联是海关对已实际申报出口并已装运离境的货物所签发的证明文件，是国家税务部门办理出口货物退税手续的重要凭证之一。

对可办理出口退税的货物，出口货物发货人或其代理人应当在载运货物的运输工具实际离境，海关办理结关手续后，向海关申领出口货物报关单出口退税证明联，有关出口货物发货人凭以向国家税务管理部门申请办理出口货物退税手续。对不属于退税范围的货物，海关均不予签发该联。

二、海关对进出口货物报关单填制的一般要求

(1) 进出口货物的收发货人或其代理人应按照《中华人民共和国海关进出口货物申报管理规定》、《中华人民共和国海关报关单填制规范》、《统计商品目录》、《规范申报目录》等有规定向海关申报，并对申报内容的真实性、准确性、完整性和规范性承担相应的法律责任。

(2) 报关单的填报应做到“两个相符”：一是单证相符，即所填报关单各栏目的内容必须与合同、发票、装箱单、提单及批文等随附单据相符；二是单货相符，即所填报关单各栏目的内容必须与实际进出口货物的情况相符，不得伪报、瞒报、虚报。

(3) 不同运输工具、不同航次、不同提运单、不同贸易方式、不同备案号、不同征免性质的货物，均应分单填报。

同一份报关单上的商品不能同时享受协定税率和减免税。

一份原产地证书，只能用于同一批次进口货物。含有原产地证书管理商品的一份报关单，只能对应一份原产地证书；同一批次货物中，实行原产地证书联网管理的，如涉及多份原产地证书或含有非原产地证书商品，亦应分单填报。

(4) 一份报关单所申报的货物，须分项填报的情况主要有，商品编号不同的，商品名称不同的，计量单位不同的，原产国(地区)/最终目的国(地区)不同的，币制不同的，征免不同的。

进口货物报关单如图 16-1 所示，出口货物报关单如图 16-2 所示。

中华人民共和国海关进口货物报关单

预录入编号： 海关编号：

进口口岸	备案号	进口日期	申报日期	
经营单位	运输方式	运输工具名称	提运单号	
收货单位	贸易方式	征免性质	征税比例	
许可证号	起运国（地区）	装货港	境内目的地	
批准文号	成交方式	运费	保费	杂费
合同协议号	件数	包装种类	毛重（千克）	净重（千克）
集装箱号	随附单据	用途		
标记唛码及备注				

项号	商品编号	商品名称、规格型号	数量及单位	原产国（地区）	单价	总价	币制	征免

税费征收情况

录入员 录入单位	兹声明以上申报无讹并承担法律责任。	海关审单批注及放行日期（签章） 审单 审价
报关员 单位地址	申报单位（签章）	征税 统计
邮编 电话	填制日期	查验 放行

图 16-1 进口货物报关单

中华人民共和国海关出口货物报关单

预录入编号：　　　　　　　　　　　　　　　　　　海关编号：

出口口岸	备案号	出口日期	申报日期

经营单位	运输方式	运输工具名称	提运单号

发货单位	贸易方式	征免性质	结汇方式

许可证号	运抵国（地区）	指运港	境内货源地

批准文号	成交方式	运费	保费	杂费

合同协议号	件数	包装种类	毛重（千克）	净重（千克）

集装箱号	随附单据	生产厂家

标记唛码及备注

项号	商品编号	商品名称、规格型号	数量及单位	最终目的国（地区）	单价	总价	币制	征免

税费征收情况

录入员　　录入单位	兹声明以上申报无讹并承担法律责任。	海关审单批注及放行日期（签章）
报关员		审单　　审价
单位地址	申报单位（签章）	征税　　统计
邮编　　电话	填制日期	查验　　放行

图 16-2　出口货物报关单

第二节 进出口货物报关单表头各栏目的填报

进出口货物报关单上方的预录入编号是指预录入单位录入报关单的编号，用于申报单位与海关之间引用其申报后尚未接受申报的报关单。预录入编号由接受申报的海关决定编号规则，由计算机自动打印。

进出口货物报关单上方的海关编号是指海关接受申报时给予报关单的18位顺序编号，即报关单号。一份报关单对应一个海关编号。海关编号由各直属海关在接受申报时确定，并标示在报关单的每一联上。一般来说，海关编号就是预录入编号，由计算机自动打印，不需填写。

进口报关单和出口报关单分别编号，确保在同一公历年度内，能按进口和出口唯一标志本关区的每一份报关单。报关单海关编号由18位数组成，其中前4位表示接受申报海关的关区代码，第5～8位为海关接受申报的年份，第9位为进出口标志（"1"表示进口，"0"表示出口；集中申报清单"I"表示进口，"E"表示出口），第10～18位为报关单顺序号。

例如：2201　　2012　　0　　027514049

　　　吴淞海关　年份　出口　　报关单顺序号

进出口货物报关单表头部分包括30个栏目，表体部分包括9个栏目。本章对每个栏目的填报规范说明并不一定按照栏目的先后顺序，将进口货物报关单和出口货物报关单各个栏目并述，有些栏目名称相同，有些栏目名称不同。

一、进口口岸/出口口岸

（一）含义

报关单中的进出口口岸特指货物进出关境的海关。

（二）常规填制规范

本栏目应根据货物实际进出境的口岸海关，填报海关规定的《关区代码表》中相应口岸海关的中文名称及代码，如表16-1所示。

表16-1　上海关区部分关区代码表

关区代码	关区简称	关区代码	关区简称
2200	上海海关	2208	宝山海关
2201	浦江海关	2216	浦机综保
2202	吴淞海关	2218	外高桥关
2203	沪机场关	2225	外港海关

"关区代码"由4位数字组成，前两位为直属海关关别代码，后两位为隶属海关或海关监管场所的代码；"关区简称"一般为4个汉字。隶属海关能确定的填隶属海关，不能确定的填直属海关。

例如，装载货物的运输工具从上海宝山吴淞码头进境，"进口口岸"填"吴淞海关2202"。

（三）特殊填制规范

(1) 进口转关运输货物应填报货物进境地海关名称及代码，出口转关运输货物应填报货物出境地海关名称及代码。按转关运输方式监管的跨关区深加工结转货物，出口报关单填报转出地海关名称及代码，进口报关单填报转入地海关名称及代码。

(2) 在不同海关特殊监管区域或保税监管场所之间调拨、转让的货物，填报对方特殊监管区域或保税监管场所所在的海关名称及代码。

(3) 其他无实际进出境的货物，填报接受申报的海关名称及代码。

(4) 无法确定进出口口岸的货物，填报接受货物申报的海关名称及代码。

（四）限定口岸要求

(1) 国家对汽车整车、船舶、港机维修备件器材等商品限定口岸进口；对药品、麻醉药物、精神药品、蛋白同化制剂、胎类激素指定进口口岸，参见进出口药品管理。出口轻(重)烧镁、蚕丝、麻黄素、卷烟、红松子、松茸等要严格按许可证核准的口岸出口。相关商品应严格按照规定的口岸办理进出口申报。

(2) 加工贸易进出境货物，应填报主管海关备案时所限定或指定进出口岸的口岸海关名称及代码。限定或指定口岸与货物实际进出境口岸不符的，应向合同备案主管海关办理变更手续后填报。

二、备案号

（一）含义

备案号是指进出口货物收发货人办理报关手续时，应向海关递交的备案审批文件的编号。

备案号的长度为 12 位。第 1 位为标记代码，第 2～5 位为备案地海关关区代码，第 6～12 位为序列号。例如，“C22025711700”表示由吴淞海关签发的进料加工贸易电子化手册。

其中，常见的备案号第 1 位标记代码的含义如表 16-2 所示。

表 16-2　备案号首位标记字母及含义

首位代码	备案审批文件	首位代码	备案审批文件
B	加工贸易手册(来料加工)	Y	原产地证书
C	加工贸易手册(进料加工)	Z	征免税证明
D	加工贸易不作价设备	RB	减免税进口货物补税通知书
E	加工贸易电子账册	RT	减免税进口货物同意退运证明
F	加工贸易异地报关分册	RZ	减免税进口货物结转联系函
G	加工贸易深加工结转异地报关分册		
H	出口加工区电子账册		
J	保税仓库记账式电子账册		
K	保税仓库备案式电子账册		

（二）常规填制规范

(1) 一份报关单只允许填报一个备案号。非备案商品(如一般进出口货物)，本栏目免予填报。

(2) 本栏目填报进出口货物收发货人在海关办理加工贸易合同备案或征、减、免税备案审批等手续时，海关核发的《中华人民共和国海关加工贸易手册》、电子账册及其分册(以下统称《加工贸易手册》)、进出口货物征免税证明(以下简称征免税证明)的编号、实行优惠贸易协定项下原产地证书联网管理的原产地证书编号、适用ITA税率的商品用途认定证明编号等。

(3) 对于保税加工货物，除少量低值辅料(5 000美元及以下客供服装辅料)按规定不使用《加工贸易手册》及以后续补税监管方式办理内销征税的外，填报《加工贸易手册》编号。

使用异地直接报关分册和异地深加工结转出口分册在异地口岸报关的，本栏目应填报分册号；本地直接报关分册和本地深加工结转分册限制在本地报关，本栏目应填报总册号。

(4) 进出口减免税审批货物填报征免税证明编号，不得为空。但对于正在办理减免税申请，而货物已进境，海关核准凭担保予以放行的，“备案号”栏可免于填报，同时在“标记唛码及备注”栏的“备注”项中注明“后补征免税证明”。事后可根据实际情况，删除或更正原报关单的相关栏目内容。

(5) 涉及优惠贸易协定项下实行原产地证书联网管理(香港CEPA、澳门CEPA，下同)的报关单，本栏填报Y＋11位原产地证书编号(如Y3M03A000001)，并在“随附单据”栏填报Y:〈优惠贸易协定代码〉，具体参见“随附单据”栏目填制规范。其他未实行原产地证书联网管理的优惠贸易协定项下进口货物，均不在本栏填报原产地证书编号。

(三) 特殊填制规范

(1) 加工贸易成品凭征免税证明转为减免税进口货物的，进口报关单填报征免税证明编号，并在“标记唛码及备注”栏填报加工贸易手册编号(如“转自C22025711700”)。出口报关单填报《加工贸易手册》编号，并在“标记唛码及备注”栏填报征免税证明编号(如“转至Z22010870142”)。

(2) 对加工贸易设备之间的结转，转入和转出企业分别填制进口、出口报关单，在报关单“备案号”栏目填报各自《加工贸易手册》编号，并在“标记唛码及备注”栏填报对方的《加工贸易手册》编号。

(3) 减免税货物退运出口，备案号填报减免税进口货物同意退运证明RT的编号。“贸易方式”栏填报“退运货物”(4561)。

(4) 减免税货物补税进口，备案号填报减免税货物补税通知书RB的编号；“贸易方式”栏填报“后续补税”。

(5) 减免税货物结转进口(转入)，备案号填报转入企业征免税证明的编号，并且在备注栏填报减免税进口货物结转联系函RZ的编号。贸易方式栏目按现行规范填报。相应的结转出口(转出)，备案号填报减免税进口货物结转联系函RZ的编号，并且在“标记唛码及备注”栏填报“转入进口报关单号”及转入方征免税证明Z的编号。贸易方式填“减免税结转”。

(6) 进出特殊区域的保税货物，填报标记代码为“H”的电子账册的备案号(如H12345678901)。进出特殊区域的企业自用设备、基建物资、自用合理数量的办公用品，填报标记代码为“H”，编号第6位为“D”的电子账册备案号(如H12345D78901)。

三、进口日期/出口日期

(一) 含义

进口日期填报运载进口货物的运输工具申报进境的日期。出口日期指运载出口货物的运输工具办结出境手续的日期。

(二) 常规填制规范

(1) 进口日期：本栏目填写格式为8位数字，按年、月、日排序。例如，装载货物的运输工具2012年8月9日向海关申报进境(通过舱单申报)，报关单位向海关办理货物申报，填制进口货物报关单，进口日期栏填写“20120809”。

(2) 出口日期：出口日期以运载出口货物的运输工具实际离境日期为准，海关与承运人实行舱单数据联网管理的，出口日期可由海关系统自动生成。本栏目供海关签发打印报关单证明联用，在申报时免于填报。

(三) 特殊填制规范

(1) 进口日期：进口货物申报时无法确知运输工具的实际进境日期的，申报时可免于填报。海关与承运人实行舱单联网管理的，进口日期可由海关系统自动生成。

(2) 对于集中申报的报关单，进出口日期以海关接受报关单申报的日期为准。

(3) 无实际进出境的报关单，以海关接受申报的日期为准。

四、申报日期

(一) 含义

申报日期指海关接受进出口货物收发货人、受委托的报关企业申报数据的日期。

以电子数据报关单方式申报的，申报日期为海关计算机系统接受申报数据时记录的日期。以纸质报关单方式申报的，申报日期为海关接受纸质报关单并对报关单进行登记处理的日期。

(二) 常规填制规范

本栏目填写格式为8位数字，按年、月、日排序(如20120810)。申报日期一般晚于进口日期。

本栏目在申报时免予填报。

五、经营单位

(一) 含义

进出口货物报关单中的经营单位专指对外签订并执行进出口贸易合同的我国境内企业、单位或者个人的中文名称及海关注册编码。

(二) 海关注册编码

报关单位在海关取得注册登记证书后，海关编制的海关注册编码是其办理通关手续的唯一标志，编码由10位数字或字母组成，是报关单位通关和海关统计的重要标志。海关注册编码管理范围，包括进出口货物收发货人、报关企业、加工生产企业和临时注册登记企业。

1. 海关注册编码的一般规则

海关注册编码的10位数字或字母分成4个部分,第一部分(前四位)表示企业所属行政区划代码,第二部分(第五位)表示企业所在经济区域代码,第三部分(第六位)表示企业经济类型,第四部分(后四位)表示企业顺序号。

例如,中国电子进出口北京公司1102 9 1 0036,其中:

1102——该企业在北京市西城区;

9——该企业所在经济区域为“其他地区”;

1——该企业经济类型为“国有进出口企业”;

0036——该企业顺序号。

我们可以通过海关网上服务大厅查询企业的海关注册编码及基本情况。

海关注册编码的第五位和第六位所表示的含义如表16-3所示。

表16-3 报关单位海关注册编码第五位和第六位的含义

代码	第五位	代码	第六位
1	经济特区(深圳特区可用“0”)	1	有进出口经营权的国有企业
2	经济技术开发区和上海浦东新区、海南洋浦经济开发区、苏州工业园区等	2	中外合作企业
3	高新技术产业开发区	3	中外合资企业
4	保税区	4	外商独资企业
5	出口加工区	5	有进出口经营权的集体企业
6	保税港区	6	有进出口经营权的私营企业
7	保税物流园区	7	有进出口经营权的个体工商户
		8	报关企业
9	其他	9	其他

2. 加工企业海关注册编码

加工企业注册编码和报关单位注册编码基本相同,其中第六位企业经济类型代码含义如下。

A——从事对外加工的国有企业;

B——从事对外加工的集体企业;

C——从事对外加工的私营企业。

(三)常规填制规范

本栏目填报格式为“经营单位中文全称+企业10位海关注册编码”,如“中国电子进出口北京公司1102910036”。

(1)有进出口权的国企相互之间代理的,如X委托Y代理进出口的,经营单位填报Y。

(2)外商投资企业X委托外贸企业Y代理进口投资设备、物品的。经营单位填报X,且在“标记唛码及备注”栏注明委托Y进口。所谓投资设备、物品是指投资总额内进口的,不是用自有资金进口的,且进口的不是原材料、零部件,而是企业自用的设备(其“贸易方式”涉及合资合作设备2025、外资设备物品2225),具体参见特定减免税货物报关单填制规范总结表。

(3) 外商投资企业 X 委托外贸企业 Y 代理进口非投资设备、物品的。经营单位填报 Y。

(四) 特殊填制规范

(1) 没有进出口经营权的企业及境外企业不能作为经营单位填报。

(2) 有进出口经营权的企业(包括取得临时进出口经营权的其他单位)自营进出口时,经营单位填报本企业的中文名称和企业代码。

(3) 合同的签订者和执行者不是同一企业的,经营单位填报执行合同的企业。

(4) 海关注册编码第 6 位数为"8"的报关企业不得作为经营单位填报。

六、收货单位/发货单位

(一) 含义

收货单位是指已知的进口货物在境内的最终消费、使用单位,包括自行从境外进口货物的单位、委托进出口企业进口货物的单位等。

发货单位是指出口货物在境内的生产或销售单位,包括自行出口货物的单位、委托进出口企业出口货物的单位等。

(二) 填制规范

(1) 有海关注册编码或加工企业编码的收货、发货单位,本栏目应填报其中文名称及编码;没有编码的应填报其中文名称。

(2) 加工贸易报关单的收货、发货单位应与《加工贸易手册》的"经营企业"或"加工企业"一致。

(3) 减免税货物报关单的收货、发货单位应与征免税证明的"申请单位"一致。

(4) 进口货物的最终消费、使用单位难以确定的,应以货物进口时预知的最终收货单位为准填报;出口货物的生产或销售单位难以确定的,以最早发运该出口货物的单位为准填报。

(5) 自营进口、出口货物的收货单位/发货单位同经营单位。

(6) 外商投资企业委托外贸企业进口投资设备、物品的,收货单位同经营单位。

(7) 其他委托进出口企业进口、出口货物的收货单位/发货单位与经营单位不一致。

七、申报单位

(一) 含义

申报单位指向海关办理进出口货物报关手续的法人,主要有已在海关注册登记的进出口货物收发货人、报关企业。

(二) 填制规范

本栏目填报格式为申报单位的中文名称及编码,并签印。

(1) 自理报关的,本栏目填报进出口企业的名称及海关注册编码。

(2) 委托代理报关的,本栏目填报经海关批准的报关企业名称及海关注册编码。

(3) 本栏目还包括报关单左下方用于填报申报单位有关情况的相关栏目,包括报关员、报关单位地址、邮政编码和电话号码等栏目。

八、境内目的地/境内货源地

(一) 含义

境内目的地是指已知的进口货物在我国关境内的消费、使用地区或最终运抵的地点。

境内货源地是指出口货物在我国关境内的生产地或原始发货地(包括供货地点)。

(二) 填制规范

本栏目按海关规定的《国内地区代码表》选择填报相应的国内地区名称或代码。

本栏目格式为根据收货单位/发货单位的海关注册编码前 5 位编码或其表示的地区中文。

例如,中国电子进出口北京公司 1102910036,前 5 位表示北京市西城区其他地区。

(1) 收/发货单位与经营单位如为同一单位的,而收/发货单位未提供编码的,本栏目可根据经营单位编码的前 5 位进行判断。

(2) 收/发货单位与经营单位如不是同一单位的,但收/发货单位有进出口经营权的,本栏目可根据收/发货单位编码前 5 位进行判断。

(3) 收/发货单位与经营单位如不是同一单位的,但收/发货单位无进出口经营权的,且未提供单位编码的,本栏目可根据所属的地区进行填报,所属地区不明的,本栏目免填。

(4) 境内目的地的最终使用单位难以确定的,填报货物进口时预知的最终收货单位所在地。

(5) 境内货源地的出口货物产地难以确定的,填报最早发运该出口货物的单位所在地。

九、运输方式

(一) 含义

进出口货物报关单所列的"运输方式"栏专指载运货物进出关境所使用的运输工具的分类,即海关规定的运输方式。要注意它和国际货物实际运输方式有区别。例如,集装箱运输、多式联运不能作为运输方式填报在报关单的运输方式栏。

报关单中的运输方式可分为两大类:实际运输方式和非实际运输方式。

(二) 实际运输方式填制规范

"运输方式"栏应根据货物实际进出境的运输方式的类别按海关规定的"运输方式代码表"选择填报相应的运输方式中文名称或代码,如表 16-4 所示。

表 16-4 实际运输方式代码表

代 码	中文名称	代 码	中文名称
2	水路运输	5	航空运输
3	铁路运输	6	邮件运输
4	公路运输	9	人扛、驮畜、输水管道、输油管道、输电网

(1) 进境货物的运输方式,按货物运抵我国关境第一个口岸时的运输方式填报;出境货物的运输方式,按货物运离我国关境后最后一个口岸时的运输方式填报。

(2) 进口转关运输货物,按载运货物抵达进境地的运输工具填报;出口转关运输货物,按载运货物运离出境地的运输工具填报。

(3) 非邮件方式进出口的快件,按实际进出境运输方式填报。

(4) 进出境旅客随身携带的货物,按旅客实际进出境时所承运运输工具填报。

(5) 不复运出(入)境而留在境内(外)销售的进出境展览品、留赠转卖物品等,填报"其他运输"(9)。

(三) 非实际运输方式填报规范

"运输方式"栏应根据境内流向的类别按海关规定的"运输方式代码表"选择填报相应的运输方式中文名称或代码(如表 16-5 所示)。

表 16-5 非实际运输方式代码表

代码	中文名称	备注	代码	中文名称	备注
0	非保税区	区外→区内;保税区退区	7	保税区	区内→区外
1	监管仓库	境内→出口监管仓库; 出口监管仓库退仓	8	保税仓库	保税仓库转内销
9	其他运输	部分非实际进出境货物			
W	物流中心	物流中心↔境内中心外	X	物流园区	物流园区↔境内园区外
Y	保税港区	区内↔区外(区外企业填报)	Z	出口加工区	区外→区内(区外企业填报)

(1) 运输方式填报"非保税区"或"保税区"适用于保税区进出区报关。进区,报出口,填写出口货物报关单。出区,报进口,按不同的流向填写不同的进口货物报关单,具体参见保税区进出区报关程序。

(2) 保税仓库转内销货物,填制进口货物报关单,"运输方式"填报"保税仓库"。

(3) 从区外运入出口加工区、珠海园区或从区内运往区外的货物,区外企业填报"出口加工区"(Z),区内企业由于填制的是备案清单,填报"其他运输"。

(4) 其他境内流转货物,填报"其他运输",包括特殊监管区域内货物之间的流转、调拨货物、特殊监管区域、保税监管场所之间相互流转货物,特殊监管区域外的加工贸易余料结转、深加工结转、内销等货物。

十、运输工具名称

(一) 含义

"运输工具名称"栏目的填报需要考虑运输工具名称和航次号两个部分。

运输工具名称指载运货物进出境所使用的运输工具的名称或运输工具编号。

航次号指载运货物进出境的运输工具的航次编号。

在纸质报关单中,"运输工具名称"栏根据不同的"运输方式"有不同的填报要求,且"航次号"合并填报在该栏目,在电子报关单中本栏目分两个字段填报。

一份报关单只允许填报一个运输工具名称及其航次号。

（二）常规填制规范

（1）对于实际进出境的货物，直接在进出境地办理报关手续的（非转关货物），“运输工具名称”栏与“运输方式”栏对应关系如表 16-6 所示。

表 16-6 实际运输方式下的运输工具名称栏目填写规范（非转关）

运输方式	运输工具名称	航次号	格式样例
水路运输(2)	船舶英文名或船舶编号	船舶的航次号	MOON RIVER/028E
公路运输(3)	车牌号	车辆进出境日期	沪 A-51385/20121003
铁路运输(4)	车厢编号或交接单号	进出境日期	3104129/20120809
航空运输(5)	航班号	免填	MU0713
邮件运输(6)	邮政包裹单号	进出境日期	XB71210931311/20080808
其他运输(9)	管道、驮畜等	免填	管道、驮畜等

（2）对于实际进出境的货物，采用转关方式运输的，“运输工具名称”栏与“运输方式”栏对应关系如表 16-7 和表 16-8 所示。

表 16-7 实际运输方式下的运输工具名称栏目填写规范（进口转关）

<table>
<tr><th>方式</th><th>运输方式</th><th>转关方式</th><th>运输工具名称</th><th>航次号</th><th>格式样例</th></tr>
<tr><td rowspan="12">进口转关</td><td rowspan="3">水路运输</td><td>直转转关</td><td rowspan="2">@＋16 位转关单号</td><td rowspan="2">免填</td><td rowspan="2">@0731049999505171</td></tr>
<tr><td>提前报关转关</td></tr>
<tr><td>中转转关</td><td>进境英文船名</td><td>@进境干线船舶航次</td><td>SUN STAR/@235S</td></tr>
<tr><td rowspan="3">航空运输</td><td>直转转关</td><td rowspan="2">@＋16 位转关单号</td><td rowspan="3">免填</td><td rowspan="2">@0731049999505171</td></tr>
<tr><td>提前报关转关</td></tr>
<tr><td>中转转关</td><td>@</td><td>@</td></tr>
<tr><td rowspan="3">铁路运输</td><td>直转转关</td><td rowspan="2">@＋16 位转关单号</td><td rowspan="3">@进出境日期</td><td rowspan="2">@0631049999505171/@20120810</td></tr>
<tr><td>提前报关转关</td></tr>
<tr><td>中转转关</td><td>车厢编号</td><td>3104129/@20120810</td></tr>
<tr><td rowspan="3">公路及其他运输</td><td>直转转关</td><td rowspan="3">@16 位转关单号</td><td rowspan="3">免填</td><td rowspan="3">@5631049999505171</td></tr>
<tr><td>提前报关转关</td></tr>
<tr><td>中转转关</td></tr>
</table>

注：广东地区的提前报关转关货物填报“@＋13 位载货清单号”。

表 16-8　实际运输方式下的运输工具名称栏目填写规范(出口转关)

方　式	运输方式	转关方式	运输工具名称	航　次　号	格式样例
出口转关	水路运输	直转转关	@＋16 位转关单号	免填	@0731049999505171
		提前报关转关			
		* 中转转关	境内水路的填驳船船名;境内铁路的填车名[主管海关 4 位关区码＋TRAIN];境内公路的填车名[主管海关 4 位关区码＋TRUCK]	境内水路的填驳船船航次号;境内铁路、公路的填 6 位起运日期	HUANG HE/123; 0600TRAIN/090803; 0119TRUCK/090503;
	航空运输	直转转关	@＋16 位转关单号	免填	@0731049999505171
		提前报关转关			
		* 中转转关			
	铁路运输	直转转关	@＋16 位转关单号	免填	@0631049999505171/ @20120810
		提前报关转关			
		* 中转转关			
	公路及其他运输	直转转关	@16 位转关单号	免填	@5631049999505171
		提前报关转关			
		中转转关			

注:① 如多张报关单需要通过一张转关单转关的,运输工具名称栏填“@”。
② 带* 的表示出口转关“运输工具名称”栏目与进口转关的不同之处,主要涉及出口中转转关。

(三) 特殊填制规范

(1) 非实际进出境货物,运输工具名称栏为空。

(2) 采用“集中申报”通关方式办理报关手续的,填报“集中申报”4 个汉字。

十一、提运单号

(一) 含义

提运单号是指进出口货物提单或运单的编号,主要包括海运提单号、海运单号、铁路运单号、航空运单号。提运单号必须与运输工具舱单数据一致。

一份报关单只允许一个提单或运单号,一票货物对应多个提运单号时,应分单填报。

(二) 常规填制规范

本栏目应填报实际最先进境或实际最后出境运输工具对应的提运单编号。

（1）对于实际进出境的货物，直接在进出境地办理报关手续的（非转关货物），“提运单号”栏与“运输方式”栏对应关系如表 16-9 所示。

表 16-9　实际运输方式下的提运单号栏目填写规范（非转关）

运输方式	提运单号	格式样例
水路运输(2)	进出口提单号；如有分提单的，填报“主提单号*分提单号”	KKLUUS0681814； KKLUUS0681814* FWD1234567876
公路运输(3)	免填	
铁路运输(4)	铁路运单号	013705925
航空运输(5)	航空主运单号；（无分运单时） 航空主运单号_航空分运单号	781-51500083 781-51500083_NEC10539636
邮件运输(6)	邮政包裹单号	XB71210931311/20080808

（2）对于实际进出境的货物，采用转关方式运输的，“提运单号”栏与“运输方式”栏对应关系如表 16-10 和表 16-11 所示，主要看报关是提运单号有没有生成。

表 16-10　实际运输方式下的提运单号栏目填写规范（进口转关）

方式	运输方式	转关方式	提运单号	格式样例
进口转关	水路运输	直转转关	提运单号	KKLUUS0681814
		中转转关		
		提前报关转关	免填	
	航空运输	直转转关	航空主运单号_航空分运单号	781-51500083_NEC10539636
		中转转关		
		提前报关转关	免填	
	铁路运输	直转转关	铁路运单号	013705925
		中转转关		
		提前报关转关	免填	
	其他运输	直转转关	免填	
		提前报关转关		
		中转转关		

注：① 在广东省用公路运输转关的，填报车牌号；

② 进口转关的提运单号栏填写基本和非转关货物一样，除了提前报关转关（免填）。

表 16-11　实际运输方式下的提运单号栏目填写规范（出口转关）

方式	运输方式	转关方式	提运单号	格式样例
出口转关	水路运输	*直转转关	免填	
		中转转关	提运单号	KKLUUS0681814
		提前报关转关	免填	
	其他运输	直转转关	免填	
		提前报关转关		
		中转转关		

注：① 在广东省用公路运输提前报关转关的，填报车牌号；

② 带*的表示出口转关提运单号栏与进口转关的不同。

十二、贸易方式

(一) 含义

进出口货物报关单上所列的贸易方式专指以国际贸易中进出口货物的交易方式为基础,结合海关对进出口货物监督管理综合设定的对进出口货物的管理方式,即海关监管方式。

贸易方式代码为 4 位数字。前两位按照海关监管业务分类,如 02～08、44、46 表示加工贸易货物,11～12 表示保税仓储、转口货物,20～22 表示外商投资企业进口货物,45 表示退运货物,50～53 表示特殊区域货物。后两位以海关统计方式为基础分类,其中 10～39 表示列入海关贸易统计,41～66 表示列入单项统计;00 表示不列入海关贸易统计和单项统计。

(二) 填制规范

本栏目按代码表填报代码或中文简称,常见贸易方式的代码、简称、全称如表 16-12 所示。

表 16-12 贸易方式(监管方式)代码表

代码	中文简称	中文全称
0110*	一般贸易	一般贸易
0130	易货贸易	易货贸易
0139	旅游购物商品	用于旅游者 5 万美元以下的出口小批盘订单货
0200	料件放弃	主动放弃交由海关处理的来料或进料加工料件
0214*	来料加工	来料加工装配贸易进口料件及加工出口货物
0245*	来料料件内销	来料加工料件转内销
0255*	来料深加工	来料深加工结转货物
0258*	来料余料结转	来料加工余料结转
0265	来料料件复出	来料加工复运出境的原进口料件
0300	来料料件退换	来料加工料件退换
0314	加工专用油	国营贸易企业代理来料加工企业进口柴油
0320*	不作价设备	加工贸易外商提供的不作价进口设备
0345	来料成品减免	来料加工成品凭征免税证明转减免税
0400	成品放弃	主动放弃交由海关处理的来料或进料加工成品
0420*	加工贸易设备	加工贸易项下外商提供的进口设备
0444	保区进料成品	按成品征税的保税区进料加工成品转内销货物
0445	保区来料成品	按成品征税的保税区来料加工成品转内销货物
0446	加工设备内销	加工贸易免税进口设备转内销
0456	加工设备结转	加工贸易免税进口设备结转
0466	加工设备退运	加工贸易免税进口设备退运出境
0500*	减免设备结转	用于监管年限内减免设备的结转
0513	补偿贸易	补偿贸易
0544	保区进料料件	按料件征税的保税区进料加工成品转内销货物
0545	保区来料料件	按料件征税的保税区来料加工成品转内销货物
0615*	进料对口	进料加工
0642	进料以产顶进	进料加工成品以产顶进

续表

代　码	中文简称	中文全称
0644*	进料料件内销	进料加工料件转内销
0654*	进料深加工	进料深加工结转货物
0657*	进料余料结转	进料加工余料结转
0664	进料料件复出	进料加工复运出境的原进口料件
0700	进料料件退换	进料加工料件退换
0744	进料成品减免	进料加工成品凭征免税证明转减免税
0815	低值辅料	低额辅料
0844	进料边角料内销	进料加工项下边角料转内销
0845	来料边角料内销	来料加工项下边角料内销
0864	进料边角料复出	进料加工项下边角料复出口
0865	来料边角料复出	来料加工项下边角料复出口
1139	国轮油物料	中国籍运输工具境内添加的保税油料、物料
1200	保税间货物	海关保税场所及保税区城之间往来的货物
1233*	保税仓库货物	保税仓库进出境货物
1234	保税区仓储转口	保税区进出境仓储转口货物
1300*	修理物品	进出境修理物品
1427	出料加工	出料加工
1500*	租赁不满 1 年	租期不满 1 年的租赁贸易货物
1523	租赁贸易	租期在 1 年及以上的租赁贸易货物
1616	寄售代销	寄售、代销贸易
1741	免税品	免税品
1831	外汇商品	免税外汇商品
2025*	合资合作设备	合资合作企业作为投资进口设备物品
2225*	外资设备物品	外资企业作为投资进口的设备物品
2439	常驻机构公用	外国常驻机构进口办公用品
2600*	暂时进出货物	暂时进出口货物
2700*	展览品	进出境展览品
2939	陈列样品	驻华商业机构不复运出口的进口陈列样品
3010	货样广告品 A	有经营权单位进出口的货样广告品
3100*	无代价抵偿	无代价抵偿进出口货物
3339*	其他进出口免费	其他进出口免费提供货物
3410	承包工程进口	对外承包工程进口物资
3422	对外承包出口	对外承包工程出口物资
3511	援助物资	国家和国际组织无偿援助物资
3612	捐赠物资	进出口捐赠物资
4019	边境小额	边境小额贸易(边民互市贸易除外)
4039	对台小额	对台小额贸易
4139	对台小额商品贸易市场	进入对台小额商品交易专用市场的货物
4200	驻外机构运回	我驻外机构运回旧公用物品
4239	驻外机构购进	我驻外机构境外购买运回国的公务用品
4400	来料成品退换	来料加工成品退换
4500*	直接退运	直接退运

续表

代　码	中文简称	中文全称
4539	进口溢误卸	进口溢卸、误卸货物
4561*	退运货物	因质量不符、延误交货等原因退运进出境货物
4600	进料成品退换	进料成品退换
5000	料件进出区	料件进出海关特殊监管区域
5010	特殊区域研发货物	海关特殊监管区域与境外之间进出的研发货物
5014	区内来料加工	海关特殊监管区域与境外之间进出的来料加工货物
5015	区内进料加工货物	海关特殊监管区域与境外之间进出的进料加工货物
5034	区内物流货物	海关特殊监管区域与境外之间进出的物流货物
5100	成品进出区	成品进出海关特殊监管区域
5300	设备进出区	设备及物资进出海关特殊监管区域
5335	境外设备进区	海关特殊监管区域从境外进口的设备及物资
5361	区内设备退运	海关特殊监管区域设备及物资退运境外
6033	物流中心进出境货物	保税物流中心与境外之间进出仓储货物
9639	海关处理货物	海关变卖处理的超期未报货物，走私违规货物
9700	后续补税	无原始报关单的后续补税
9739	其他贸易	其他贸易
9800	租赁征税	租赁期 1 年及以上的租赁贸易货物的租金
9839	留赠转卖物品	外交机构转售境内或国际活动留赠放弃特批货物
9900	其他	其他

十三、征免性质

（一）含义

征免性质是指海关根据《海关法》、《关税条例》及国家有关政策对进出口货物实施的征、减、免税管理的性质类别。它是海关对进出口货物进行分类统计分析的重要基础。

（二）填制规范

本栏目按代码表填报代码或中文简称，常见征免性质的代码、简称、全称如表 16-13 所示。

表 16-13　征免性质代码表

代　码	中文简称	中文全称
101*	一般征税	一般征税进出口货物
201	无偿援助	无偿援助进出口物资
299*	其他法定	其他法定减免税进出口货物
301	特定区域	特定区域进口自用物资及出口货物
307	保税区	保税区进口自用物资
399	其他地区	其他执行特殊政策地区出口货物
401	科教用品	大专院校及科研机构进口科教用品
403	技术改造	企业技术改造进口货物国家重大项目进口货物
406	重大项目	国家重大项目进口货物
413	残疾人	残疾人组织和企业进出口货物

续表

代　　码	中文简称	中文全称
417	远洋渔业	远洋渔业自捕水产品
418	国产化	国家定点生产小轿车和摄录机企业进口散件
420	远洋船舶	远洋船舶及设备部件
421	内销设备	内销远洋船舶用设备及关键部件
422	集成电路	集成电路生产企业进口货物
499	ITA 产品	非全税号信息技术产品
501*	加工设备	加工贸易外商提供的不作价进口设备
502*	来料加工	来料加工装配和补偿贸易进口料件及出口成品
503*	进料加工	进料加工贸易进口料件及出口成品
506	边境小额	边境小额贸易进出口货物
510	港澳 OPA	港澳在内地加工的纺织品获证出口
601	中外合资	中外合资经营企业进出口货物
602	中外合作	中外合作经营企业进出口货物
603	外资企业	外商独资企业进出口货物
605	勘探开发煤层气	勘探开发煤层气
606	海洋石油	勘探、开发海上石油进口货物
608	陆上石油	勘探、开发陆地石油进口货物
609	贷款项目	利用贷款进口货物
611	贷款中标	国际金融组织贷款和外国政府贷款项目中标机电设备零部件
789*	鼓励项目	国家鼓励发展的内外资项目进口设备
799*	自有资金	外商投资额度外利用自有资金进口设备、备件、配件
801	救灾捐赠	救灾捐赠进口物资
802	扶贫慈善	境外向我境内无偿捐赠用于扶贫慈善的免税进口物资
888	航材减免	经核准的航空公司进口维修用航空器材
898	国批减免	国务院特准减免税的进出口货物
997	自贸协定	
998	内部暂定	享受内部暂定税率的进出口货物
999	例外减免	例外减免税进出口货物

十四、用途/生产厂家

（一）含义

用途是指进口货物在境内实际应用的范围。

生产厂家是指出口货物的境内生产企业的名称，该栏仅供必要时填报。

（二）填制规范

（1）进口报关单的用途栏，应根据进口货物的实际用途，按海关规定的“用途代码表”（如表 16-14 所示）选择填报相应的用途名称或代码。

（2）出口报关单的生产厂家栏，应根据出口商品在境内的生产企业的名称，该栏仅供必要时填报。

表 16-14 用途代码表

代码	名称	代码	名称	代码	名称
01*	外贸自营内销	02	特区内销	03*	其他内销
04*	企业自用	05*	加工返销	06	借用
07	收保证金	08	免费提供	09	作价提供
10	货样,广告品	11	其他		

(三) 常见用途的使用范围

进口货物的用途主要有以下几个方面。

(1) 外贸自营内销(01):有外贸进出口经营权的企业,在其经营范围内以正常方式成交的进口货物。

(2) 其他内销(03):进料加工转内销部分、来料加工转内销货物及外商投资企业进口供加工内销产品的料件。

(3) 企业自用(04):进口供本单位(企业)自用的货物,如外商投资企业及特殊区域内的企业、事业和机关单位进口自用的机器设备等。

(4) 加工返销(05):来料加工、进料加工、补偿贸易和外商投资企业为履行产品出口合同从国外进口料件,用于在国内加工后返销到境外。

(5) 借用(06):从境外租借进口,在规定的使用期满后退运出境外的进口货物,如租赁贸易进口货物。

(6) 收保证金(07):由担保人向海关缴纳现金的一种担保形式。

(7) 免费提供(08):免费提供的进口货物,如无偿援助、捐赠、礼品等进口货物。

(9) 作价提供(09):我方与外商签订合同协议,规定由外商作价提供进口的货物,事后由我方支付或从我方出口货物款中或出口加工成品的加工费中扣除,如来料加工贸易进口设备等。

十五、征免

(一) 含义

征免是指海关按照《海关法》、《关税条例》及其他法律、行政法规、对进出口货物进行征税、减税、免税或特案处理的实际操作方式。

(二) 填制规范

(1) 同一份报关单上可以填报不同的征减免税方式。

(2) 本栏目填报代码表中的代码或中文简称,常见的征免方式代码、名称如表 16-15 所列。

表 16-15 征减免税方式代码表

代码	中文简称	代码	中文简称
1	照章征税	5	随征免性质
2	折半征税	6	保证金
3	全免	7	保函
4	特案		

十六、征税比例/结汇方式

（一）含义

征税比例用于原“进料非对口”贸易方式下进口料件的进口报关单，现征税比例政策已取消，进口报关单本栏目免于填报。

（二）填制规范

结汇方式是指出口货物的发货人或其代理人收结外汇的方式。出口报关单应按照海关规定的“结汇方式代码表”选择填报相应的结汇方式名称或代码。本栏目不得为空，出口货物不需结汇的，填报“其他”。

本栏目填报代码表中的代码或中文简称，常见结汇方式代码、名称、英文缩写、英文全称如表 16-16 所示。

表 16-16 结汇方式代码表

代码	中文简称	英文缩写	英文名称
1*	信汇	M/T	Mail Transfer
2*	电汇	T/T	Telegraphic Transfer
3*	票汇	D/D	Remittance by Banker's Demand Draft
4*	付款交单	D/P	Documents against Payment
5*	承兑交单	D/A	Documents against Acceptance
6*	信用证	L/C	Letter of credit
7	先出后结		
8	先结后出		
9	其他		

十七、许可证号

（一）含义

许可证号是指商务部配额许可证事务局、驻各地特派员办事处及省、市商务厅、外经贸委签发的进出口许可证编号。

（二）填制规范

本栏目只能填报进出口许可证的编号（不需要填写代码），包括进口许可证、出口许可证、出口许可证（加工贸易）、出口许可证（边境小额贸易）、两用物项和技术进出口许可证，详见“监管证件”代码表。

进出口许可证的编号格式为××—××—××××××，第 1、2 位代表年份，第 3、4 位代表发证机关（AA 代表商务部配额许可证事务局发证，AB、AC 等代表特派员办事处发证，01、02 等代表商务部授权各省、自治区、直辖市等主管部门发证），后 6 位为顺序号。

例如，09—AA—101888。

两用物项和技术进（出）口许可证的编号长度、编排与进出口许可证的相同，但编号的第 5 位为字母。

十八、起运国(地区)

(一) 含义

起运国(地区)是指进口货物起始发出直接运抵我国的国家或地区,或者在运输中转国(地区)未发生任何买卖行为的情况下运抵我国的国家或地区。

运抵国(地区)是指出口货物离开我国关境直接运抵的国家或地区,或者在运输中转国(地区)未发生任何买卖行为的情况下最后运抵的国家或地区。

进口货物报关单的“起运国(地区)”栏和出口货物报关单的“运抵国(地区)”栏,应按海关规定的“国别(地区)代码表”选择填报相应国别(地区)的中文名称或代码,如表16-17所示。

国别(地区)为非中文名称时,应翻译成中文名称填报或填报其相应代码。

表16-17 主要国别(地区)代码表

代码	中文名称	代码	中文名称
110*	中国香港	307	意大利
116*	日本	331	瑞士
121	中国澳门	344*	俄罗斯联邦
132	新加坡	501	加拿大
133*	韩国	502*	美国
142*	中国	601*	澳大利亚
143*	台澎金马关税区	609	新西兰
303*	英国	701	国(地)别不详的
304*	德国	702	联合国及其机构和国际组织
305*	法国		

(二) 常规填制规范

(1) 所谓中转(转运),指船舶、飞机等运输工具从装运港将货物装运后,不直接驶往目的港,而在中途的其他境外港口卸下后,再换装同一类型的其他船舶、飞机运输工具转运往目的港。(注意:不同于已经进入境内,在境内转运的转运货物)。

未经过第三国(地区)中转的直接进出口货物,以进口货物的装货港所在国(地区)为起运国(地区),以出口货物的指运港所在国(地区)为运抵国(地区)。

(2) 有中转而未与中转地所在国(地区)存在买卖关系的,国别不受影响。

(3) 有中转且与中转地所在国(地区)存在买卖关系的,国别变为中转地所在国(地区)。

(三) 特殊填制规范

对于非实际进出境货物,如运输方式代码涉及0、1、7、8、W、X、Y、Z、H的国别均为“中国”(142)。

十九、装货港/指运港

(一) 含义

装货港指进口货物在运抵我国关境前的最后一个境外装运港。

指运港指出口货物运往境外的最终目的港。出口货物最终目的港不可预知的，指运港按尽可能预知的目的港填报。

（二）常规填制规范

本栏目应根据实际情况按海关规定的“港口航线代码表”选择填报相应的港口中文名称或代码，如表16-18所示。无中文名称及代码的，可选择填报相应的国家（地区）中文名称或代码。

表16-18　部分港口代码表

港口中文名称	港口英文名称	港口代码	国家(地区)中文名称	港口中文名称	港口英文名称	港口代码	国家(地区)中文名称
香港	HONGKONG	1039	中国香港	杜塞尔多夫	DUSSELDORT	2107	德国
川崎	KAWASAKI	1252	日本	汉堡	HAMBURG	2110	德国
神户	KOBE	1259	日本	基尔	KIEL	2114	德国
长崎	NAGASAKI	1286	日本	波尔多	BORDEAUX	2141	法国
名古屋	NAGOYA	1287	日本	敦刻尔克	DUNKIRK	2154	法国
大阪	OSAKA	1303	日本	马赛	MARSEILLES	2170	法国
横滨	YOKOHAMA	1354	日本	巴黎	PARIS	2176	法国
釜山	BUSAN	1480	韩国	巴尔的摩	BALTIMORE	3103	美国
仁川	INCHON	1482	韩国	波士顿	BOSTON	3104	美国
高雄	KAOHSIUNG	1560	中国台澎金马关税区	长滩	LONG BEACH	3151	美国
基隆	KEELUNG	1561	中国台澎金马关税区	洛杉矶	LOS ANGELES	3154	美国
台中	TAICHUNG	3416	中国台澎金马关税区	纽约	NEW YORK	3166	美国
伯明翰	BERMINGHAM	1885	英国	奥克兰	OAKLAND	3170	美国
波士顿	BOSTON	1891	英国	波特兰	PORTLANG	3185	美国
伦敦	LONDON	2052	英国	堪培拉	CANBERRA	3219	澳大利亚
南安普敦	SOUTHAMPTON	2057	英国	达尔文	DARWIN	3224	澳大利亚
不来梅	BREMEN	2101	德国	悉尼	SYDNEY	3266	澳大利亚
科隆	COLOGNE	2104	德国				

（三）特殊填制规范

(1) 货物发生中转的，装货港变为中转地所在港口，与是否存在买卖关系无关。

(2) 指运港不受中转影响。

(3) 无实际进出境的货物，装货港/指运港填报“中国境内”(142)。

二十、批准文号

（一）含义

本栏目仅用于填报实行出口收汇核销管理的出口收汇核销单上的编号，进口货物报关单免予填报。

（二）填制规范

（1）无长度要求。

（2）出口报关单填报出口收汇核销单编号，如311555451。

（3）一份报关单允许填报一份出口收汇核销单编号。

（4）出口不需要使用出口收汇核销单贸易方式的货物，本栏目无需填报。

二十一、成交方式

（一）含义

报关单中的成交方式应按照海关规定的"成交方式代码表"选择填报相应的成交方式英文缩写或代码，它与贸易术语的内涵并非完全一致，如表16-19所示。

表16-19 成交方式代码表

成交方式代码	成交方式名称	成交方式代码	成交方式名称
1*	CIF	4	C&I
2*	CFR(C&F/CNF)	5	市场价
3*	FOB	6	垫仓

（二）常规填制规范

报关单中的成交方式应根据合同、发票中的贸易术语，依照下列关系进行转换。主要体现成本、运费、保险费等成交价格构成因素。

（1）E组和F组的贸易术语全部转换为FOB。

（2）C组中的CFR、CPT转换为CFR。

（3）C组中的CIF、CPT和D组贸易术语全部转换成CIF。

（三）特殊填制规范

（1）无实际进出境的货物，进口报关单成交方式填报"CIF"或其代码，出口报关单成交方式填报"FOB"或其代码。

（2）采用集中申报的归并后的报关单，进口的成交方式填报"CIF"或其代码，出口的成交方式填报"FOB"或其代码。

二十二、运费

（一）含义

运费是指进口货物运抵我国境内输入地点起卸前的国际运费或者出口货物运至我国境内输出地点装载后的国际运费。

（二）常规填制规范

（1）本栏首先要判断需不需要填报，具体方法如表16-20所示。

表 16-20　成交方式与运保费栏判断方法

成交方式	运　费	保　费	成交方式	运　费	保　费
FOB（进口）	√	√	FOB（出口）	×	×
CFR（进口）	×	√	CFR（出口）	√	×
CIF（进口）	×	×	CIF（出口）	√	√

如果报关员填制的是进口报关单，成交方式已经确定为 FOB，根据 FOB 的内涵，运费和保费均有买方支付，我方是买方，因此运费栏和保费栏均需填报。同理，只要是我方需要支付的费用，均应在报关单中填报。

（2）本栏其次要根据具体情况选择适用的格式。

① 运费率格式，如运费率为 8%，填报“8/1”。

② 运费单价格式，如每公吨 80 美元，填报“502/80/2”。

③ 运费总价格式，如总运费 8 000 美元，填报“502/8 000/3”。

（三）特殊填制规范

运保费合并计算时，运保费填报在运费栏。

二十三、保费

（一）含义

保费指进口货物运抵我国境内输入地点起卸前的国际保险费用或者出口货物运至我国境内输出地点装载后的国际保险费用。

（二）常规填制规范

（1）本栏首先要判断需不需要填报，具体方法如表 16-20 所示。

（2）本栏其次要根据具体情况选择适用的格式。

① 保费率格式，如保险费率为 0.3%，填报“0.3/1”（注意一定要化成百分比格式）。

② 保费总价格式，如总保险费 3 000 美元，填报“502/3 000/3”。

注意保费没有单价格式。

（三）特殊填制规范

进口货物保险费无法确定或未实际发生的，按货价加运费的 3%计算保险费，计算公式为

$$保险费=(货价+运费)\times 3‰ \quad (16\text{-}1)$$

二十四、杂费

（一）含义

杂费是指成交价格以外的，按照《关税条例》等相关规定应计入完税价格或应从完税价格中扣除的费用，如手续费、佣金、折扣等费用。具体参见进出口税费中进口货物完税价格的审定。

（二）常规填制规范

（1）对于未计入完税价格，应由买方支付的，杂费栏填正值（应计入）。

(2) 对于已计入完税价格,不应由买方支付的,杂费栏填负值(应扣除)。

(3) 无以上情况时,本栏目免填。

(4) 杂费栏填写格式如下。

① 杂费率格式,如应计入杂费率为0.3%,填报"0.3/1",应扣除时填报"-0.3/1"。

② 杂费总价格式,如应计入杂费总价为300美元,填报"502/300/3",应扣除时填报"502/-300/3"。

二十五、合同协议号

合同协议号是指在进出口贸易中,买卖双方或数方当事人根据国际贸易惯例或国家的法律、法规,自愿按照一定的条件买卖某种商品所签署的合同或协议的编号,一般表示为Contract No: XXXXX,S/C NO: XXXXX,P/O NO: XXXXX,本栏目填写XXXXX全部字头和号码。

对于以投资设备或加工贸易方式进出口的货物,本栏目填报的合同协议号应与征免税证明或加工贸易电子化手册上备案的合同号码一致。例如,某企业凭ET090T型电路板组立加工贸易合同(APE040201号)备案取得CXXXX登记手册,而发票上显示: P/O NO: SBA-0310B。报关单合同协议号填报"APE040201"。

进出口报关单所申报货物必须是在合同中列明的货物。

二十六、件数和包装种类

(一) 含义

件数是指有外包装的单件进出口货物的实际件数,货物可以单独计数的一个包装被称为一件。本栏目应在包装种类的基础上确定数量。

包装种类是指进出口货物在运输过程中外表所呈现的状态,包括包装材料、包装方式等。一般情况下,应以装箱单或提运单据所反映的货物处于运输状态时的最外层包装或称运输包装作为"包装种类"向海关申报,并相应计算件数。

(二) 常规填制规范

(1) 常见的包装种类有木箱(WOOD CASE)、纸箱(CARTON)、铁桶(IRON DRUM)、散装(IN BULK)、裸装(UNPACKED)、托盘(PALLET)、包(BALE)、捆(BUNDLE)、袋(BAG)等。

(2) 有关单据仅列明托盘件数,或者既列明托盘件数,又列明单件包装件数的,本栏填报托盘件数。例如,"100 CTNS IN 2 PALLETS",件数应填报为"2"。

(3) 舱单件数为集装箱的,填报集装箱个数;舱单件数为托盘的,填报托盘数。

(4) 件数栏目不得为空,件数应大于或等于1,不得填报"0"。

(5) 件数与包装种类栏填报应与申报商品相吻合,如一批进出口货物中有部分货物是单独申报的,应填报单独申报货物件数与包装种类。

(三) 特殊填制规范

(1) 散装、裸装货物填报"1"。

(2) 对于混合包装的,件数合计,包装种类填报"其他"。例如,装箱单显示"2units &

4cartons”，表明共有 2 个计件单位（辆、台、件等）和 4 个纸箱，件数合计填报 6，包装种类统报“其他”。

二十七、毛重

（一）含义

毛重是指商品重量加上商品的外包装物料的重量。

毛重应以合同、发票、提运单、装箱单等有关单证中的 GROSS WEIGHT（G. W.）栏所显示的重量确定。

（二）填制规范

（1）毛重栏填报进出口货物及其包装材料的重量之和，计量单位为千克，不足 1 千克的填报为 1，如 0. 9 千克填报为“1”。

（2）如货物的毛重在 1 千克以上且非整数，对于海运货物，其小数点后保留 4 位，第 5 位及以后略去。例如，毛重 9. 567 89 千克填报为“9. 567 8”。对于空运货物，其小数点后大于 0.5 千克的，作为 1 千克；小于等于 0.5 千克的，作为 0.5 千克。例如，89.69 千克填报 90.00 千克，89.32 千克填报 89.50 千克。

（3）毛重栏不得为空，毛重应大于或等于 1。

（4）填报的毛重一定是向海关申报货物本身的毛重。特别是在同批进出口，其中某货物单独申报的情况下，不要把同批货物的毛重作为单独申报货物的毛重。

二十八、净重

（一）含义

净重是指货物的毛重扣除外包装材料后所表示出来的纯商品重量。部分商品的净重还包括直接接触商品的销售包装物料的重量（如罐头装食品等）。

净重一般都在合同、发票、装箱单或提运单据中 NET WEIGHT（缩写 N. W.）栏所显示的重量确定。以上单证不能确定的，可以估重填报。

（二）填制规范

（1）净重栏填报进出口货物的毛重减去外包装材料后的重量，即货物本身的实际重量，计量单位为千克，不足 1 千克的填报为“1”。

（2）如货物的净重在 1 千克以上且非整数，处理方法同毛重。

（3）净重栏不得为空，净重应大于或等于 1。

（4）以毛重作为净重计价的（“以毛作净”），可填毛重。

（5）按照国际惯例以公量重计价的货物，如未脱脂羊毛、生丝、鸭绒等，填报公量重，计算公式为

$$公量=净重\times(1+标准回潮率)/(1+实际回潮率) \tag{16-2}$$

（6）对采用零售包装的酒类、饮料，应按照液体部分的重量填报。

（7）填报的净重一定是向海关申报货物本身的净重。特别是在同批进出口，其中某货物单独申报的情况下，不要把同批货物的净重作为单独申报货物的净重。

二十九、集装箱号

（一）含义

集装箱号是在每个集装箱箱门上标示的全球唯一的编号。它按照一定的规则进行编号，我们可以通过计算机软件查询集装箱箱号的正确性。

报关单中的集装箱号是指装载进出口货物（包括拼箱货物）的集装箱的箱体信息，包括集装箱箱体上标示的全球唯一编号、集装箱规格和自重。

（二）填制规范

（1）报关单中集装箱号填报格式："集装箱号/规格/自重"。例如，EASU9809490/40/3400。表明箱号为EASU9809490，规格为40英尺，自重为3400千克的集装箱。

（2）纸质报关单填报时涉及多个集装箱的，第一个集装箱号填报在"集装箱号"栏中，其余的依次填报在"标记唛码及备注"栏中的备注项。

（3）非集装箱货物，填报为"0"。

（4）非实际进出境货物采用集装箱运输的，本栏目为空。

（5）本栏目填报的集装箱一定与申报的进出口货物有关。如果一批进出口货物分装多个集装箱，这批货物中有某货物单独向海关申报或者分批进口的，则本栏目填报的一定是装载这批货物的集装箱号。

三十、随附单证

（一）含义

随附单证，是指随进出口货物报关单一并向海关递交的，除商业、货运单据及在"许可证号"栏填报的进出口许可证以外的其他监管证件。

本栏目填报其代码及编号。

（二）填制规范

（1）本栏目填报根据《监管证件代码表》中的代码及编号，格式为"监管证件代码：监管证件编号"。

（2）所申报货物涉及多个监管证件的，一个监管证件代码和编号填报在"随附单证"栏，其余监管证件代码和编号填报在"标记唛码及备注"栏中的备注项。

（3）合同、发票、装箱单、进出口许可证等随附单证不在"随附单据"栏填报。

（4）加工贸易内销征税报关单，本栏目填写内销征税联系单代码(c)及编号。

（5）含预归类商品报关单，本栏目填写海关预归类决定书代码(r)及编号。

（6）深加工结转报关单，本栏目填写深加工结转申请表代码(K)及编号。

（三）《监管证件代码表》

在海关监管和报关实务中，为满足计算机管理和便捷通关的需要，海关对于每一商品编码下的商品，在通关系统中均应对应设置一定的监管条件，用以表示该商品是否可以进出口，或者进出口时是否需要提交监管证件，以及提交何种监管证件。例如，商品编号为8479.8999.10项下用于光盘生产的金属母盘生产设备（具有独立功能的），监管条件为"6ABO"，查阅《监管证件代码表》(如表 16-21 所示),“6”表示该商品的旧品禁止进口,“A”表示该商品进口时需要提交入境货物通关单,“O”表示需要提交自动进口许可证,“B”表示该商品出口时需要提交出境货物通关单。

表 16-21 海关监管证件代码表

代码	监管证件名称	代码	监管证件名称
1*	进口许可证	X	有毒化学品环境管理放行通知单
2*	两用物项和技术进口许可证	P*	固体废物进口许可证
3*	两用物项和技术出口许可证	Z	音像制品进口批准单或节目提取单
G	两用物项和技术出口许可证(定向)	Y*	原产地证明
4*	出口许可证	M	密码产品和设备进口许可证
x	出口许可证(加工贸易)	6	旧机电产品禁止进口
y	出口许可证(边境小额贸易)	9	禁止进口商品
7*	自动进口许可证(非机电产品)	8	禁止出口商品
O*	自动进口许可证(新旧机电产品)	e	关税配额外优惠税率进口棉花配额证
v*	自动进口许可证(加工贸易)	t	关税配额证明
A*	入境货物通关单	q	国别关税配额证明
B*	出境货物通关单	T	银行调运现钞进出境许可证
D	出/入境货物通关单(毛坯钻石用)	5	纺织品临时出口许可证
F	濒危物种允许进口证明书	H	港澳 OPA 纺织品证明
E	濒危物种允许出口证明书	U	合法捕捞产品通关证明
J	黄金及其制品进出口准许证或批件	s	适用 ITA 税率的商品用途认定证明
I	精神药物进(出)口准许证		
W	麻醉药品进出口准许证		
L	药品进出口准许证(兴奋剂)		
Q	进口药品通关单(一般药品)		
R	进口兽药通关单		

除上表所示监管条件及主管部门签发的许可证件外,海关通关系统中还包含部分由海关设置的监管证件,如内销征税联系单(c)、预归类标志(r)、深加工结转申请表(K)等。

(四)优惠贸易协定项下原产地证书相关内容的填报

(1)实行原产地证书联网管理的,本栏目中填报“Y:〈优惠贸易协定代码〉”(查表21-24可知代码);同时将原产地证书编号填报在“备案号”栏,格式为“Y原产地证书编号”。

例如,香港 CEPA 项下进口商品,CEPA 原产地证书编号为 YL012356,本栏目应填报为“Y:〈03〉”,同时在备案号栏填报“YL012356”。

(2)未实行原产地证书联网管理的,本栏填报“Y:〈优惠贸易协定代码:需证商品序号〉”(查表 16-22 可知代码),但“备案号”栏免予填报。

例如,《亚太贸易协定》项下进口报关单中第 1～3 项和第 5 项为优惠贸易协定项下商品,应填报为“Y:〈01:1—3,5〉”。

(3)优惠贸易协定项下出口货物,本栏目填报原产地证书代码和编号。

(4)一份原产地证书只能对应一份报关单,同一份报关单上的商品不能同时享受协定税率和减免税。在一票进口货物中,对于实行原产地证书联网管理的,如涉及多份原产地证书或含非原产地证书商品，应分单填报。报关单上申报商品的计量单位必须与原产地证书上对应商品的计量单位一致。

表 16-22 进口货物优惠贸易协定代码表

代　码	优惠贸易协定
01	亚太贸易协定
02	中国—东盟自贸区
03 联网	香港 CEPA
04 联网	澳门 CEPA
05	对非洲特别优惠关税待遇
06	台湾农产品零关税措施
07	中国—巴基斯坦自贸协定
08	中国—智利自贸协定
09	对也门等国特别优惠关税待遇
10	中国—新西兰自贸协定
11	中国—新加坡自贸协定
12	中国—秘鲁自贸协定
13	对最不发达国家的特别优惠关税待遇
14	海峡两岸经济合作框架协议
15	中国—哥斯达黎加自贸协定

三十一、标记唛码及备注

（一）含义

本栏目在纸质报关单中用于填报标记唛码、备注说明和集装箱号等与进出口货物有关的文字或数字。

（二）标记唛码项填制规范

标记唛码是运输标志的俗称。货物标记唛码中除图形以外的所有文字和数字，填报在本栏“标记唛码”项。

标记唛码英文表示为 Marks、Marking、MKS、Mark&NO、Shipping Marks 等。

（三）备注项填制规范

(1) 接受外商投资企业委托，代理进口投资设备、物品的进出口企业名称，格式为委托××××公司进口。

(2) 所申报货物涉及多个集装箱的，除第一个集装箱号以外的其余的集装箱号，格式为“集装箱号/规格/自重”。

(3) 关联备案号，即与本报关单有关联关系的，同时在业务管理规范方面又要求填报的备案号，包括以下几个方面。

① 加工贸易料件结转，填报其对应的备案号，格式为“转自(至)××××手册”。常适用：余料结转、深加工结转、加工设备结转，具体参见保税加工货物报关单填制规范。

② 加工贸易成品凭征免税证明转内销，填报转出手册编号或转入征免税证明编号，具体参见保税加工货物报关单填制规范。

③ 减免税货物结转进口，填报“结转联系函编号”或转入方“征免税证明编号”，具体参见减免税货物报关单填制规范。

（4）关联报关单号，即与本报关单有关联关系的，同时在业务管理规范方面又要求填报的报关单号，包括以下几个方面。

① 加工贸易结转类货物，应先办理进口报关后办理出口报关，并将进口报关单号在出口报关单中备注，具体参见保税加工货物报关单填制规范。

② 减免税货物结转出口（转出），应先办理进口报关后办理出口报关，并将进口（转入）报关单号在出口（转出）报关单中备注，具体参见减免税货物报关单填制规范。

③ 进口货物办理直接退运手续，除另有规定外，应先填写出口报关单，后填写进口报关单，并将出口报关单号在进口报关单中备注，具体参见直接退运货物报关单填制规范。

④ 暂准进境货物复运出境，填报原进口报关单号。

⑤ 无代价抵偿货物，填报原进口报关单号。

⑥ 一般退运进出口货物，填报原进出口报关单号。

（5）加工贸易货物。

① 加工贸易转内销货物，经营企业凭“加工贸易货物内销征税联系单”纸质或电子数据办理通关手续。在填制内销报关单时，在备注项注明“活期”字样。

② 加工贸易企业放弃半成品、残次品、副产品的，备注项注明“半成品”、“残次品”、“副产品”等相关字样；加工贸易放弃货物通过销毁处理的，注明“销毁”字样；经海关批准由企业自行处理的，注明“自行处理”字样，如放弃半成品并销毁处理的，注明“半成品/销毁”。

③ 来料加工出口成品报关单，注明料件费与工缴费金额。

（6）进口货物办理直接退运手续的，备注“准予直接退运决定书”或者“责令直接退运通知书”编号。

（7）所申报货物涉及多个监管证件的，其中一个监管证件填报在“随附单据”栏中，其余的监管证件填报在本栏备注项。应注意以下两种情况。

① 虽涉及多个监管证件，但在某些通关方式下证件可以免交的情况，如自动进口许可证。

② 资料未明确属监管证件放行货物，但根据海关监管规定需要领证的，如因品质不良退运进境的货物，需要入境货物通关单。

第三节　进出口货物报关单表体各栏目的填报

一、项号

（一）含义

项号是指申报货物在报关单中的商品排列序号及该项商品在加工贸易手册、征免税证明等备案单证中的顺序编号。

一份纸质报关单表体分为 5 栏，每项商品占据表体一栏，超过 5 项商品须分单填报。

一份电子报关单表体共有 20 栏，每项商品占据表体的一栏，超过 20 项商品须分单填报。

（二）常规填制规范

项号栏分两行填报：第一行填报货物在报关单中的商品排列序号；第二行专用于加工贸易、减免税和实行原产地证书联网管理等已备案、审批的货物，填报该项货物在加工贸易手册中的备案项号、征免税证明备案项号或原产地证书上的商品项号。

（三）特殊填制规范（第二行填写）

（1）深加工结转货物，分别按照加工贸易手册中的进口料件项号和出口成品项号填报。

（2）料件结转货物（包括料件、成品和半成品折料），出口报关单按照转出加工贸易手册中进口料件的项号填报；进口报关单按照转入加工贸易手册中进口料件的项号填报。

（3）料件转内销货物，以及按料件补办进口手续的转内销成品、半成品、残次品，应填制进口报关单，本栏目填报加工贸易手册进口料件的项号。加工贸易边角料、副产品内销，本栏目填报加工贸易手册中对应的料件项号。当边角料或副产品对应一个以上料件项号时，填报主要料件项号。

（4）料件复出货物（包括料件、边角料、来料加工半成品折料），出口报关单按照加工贸易手册中进口料件的项号填报；如边角料对应一个以上料件项号时，填报主要料件项号。料件退换货物（包括料件、不包括半成品），进出口报关单按照加工贸易手册中进口料件的项号填报。

（5）成品退运货物，退运进境报关单和复运出境报关单按照加工贸易手册原出口成品的项号填报。

（6）加工贸易成品凭征免税证明转为享受减免税进口货物的，应先办理进口报关手续。进口报关单填报征免税证明中的项号，出口报关单填报加工贸易手册原出口成品项号，进出口报关单货物的数量应一致。

（7）加工贸易料件、成品放弃，本栏目应填报加工贸易手册中进口料件或出口成品的项号。半成品放弃的应按单耗折回料件，以料件放弃申报，本栏目填报加工贸易手册中对应的料件项号。

（8）加工贸易副产品退运出口、结转出口或放弃，本栏目应填报加工贸易手册中新增的变更副产品的出口项号。

（9）经海关批准实行加工贸易联网监管的企业，按海关联网监管要求，企业需申报报关清单的，应在向海关申报货物进出口（包括形式进出口）报关单前，向海关申报清单。一份报关清单对应一份报关单，报关单商品由报关清单归并而得。

（10）加工贸易电子账册报关单中项号、品名、规格等栏目的填制规范比照加工贸易电子化手册。

（11）优惠贸易协定项下实行原产地证书联网管理的，填写对应的原产地证书上的“商品项号”。

二、商品编号

（一）含义

商品编号是指在《协调制度》的基础上，按商品归类规则确定的进出口货物的海关监管商品代码。商品编号由10位数字组成，前8位为《进出口税则》中的税则号列和《统计商品目录》确定的商品编号，后2位是海关附加编号。

（二）填制规范

(1) 加工贸易货物，报关单商品编号应与加工贸易手册(账册)中备案的商品编号一致。

(2) 减免税货物，报关单商品编号应与征免税证明备案数据一致。

(3) 加工贸易保税货物跨关区深加工结转的结转双方的商品编号的前4位必须一致。

三、商品名称、规格型号

（一）含义

商品名称是指国际贸易缔约双方同意买卖的商品名称。报关单中的商品名称是指进出口货物规范的中文名称。

规格型号是指反映商品性能、品质和规格的一系列指标，如品牌、等级、成分、含量、纯度、尺寸等。

（二）填制规范

(1) 本栏目分两行填报：第一行填报货物的中文名称，如果发票中的商品名称为非中文名称的，则需要翻译成规范的中文名称填报，必要时加注原文；第二行填报规格型号。

(2) 商品名称应当规范，规格型号应当足够详细，以能满足海关归类、审价及许可证件管理要求为准。为了规范进出口企业申报行为，提高申报数据质量，海关指定了《规范申报目录》，报关单位在报关时应当严格按照《规范申报目录》中关于规范申报商品品名、规格的要求填制报关单并依法办理通关手续(如表16-23所示)。

(3) 同一商品编号、多种规格型号的商品，可归并为一项商品的，按照归并后的商品名称和规格型号填报。

(4) 减免税货物、加工贸易等已备案的货物，本栏目填报的内容须与海关备案登记中同项号下货物的名称与规格型号一致。

(5) 加工贸易边角料和副产品内销，边角料复出口，应填报其报验状态的名称和规格型号，并加注形态说明。

(6) 对需要海关签发《货物进口证明书》的车辆、商品名称，应填报"车辆品牌＋排气量＋车型"。进口汽车底盘可不填报排气量。车辆品牌应按照"进口机动车辆制造厂名称和车辆品牌中英文对照表"中"签注名称"一栏的要求填报。规格型号可填报"汽油型"等。

表16-23 商品名称及申报要素(部分)

税则号列	商品名称	申报要素及说明举例
1601.0010	用天然肠衣作外包装的香肠及类似产品	① 品名；② 是否野生；③ 是否用天然肠衣作外包装；④ 包装规格
1601.0020	其他香肠及类似产品	① 品名；② 是否野生；③ 包装规格

续表

税则号列	商品名称	申报要素及说明举例
1601.0030	用香肠制成的食品	① 品名;② 是否野生;③ 包装规格
1602.1000	均化食品	① 品名;② 是否野生;③ 包装规格
1602.2000	动物肝	① 品名;② 制成或保存方法(煮、蒸、烤、煎、炸、炒等);③ 包装规格。如不包括包馅面食(饺子等),以肉或食用杂碎做馅的(税目 19.02);不包括调味汁及其制品、混合调味品(税目 21.03);不包括汤料及其制品、均化混合食品(税目 21.04)

四、数量及单位

(一) 含义

报关单上的"数量及单位"栏指进出口商品的成交数量及计量单位,以及海关法定计量单位和按照海关法定计量单位计算的数量。

海关法定计量单位又分为海关法定第一计量单位和海关法定第二计量单位。海关法定计量单位以《统计商品目录》中规定的计量单位为准(如表 16-24 所示)。例如,矿泉水为"升/千克",卷烟为"千支/千克"。

表 16-24 商品名称及计量单位

税则号列 Tariff item	商品名称及备注	进口退税	进口税率			增值税率	计量单位	监管条件
			最惠	普通	暂定			
22.01	未加糖或其他甜物质及未加味的水,包括天然或人造矿泉水及汽水、冰及雪							
	——矿泉水及汽水							
2201.1010	——矿泉水		20.0	90.0		17	升/千克	AB
2201.1020	——汽水	15	20.0	90.0		17	升/千克	AB
	——其他							
2201.9010	——天然水		10.0	30.0		17	千升/吨	AB
2201.9090	——其他		10.0	30.0		17	千升/吨	AB

(二) 常规填制规范

(1) 本栏目分 3 行填报:第一行填报海关法定第一计量单位及数量;第二行填报海关法定第二计量单位及数量,无第二计量单位的,第二行为空;第三行填报成交计量单位及数量,成交计量单位和法定计量单位一致时,第三行为空。

(2)《统计商品目录》未列明计量单位的,按成交计量单位及数量填报。

(3) 本栏目长度为 13 位整数及 5 位小数。超出上述范围的,允许合理修正实际计量单位,如将克改为千克或吨。数量栏不得为空或填报"0"。

（三）特殊填制规范

(1) 加工贸易备案的货物，成交计量单位必须与备案登记中同项号下货物的计量单位一致。加工贸易边角料和副产品内销、边角料复出口，填报其报验状态的计量单位。

加工贸易结转货物进出口报关单对应的数量、计量单位应当一致。

(2) 优惠贸易协定项下进出口商品的成交计量单位必须与原产地证书上对应商品的计量单位一致，申报数量不得超出原产地证书批准数量。

(3) 法定计量单位为“千克”的数量填报要求如下。

① 装入可重复使用的包装容器的货物，按货物的净重填报。

② 使用不可分割包装材料和包装容器的货物，按货物的净重填报，如零售包装的罐头、化妆品等。

③ 按照商业惯例以公量重计价的商品，应按公量填报，如羊毛、鸭绒等。

④ 以毛重作为净重计价的货物，可按毛重填报，如散装粮食、饲料等低价农副产品。

⑤ 采用零售包装的酒类、饮料，按照液体部分的重量填报。

(4) 成套设备、减免税货物如需分批进口，货物实际进口时，应按照实际报验状态确定数量。

根据归类规则，零部件按整机或成品归类的，法定计量单位是非重量的，其对应的法定数量填报“0.1”。

具有完整品或制成品基本特征的不完整品、未制成品，根据归类总规则应按完整品归类的，申报数量按照构成完整品的实际数量申报。

(5) 法定计量单位为立方米的气体货物，应折算成标准状况（摄氏零度及 1 个标准大气压）下的体积进行填报。

五、原产国（地区）/最终目的国（地区）

（一）含义

原产国（地区）是指进口货物的生产、开采或加工制造的国家或地区。对经过几个国家或地区加工制造的进口货物，以最后一个对货物进行实质性加工的国家或地区作为该货物的原产国（地区）。

最终目的国（地区）是指已知的出口货物最后交付的国家或地区，也即最终实际消费、使用或作进一步加工制造的国家或地区。

（二）常规填制规范

(1) 进口报关单“原产国（地区）”栏和出口报关单“最终目的国（地区）”栏均应按《国别（地区）代码表》选择填报相应的国家（地区）中文名称或代码。

(2) 原产国应依据《原产地条例》、《中华人民共和国海关关于执行〈非优惠原产地规则中实质性改变标准〉的规定》及海关总署关于优惠贸易协定原产地管理办法规定的原产地认定标准进行填报。

(3) 同一批货物的原产地不同的，应当分别填报原产国（地区）。

(4) 进口货物监管方式代码后两位为 42、43、54、55 的，原产国填报“中国”(142)；出口货物监管方式代码后两位为 42～46、54～58 的，原产国填报“中国”(142)。

(5) 进口货物原产国(地区)无法确定的,应填报“国别不详”(701)。

(6) 中性包装进口货物,原产国(地区)确实不详的,原产国填报“国别不详”(701)。

(7) 联合国及其所属机构或其他国际组织赠送的物资,应填报货物的实际生产国(地区)。

(8) 同一批出口货物的最终目的国(地区)不同的,应分项填报最终目的地国(地区)。

(9) 最终目的国(地区)可通过指运港所在国家(地区)来判断,不受中转影响。

(10) 出口货物不能确定最终目的国(地区)时,以尽可能预知的最后运往国(地区)为最终目的国(地区)。

(三) 特殊填制规范

(1) 料件结转货物,进口报关单原产国(地区)为原进口料件生产国(地区),出口报关单最终目的国(地区)填报“中国”(142)。

(2) 深加工结转货物,原产国(地区)和最终目的国(地区)都为“中国”。

(3) 料件复运出境货物,填报实际最终目的国(地区);加工出口成品因故退运境内的,原产国(地区)填报中国,复运出境的货物填报实际最终目的国(地区)。

(4) 海关特殊监管区域运往区外的货物,未经加工的进口货物,填报货物原进口时的原产国(地区);对于经加工的成品或半成品,按现行原产地规则确定原产国(地区);区外运入区内的货物,最终目的国(地区)为“中国”。

(5) 加工贸易剩余料件转内销,应按以下情况填报。

① 加工贸易剩余料件内销,填报料件的原实际生产国(地区)。

② 加工贸易成品(包括半成品、残次品、副产品)转内销,原产国均应填报“中国”。

六、单价、总价、币值

(一) 含义

单价是指进出口货物实际成交的商品单位价格的金额部分。

总价是指进出口货物实际成交的商品总价的金额部分。总价是海关审定完税价格的重要依据,海关会根据成交方式、运费、保费、杂费和总价审定货物的完税价格,从而计征税费。

币制是指进出口货物实际成交价格的计价货币的名称。

(二) 填制规范

(1) “单价”栏填报同一项号下进出口货物实际成交的商品单位价格的数字部分。单价如非整数,其小数点后保留 4 位,第 5 位及以后略去。

(2) “总价”栏填报同一项号下进出口货物实际成交的商品总价的数字部分。总价如非整数,其小数点后保留 4 位,第 5 位及以后略去。

(3) 无实际成交价格的,填报货值。

(4) “币制”栏根据实际成交情况按海关规定的《货币代码表》(如表 16-25 所示)选择填报相应的货币名称或代码。如《货币代码表》中无实际成交币种,需将实际成交币种按照申报日外汇折算率折算成“货币代码表”列明的货币填报。

表 16-25 常用货币代码表

货币代码	符 号	货币名称	货币代码	符 号	货币名称	货币代码	符 号	货币名称
110*	HKD	港币	116*	JPY	日本元	132	SGD	新加坡元
142*	CNY	人民币	133	KRW	韩国元	300*	EUR	欧元
302	DKK	丹麦克朗	303*	GBP	英镑	330	SEK	瑞典克朗
331	CHF	瑞士法郎	344	RUB	俄罗斯卢布	501	CAD	加拿大元
502*	USD	美元	601	AUD	澳大利亚元	609	NZD	新西兰元

七、征免

（一）含义

征免是指海关依照《海关法》、《关税条例》及其他法律、行政法规，对进出口货物进行征税、减税、免税或特案处理的实际操作方式。

同一份报关单上可以有不同的征减免税方式。

（二）主要征减免税方式

1. 照章征税

照章征税指对进出口货物依照法定税率计征各类税费。

2. 折半征税

折半征税指依照主管海关签发的征免税证明或海关总署的通知，对进出口货物依照法定税率折半计征关税和增值税，但照章征收消费税。

3. 全免

全免指依照主管海关签发的征免税证明或海关总署的通知，对进出口货物免征关税和增值税，但消费税是否免征应按有关批文的规定办理。

4. 特案减免

特案减免指依照主管海关签发的征免税证明或海关总署通知规定的税率或完税价格计征各类税费。

5. 随征免性质

随征免性质指对某些特定监管方式下进出口的货物按照征免性质规定的特殊计税公式或税率计征税费。

6. 保证金

保证金指经海关批准其保税放行的货物，由担保人向海关缴纳现金的一种担保形式。

7. 保函

保函指担保人根据海关的要求，向海关提交的订有明确权利和义务的一种担保形式。

（三）填制规范

（1）根据海关核发的征免税证明或有关政策规定，对报关单所列每项商品选择填报海关规定的《征减免税方式代码表》中相应的征减免税方式的名称。

(2) 加工贸易报关单应根据登记手册中备案的征免规定填报。加工贸易手册中备案的征免规定为"保金"或"保函"的,不能按备案的征免规定填报,而应填报"全免"。

第四节 不同通关货物报关单主要栏目填制对应关系

一、一般进出口货物报关单主要栏目填制

一般贸易是指我国境内有进出口经营权的企业单边进口或单边出口的贸易。本监管方式代码 0110,简称"一般贸易",适用范围包括以下几个方面。

(1) 以正常交易方式成交的进出口货物。

(2) 来料养殖、来料种植进出口货物。

(3) 保税仓库进口供应中国籍国际航行运输工具使用的燃料、物料等保税货物。

(4) 境内企业在境外投资作为实物投资运出的设备、物资。

(5) 外商投资企业进口供加工内销产品的料件。

(6) 贷款援助的进出口货物。

(7) 外商投资企业用国产原材料加工产品出口或经批准自行收购国内产品出口的货物。

(8) 供应外国籍船舶、飞机等运输工具的国产燃料、物料及零件。

(9) 国有公益性收藏单位通过合法途径从境外购入的藏品。

一般进出口货物报关单主要栏目及填制要求如表 16-26 所示。

表 16-26　一般进出口货物报关单主要栏目及填制要求

贸易方式	一般贸易	进口口岸/出口口岸	实际进出口口岸海关	征免性质	一般征税
备案号	为空	运输方式	实际进出境运输方式	运输工具名称	实际进出境运输工具名称
起运国/运抵国	实际起运国/运抵国	随附单据	根据实际货物属性判断	用途	外贸自营内销
备注	根据实际情况	原产国/最终目的国	根据实际情况判断	征免	照章征税

二、保税加工货物报关单主要栏目填制

保税加工货物涉及料件、成品、剩余料件、残次品、副产品、边角料等各类货物的流转处理,均须根据各自不同去向,按照海关监管的相应要求,分别填制报关单向海关办理报关手续。此处主要选择料件、成品的常见处理方式,列表汇总其报关单主要栏目填制要求及其对应关系。

(一) 来料加工

来料加工(0214)是指进口料件由境外企业提供,经营企业不需要付汇进口,按照境外企

业的要求进行加工或装配，只收取工缴费，制成品由境外企业销售的经营活动。本监管方式代码：0214，简称“来料加工”，主要适用于来料加工项下进口的料件和加工出口的成品。

来料加工进出口货物报关单“备案号”栏目应填报加工贸易手册或电子账册编号。成品出口报关单“征免”栏应填报“全免”，应征出口税的，应填报“照章征税”。其他栏目的填报参见下表进行综合判断。

（二）进料加工

进料加工（0615）贸易是指进口料件由经营企业（包括保税工厂）付汇进口，制成品由经营企业外销出口的经营活动。进料加工对口合同是指买卖双方分别签订进出口对口合同，料件进口时，我方先付料件款，加工成品出口时再向对方收取出口成品款项的交易方式，包括动用外汇的对口合同或不同客户的对口联号合同，以及对开信用证的对口合同。

本监管方式代码是0615，简称“进料对口”，主要适用于进料加工项下进口料件和出口成品，以及进料加工贸易中外商年费提供进口的主、辅料和零部件。

进料加工进出口货物报关单“备案号”栏应填报加工贸易手册或电子账册编号。成品出口报关单“征免”栏应填报“全免”，应征出口税的，应填报“照章征税”。其他栏目的填报参见下表进行综合判断。

（三）加工贸易项下其他货物

1. 结转

加工贸易经营企业将保税进口料件所加工的产品在境内结转给另一个加工贸易企业，用于再加工后复出口，转入、转出企业分别填制进出口报关单，监管方式为“来料深加工0255”或“进料深加工0654”。

加工贸易经营企业将加工过程中剩余的进口料件，结转到本企业同一加工监管方式下的另一个加工贸易合同，继续加工为制成品后复出口的应分别填制进出口报关单，监管方式为“来料余料结转0258”或“进料余料结转0657”。

2. 内销

（1）料件内销

加工贸易加工过程中产生的剩余料件、制成品、半成品、残次品及受灾保税货物，经批准转为国内销售，不再加工复出口的，以及海关事后发现企业擅自转内销并准予补办进口补税手续的加工贸易项下货物，应填制进口报关单，监管方式“来料料件内销0245”或“进料料件内销0644”。

（2）边角料内销

边角料、副产品，有商业价值且经批准转内销的，应填进口报关单，监管方式填报“来料边角料内销0845”或“进料边角料内销0844”。

（3）成品转减免税

加工贸易项下制成品，在境内销售给凭征税证明进口货物的企业，加工贸易经营企业填制出口报关单，监管方式“来料成品减免0345”或“进料成品减免0744”。

3. 退运（复出）

进口料件因品质、规格等原因退运出境，或加工过程中产生的剩余料件、边角料退运出境，且不再更换同类货物进口的，监管方式填报“来料料件复出 0265”、“来料边角料复出 0865”、“进料料件复出 0664”、“进料边角料复出 0864”。

4. 退换

(1) 料件退换

加工贸易保税料件因品质、规格等原因退运出境，更换料件后复进口的，退运出境报关单和复运进境报关单的监管方式应填报“来料料件退换 0300”或“进料料件退换 0700”。

(2) 成品退换

加工贸易出口成品因品质、规格等原因退运进境，经加工、维修或更换同类商品复出口的，退运进境报关单和复运出境报关单的监管方式应填报“来料成品退换 4400”或“进料成品退换 4600”。

5. 放弃

加工贸易进口料件或加工成品不再用于出口，主动放弃交由海关处理，应填制进口报关单，监管方式填报“料件放弃 0200”或“成品放弃 0400”。

加工贸易项下各类货物报关单填制的常见内容及栏目对应关系如表 16-27 所示。

表 16-27 加工贸易项下各类货物报关单填制的常见内容及栏目对应关系

项目	料件进口		料件退换	余料结转		深加工结转		料作内销	料件复出
栏目	进境		先出境后进境	形式进口	形式出口	形式进口	形式出口	形式进口	出境
贸易方式	来料加工	进料对口	来/进料料件退换	来/进料余料结转		来/进料深加工		来/进料料件内销	来/进料料件复出
进口口岸/出口口岸	指定范围内实际进出口岸海关			接受申报的海关					指定范围实际进出口海关
征免性质	来料加工	进料加工	免于填报	免于填报				一般征税	其他法定
备案号	加工贸易手册编号			转入手册编号	转出手册编号	转入手册编号	转出手册编号	加工贸易手册编号	
运输方式	实际进境运输方式		实际出/进境运输方式	其他运输					实际出境运输方式
运输工具名称	实际进境运输工具名称		实际出/进境运输工具名称	免于申报					实际出境运输工具名称
起运国(地区)/抵运国(地区)	实际起运国(地区)		实际运抵国(地区)/起运国(地区)	中国					实际运抵国(地区)
随附单证						K:深加工结转申请表编号		C:内销征税联系单号	
用途	加工返销		加工返销(进口)	加工返销	—	加工返销	—	其他内销	—

续表

项目／栏目	料件进口	料件退换	余料结转		深加工结转		料作内销	料件复出
	进境	先出境后进境	形式进口	形式出口	形式进口	形式出口	形式进口	出境
备注		退运出境报关单填报原进口报关单号	转出手册编号	转入进口报关单号；转入手册编号	转出手册编号	转入进口报关单号；转入手册编号	“活期”	原进口报关单号
项号（第二行）	手册对应进口料件项号		转入手册对应进口料件项号	转出手册对应进口料件项号	转入手册对应进口料件项号	转出手册对应进口料件项号	手册对应进口料件项号	
原产国(地区)/最终目的国(地区)	料件进口原产国(地区)/成品出口最终目的国(地区)	原进口料件原产国（地区）	原进口料件原产国（地区）	中国			原进口料件原产国(地区)	实际最终目的国(地区)
征免	全免						照章征税	全免

项目／栏目	成品出口		成品内销			成品退换	
			按料件征税	转减免税			
	出境		形式进口	形式进口	形式出口	进境	出境
贸易方式	来料加工	进料对口	来/进料料件内销	根据货物实际情况选择填报	来/进料成品减免	来/进料成品退换	
进口口岸/出口口岸	指定范围进出口岸海关		接受申报的海关			指定范围进出口岸海关	
征免性质	来料加工	进料加工	一般征税	征免税证明所批征免性质	免于填报	免于填报	
备案号	加工贸易手册编号			征免税证明编号	加工贸易手册编号		
运输方式	实际出境运输方式		其他运输			实际进/出境运输方式	
运输工具名称	实际出境运输工具名称		免予填报			实际进/出境运输工具名称	
起运国(地区)/运抵国(地区)	实际运抵国(地区)		中国			实际运抵国(地区)/运抵国(地区)	
随附单证			C：内销征税联系单号				
用途	—		其他内销	企业自用	—	其他	—
备注	料件费、工缴费		“活期”	转出手册编号	转入征免税证明编号		
原产国(地区)/最终目的国(地区)	实际最终目的国(地区)		中国				实际原出口成品对应项号
征免	征免：一般为“全免”应征出口税的：照章征税		照章征税	全免			

三、加工贸易进口设备报关单主要栏目填制

(一) 加工贸易设备

加工贸易设备(0420)是指来料加工、进料加工贸易项下外商作价提供、不扣减企业投资总额的进口设备。

本监管方式代码为“0420”,对应征免性质为“一般征税 101”或“加工设备 501”。

(二) 不作价设备

加工贸易项下外商提供的不作价设备(0320)是指境外企业与境内企业开展来料、进料业务,外商免费向境内加工贸易经营单位提供加工生产所需设备,境内经营单位不需支付外汇、不需用加工费或差价偿还。

本监管方式代码“0320”,简称“不作价设备”,对应征免性质为“加工设备 501”。

加工贸易进口不作价设备由加工贸易合同备案地海关办理备案手续,核发加工贸易手册,手册编号第一位标记为“D”。进口除《外商投资项目不予免税的进口商品目录》所列商品范围以外的不作价设备,且符合规定条件的,免征进口关税。与加工贸易免税进口不作价设备相关的监管方式有以下几种。

1. 加工设备内销

加工设备内销是指海关监管期内的加工贸易免税进口设备经批准转售给境内非加工企业,监管方式为“加工设备内销 0446”。

2. 加工设备结转

加工设备结转是指海关监管期内的加工贸易免税进口设备经批准转让给另一加工企业,或从本企业一本加工贸易手册结转入另一本加工贸易手册,监管方式为“加工设备结转 0456”。

3. 加工设备退运

加工设备退运是指加工贸易免税进口设备退运出境,监管方式为“加工设备退运 0466”。

加工贸易免税进口不作价设备的报关单主要栏目填制要求如表 16-28 所示。

表 16-28 加工贸易免税进口不作价设备的报关单主要栏目填制要求

<table>
<tr><th rowspan="3">项目
栏目</th><th colspan="5">加工贸易免税进口不作价设备</th></tr>
<tr><th rowspan="2">进境</th><th rowspan="2">退运出境</th><th>内销</th><th colspan="2">结转</th></tr>
<tr><th>形式出口</th><th>形式进口</th><th>形式出口</th></tr>
<tr><td>贸易方式</td><td>不作价设备</td><td>加工设备退运</td><td>加工设备内销</td><td colspan="2">加工设备结转</td></tr>
<tr><td>征免性质</td><td>加工设备</td><td>其他法定</td><td colspan="3">免于填报</td></tr>
<tr><td>备案号</td><td colspan="5">加工贸易手册(首位标记“D”)编号</td></tr>
<tr><td>经营单位</td><td colspan="3" rowspan="2">加工贸易经营企业</td><td rowspan="2">转入企业</td><td rowspan="2">转出企业</td></tr>
<tr><td>收发货单位</td></tr>
<tr><td>运输方式</td><td>进境实际运输方式</td><td>出境实际运输方式</td><td colspan="3">其他运输</td></tr>
<tr><td>起运国(地区)/运抵国(地区)</td><td>实际起运国(地区)</td><td>实际运抵国(地区)</td><td colspan="3">中国</td></tr>
</table>

续表

项目 栏目	加工贸易免税进口不作价设备				
	进境	退运出境	内销	结转	
			形式出口	形式进口	形式出口
备注		原进口 报关单号		转出手册号	转入进口 报关单号； 转入手册号
用途	企业自用	—	其他内销	企业自用	—
原产国(地区)/ 最终目的国(地区)	设备实际 原产国(地区)	实际最终 目的国(地区)	设备原生产国(地区)		中国
征免	特案	全免	照章征税	全免	

四、减免税货物报关单主要栏目填制

(一) 投资总额内进口设备、物品

外商投资企业作为投资进口的设备、物品，是指外商投资企业投资总额内的资金(包括中方投资)进口的机器设备、零部件和其他建厂所需材料，以及进口本企业自用合理数量的交通工具、生产用车辆、办公用品(设备)。

中外合资、合作企业进口设备、物品，监管方式为“合资合作设备 2025”；外商独资企业(以下简称“外资企业”)进口设备、物品，监管方式为“外资设备物品 2225”。

(二) 投资总额外自有资金免税进口设备

鼓励类和限制类外商投资企业、外商投资研究开发中心、先进技术型和产品出口型外商投资企业，以及符合中西部利用外资优势产业和优势项目目录的项目，利用企业投资总额以外的自有资金，在原批准的生产经营范围内，对设备进行更新维修，进口国内不能生产或性能不能满足需要的自用设备及其配套的技术、配件、备件，进口报关单监管方式应为“一般贸易 0110”，对应征免性质为“自有资金 799”。

(三) 减免税设备结转

减免税设备结转是指海关监管年限内的减免税设备，从进口企业结转到另一享受减免税待遇的企业，监管方式为“减免设备结转 0500”。减免设备结转的转入、转出企业应分别填写进、出口报关单向海关申报，具体栏目填制规范如表 16-28 所示。

需注意的是，加工贸易项下免税进口的不作价设备结转给另一加工贸易企业，不适用本贸易方式，应适用“加工设备结转 0456”。

减免税货物报关单主要栏目的填制要求如表 16-29 所示。

表 16-29 减免税货物报关单主要栏目填制要求

<table>
<tr><td rowspan="3">项目
栏目</td><td colspan="3">投资总额内进口</td><td rowspan="2">投资总额外进口</td><td colspan="2" rowspan="2">减免税设备结转</td></tr>
<tr><td>合资合作企业</td><td>外商独资企业</td><td>国内投资项目</td></tr>
<tr><td>进境</td><td>进境</td><td>进境</td><td>进境</td><td>形式进口</td><td>形式出口</td></tr>
<tr><td>贸易方式</td><td>合资合作设备</td><td>外资设备物品</td><td>一般贸易</td><td>减免设备结转</td><td colspan="2"></td></tr>
<tr><td>征免性质</td><td colspan="3">鼓励项目等</td><td>自有资金</td><td>根据货物实际情况选择填报</td><td>免于填报</td></tr>
<tr><td>备案号</td><td colspan="4">征免税证明编号</td><td>征免税证明编号</td><td>结转联系函编号</td></tr>
<tr><td>经营单位</td><td rowspan="2">该合资合作企业</td><td rowspan="2">该外商独资企业</td><td colspan="2" rowspan="2">进口设备企业</td><td rowspan="2">转入企业</td><td rowspan="2">转出企业</td></tr>
<tr><td>收发货单位</td></tr>
<tr><td>运输方式</td><td colspan="4">进境实际运输方式</td><td colspan="2">其他运输</td></tr>
<tr><td>起运国(地区)/运抵国(地区)</td><td colspan="4">实际起运国(地区)</td><td colspan="2">中国</td></tr>
<tr><td>备注</td><td colspan="2">如为委托进口,须注明代理进口的外资企业名称</td><td colspan="2"></td><td>结转联系函编号</td><td>转入进口报关单号;转入方征免税证明编号</td></tr>
<tr><td>用途</td><td colspan="4">企业自用</td><td>企业自用</td><td>—</td></tr>
<tr><td>原产国(地区)/最终目的国(地区)</td><td colspan="4">设备实际原产国(地区)</td><td>设备原生产国(地区)</td><td>中国</td></tr>
<tr><td>征免</td><td colspan="3">免征关税和增值税:全免免征关税。
增值税照章征收:特案</td><td>特案</td><td colspan="2">全免</td></tr>
</table>

五、暂准进出境货物报关单主要栏目填制

(一) 进出境展览品

进出境展览品指外国为来华或我国为到外国举办经济、文化、科技等展览或参加博览会而进出口的展览品,以及与展览品有关的宣传品、布置品、小卖品和其他物品。

本监管方式为"展览品 2700",对应征免性质为"其他法定 299"。

进出境展览品的范围主要包括在展览会、交易会、会议及类似活动中展示或者使用的货物,详见展览品通关程序。不复运出入境而留在境内外销售的进出境展览品,应按实际监管方式填报,不适用本监管方式。暂准进出口单证册(以下简称"ATA 单证册")项下的暂准进出展览品,持证人免填报关单,无须使用本监管方式。

(二) 暂时进出境货物

暂时进出境货物是指经海关批准,暂时进出关境并且在规定的期限内复运出境或进境的货物,包括国际组织、外国政府或外国和香港、澳门及台湾地区的企业、群众团体及个人为开展经济、技术、科学、文化合作交流而暂时运入或运出我国关境及复运出入境的货物。

本监管方式"暂时进出货物",对应征免性质为"其他法定 299",具体货物适用范围参见暂时进出境货物通关程序。

暂准进出境货物报关单主要栏目的填制要求如表 16-30 所示。

表 16-30 暂准进出境货物报关单主要栏目填制

项目 栏目	进境展览品		其他暂准进境货物	
	进境	复出境	进境	复出境
贸易方式	展览品		暂时进出货物	
征免性质	其他法定			
用途	收保证金/其他		收保证金/其他	
备注		原进口报关单号	暂时进境申请批准决定书	原进口报关单号
征免	保证金/保函	全免	保证金/保函	全免

六、无代价抵偿、一般退运、直接退运货物报关单主要栏目填制

(一) 无代价抵偿进出口货物

无代价抵偿进出口货物是指进出口货物经海关征税或免税放行后,发现货物残损、短少或品质不良及规格不符等原因,而由进出口货物的发货人、承运人或保险公司免费补偿或更换的与原货物相同或者与合同规定相符的货物。

本监管方式为"无代价抵偿 3100"。

无代价抵偿进出口货物报关单填制要求如下。

(1) 如原进出口货物退运出进境,其监管方式填报"其他 9900"。补偿进口货物的监管方式填报"无代价抵偿 3100",征免性质为"其他法定 299"或"一般征税 101";补偿出口报关单征免性质填报"其他法定 299"。

(2) 退运出进境货物的报关单及补偿进出口货物的报关单,均应在"标记唛码及备注"栏内填报原进出口货物报关单号。

(二) 退运货物

退运进出口货物是指原进、出口货物因残损、缺少、品质不良、规格不符、延误交货或其他原因退运出、进境的货物。

本监管方式为"退运货物 4561"。

1. 适用范围

本监管方式主要适用以下货物的退运进出境:一般贸易 0110、易货贸易 0130、租赁贸易 1523、外商投资企业设备物品 2025/2225、货样广告品 3010、其他进出口免费 3339 等。

2. 不适用范围

(1) 加工贸易项下料件、成品维修退换,监管方式为"来料料件退换"、"进料料件退换"、"来料成品退换"、"进料成品退换"。具体可参见其他保税加工货物报关单填制。

(2) 加工贸易项下料件、边角料退运,监管方式为"来料料件复出"、"来料边角料复出"、"进料料件复出"、"进料边角料复出"。具体可参见其他保税加工货物报关单填制。

(3) 加工贸易设备退运,监管方式为"加工设备退运"。

(4) 货物进境后、放行结关前退运的货物,监管方式为"直接退运"。

(5) "租赁不满一年"货物退运,监管方式为"租赁不满一年"。

(6) 进出口无代价抵偿货物，被更换的原进口货物退运出境，监管方式为“其他”。

3. 其他申报要求

退运货物进出口时，应随附原出(进)口货物报关单，并将原出(进)口货物报关单号填报在“标记唛码及备注”栏内。

(三) 直接退运货物

直接退运货物是指进口货物收发货人、原运输工具负责人或者其代理人在货物进境后、办结海关放行手续前，因海关责令或有正当理由获准退运境外的货物。

本监管方式为“直接退运 4500”。

1. 适用范围

(1) 在货物进境后、办结海关放行手续前，由于客观原因需向海关申请办理直接退运手续的，包括错发、误卸、溢卸货物，残损货物等。

(2) 在货物进境后，办结海关放行手续前，由于不符合有关法令，依法应当退运的，由海关责令当事人将进口货物直接退运境外的，包括违反有关进口法令，经海关处理后责令退运境外的。

(3) 保税区、出口加工区及其他海关特殊监管区域和保税监管场所进口货物直接退运的。

2. 不适用范围

海关放行后需办理退运出境的进口货物，以及进口转关货物在进境地海关放行后申请办理退运手续的货物。两者均应按“退运货物 4561”办理报关手续。

3. 其他申报要求

按照“先报出、后报进”的原则先办理出口手续，后办理进口手续。进口报关单“标记唛码及备注”栏将对应的出口报关单号作为“关联报关单号”填报，进出口报关单监管方式均为“直接退运货物”，“标记唛码及备注”栏均应填报海关准予进口货物直接退运决定书或海关责令进口货物直接退运通知书的编号。

无代价抵偿、一般退运、直接退运货物报关单主要栏目的填制要求如表 16-31 所示。

表 16-31 无代价抵偿、一般退运、直接退运货物报关单主要栏目的填制要求

项目 栏目	无代价抵偿进口货物		一般退运货物 （品质规格原因）		直接退运货物	
	退运出境	补偿进境	进境	出境	先出口报关	后进口报关
贸易方式	其他	无代价抵偿	退运货物		直接退运	
征免性质	其他法定				免予填报	
备注	原进口报关单号		原出口报关单号	原进口报关单号	决定书/通知书编号	出口报关单号；决定书/通知书编号
征免	全免					

七、其他货物报关单主要栏目填制规范

（一）租赁货物报关单填制规范

1. 适用范围

租赁货物涉及的监管方式有“租赁贸易 1523”、“租赁征税 9800”、“租赁不满一年 1500”。

租赁贸易是指经营租赁业务的企业与外商签订国际租赁合同项下境内企业租赁进口或出租出口的货物。

相关贸易方式包括租赁期在一年及以上的进出口货物，监管方式为“租赁贸易 1523”；租赁期在一年及以上的进出口货物分期办理征税手续时，每期征税适用监管方式“租赁征税 9800”；租赁期不满一年的进出口货物，监管方式为“租赁不满一年 1500”。

2. 不适用范围

（1）经营租赁业务的企业进口自用的设备、办公用品，监管方式为“一般贸易”。

（2）加工贸易租赁进口的机器设备，监管方式应为“加工贸易设备”。

3. 其他申报要求

（1）首次进口时，分期支付租金的，应填制两份报关单，一份监管方式为“租赁贸易”或“租赁不满一年”，申报租赁货物的全值，用于监管和统计；另一份监管方式为“租赁征税”，用于计征税款。纳税义务人申请一次性缴纳税款的，可以选择申请按照依次审查确定该货物的完税价格的方法，或者按照海关审查确定的租金总额作为完税价格。

（2）进口后，按合同约定支付各期租金并征税的，监管方式均为“租赁征税”，并将首次进口的报关单号作为“关联报关单”填报于“标唛码及备注”栏。

（3）退运时，“租赁贸易”期满复运出（进）口的货物，监管方式为“退运货物”；“租赁不满一年”期满复运出（进）口的货物，监管方式为“租赁不满一年”。

（二）修理物品报关单填制规范

进出境修理物品是指进境或出境维护修理的货物、物品。

本监管方式为“修理物品 1300”。

1. 适用范围

本监管方式适用于各类进出境维修的货物，以及修理货物维修所用的原材料、零部件。

2. 不适用范围

按加工贸易保税货物管理的进境维修业务，以及加工贸易项下进口料件和出口成品的进出境维修退换，监管方式为“来料料件退换”、“进料料件退换”、“来料成品退换”、“来料成品退换”、“进料成品退换”。

3. 其他申报要求

修理物品进口报关单对应征免性质为“一般征税”或“其他法定”。进出境维修货物复运出进境，进出口报关单需将关联的出、进口报关单号作为“关联报关单号”填报在“标记唛码及备注”栏。

（三）其他免费提供的进出口货物报关单填制规范

其他免费提供的进出口货物指除已具体列明的礼品、无偿援助和赠送物资、捐赠物资、

无代价抵偿进口货物、国外免费提供的货样、广告品等归入列名监管方式的免费提供货物以外，进出口其他免费提供的货物。

本监管方式为“其他进出口免费 3339”，适用范围包括外商在经贸活动中赠送的物品；外国人捐赠品；驻外中资机构向国内单位赠送的物资；经贸活动中由外商免费提供的试车材料、消耗性物品等。

本监管方式对应征免性质：“一般征税”或“其他法定”。

八、海关特殊监管区域和监管场所申报单填制规范

（一）保税仓库进出境仓储、转口货物报关单填制规范

保税仓库进出境仓储及转口货物，指从境外进口直接存入保税仓库、保税仓库出境的仓储、转口货物，以及出口监管仓库出境的货物。

本监管方式为“保税仓库货物 1233”。

本监管方式无对应征免性质代码，报关单“运输方式”栏应为非实际进出境的运输方式。相关申报要求如下。

（1）保税仓库进境货物销往境内，按货物运出保税仓库的实际用途填报相应的监管方式，参见保税仓库货物通关，其中报关单中运输方式栏填报“保税仓库”。

（2）境内存入出口监管仓库和出口监管仓库退仓货物，按实际监管方式填报，运输方式为“监管仓库”。

（3）保税仓库货物出仓运往境内其他地方转为正式进口的，在仓库主管海关办结出仓报关手续，填制出口报关单，监管方式为“保税间货物 1200”，进口报关单按实际进口监管方式填报，具体参见保税仓库货物通关程序。

（二）物流中心进出境货物报关单填制规范

保税物流中心进出境仓储货物是指从境外直接存入保税物流中心和从保税物流中心运出境的仓储、转口货物。

本监管方式为“物流中心进出境货物 6033”。

相关申报要求如下。

（1）从境内（海关特殊监管区域除外）运入保税物流中心货物应填制出口报关单，从保税物流中心提取运往境内的货物应填制进口报关单，监管方式按实际情况选择填报。

（2）保税物流中心与保税区、出口加工区、保税物流园区、保税仓库、出口监管仓库及保税物流中心之间等海关特殊监管区域或保税监管场所之间往来的货物，监管方式填报“保税间货物 1200”。

（三）保税区进出境仓储、转口货物申报单填制规范

保税区进出境仓储、转口货物是指从境外存入保税区、保税物流园区和从保税区、保税物流园区运出境的仓储、转口货物。

本监管方式代码为“1234”，简称“保税区仓储转口”。

保税区、保税物流园区进出境仓储、转口货物实行“备案制”，区内企业凭保税区、保税物流园区进（出）境货物备案清单向保税区、保税物流园区海关办理申报手续。保税区仓储、转口货物无须填报征免性质。

相关申报要求如下。

(1) 保税区、保税物流园区除仓储、转口货物以外的其他进出境货物，应按实际监管方式填报。如区内企业开展加工贸易业务所需进口料件和制成品出口，区内企业填写《进境备案清单》，监管方式应填报为“来料加工”或“进料对口”。

(2) 从保税区、保税物流园区运往境内非海关特殊监管区域、保税监管场所的货物，区外企业按实际监管方式填报进口货物报关单，运输方式为“保税区”。

(3) 从境内非海关特殊监管区域、保税监管场所运入保税区、保税物流园区的货物，以及从境内非海关特殊监管区域、保税监管场所运入保税区、保税物流园区后又退回境内的货物，区外企业按实际监管方式填报进出口货物报关单，运输方式为“非保税区”。

(四) 保税区加工贸易内销货物报关单填制规范

保税区进料加工、来料加工成品不复运出境，转为国内使用，按征税方式区分适用以下监管方式。

(1) 区内加工企业来料、进料加工全部用进口料件加工的制成品销往非保税区，以及来料、进料加工内销制成品所含进口料件的品名、数量、价值难以区分的，按照制成品征税。监管方式分为“保区来料成品 0445”和“保区进料成品 0444”。

(2) 区内企业来料、进料加工用含有部分进口料件加工的制成品销往非保税区时，对其制成品按照所含进口料件征税，监管方式分为“保区来料料件 0545”和“保区进料料件 0544”。

(3) 其他相关申报要求如下。

保税区加工贸易成品转内销货物，区外企业填报进口报关单，运输方式均为“保税区”，涉及监管方式为“保区进料成品”和“保区来料成品”时，备案号栏目应填报加工贸易手册编号，原产国(地区)填报中国；涉及监管方式为“保区进料料件”或“保区来料料件”时，备案号为空，原产国(地区)填报原进口料件的原产国(地区)，原因是内销的制成品中部分使用进口料件，部分使用国产料件。

(五) 海关特殊监管区域、保税监管场所之间往来货物的报关单填制规范

此处的特殊监管区域包括出口加工区、保税区、保税物流园区，保税监管场所包括出口监管仓库、保税仓库、保税物流中心。

其中，涉及报关单填制时(区外企业，场所外企业)，监管方式为“保税间货物 1200”。

本监管方式下的货物，区外企业填制出口报关单或进口报关单，监管方式均为“保税间货物”，征免性质免于填报(非实际进出境)，运输方式填报“其他”，起运国或运抵国填报“中国”，原产国或最终目的国按照实际国别填报。

本监管方式不适用出口加工区间结转货物。不同出口加工区企业结转货物适用进出境备案清单，监管方式为“成品进出区 5100”和“料件进出区 5000”。

(六) 海关特殊监管区域进出境货物备案清单填制规范

下述 6 种监管方式，只适用于保税港区、综合保税区、出口加工区、珠澳跨境工业园区(珠海园区)等区内企业申报使用，不适用于区外企业和保税区、保税物流园区内企业。

(1) “区内来料加工 5014”指海关特殊监管区域与境外之间进出的来料加工货物，适用于海关特殊监管区域内企业在来料加工贸易业务项下的料件从境外进口及制成品出境。

(2)“区内进料加工货物 5015”指海关特殊监管区域与境外之间进出的进料加工货物，适用于海关特殊监管区域内企业在进料加工贸易业务项下的料件从境外进口及制成品出境。

(3)“区内物流货物 5034”指海关特殊监管区域与境外之间进出的物流货物，适用于海关特殊监管区域内企业从境外运进或运往境外的仓储、分拨、配送、转口货物，包括流通领域的物流货物及供区内加工生产用的仓储货物。

(4)“境外设备进区 5335”指海关特殊监管区域从境外进口的设备及货物，适用于海关特殊监管区域内企业从境外进口用于区内业务所需的设备、物资，以及区内企业和行政管理机构自用合理数量的办公用品等。

(5)“区内设备退运 5361”指海关特殊监管区域设备及货物退运境外，适用于海关特殊监管区域内企业将监管方式代码“5335”项下的设备、物资退运境外。

(6)“特殊区域研发货物 5010”指海关特殊监管区域与境外之间进出的研发货物，适用于海关特殊监管区域内企业从境外购进的用于研发的材料、成品，或研发后将上述货物退回境外，但不包括企业自用或其他用途的设备。

上述监管方式中，“区内进料加工货物 5015”适用征免性质代码“进料加工 503”，监管方式“区内物流货 5034”无须填报征免性质代码。

(七) 海关特殊监管区域进出区货物

下述 3 种监管方式，适用于保税港区、综合保税区、出口加工区、珠澳跨境工业园区(珠海园区)等区内企业申报使用，不适用于区外企业和保税区、保税物流园区内的企业。

(1)“料件进出区 5000”指料件进出海关特殊监管区域，适用于海关特殊监管区域内保税加工、保税物流或研发企业与境内(区外)之间进出的料件，包括此类料件在境内的退运、退换。

(2)“成品进出区 5100”指成品进出海关特殊监管区域，适用于海关特殊监管区域内保税加工、保税物流或研发企业与境内(区外)之间进出的成品，包括此类成品在境内的退运、退换。

(3)“设备进出区 5300”指设备及物资进出海关特殊监管区域，适用于海关特殊监管区域内企业从境内(区外)购进的自用设备、物资，或将设备、物资销往区外，结转到同一海关特殊监管区域或另一海关特殊监管区域的企业，以及在境内的退运、退换。

相关申报要求如下。

1. 出区货物

(1) 区外企业填制进口货物报关单，监管方式填报区外企业提取区内货物适用的监管方式，运输方式填报“出口加工区 Z”；原产国按实际填报(对于未经加工的进口货物，按货物原进口时的原产国统计；对于经加工的成品或半成品，按现行进口原产地规则确定原产国)；起运国填写“中国 142”。

(2) 区内企业填制出境货物备案清单，监管方式分别适用“料件进出区 5000”、“成品进出区 5100”、“设备进出区 5300”，运输方式填报“其他 9”。

2. 进区货物

(1) 区外企业填制出口货物报关单，监管方式填报区外企业将货物运入区内货物适用的监管方式，运输方式为“出口加工区 Z”，目的国和运抵国填写“中国 142”。

(2) 区内企业填制进境货物备案清单，监管方式分别适用“料件进出区 5000”、“成品进出区 5100”、“设备进出区 5300”，运输方式填报“其他 9”。

以上 3 种监管方式下进出区货物均无须填报征免性质代码。

(八) 海关特殊监管区域进出境和进出区货物注意事项

上述提及的海关特殊监管区域进出境或进出区货物申报单填制规范不包括下列情形。

(1) 出口加工区企业加工贸易进口料件退换进出境或在区内企业间退换，监管方式为“进料料件退换 0700”。

(2) 出口加工区企业加工贸易成品退换进出境或在区内企业间退换，监管方式为“进料成品退换 4600”。

(3) 出口加工区企业进境料件退运出境，监管方式为“进料料件复出 0664”。

(4) 出口加工区企业边角料退运出境，监管方式为“进料边角料复出 0864”。

(5) 出口加工区企业加工设备运出境外、区外维修机维修后运回，监管方式为“修理物品 1300”。

(6) 出口加工区企业产品运出区外展览及展览完毕运回区内，监管方式为“展览品 2700”。

(7) 出口加工区企业产品、设备运往区外测试、检验及复运回区内，加工区企业委托区外加工产品运出、运回加工区，监管方式为“暂时进出货物 2600”。

第五节 其他进出境申报单

其他进出境申报单指除了报关单填制规范所规定的报关单格式以外，专用于特定地区、特定货物及特定运输方式的进出境申报单。

一、保税区进出境货物备案清单

“保税区进出境货物备案清单”是由海关规定统一格式，由保税区内企业或其代理人填制并向保税区海关提交的申请货物进出保税区的法律文书。

保税区备案清单适用于保税区从境外进口的货物(包括加工贸易料件、转口货物、仓储货物)和保税区运往境外的出口货物。

保税区备案清单不适用于保税区与国内非保税区之间进出口的货物，区内企业从境外进口自用的机器设备、管理设备、办公用品，以及区内工作人员自用的应税物品。

保税区备案清单一式五联，分别为进(出)地海关存查联，海关统计联，主管海关存查联，备案单位存查联，进境付汇核销、出境结汇专用联。

保税区备案清单的填制格式、内容及填制要求与报关单基本相同。

二、出口加工区进出境货物备案清单

“出口加工区进出境货物备案清单”是由海关规定统一格式，由出口加工区内企业或代理人填制，并向出口加工区海关提交的申请货物运入或运离出口加工区的法律文书。

出口加工区备案清单主要适用于出口加工区实际进出境货物、加工区与国内其他地区之间的非实际进出境货物、同一出口加工区或不同出口加工区之间的企业结转（调拨）货物。

三、ATA 单证册

ATA 单证册是指世界海关组织通过的《货物暂准进口公约》及其附约 A 和《ATA 公约》中规定的，用于替代各缔约国海关暂准进出口货物报关单和税费担保的国际统一通用的海关报关单证。

由于我国目前只加入了展览品暂准进口使用 ATA 单证册的有关国际公约，因此，我国目前只接受属于展览品范围的 ATA 单证册。有关单位向海关递交 ATA 单证册时，应递交中文或英文填报的 ATA 单证册。如递交英文时，应提供中文译本；用其他文字填写的，必须同时递交忠实于原文的中文或英文译本。相关内容可参见展览品通关程序。

四、集中申报清单

集中申报是指经向海关备案，进出口货物收发货人在同一口岸多批次进出口属于《中华人民共和国海关进出口货物集中申报管理办法》规定范围内的货物，可以先以《海关进（出）口货物集中申报清单》（如图 16-3 和图 16-4 所示）申报货物进出口，然后在海关规定的期限内再以进（出）口货物报关单集中办理海关申报手续的特殊通关方式。

中华人民共和国海关进口货物集中申报清单

海关编号：××××-××××-I-×××××××××

<table>
<tr><td colspan="2">进口口岸</td><td>进口日期</td><td colspan="2">申报日期</td><td>备案号</td></tr>
<tr><td colspan="2">经营单位</td><td>运输方式</td><td colspan="2">运输工具名称</td><td>提运单号</td></tr>
<tr><td colspan="2">收货单位</td><td colspan="2">贸易方式</td><td colspan="2">许可证号</td></tr>
<tr><td colspan="2">集装箱号</td><td colspan="2">起运国（地区）</td><td colspan="2">装货港</td></tr>
<tr><td>件数</td><td>包装种类</td><td colspan="2">毛重（千克）</td><td colspan="2">净重（千克）</td></tr>
<tr><td colspan="2">随附单据</td><td colspan="4">备注</td></tr>
<tr><td colspan="6">项号　商品编号　商品名称、规格型号　数量及单位　原产国（地区）　单价　总价　币制</td></tr>
<tr><td colspan="6"></td></tr>
<tr><td colspan="6"></td></tr>
<tr><td colspan="6"></td></tr>
<tr><td colspan="6"></td></tr>
<tr><td colspan="6"></td></tr>
<tr><td colspan="2">录入员　录入单位</td><td colspan="2" rowspan="3">兹声明以上申报无讹并承担法律责任。

申报单位（签章）

填制日期</td><td colspan="2">海关审单批注及放行日期（签章）

审单</td></tr>
<tr><td colspan="2" rowspan="2">报关员

单位地址

邮编　电话</td><td colspan="2">查验</td></tr>
<tr><td colspan="2">放行</td></tr>
</table>

图 16-3　中华人民共和国海关进口货物集中申报放行

中华人民共和国海关出口货物集中申报清单

海关编号：××××-××××-I-×××××××××

<table>
<tr><td colspan="2">出口口岸</td><td>出口日期</td><td>申报日期</td><td colspan="2">备案号</td></tr>
<tr><td colspan="2">经营单位</td><td>运输方式</td><td>运输工具名称</td><td colspan="2">提运单号</td></tr>
<tr><td colspan="2">发货单位</td><td colspan="2">贸易方式</td><td colspan="2">许可证号</td></tr>
<tr><td colspan="2">集装箱号</td><td colspan="2">运抵国(地区)</td><td colspan="2">指运港</td></tr>
<tr><td>件数</td><td>包装种类</td><td colspan="2">毛重(千克)</td><td colspan="2">净重(千克)</td></tr>
<tr><td colspan="2">随附单据</td><td colspan="4">备注</td></tr>
<tr><td colspan="6">项号　商品编号　商品名称、规格型号　数量及单位　原产国(地区)　单价　总价　币制</td></tr>
<tr><td colspan="6"></td></tr>
<tr><td colspan="6"></td></tr>
<tr><td colspan="6"></td></tr>
<tr><td colspan="6"></td></tr>
<tr><td colspan="2">录入员　录入单位</td><td colspan="2" rowspan="4">兹声明以上申报无讹并承担法律责任。

申报单位(签章)

填制日期</td><td colspan="2">海关审单批注及放行日期(签章)

审单</td></tr>
<tr><td colspan="2" rowspan="3">报关员

单位地址

邮编　电话</td></tr>
<tr><td colspan="2">查验</td></tr>
<tr><td colspan="2">放行</td></tr>
</table>

图 16-4　中华人民共和国海关进口货物集中申报清单

理论解读16-1

1. 一票货物海关通关制度涉及报关单主要栏目之间的关系

(1) 货物范围：货物性质、监管方式、贸易目的(用途、原产国、生产厂家、最终目的国)。

(2) 许可证件管理：许可证号、批准文号、随附单据。

(3) 税收征管：备案号、征免性质、征免。

报关单中的一些重要栏目与许可证件管理、税费管理、报关程序有着密切联系。

2. 杂费栏填报技巧

(1) 判断成交价格以外的杂费的方法

成交价格以外的杂费仅为两种，一种是已计入发票总价，但不应是买方支付的；另一种是未计入发票总价，应是买方支付的，除上述两种杂费外，都不是成交价格以外的杂费，无须填报。

例如，发票显示“Price term：CIF Dalian；Quantity：36562KGS；Unit Price：0.805 USD/KG；Value USD 29482.41；Internation Freight：USD2450；Insurance USD99.34；FOB Value USD26933.07；Fumigation(境外熏蒸费)USD50”。

可以看出，运费、保费已计入总价，且不应是买方再支付的，因此不是成交价格以外的杂费；境外熏蒸费未计入总价，应是买方支付的，是成交价格以外的杂费，需在杂费栏目填报。如果总价为USD29 532.41，则境外熏蒸费已计入总价，且不应是买方再支付的，不是成交价格以外的杂费，本栏目则免填。

（2）区别应计入杂费和应扣除杂费的方法

属应计入杂费的，应同时满足两个条件：一是该笔杂费未计入发票总价；二是发票上列明的这笔杂费，须由买方支付给卖方的。同时满足这两个条件的为计入杂费，填报正值或正率。只要其中一个条件不满足，杂费栏就免填。

属扣除杂费的，亦应同时满足两个条件：一是这笔杂费已计入发票总价；二是发票上列明的杂费不应由买方支付。若同时满足这两个条件的，则为应扣除杂费，填报时为负值或负率。只要其中一个条件不满足，杂费栏就免填。

例如，发票上列明销售佣金USD200。销售佣金属于在成交价格以外需另行支付给卖方的佣金。属于应计入完税价格的杂费，如未计入总价，应填报正值或正率，即502/200/3。如果是购货佣金USD200，即买方支付给代理人的佣金，如已计入总价，属应从完税价格中扣除的杂费，应填报负值或负率，即502/－200/3。

（3）填报杂费栏首先应判断要不要填报

是否填报杂费栏与报关单“总价”栏的填报有着密切关系。若应计入杂费或应扣除杂费在“总价”中已计入或已扣除，在这种下，杂费栏免填。判断总价中是否已经计入或扣除杂费，主要通过发票中的价格明细判断。

理论解读16-2

随附单据栏中涉及多个监管证件时存在免证的情况。

随附单据栏中涉及多个监管证件时，存在免证的情况如表16-32所示。

表16-32 随附单据栏中涉及多个监管证件时存在免证的情况

<table>
<tr><th colspan="2">方　式</th><th>进出境环节</th><th>内销环节</th></tr>
<tr><td colspan="2">一般进出口货物</td><td>属许可证件管理的，“交证”</td><td></td></tr>
<tr><td rowspan="4">保税加工货物</td><td>料件进口</td><td>“免证”（除消耗臭氧层物质、易制毒化学品、监控化学品、原油、成品油）</td><td rowspan="2">① 进境时免证的，内销时“交证”（除内销料件价值为原进口料件价值3%及以下，且不超过人民币1万元的）；
② 进境时交证的，内销时免证</td></tr>
<tr><td>成品出口</td><td>属出口许可证件管理的，“交证”</td></tr>
<tr><td>不作价设备</td><td>“免证”</td><td>“交证”（除监管期满，企业留用的，免证）</td></tr>
<tr><td>受灾保税货物</td><td></td><td>① 不可抗力造成的，“免证”；
②非不可抗力造成的，“交证”</td></tr>
</table>

续表

<table>
<tr><th colspan="2">方　式</th><th>进出境环节</th><th>内 销 环 节</th></tr>
<tr><td rowspan="3">保税物流货物</td><td>保税仓库进仓</td><td rowspan="2">“免证”(除特殊商品)</td><td rowspan="3">① 进境时免证的，内销时交证；
② 进境时交证的，内销时免证</td></tr>
<tr><td>保税区境外进区</td></tr>
<tr><td>其他特殊区域、场所</td><td>“免证”</td></tr>
<tr><td colspan="2">特定减免税进口货物</td><td>属进口许可证件管理的，“交证”(除外企进口投资设备)</td><td rowspan="2">① 进境时免证的，内销时交证；
② 进境时交证的，内销时免证</td></tr>
<tr><td colspan="2">暂准进出境货物</td><td>“免证”(除法检货物及特殊货物)</td></tr>
<tr><td colspan="2">货样、广告品进出口</td><td colspan="2">① “交证”，但进口属自动进口许可证管理的机电产品(旧机电除外)和一般商品，价值人民币 5 000 元及以下“免证”；
② 出口货值在人民币 3 万元及以下的“免证”(除两用物项)</td></tr>
<tr><td colspan="2">溢装、溢卸货物</td><td colspan="2">① 出口货物，溢装量在 5%及以内(原油、成品油 3%及以内)，“免出口许可证件”；
② 进口货物，溢卸量在 5%及以内(原油、成品油、化肥、钢材 3%以内)免自动进口许可证</td></tr>
<tr><td colspan="2">废物进口、旧机电进口</td><td colspan="2">交废物进口许可证、进口许可证和入境货物通关单</td></tr>
<tr><td colspan="2">属法检货物</td><td>交入境货物通关单</td><td>免证</td></tr>
</table>

注：货样、广告品和溢装、溢卸货物不涉及内销问题。

理论解读16-3

出口加工区进出境备案清单填制

《中华人民共和国海关进(出)境货物备案清单》原则上按《中华人民共和国海关进出口货物报关单填制规范》的要求填制，对部分栏目说明如下。

(1) 进口口岸/出口口岸

实际进出境货物，填报实际进(出)境的口岸海关名称及关区代码。

特殊区域与区外之间进出的货物，填报本特殊区域海关名称及关区代码。

在特殊区域内流转的货物，填报本特殊区域海关名称及关区代码。

不同特殊区域之间、特殊区域与保税监管场所之间相互流转的货物，填报对方特殊区域或保税监管场所海关名称及关区代码。

(2) 备案号

进出特殊区域的保税货物，应填报标记代码为 H 的电子账册备案号。

进出特殊区域的企业自用设备、基建物资、自用合理数量的办公用品，应填报标记代码为 H 的电子账册(第六位为 D)备案号。

自2010年7月1日起，海关对进出综合保税区、保税港区的货物实行电子账册(电子账册第一位标记代码为“H”，以下简称“H账册”；减免税货物对应电子账册第六位标记代码为“D”，以下简称“HD账册”)管理。

(3) 运输方式

实际进出境货物，应根据实际运输方式，按海关规定的《运输方式代码表》选择填报相应的运输方式。

同一特殊区域或不同特殊区域之间、特殊区域与保税监管场所之间流转的货物，区内企业填报“其他运输”(代码为9)。

特殊区域与境内(区外)(非特殊区域、保税监管场所)之间进出的货物，区内、区外企业应根据实际运输方式分别填报，“保税港区/综合保税区”(代码为Y)，“出口加工区”(代码为Z)。

(4) 运输工具名称

同一特殊区域或不同特殊区域之间、特殊区域与保税监管场所之间流转的货物，在出口备案清单本栏目填报转入方关区代码(前两位)及进口报关单(备案清单)号，即转入××(关区代码)×××××××××(报关单/备案清单号)。

(5) 贸易方式(监管方式)

参见前述内容。

知识点关联图

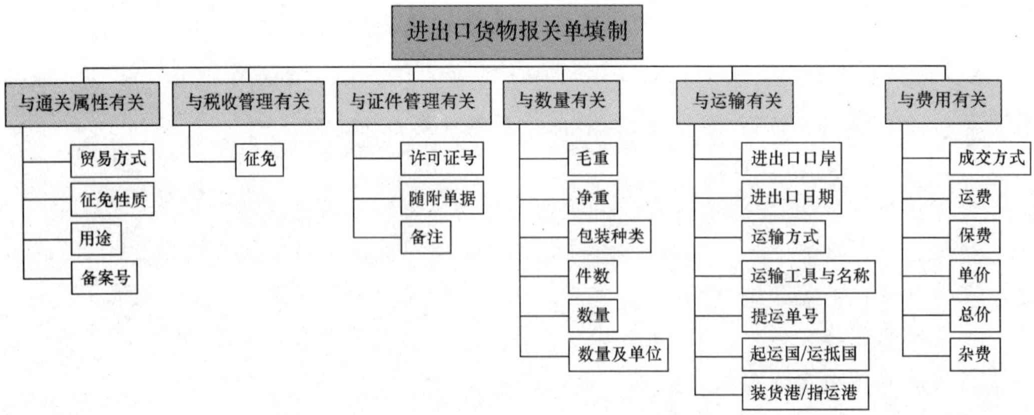

精 选 习 题

下列报关单中各有 20 个已填(包括空填)栏目(标号 A～T),请分别指出每张报关单中的 5 处填制错误。

1. 杭州华云纸业有限公司(3301910221,以下简称“华云公司”)从境外采购废纸(法定计量单位为“千克”)一批,拟加工成白卡纸后最终销往国内市场。货物进境后,华云公司自行向口岸海关办理报关手续。相关单据如图 16-5～图 16-7 所示。

MACAO UNITED COMMERCIAL OFFSHORE CO., LTD.

INVOICE & PACKING LIST

Invoice No.:	19243	**Date**:	10-Apr-2008
Contract No.:	NBZH/06004LL/CN		
Messrs:	HANGZHOU HUAYUN PAPER CO., LTD. 801, DINGJIAO STREET, HANGZHOU, CHINA		

From	MINNEAPOLIS,USA	**to**	HANGZHOU, CHINA
Port of Loading :	LOS ANGELES	**Port of Discharge:**	NINGBO, CHINA
Shipped per :	"XIN RI ZHAO"V. 0038W	**Sailing on or about:**	12-Apr-2008

Marks	Description	Quantity	Unit Price	Amount
			US$	CIP HANGZHOU
	RECOVERD PAPER	200 BALES	213.00	26 675.69
	No. 37 SORTED OFFICE PAPER	125.238 M/T		

PACKING DETAILS:

CONTAINER NO.	SIZE/TYPE	PKGS	NET WEIGHT	GROSS WEIGHT
CCLU6849804	40 HC	40 BALE	24 839.00 kg	24 839.00 kg
CCLU6191441	40 HC	40 BALE	24 694.00 kg	24 694.00 kg
CCLU6234965	40 HC	40 BALE	25 011.00 kg	25 011.00 kg
CCLU6451868	40 HC	40 BALE	25 819.00 kg	25 819.00 kg
GESU5127693	40 HC	40 BALE	24 875.00 kg	24 875.00 kg

Total: 5×40 HC 200 BALES G.W. 125 238 kg G.W. 125 238 kg

MACAO UNITED COMMERCIAL OFFSHORE CO., LTD.

Authorized Signature

图 16-5 发票和装箱单

COMBINED TRANSPORT BILL OF LADING

Shipper NL FIBERS 132 TH AVE NE SUITE A302 BELLEVUE,WA USA		**Booking No.** HOU183382	**B/L No.** SEANGB000137
		Export References	
Consignee HANGZHOU HUAYUN PAPER CO.,LTD. 801, DINGJIIAO STREET,HANGZHOU, CHINA		Forwarding Agent References	
		Point and Country of Origin U.S.A	
Notify Party Same as Consignee		**Also Notify Party -routing & Instructions** MACAO UNITED COMMERCILA OFFSHORE CO., LTD.	
Pre-carriage By	**Place of Receipt** MINNEAPOLIS		
Vessel/Voyage XIN RI ZHAO 0038W	**Port of Loading** LOS ANGELES	**Service Contract No.** LOA 06502	**Commodity Code**
Port of Discharge NINGBO	**Place of Delivery** HANGZHOU, CHINA	**Type of Movement** FCL/FCL CY/CY	

PARTICULARS FURNISHED SHIPPER

Container No.	Number of Packages	Description of Goods	Gross Weight (kg)	Measurement (m^3)
	200	5×40HC CONTAINERS SLAC 200BALES 125.238MT COMMODITY:RECOVERED PAPER NO.37 SORTED OFFICE PAPER COUNTRY OF ORIGIN:USA PACKED IN STANDARD NON-WOODEN EXPORT PACKING FREIGH PREPAID INCLUDING DTHC 14 DAYS OF FREE TIME AT THE DESTINATION PORT	125 238.00	244.00
CONTAINER NO.	**SEAL NO.**	**SIZE/TYPE PKG**	**WEIGHT**	
CCLU6849804	0001655	40HC 40BALE	24 839.00KG	48.80
CCLU6191441	0001641	40HC 40BALE	24 694.00KG	48.80
CCLU6234965	0001654	40HC 40BALE	25 011.00KG	48.80
CCLU6451868	0001642	40HC 40BALE	25 819.00KG	48.80
GESU5127693	0001643	40HC 40BALE	24 875.00KG	48.80

THESE COMMODITES,TECHNOLOGY,OR SOFTWARE WERE EXPORTED FROM THE UNITED STATES IN ACCORDING WITH THE EXPORT ADMINSTRATION REGULATIONS. DIVERSION STATEDS IN ACCORDANCE WITH CONTRARY TO U.S. LAW PROHIBITED.

Total Number of Containers /or Package(in words)
SAY FIVE CONTAINERS TOTAL

Freight and Charges	**No. Of Original B/L Issued** THREE(3)
	Date Laden on Board:12 APR 2008
	China Shipping(North America)Agency Co.,Inc.

9805 Date of Issue 12 APR 2008 **Place of Issue** HOUSTON, TX

图 16-6 提单

中华人民共和国海关进口货物报关单

预录入编号：　　　　　　　　　　海关编号：

(A) 进口口岸	(B) 备案号	进口日期	申报日期
杭州关区 2009			

经营单位	(C) 运输方式	(D) 运输工具名称	(E) 提运单号
	水路运输	XIN RI ZHAO/0038W	SEANGB000137

收货单位	(F) 贸易方式	征免性质	征税比例
	一般贸易		

(G) 许可证号	起运国（地区）	(H) 装货港	境内目的地
		洛杉矶	

批准文号	(I) 成交方式	(J) 运费	保费	杂费
	CIF			

合同协议号	(K) 件数	(L) 包装种类	毛重（千克）	净重（千克）
	200	包		

(M) 集装箱号	(N) 随附单据	(O) 用途
CCLU6849804/40/×××		加工返销

(P) 标记唛码及备注

CCLU6191441/40/××××, CCLU6234965/40/××××, CCLU6451868/40/××××, CESU5127693/40/××××

(Q) 项号	商品编号	商品名称、规格型号	(R) 数量及单位	原产国（地区）	(S) 单价	总价	币制	(T) 征免
01			125 238 千克		213			全免

税费征收情况

录入员　录入单位	兹声明以上申报无讹并承担法律责任。	海关审单批注放行日期（签章）
报关员	申报单位（签章）	审单　审价
单位地址		征税　统计
邮编　电话	填制日期	查验　放行

图 16-7　中华人民共和国海关进口货物报关单

2. 宁波威玛电子有限公司(330294 ××××)经与美国供应商协商,于手册有效期内申报退运出口锂电池一批,装载货物的运输工具于 2008 年 3 月 25 日离境。相关单据如图 16-8～图 16-11 所示。

COMMERCIAL INVOICE

INVOICE No.: 970324-AU1 **DATE: Mar 24th,2008**
Commodity: Batteries

Consignee: Ultralife Batteries Inc.
3000 Technology Pkwy
Newark, New York 15314 USA
Phone: (315) ×××-××××
Fax: (315) ×××-××××

Attn: Marc Slye

Mark & Numbers	Description	Quantity	Unit Price (USD)	Total Amount (USD)
U9VL-J	Li batteries	24 270pes	3.30	80 091.00
			Total FOB:	80 091.00

Remark: RMA#067-08

TOTAL FOB VALUE : US DOLLARS EIGHTY THOUSAND AND NINETY ONE ONLY.

MADE IN USA

Wimar Technology Inc

Authorized Signature

图 16-8 商业发票

PACKING LIST

INVOICE No.: 970323-AU1　　DATE: Mar 24th,2008
Commodity: Batteries

Consignee: Ultralife Batteries Inc.
3000 Technology Pkwy
Newark, New York 15314 USA
Phone: (315) ×××-××××
Fax: (315) ×××-××××
Attn: Marc Slye

Pallet No.	Carton No.	Description	Quantity (Pcs)	N.W (kg)	G.W (kg)	CUBE (m^3)
Pallet/No.1	C/No. 1-17	U9VL-J Li battery	@12240 12240	@499.5 499.5	@512.0 512.0	@1.03 1.03
Pallet/No. 2	C/No. 18-34	U9VL-J Li battery	@12030 12030	@491.0 491.0	@503.5 503.5	@1.06 1.06
2pallets	34Carton	TOTAL	24 270	990.5	1 015.5	2.09

Shipping Marks: Ultralife Batteries Inc.
(IN DIA)
RMA#067-08
PALLET/No. 1/2~2/2

MADE IN USA

Wimar Technology Inc

Authorized Signature

图 16-9　装箱单

中华人民共和国海关进口货物报关单

预录入编号:04799××××　　　　海关编号:31042007104799 ××××

进口口岸 北仑海关 3104	德案号 B310174200001	进口日期 2007. 01. 08	申报日期 2007. 01. 12
经营单位 宁波威玛电子有限公司330294××××	运输方式 水路运输	运输工具名称 YONGDA/701N	提运单号 YD701N-N118F
收货单位 宁波威玛电子有限公司330294××××	贸易方式 来料加工	征免性质 来料加工	征税比例

许可证号	起运国（地区） 美国	装货港 纽约	境内目的地 宁波其他

批准文号	成交方式 CIF	运费	保费	杂费
合同协议号 M-061118	件数 70	包装种类 纸箱	毛重（千克） 2 268	净重（千克） 2 059

集装箱号 TGHU8380162/20/2270	随附单据 A:380000107000724	用途 加工返销

标记唛码及备注

项号	商品编号	商品名称、规格型号	数量及单位	原产国（地区）	单价	总价	币制	征免
01 01	8506500000	锂电池 U9VL-J	50 400 个	美国	3.3	166 320	美元	全免

税费征收情况

录入员　录入单位	兹声明以上申报无讹并承担法律责任。	海关审单批注放行日期（签章）
报关员	申报单位（签章）	审单　审价
单位地址		征税　统计
邮编　电话	填制日期	查验　放行

图 16-10　中华人民共和国海关进口货物报关单

中华人民共和国海关出口货物报关单

预录入编号:　　　　　　　　　　　　　　　　　　　　海关编号:

出口口岸	(A) 备案号 B31017420001	(B) 出口日期	申报日期
经营单位	运输方式	运输工具名称	提运单号
(C) 发货单位 宁波威玛电子有限公司 330294×××××	(D) 贸易方式 退运货物	(E) 征免性质 来料加工	(F) 结汇方式
许可证号	(C) 运抵国（地区） 502	指运港	(H) 境内货源地 33029
(I) 批准文号	成交方式	(J) 运费	(K) 保费	杂费
(L) 合同协议号 M-061118	件数	(M) 包装种类 托盘	毛重（千克）	(N) 净重（千克） 990.5
(O) 集装箱号	随附单据	(P) 生产厂家	
标记唛码及备注			

(Q) 项号	商品编号	商品名称、规格型号	(R) 数量及单位	最终目的国（地区）	单价	总价	(S) 币制	(T) 征免
01 01			24 270 个 990.5 千克				502	全免

税费征收情况		
录入员　录入单位	兹声明以上申报无讹并承担法律责任。	海关审单批注及放行日期（签章）
报关员		审单　审价
单位地址	申报单位（签章）	征税　统计
邮编　电话	填制日期	查验　放行

图 16-11　中华人民共和国海关出口货物报关单

参 考 文 献

[1] 海关总署报关员资格考试教材编写委员会.2012年报关员资格全国统一考试教材.北京：中国海关出版社,2012.

[2] 海关总署报关员资格考试教材编写委员会.2012年版历年试题标准答案及详解.北京：中国海关出版社,2012.

[3] 李齐.现代关税实务.北京：中国海关出版社,2012.

[4] 杨鹏强.报关实务.北京：中国海关出版社,2012.

[5] 中华人民共和国海关总署网站,http：//www.customs.gov.cn/。

[6] 中华人民共和国上海海关网站,http：//shanghai.customs.gov.cn/。

[7] 中华人民共和国杭州海关网站,http：//hangzhou.customs.gov.cn/。